本书由海南大学"中西部高校综合实力提升工程"学科建设项目资助

U0723521

汽车性能分析及新能源汽车技术

庄继晖　等编著

中国水利水电出版社
www.waterpub.com.cn

内 容 提 要

本书介绍了汽车的主要使用特性及新能源汽车技术等。主要内容包括：汽车的动力性、汽车的燃油经济性、汽车的制动性、汽车的操纵稳定性、汽车的环保性、汽车的舒适性、汽车的通过性、新能源汽车技术概况、混合动力汽车技术、纯电动汽车技术。本书结构合理，条理清晰，内容翔实，深入浅出，覆盖面广，可读性强，是一本值得学习研究的著作。

图书在版编目（ＣＩＰ）数据

汽车性能分析及新能源汽车技术 / 庄继晖等编著
. -- 北京 ： 中国水利水电出版社，2016.6（2022.10重印）
ISBN 978-7-5170-4388-1

Ⅰ．①汽… Ⅱ．①庄… Ⅲ．①汽车－性能分析②新能源－汽车 Ⅳ．①U472.9②U469.7

中国版本图书馆CIP数据核字(2016)第125231号

策划编辑：杨庆川　责任编辑：陈　洁　封面设计：马静静

书　　名	汽车性能分析及新能源汽车技术
作　　者	庄继晖　等编著
出版发行	中国水利水电出版社
	（北京市海淀区玉渊潭南路 1 号 D 座 100038）
	网址：www.waterpub.com.cn
	E-mail：mchannel@263.net（万水）
	sales@mwr.gov.cn
	电话：(010)68545888（营销中心）、82562819（万水）
经　　售	北京科水图书销售有限公司
	电话：(010)63202643、68545874
	全国各地新华书店和相关出版物销售网点
排　　版	北京鑫海胜蓝数码科技有限公司
印　　刷	三河市人民印务有限公司
规　　格	184mm×260mm　16 开本　16.25 印张　395 千字
版　　次	2016年6月第1版　2022年10月第2次印刷
印　　数	2001-3001册
定　　价	56.00 元

凡购买我社图书，如有缺页、倒页、脱页的，本社发行部负责调换

前　言

装备轻便动力、自行推进的轮式道路车辆——汽车,在发明之初并非是这个样子的,汽车的发展也有一个漫长的过程。经 100 多年来的不断改进、创新,凝聚了人类的智慧和匠心,并得益于石油、钢铁、铝、化工、塑料、机械设备、电力、道路网、电子技术与金融等多种行业的支撑,带动了它们的发展,成为今日这样具有多种型式、不同规格,广泛用于社会经济生活多种领域的交通运输工具。自 1970 年以来,全球汽车数量几乎每隔 15 年翻一番,2015 年世界范围汽车数量达到了 12 亿辆。

进入 21 世纪以来,伴随国家汽车产业发展政策的调整,我国的汽车产业进入健康、持续、快速发展的轨道。21 世纪,人类将进入后石油时代。随着化石燃料消耗的不断增加,石油、天然气资源将逐渐趋于枯竭,环境污染和温室效应已经成为全球所共同面临的难题,人类将从化石燃料时代向氢能和可再生能源时代过渡。预计汽车技术未来几十年将朝着五个方向发展:一是继续用最先进的技术对内燃机进行改造,提高其动力性能,提高燃料利用效率,减少排放;二是继续改善燃油品质;三是开发使用生物燃料与其他可再生能源;四是开发推广混合动力系统汽车;五是开发使用电动汽车、氢燃料汽车等无污染的新能源汽车,这是汽车技术长远的发展方向和目标。

本书针对汽车发展所处的新时期,着重介绍汽车的主要使用性能、混合动力汽车技术和纯电动汽车技术等知识,内容上注重基础知识的掌握,尽量选用原理图、示意图,配以简化叙述,更便于理解。

全书共分十章。第一至七章从路面与轮胎的相互作用角度出发,根据作用于汽车上的外力特性,分析了与汽车动力学有关的各主要使用性能:动力性、燃油经济性、制动性、操纵稳定性、环保性、舒适性、通过性等。第八章为新能源汽车技术概况,对新能源汽车的定义、分类、基本结构与发展的必要性作了简单介绍。第九至十章分别对混合动力汽车技术和纯电动汽车技术进行了详细的介绍。

全书由庄继晖、程晓鸣、李劲松、张建珍撰写,具体分工如下:

第三章、第六章:庄继晖(海南大学);

第一章、第四章:程晓鸣(海南大学);

第八章~第十章:李劲松(海南大学);

第二章、第五章、第七章:张建珍(海南大学)。

由于时间仓促,作者水平有限,书中难免出现疏漏之处,恳请广大读者批评指正。

作　者

2016 年 5 月

目　录

前言

第一章　汽车的动力性 ……………………………………………………… 1
　　第一节　汽车动力性的评价指标 ……………………………………… 1
　　第二节　汽车的驱动力和行使阻力 …………………………………… 2
　　第三节　动力性的评价方法 …………………………………………… 13
　　第四节　汽车的功率平衡 ……………………………………………… 14
　　第五节　提高汽车动力性的措施 ……………………………………… 15
　　第六节　汽车动力性试验 ……………………………………………… 18

第二章　汽车的燃油经济性 ……………………………………………… 22
　　第一节　汽车燃油经济性及其评价指标 ……………………………… 22
　　第二节　汽车燃油经济性的计算 ……………………………………… 26
　　第三节　影响汽车燃油经济性的因素 ………………………………… 31

第三章　汽车的制动性 …………………………………………………… 36
　　第一节　制动性的评价指标 …………………………………………… 36
　　第二节　制动时车轮的受力 …………………………………………… 38
　　第三节　汽车的制动效能及其恒定性 ………………………………… 46
　　第四节　制动时汽车的方向稳定性 …………………………………… 50
　　第五节　前、后制动器制动力的比例关系 …………………………… 56
　　第六节　汽车防抱死制动系统(ABS)和制动器辅助系统(BAS)及其他控制系统 …… 64
　　第七节　汽车驻车制动性 ……………………………………………… 72
　　第八节　汽车制动性试验 ……………………………………………… 73

第四章　汽车的操纵稳定性 ……………………………………………… 76
　　第一节　概述 …………………………………………………………… 76
　　第二节　汽车的极限稳定性 …………………………………………… 78
　　第三节　轮胎的侧偏特性 ……………………………………………… 80
　　第四节　汽车直线行驶时的操作稳定性 ……………………………… 89
　　第五节　前轮角阶跃输入下汽车的稳态响应 ………………………… 93
　　第六节　变形转向——悬架导向装置变形引起的车轮转向角 ……… 103
　　第七节　传动系对汽车操纵稳定性的影响 …………………………… 105

第八节　提高操纵稳定性的电子控制系统 …………………………………… 108

第九节　汽车操纵稳定性的试验 ……………………………………………… 117

第五章　汽车的环保性 ……………………………………………………… 121

第一节　汽车的排放污染 ……………………………………………………… 121

第二节　汽车的噪声污染 ……………………………………………………… 129

第六章　汽车的舒适性 ……………………………………………………… 135

第一节　汽车的平顺性 ………………………………………………………… 135

第二节　汽车的内部环境 ……………………………………………………… 160

第七章　汽车的通过性 ……………………………………………………… 162

第一节　汽车的地面通过性评价指标 ………………………………………… 162

第二节　汽车的几何通过性参数及牵引力计算 ……………………………… 162

第三节　汽车越过台阶、壕沟的能力 ………………………………………… 175

第四节　提高通过性的措施 …………………………………………………… 178

第五节　汽车通过性试验 ……………………………………………………… 182

第八章　新能源汽车技术概况 ……………………………………………… 187

第一节　新能源汽车的定义及分类 …………………………………………… 187

第二节　新能源汽车的基本结构 ……………………………………………… 188

第三节　新能源汽车发展的必要性 …………………………………………… 192

第九章　混合动力汽车技术 ………………………………………………… 198

第一节　概述 …………………………………………………………………… 198

第二节　混合动力汽车的结构原理 …………………………………………… 200

第三节　混合动力汽车动力系统设计 ………………………………………… 215

第四节　混合动力汽车制动能量回收系统 …………………………………… 225

第五节　混合动力汽车的能量管理 …………………………………………… 232

第十章　纯电动汽车技术 …………………………………………………… 236

第一节　纯电动汽车概述 ……………………………………………………… 236

第二节　纯电动汽车传动系统参数设计 ……………………………………… 242

第三节　纯电动汽车续驶里程 ………………………………………………… 250

第四节　纯电动汽车电池管理系统与策略 …………………………………… 251

参考文献 ……………………………………………………………………… 253

第一章　汽车的动力性

第一节　汽车动力性的评价指标

一、最高车速

汽车行驶在沥青、混凝土等平直良好的道路时，所能达到的最高平均行驶车速为最高车速，通常用 u_{amax} 表示，单位为 km/h。货车的最高车速为 $80\sim110km/h$，一般轿车的最高车速为 $130\sim200km/h$，客车的最高车速为 $90\sim130km/h$。

二、加速时间

汽车的加速能力用汽车的加速时间 t 来表示，加速时间影响汽车的平均行驶速度，其单位为 s。

超车加速时间和原地起步加速时间共同构成了加速时间。汽车由Ⅰ挡或Ⅱ挡起步，选择恰当的换挡时采取最大加速度，不断向最高挡位调换时，到达预期车速和车距时，所消耗的时间为原地起步加速时间。一般可用从汽车静止加速行驶到 400m 距离或者至 100km/h 速度所需的时间表示汽车原地起步的加速能力。由预定的车速，用次高挡位或者最高挡位超车加速时间，以最大加速度，加速到预想车速时，所消耗的时间为超车加速时间。一般用 30km/h 或 40km/h 时次高挡或者最高挡，全力加速到达最高车速时所需的时间，对其没有一个明确的规定。超车加速时间可以侧面反映汽车发生交通碰撞事故的几率大小，超车能力强，超车时间越短，与其他车辆并行行驶的时间和距离越短，交通碰撞事故的几率也就越低。图 1-1 是一些汽车的原地起步加速度过程曲线。

三、汽车的最大爬坡度

用最大爬坡度 i_{max} 来表示汽车的爬坡能力。在良好的路面上，满载的汽车用变速器最低挡位行驶时，所克服的最大坡度便是最大爬坡度。轿车一般不强调其爬坡能力，是因为其一般行驶在较好的道路上，最高车速大，加速时所用的时间也很短；一般发动机的功率较大，其目的是保证汽车有较高的加速度，因此具有较强的爬坡能力。汽车应该具有一定的爬坡能力，以满足其在不同类型的道路上的行驶，一般其 i_{max} 在 30% 即 16.7°左右。越野车的一个重要指标是爬坡能力，因为越野车要行驶在无路或者坏路上，一般越野车的爬坡度在 60% 即 31°。

需要指出的是，汽车的极限爬坡能力——i_{max}，要超出汽车行驶中遇到最大坡度很多，因为在设置汽车最大爬坡度时还需考虑，汽车行驶在坡道停车后帮助汽车顺利起步的加速度、克服崎岖道路的阻力和克服松软道路的阻力等。

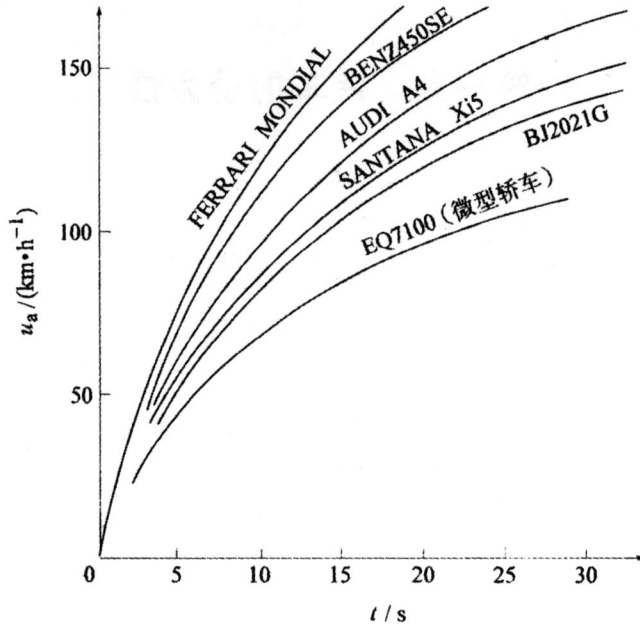

图 1-1　轿车的原地起步加速曲线

第二节　汽车的驱动力和行使阻力

一、汽车的驱动力

汽车发动机产生的转矩,经传动系传至驱动轮上。此时作用于驱动轮上的转矩 T_t 产生对地面的圆周力 F_0,地面对驱动轮的反作用力 F_t(方向与 F_0 相反)即是驱动汽车的外力(图 1-2),此外力称为汽车的驱动力。其数值为

$$F_t = \frac{T_t}{r}$$

式中,T_t 为作用于驱动轮上的转矩;r 为车轮半径。

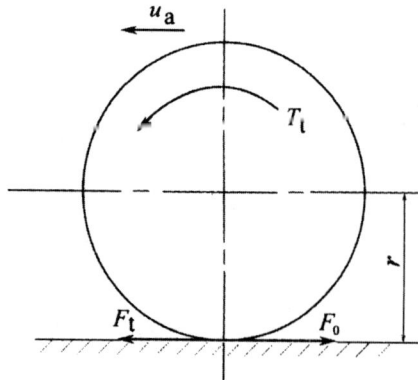

图 1-2　汽车的驱动力

作用于驱动轮上的转矩是由发动机产生的转矩 T_t，经传动系传至车轮上的。若令 T_{tq} 表示发动机转矩，i_g 表示变速器的传动比，i_0 表示主减速器的传动比，η_T 表示传动系的机械效率，则有

$$T_t = T_{tq} i_g i_0 \eta_T$$

对于装有分动器、轮边减速器、液力传动等装置的汽车，上式应计入相应的传动比和机械效率。

因此，驱动力为

$$F_t = \frac{T_{tq} i_g i_0 \eta_T}{r} \tag{1-1}$$

下面将对式(1-1)中的发动机转矩、传动系效率以及车轮半径作一些讨论，并最后给出汽车的驱动力图。

(一)发动机的速度特性

图 1-3 为一汽油发动机外特性中的功率与转矩曲线。n_{min} 为发动机的最小稳定工作转速，随着发动机转速增加，发动机发出的功率和转矩都在增加，最大转矩 T_{tqmax} 的发动机转速为 n_{tq}；再增加发动机转速时，T_{tq} 有所下降，但功率继续增加，一直到最大功率 P_{emax}，此时发动机转速为 n_p；继续增加转速时，功率下降，允许的发动机最高转速为 n_{max}。

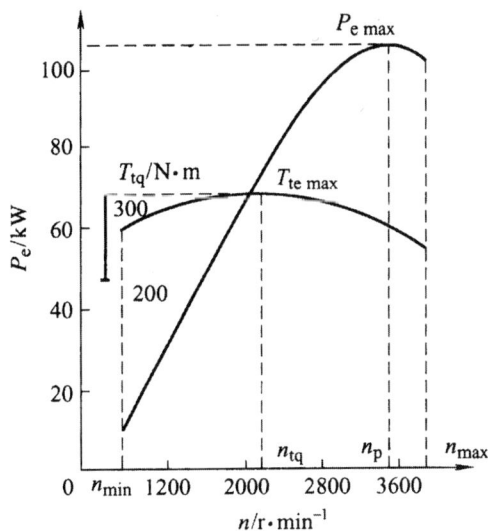

图 1-3　某汽车发动机的外特征

如果转矩 T_{tq} 的单位以 N·m 表示，功率 P_e 的单位以 kW 表示，转速 n 以 r/min 表示，则功率与转矩有如下关系：

$$P_e = \frac{T_{tq} n}{9549} \tag{1-2}$$

柴油机燃料供给系通常装有调速器，图 1-4 为某装有全程调速器的柴油机外特性曲线。

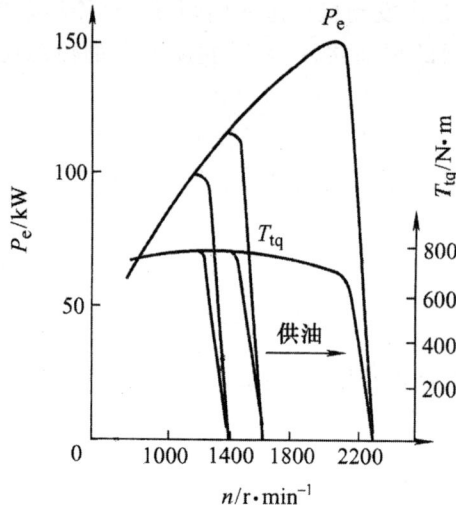

图 1-4　某柴油发动机的外特性

　　图 1-5 为某汽油发动机的外特性和部分负荷速度特性的功率与转矩曲线。曲线上的数字为节气门开度百分比，相应的曲线是各个节气门开度下的发动机转矩与功率。由图 1-5 可见，节气门部分开启时，T_{tq}、P_e 曲线总是低于外特性的 T_{tq}、P_e 曲线；而且节气门开度越小，转矩 T_{tq} 曲线下降越快，转矩和功率的最大值对应的转速也越低。汽车运行中，节气门全开的工况是较少的；绝大部分工况，发动机在节气门部分开度下运行。根据外界阻力的变化，驾驶人通过变换挡位及节气门开度，可以控制发动机的工作转速，使发动机在最低稳定转速和最高转速之间的任何转速下运转。

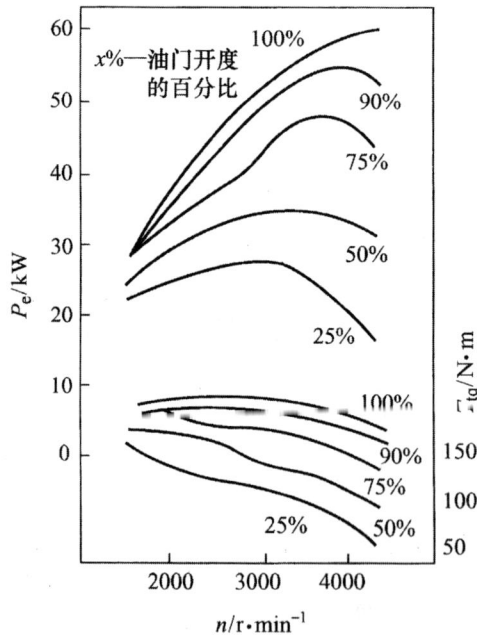

图 1-5　某汽油发动机的外特性和部分负荷特性中的功率和转矩曲线

　　发动机制造厂提供的发动机外特性曲线通常是在实验室的试验台上只带发动机运转所必

须附件,在未带发电机等附件的条件下测得的。带上全部附件设备时的发动机特性曲线称为使用外特性曲线。使用外特性曲线的功率小于外特性的功率。图 1-6 是汽车发动机的外特性和使用外特性中的功率与转矩曲线。一般汽油发动机使用外特性的最大功率比外特性的最大功率约小 15%;货车柴油机的使用外特性最大功率约小 5%;轿车与轻型汽车柴油机约小 10%。

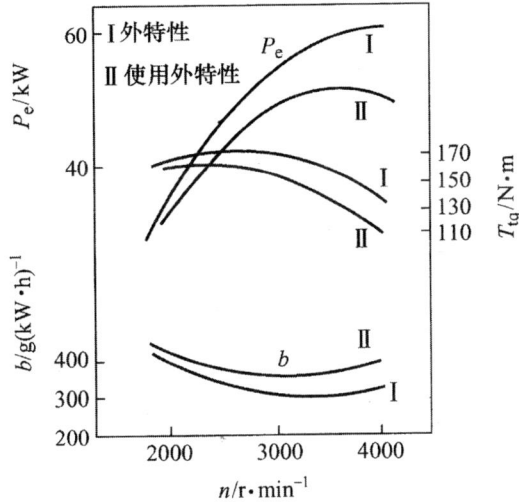

图 1-6　某发动机的外特性和使用外特性中的功率和转矩曲线

还应指出,发动机的台架试验是在发动机各种工况相对稳定,发动机转速稳定情况下测得的,而在实际使用时,发动机工况是不稳定的,驾驶人为了适应行驶工况的需要不断改变节气门开度。例如汽车在加速工况下,发动机节气门迅速增大,曲轴转速连续由低到高的变化,此时发动机热状况和可燃混合气的浓度等都与台架试验时不同。这时发动机能提供的功率一般比台架试验的功率小 5%～8%。

为了便于计算,常采用多项式来描述由试验台测得的、接近于抛物线的发动机转矩曲线。即

$$T_{tq} = a_0 + a_1 n + a_2 n^2 + \cdots + a_k n^k \tag{1-3}$$

式中,系数 a_0、a_1、a_2、……、a_k 可由最小二乘法来确定;拟合阶数 k 随特性曲线而异,一般在 2、3、4、5 中选取。

例如 YC4F115-30 型发动机,由试验测得的转矩特性见表 1-1。

表 1-1　YC4F115-30 型发动机转矩特性

转速 n/r/min	1000	1200	1400	1600	1800	2000	2200	2400	2600	2800	3000	3200
转矩 T_{tq}/(N·m)	198.1	222.5	284.2	293.3	296.8	296.6	298.4	301.9	294.5	287	267	249.4

发动机转矩可由如下 5 次多项式来表示:

$$T_{tq} = -54.306 - 16.061\left(\frac{n}{1000}\right) + 648.981\left(\frac{n}{1000}\right)^2 - 530.080\left(\frac{n}{1000}\right)^3$$

$$+ 162.878\left(\frac{n}{1000}\right)^4 - 17.887\left(\frac{n}{1000}\right)^5$$

式中，T_{tq} 为发动机转矩，N·m；n 为发动机转速，r/min。

（二）传动系的机械效率

输入传动系的功率 P_{in} 经传动系传至驱动轮的过程中，为了克服传动系各部件中的摩擦，消耗了一部分功率。如以 P_T 表示传动系中损耗的功率，则传动系的机械效率为

$$\eta_T = \frac{P_{in} - P_T}{P_{in}}$$

在等速行驶情况下，$P_{in} = P_e$，故

$$\eta_T = \frac{P_e - P_T}{P_e}$$

传动轴万向节、变速器、主减速器等的功率损失共同组成传动系的功率损失。其中功率损失最大的为变速器和主减速器的功率损失。

图 1-7 为解放牌 4t 载货汽车 CA10B 变速器在 4 挡、5 挡工作时的传动效率。试验结果表明，在 4 挡（直接挡）工作时，啮合的齿轮并没有传递转矩，因此比 5 挡（超速挡）时的传动效率要高。同一挡位转矩增加时，润滑油损失所占比例减少，传动效率较高。转速低时搅油损失小，传动效率比转速高时要高。

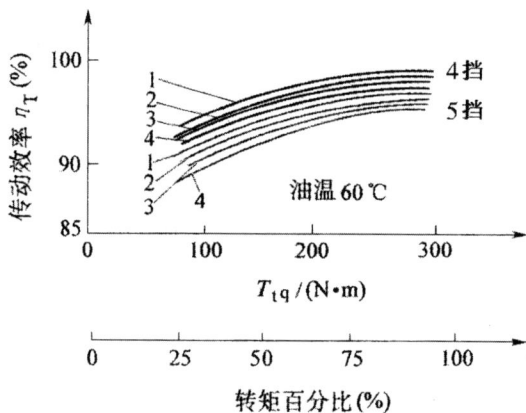

图 1-7 解放牌 4t 载货汽车 CA10B 变速器在 4 挡、5 挡工作时的传动效率
1—1200r/min；2—1600r/min；3—1900r/min；4—2200r/min

传动效率因受到多种因素的影响而有所变化，但对汽车进行初步的动力性分析时，可把它看作一个常数。表 1-2 为传动系各部件的传动效率。

表 1-2 传动系各部件传动效率

部件名称	η_T	部件名称	η_T
4～6 挡变速器	95％	单级减速主减速器	96％
辅助变速器 （副变速器或分动器）	95％	双级减速主减速器	92％
8 挡以上变速器	90％	传动轴的万向节	98％

（三）车轮的半径

汽车普遍采用弹性充气轮胎，其在径向、切向和横向均有弹性。故车轮半径会因受力和运动状态的不同而不同。将汽车的滚动半径可以表示为：

$$r_r = \frac{S}{2\pi n_w}$$

式中，n_w 为车轮转动的圈数；S 为转动 n_w 圈时车轮滚过的距离。

显然，对汽车作动力学分析时，应该用静力半径 r_s；而作运动学分析时，应该用滚动半径 r_r。但一般不计它们的差别，统称为车轮半径 r，即认为

$$r_r \approx r_s \approx r$$

静力半径 r_s(m)可用下式估算：

$$r_s = 0.0254\left[\frac{d}{2} - b(1-\lambda)\right]$$

式中，d 为车轮直径，m；b 为轮胎断面宽度，m；λ 为轮胎变形系数，轿车 $\lambda = 0.12 \sim 0.14$，载货汽车、客车 $\lambda = 0.10 \sim 0.12$，超低压胎 $\lambda = 0.12 \sim 0.18$。

（四）汽车的驱动力图

一般用根据发动机外特性确定的驱动力与车速之间的函数关系曲线 F_t-u_a 来全面表示汽车的驱动力，称为汽车的驱动力图。设计中的汽车有了发动机的外特性曲线、传动系的传动比、传动效率、车轮半径等参数后，即可用式(1-1)求出各个挡位的 F_t 值，再根据发动机转速与汽车行驶速度之间的转换关系求出 u_a，即可求得各个挡位的 F_t-u_a 曲线。发动机转速与汽车行驶速度之间的关系式为

$$u_a = 0.377\frac{rn}{i_g i_0}$$

式中，u_a 为汽车行驶速度，km/h；n 为发动机转速，r/min；r 为车轮半径，m；i_g 为变速器传动比；i_0 为主减速器传动比。

图 1-8 是具有 5 挡变速器的一货车驱动力图。

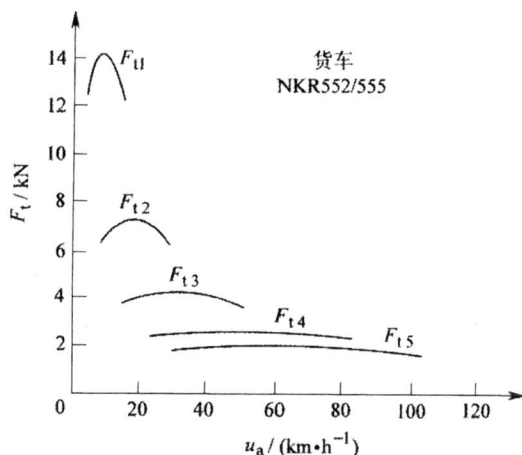

图 1-8　货车 NKR552/555 的驱动图

由于驱动力图中的驱动力是根据发动机外特性求得的,因此它是使用各挡位时在一定车速下汽车能发出的驱动力的极值。实际行驶中,发动机常在节气门部分开启下工作,相应的驱动力要比它小。

二、汽车的行驶阻力

汽车在行驶过程中受到各种阻力作用。汽车行驶在水平路面时受到汽车周围的空气阻力 F_w 和来自地面的滚动阻力 F_f 的影响。行驶在坡道方向上爬坡的汽车,还受到重力沿坡道方向的分离坡度阻力 F_i 的影响。加速的汽车还要克服加速阻力 F_j。汽车行驶的总阻力为

$$\sum F = F_f + F_w + F_i + F_j$$

(一)滚动阻力

1. 弹性轮胎的变形分析

轮胎的变形主要是指汽车在沥青、混凝土等硬质路面上行驶时引起的变形。如图 1-9 为轮胎在硬路面上受径向载荷时的变形曲线。图中 OCA 为轮胎加载时的变形曲线,面积 OCABO 则为加载过程中对轮胎所作的功;ADE 为轮胎卸载时的变形曲线,面积 ADEBA 则为卸载过程中轮胎放出的能量;两面积之差 OCADEO 即表示轮胎变形时引起的能量损失,这部分能量消耗在轮胎内部橡胶、帘线等的摩擦上,最后转化为热能而散失在大气中,称为轮胎的弹性迟滞损失。

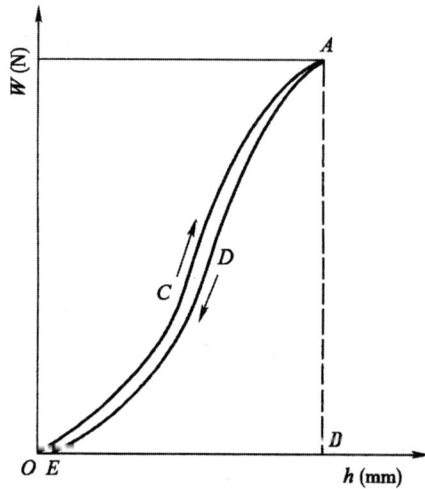

图 1-9　轮胎的径向变形曲线

当车轮静止时,合力在车轮中心的方向,地面对车轮反向作用力是对称分布的。车轮滚动时,如图 1-10 所示,虽然在法线 n-n' 前后相对应点 d 和 d' 变形量相同(变形量为 δ),但前部处于压缩过程的应点的地面法向反作用力较大(图 1-10(b)中 FC),而处于恢复过程的后部 d 点的地面法向反作用力较小(图 1-10(b)中 FD)。由此可见,处于滚动过程中的车轮由于轮胎的弹性迟滞损失影响,法向反作用力的分布前后并不对称,前部所受的地面法向反作用力比后部大。

2. 滚动阻力的计算方法

其中一种阻碍车轮滚动的偶极矩为轮胎的弹性迟滞损失。如图 1-11 所示为从动车轮在硬路面上滚动时的受力情况,由于弹性车轮滚动时的前部地面法向反作用力较大,相对法线 n-n',其合力 F_{z1} 向前偏移了距离 a,随着轮胎弹性迟滞的增大,偏移距离也不断增大。法向载荷 W_1 与地面法向反作用力 F_{z1} 大小相等,方向相反,阻碍车轮滚动的阻力偶矩 $M_f = F_{z1}a$,是由前两者之间的滚动而形成的,车轮中心施加一个推力 F_{p1} 才能保证从动轮在硬路面上等速滚动,其与 F_{x1} 构成一个力偶矩来克服滚动阻力偶矩,在车轮中心施加的推力 F_{p1},应为

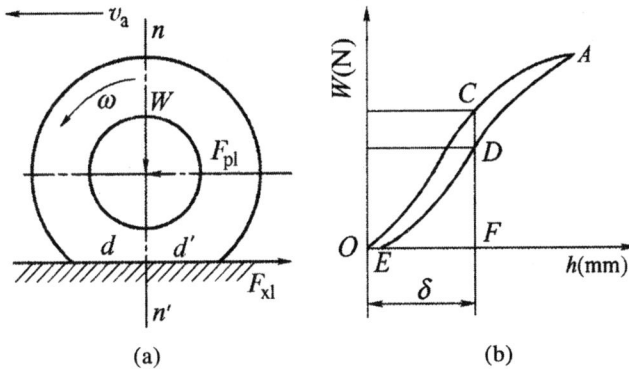

图 1-10　弹性车轮滚动时的地面法向反作用力

$$F_{p1} = \frac{M_{f1}}{r} = \frac{F_{z1}a}{r} = \frac{W_1 a}{r}$$

令 $f = \dfrac{a}{r}$,则

$$F_{p1} = W_1 f \text{ 或 } f = \frac{F_{p1}}{W_1}$$

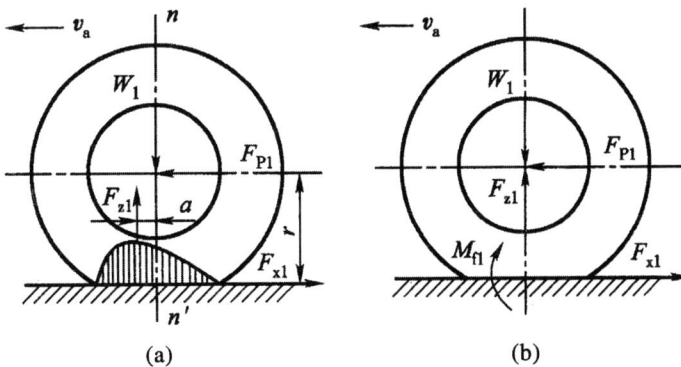

图 1-11　从动车轮在硬路面上滚动时的受力情况

f 称为滚动阻力系数。其值为在一定条件下车轮滚动时的阻力与车轮载荷的比值,也为单位汽车重力推动力。试验证明,滚动阻力系数仅取决于道路条件和轮胎的结构,它与车轮载

荷无关,因此定义滚动阻力 F_f 的计算式为

$$F_f = Wf$$

驱动轮在硬路面上等速滚动时的受力情况,如图 1-12 所示。图中 F_{x2} 为路面给驱动车轮的切向反作用力,M_t 为驱动力矩,W_2 为驱动轮上的垂直载荷,F_{z2} 为路面给驱动车轮的法向反作用力。由于轮胎的弹性迟滞损失,F_{z2} 的作用点向前偏移了一个距离 a。驱动汽车行驶的外力为作用在驱动轮上的地面切向反作用力 F_{x2},其数值为

$$F_{x2} = \frac{M_t - F_{x2}a}{r} = \frac{M_t}{r} - \frac{F_{x2}a}{r} = F_t - F_f$$

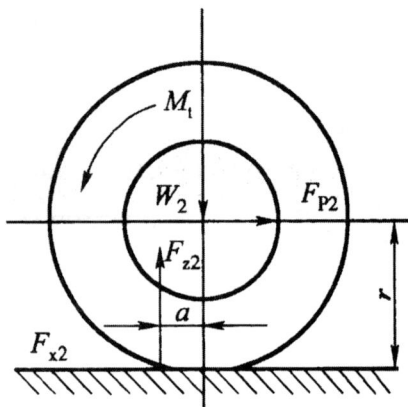

图 1-12　驱动车在硬路上滚动时的受力情况

由此可见,汽车行驶中,真正驱动汽车前进的外力 F_{x2} 等于汽车的驱动力 F_t 与驱动轮上的滚动阻力 F_f 之差,它是真实存在的,而驱动力 F_t 和滚动阻力 F_f 都是定义的力,在汽车的受力图上并不存在。

3. 滚动阻力的组成

滚动阻力为一种能量损失,是汽车行驶过程中车轮在路面上滚动时,路面与轮胎之间的相互作用引起的能量,将这种能量多定义为滚动阻力,滚动阻力不是力。轮胎与地面之间的相互摩擦引起的能力损失、路面变形引起的能力损失、轮胎变形引起的能力损失、汽车因路面不平引起的振动能力损失共同构成了这些能量损失。汽车在不同的路面上行驶时,组成行驶阻力的各部分所占比例有所不同,如汽车在平坦的硬路面上行驶时,轮胎变形引起的能量损失所占比例较大;汽车在松软的路面上行驶时,路面变形引起的能量损失所占比例较大;汽车在不平的硬路面上行驶时,汽车振动引起的能量损失所占比例较大;随行驶车速的提高,轮胎与路面间相对滑移引起的摩擦损失增加。

对汽车性能进行一般分析时,不需对各种损失分别进行计算,而各种损失的总效应用滚动阻力系数来概括。轮胎的结构与材料、行车车速、气压、路面的种类等共同影响滚动阻力系数,可通过试验来确定滚动阻力系数的取值范围。汽车用同一轮胎在不同路上以中低速行驶试验所得到的滚动阻力系数见表 1-3。

表 1-3　滚动阻力系数

路面类型	滚动阻力系数	路面类型	滚动阻力系数
良好的沥青或混凝土路面	0.010～0.018	雨后压紧土路	0.050～0.150
一般的沥青或混凝土路面	0.018～0.020	泥泞土路	0.100～0.250
碎石路面	0.020～0.025	干砂路面	0.100～0.300
良好的卵石路面	0.025～0.030	混砂路面	0.060～0.150
坑洼的卵石路面	0.030～0.050	结冰路面	0.015～0.030
干燥的压紧土路	0.025～0.035	压紧雪道	0.030～0.050

滚动阻力系数的数值也可以用经验公式大致估算。在一般较平坦的硬路面上,轿车的滚动阻力系数可按下式估算:

$$f = f_0 + \left(1 + \frac{\upsilon_a^2}{19440}\right)$$

式中,f_0 为良好沥青或混凝土路面为 0.014;卵石路面为 0.025;砂石路面为 0.020;υ_a 为行驶车速,km/h。

货车轮胎气压高,滚动阻力系数可用下式来估算:

$$f = 0.0076 + 0.000056\upsilon_a$$

式中,υ_a 为车速,km/h。

(二)空气阻力

车在空气介质中运动,空气介质本身也有运动,空气阻力的方向并不一定与汽车行驶方向相反。

窄气阻力是真实存在的力,用符号 F_w 来表示,单位为 N。计算公式如下:

$$F_w = \frac{C_D A \upsilon_r^2}{21.15}$$

式中,C_D 为空气阻力系数;A 为迎风面积,m;υ_r 为汽车与空气的相对速度,一般取汽车的行驶速度,km/h。

空气阻力与汽车相对速度的平方成正比,相对速度越高,空气阻力越大。汽车的外形影响迎风面积 A 及空气阻力系数 C_D。因受汽车运输效率和乘坐使用空间等的限制,依靠降低行驶速度或减小迎风面积来减小汽车的空气阻力也受到一定限制,通过合理的汽车外形设计,降低空气阻力系数是减小空气阻力的主要手段。

表 1-4 为不同类别汽车的空气阻力系数和迎风面积,一般测量空气阻力系数的方法有风洞试验和道路试验两种方法。

表 1-4　汽车的空气阻力系数和迎风面积

车型	迎面面积（m²）	空气阻力系数
轿车	1.4～1.9	0.32～0.5
货车	3～7	0.6～1.0
客车	4～7	0.5～0.8

（三）坡度阻力

汽车的坡道阻力，用符号 F_i 表示，是指汽车在爬坡时，重力沿坡道方向的分力，其单位为 N，如图 1-13 所示。坡道阻力按下式计算：

$$F_i = G\sin\alpha$$

式中，G 为汽车的总重量，N；α 为坡道角度。

道路坡度 i 是以坡高与底长之比来表示的，按图 1-13 中所示尺寸，坡度与坡道角度的关系为

$$i = \frac{h}{s} = \tan\alpha$$

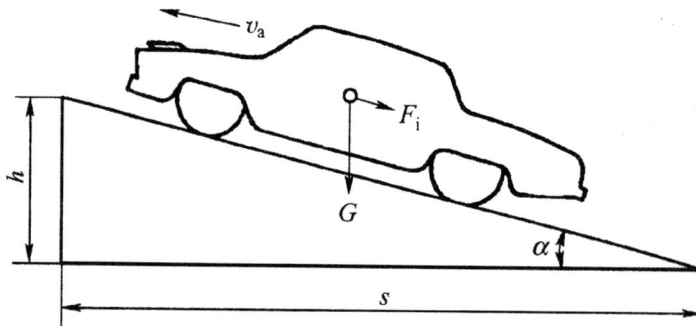

图 1-13　汽车的坡道阻力

由于坡度阻力与滚动阻力都是与道路有关的阻力，而且都与汽车重力成正比，所以可把这两种阻力合在一起考虑，称为道路阻力，用 F_ψ 表示。

当坡道角度不大时，$\cos\alpha \approx 1$，$\sin\alpha \approx i$，则

$$F_\psi = Gf + Gi = G(f + i) = G\psi$$

式中，ψ 为道路阻力系数，$\psi = f + i$。

在坡度较大时，坡度阻力按上式计算误差较大，仍应按定义式计算。

（四）加速阻力

汽车的加速阻力 F_j 为汽车加速运动的一种惯性力，是用来克服汽车加速运动时的汽车质量的。旋转质量和平移质量共同构成了汽车质量，加速惯性力偶矩由旋转质量产生，惯性力由平移质量产生。为了计算方便，通常把旋转质量的惯性力偶距转化为平移质量的惯性力，计算

时,用系数 δ 表示。因此,汽车的加速阻力计算公式为

$$F_{j} = \frac{\delta G}{g} \frac{\mathrm{d}v}{\mathrm{d}t}$$

式中, δ_1 为汽车旋转质量换算系数; G 为汽车总重力,N; g 为重力加速度, $g = 9.81\mathrm{m/s}^2$; $\frac{\mathrm{d}v}{\mathrm{d}t}$ 为汽车加速行驶的加速度, $\mathrm{m/s}^2$ 。

车轮的转动惯量、飞轮的转动惯量和传动系的传动比共同影响旋转质量换算系数,在进行汽车动力性一般计算时,可以按下面的经验公式估算

$$\delta = 1 + \delta_1 + \delta_2 i_{\mathrm{g}}^2$$

式中, δ_1 为车轮旋转质量换算系数,轿车 $\delta_1 = 0.05 \sim 0.07$,货车 $\delta_1 = 0.04 \sim 0.05$; δ_2 为飞轮旋转质量换算系数, $\delta_2 = 0.03 \sim 0.05$; i_{g} 为变速器传动比。

第三节　动力性的评价方法

从前面的分析讨论我们可以得出评价汽车制动性能的指标。

一、制动效能

汽车的制动减速度或制动距离构成制动效能。它是制动性能最基本的评价指标。制动效应是指在良好路面上形成的汽车以一定的初速度制动直至停车时,汽车减速度或所行驶的距离。制动距离、制动减速度是在冷制动情况(制动器起始温度在100℃以下)下测试的。

二、制动效能的恒定性

抗热衰退性能和抗水衰退性能构成的汽车制动器的抗衰退性能影响制动效能的恒定性。

通过制动器吸收将汽车行驶的动能转化为热能是汽车制动过程的实质,所以难以保持在冷状态时的制动效能,是因为制动器温度升高、制动力降低、摩擦副摩擦系数降低。汽车在下长坡或高速行驶的情况下制动,制动效应保持的程度为抗热衰退性能。汽车在繁重的工作条件下制动时,制动器温度常在300℃以上,有时高达600℃~700℃。制动器温度升高后尽量减少相对于冷态时制动效能的降低,已成为设计制动器时要考虑的主要问题之一。另外,如何在使用过程中正确应对不可避免的热衰退的发生也成为汽车应用人员要掌握的主要问题。

一般用一系列连续制动时制动效能的保持程度来衡量制动器抗热衰退性能。国家行业标准 ZBT 24007—89,要求连续制动 15 次,每次的制动强度为 $3\mathrm{m/s}^2$,最后的制动效能应不低于规定的冷试验制动效能的 60%。

制动器的结构和制动器摩擦副材料共同影响抗热衰退性能。

汽车在涉水或者潮湿的情况下行驶时,汽车制动效应的保持程度为抗水衰退性能。摩擦系数和制动力都会在上述情况下,由于水膜在制动器表面的形成而降低。由于制动器初次制动后的温度在100℃以上,因此水衰退的问题可采用"点制动"来解决。

三、汽车制动行驶方向稳定性

制动时汽车按给定路径行驶的能力为汽车制动行驶的方向稳定性。汽车在制动时发生汽车偏离原来的半径,可能的原因是制动时跑偏偏离、失去转向能力或者侧滑。

第四节　汽车的功率平衡

汽车行驶与其他物体的运动一样,不仅作用在汽车上的外力存在着平衡关系,同时也遵循能量守恒定律。就是说,全部运动阻力所消耗的功率和机械传动损失的功率之和为汽车行驶的每个瞬间的发动机的功率。

汽车功率平衡方程是将车速 u_a 乘在汽车行驶方程两边,整理所得的方程,具体如下:

$$P_e = \frac{1}{\eta_T}\left(\frac{Gfu_a}{3600} + \frac{C_D A u_{3a}}{76140} + \frac{Giu_a}{3600} + \frac{\delta m u_a}{3600}\frac{du}{dt}\right)$$

或

$$P_e = \frac{1}{\eta_T}(P_f + P_w + P_i + P_j)$$

该式称为汽车的功率平衡方程式。式中,P_e 为发动机输出的有效功率;η_T 为传动系传动效率;P_f 为克服滚动阻力所消耗的功率;P_w 为克服空气阻力所消耗的功率;P_i 为克服坡度阻力所消耗的功率;P_j 为克服加速阻力所消耗的功率。

与力的平衡处理方式相同,功率平衡方程式可用图解法表示。在以汽车行驶速度为横坐标,以功率为纵坐标的坐标系内,将发动机功率 P_e 及汽车在平直良好路面上等速行驶所遇到的阻力功率 $\frac{1}{\eta_T}(P_f + P_w)$ 与车速的关系曲线绘出,即得汽车功率平衡图。图 1-14 是某客车的功率平衡图。

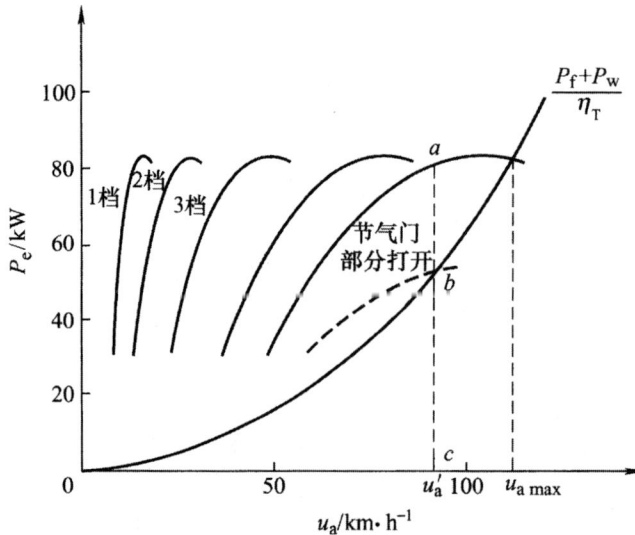

图 1-14　汽车功率平衡图

发动机功率与行驶车速的关系曲线 $P_e\text{-}u_a$，可根据发动机外特性及公式 $u_a = 0.377\dfrac{nr}{i_g i_0}$，将发动机转速转换成车速绘得。可见对应于汽车变速器的每一个挡位，都可绘出一条发动机功率 $P_e\text{-}u_a$ 曲线。变速器有几个挡位，便有几条发动机功率曲线。在不同挡位下，各条曲线的起始点、终点及峰值的发动机功率 P_e 是一致的，但各挡发动机功率曲线所对应的车速位置不同，高挡车速高所占变化区域宽，低挡车速低，变化区域窄。

在良好水平路面上汽车的最高车速 u_{amax}，发动机在图 1-14 中 5 挡阻力曲线和功率曲线的交点。

若汽车在低于最高速度 u'_a 行驶时，以部分负荷速度特性工作，其功率曲线如图 1-14 虚线所示，以维持汽车等速行驶。

对应于某一车速 $P_e = \dfrac{1}{\eta_T}(P_f + P_w)$ 称为汽车的后备功率。相当于图 1-14 中 P_e 与 $\dfrac{1}{\eta_T}$ $(P_f + P_w)$ 两曲线间的距离 $u_{amax} - u'_a$，可用来加速或爬坡。汽车的后备功率越大，汽车的动力性越好。汽车的加速度和爬坡能力也可以利用后备功率来确定。

分析汽车的平衡定性可以使汽车的有关动力性问题较为清晰和简洁；另外，从汽车的功率平衡图中可以清楚地看出汽车行驶时发动机负荷率的变化，这对分析汽车的燃油经济性也是有用的。

第五节 提高汽车动力性的措施

一、合理选择发动机

(一)发动机的外特性

发动机的结构形式影响发动机的特性，类型不同，发动机特性各不相同，如图 1-15 为不同类型发动机的三种特性曲线，根据这些特性曲线，作出的装用不同发动机的总质量、变速比、最高车速均相同的汽车的功率平衡图及驱动力-行驶阻力平衡图，如图 1-16 所示。由图可见，三种发动机的最大功率虽然相同，但由于外特性曲线形状不同，装用活塞式发动机的汽车，在一定车速时能够提供的用于加速或爬坡的后备功率和驱动力较小，汽车的加速能力和爬坡能力均较差，装用蒸汽机的次之，装用等功率发动机的汽车加速能力和爬坡能力最强。由此可见，等功率发动机的特性为理想的汽车发动机特性。

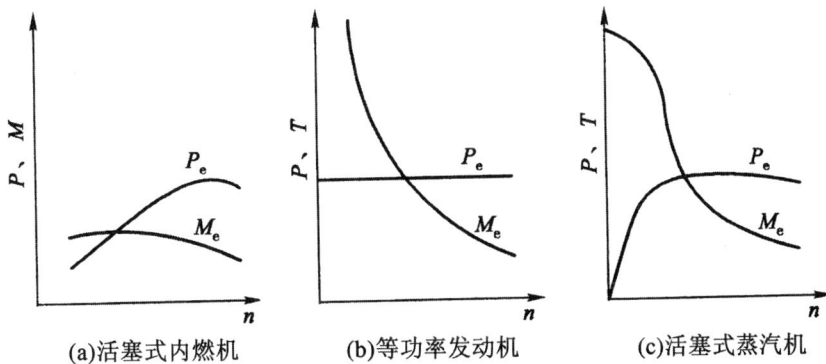

图 1-15 三种不同发动机的外特性

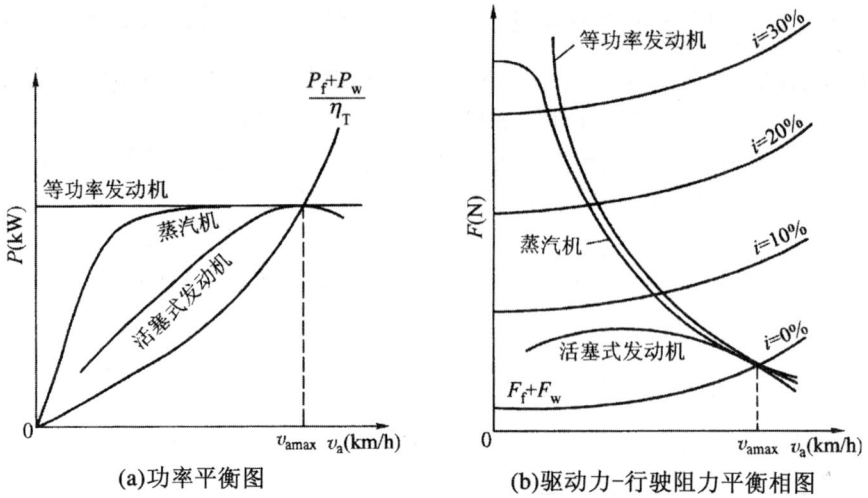

图 1-16　装用不同发动机时的汽车动力性能比较

(二)最大功率

汽车的动力性受到汽车自身发动机功率的影响,功率越高,动力性越好。但为了保证汽车发动机的经济性,不让其经常在小负荷下工作,一般不应该采用过大的功率。按照汽车发动机质量来选择发动机的最大功率。

二、合理选择传动系参数

(一)主减速器传动比

汽车装用的发动机和变速器等均相同时,不同主减速器传动比对汽车动力性的影响如图 1-17 所示,其中 $i_{01} < i_{02} < i_{03}$。

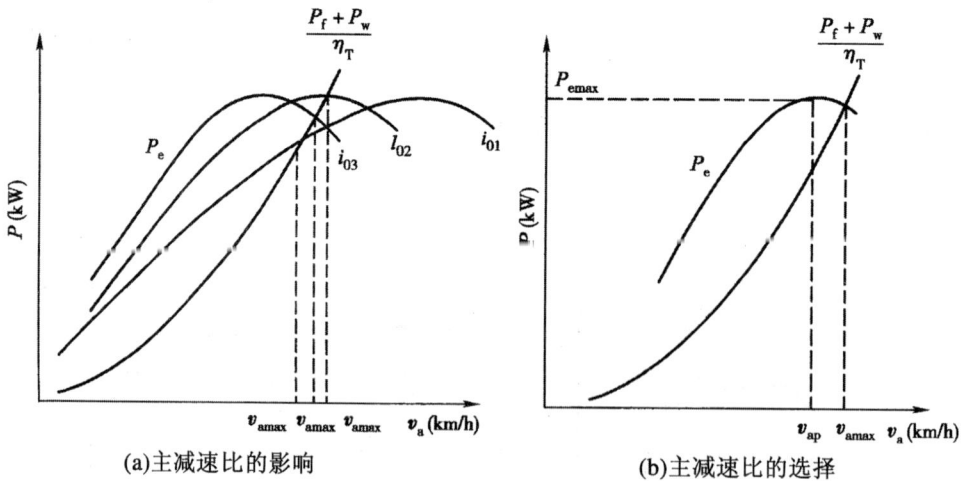

图 1-17　主减速比汽车动力性能的影响

由图 1-17(a)可知,随着 i_0 的增大,功率曲线向左移动,在一定行驶车速时的后备功率增大,所以汽车的爬坡能力和加速能力提高。此外,主传动比为 i_{02} 时,发动机功率曲线的最大功率与阻力功率曲线相交时,汽车的最高车速 v_{amax} 弧也最高,传动比过大(为 i_{03} 时)或过小(为 i_{01} 时)时,汽车的最高车速 v_{amax} 均降低。由此可见,为提高汽车的动力性,应在保证最高车速的前提下,尽可能选择较大的主减速器传动比。

应当注意,随主减速比增大,不仅对汽车最高速度产生影响,也会使发动机经常以较高转速工作,对发动机的使用寿命和燃料经济性均会产生不利的影响。此外,增大主减速器传动比,与之相应的主减速器外形尺寸加大、结构更复杂,并减小了驱动桥的离地间隙,影响汽车的通过性。为此,对于一般用途汽车,在选择 i_0 时,应使阻力功率曲线与发动机功率曲线的交点所决定的最高车速略高于最大功率时的车速,如图 1-17(b)所示,两车速的比值一般为 $v_{amax}/v_{aR}=1.1\sim1.25$。

(二)变速器参数

为了扩大发动机的转矩变化范围,克服活塞式发动机特性曲线上的缺陷,汽车必须在传动系中装用变速器,使汽车的驱动功率与驱动力矩接近等功率发动机,从而改善汽车的动力性。

影响汽车动力性的变速器参数主要是变速器挡数及各挡传动比。

(1)变速器挡数

如图 1-18 所示,为装用活塞式发动机和三挡变速器的汽车与装用等功率发动机的汽车动力性对比。显然,变速器挡数越多,则活塞式内燃机就可能总是在最大功率 P_{emax} 下工作,其特性越接近等功率发动机。

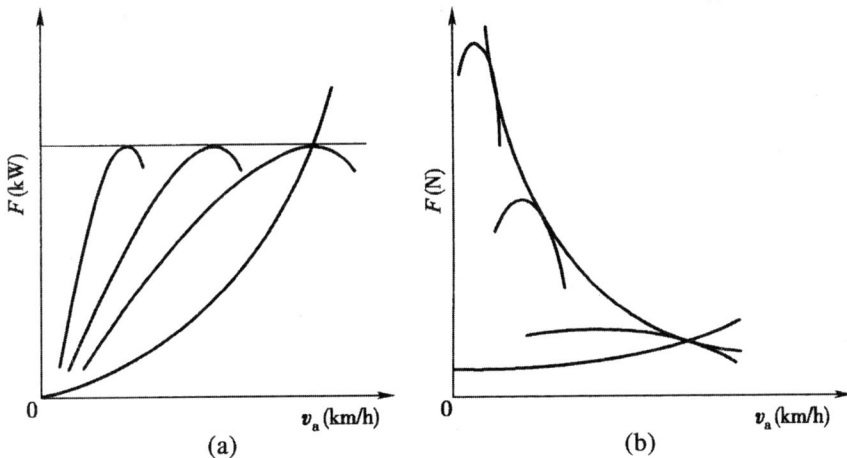

图 1-18　变速挡数对汽车动力性的影响

增加变速器挡数,可在不同行驶条件下选择最佳的挡位,使发动机输出最大功率,汽车的后备功率有所增强,汽车在行驶过程中有爬坡和加速能力。但普通齿轮有级变速器,挡数过多会使结构复杂,操纵也困难,有级变速器的实际挡数一般为 $3\sim5$ 个。在汽车上采用无级变速器,是解决上述矛盾的最佳选择。

（2）变速器传动比

汽车的最大爬坡速度受变速器头挡传动比的直接影响,该比越大,汽车爬坡度就越大,但应考虑驱动轮与道路之间的附着条件的限制。

变速器各挡传动比的分配对汽车动力性也有影响,为了使发动机常在最大转矩和最大功率的转速范围内工作,应该保证各挡传动比分配得当,这样还可以提高汽车的爬坡能力和加速度。如果各挡传动比分配不当,不仅影响汽车的动力性,还会导致换挡困难。

选择变速器传动比时,在确定变速器挡数后,一般先根据最大爬坡能力要求和附着条件确定头挡传动比,再按等比级数对各挡传动比进行分配。

三、减轻汽车自重

除了空气阻力以外,所有行驶阻力都与汽车总质量有关。在其他条件不发生改变的前提下,汽车的性能随汽车质量的增加而降低,因此,为了改善汽车的动力性,可采取减轻汽车的重量。对于自重占汽车总质量比例较大的轿车,减轻自重所得的效果更显著。

四、改善汽车的运行条件

海拔高度、气候、道路、驾驶技术、交通规则与运输组织、维护与调整等汽车运行条件,在不同程度上影响汽车的动力性。在汽车使用过程中,合理的运输组织,正确驾驶,加强维护,改善道路和交通条件,均有利于提高汽车的平均行驶速度,从而提高汽车运输生产效率。

第六节　汽车动力性试验

汽车的性能试验在汽车技术中占有极重要的位置。不但即将投产的汽车需要做鉴定试验,考验汽车的各种使用性能是否达到设计要求,而且改装和修理后的汽车也要进行试验,检验能否符合使用要求。为了比较不同类型、出自不同厂家的汽车性能,有时还要做对比试验。

一、道路试验

道路试验要求路面干净、整洁、平整,一般在沥青或混凝土路面进行,纵向坡度在 0.1％ 之内。试验时应是无雨无雾天气,相对湿度小于 95％,气温应在 0～40％,风速不大于 3m/s。测试汽车应处于良好的技术状况,汽车为满载荷。轮胎充气压力符合规定,误差低于 10kPa。测量仪器为五轮仪或相应的车速、行程记录装置,精度不低于 0.5％。

（一）测定汽车的最高速度

在符合试验条件的道路上,设置 200m 长的测量路段,并在两端选定充足的加速区间,使汽车在到达测量路段以前,在最高挡已达到稳定的最高车速 u_{amax},此时节气门全开。测定汽车以最高速度等速行驶通过 200m 路段所需的时间,便可算出 u_{amax} 值。测定时间可采用秒表或光电测时仪。试验往返进行,并取各次测得的最高速度的平均值作为汽车的最高速度。

（二）汽车的加速性能试验

最高挡和次高挡加速性能试验:汽车在变速器预定挡位,以预定的车速（从稍高于该挡最低稳定车速起,选 5 的整数倍之速度如 20km/h、25km/h、30km/h、35km/h、40km/h)作等速行驶,用五轮仪或非接触式汽车速度计等监督初速度,当车速稳定后(偏差±1km/h),驶入试验路段,迅速将加速踏板踩到底,使汽车加速行驶至该挡最大车速的 80% 以上,对于轿车应加速到 100k/h 以上。

汽车加速行驶试验往返各进行一次,往返试验的路段应重合。

加速性能试验测得的数据,经处理后绘出相应的加速曲线,即速度-时间或速度-行程曲线。根据这些曲线可以评定汽车的加速性。

(三)汽车的爬坡能力试验

选择长度大于汽车长度 2~3 倍的,不同坡度的一系列坡道来测量汽车的最大爬坡度。应该选择最低挡试验时,以临界车速驶至坡前,随即迅速将节气门全开,到试验终了。这样汽车满载所能通过的最陡坡道,便是汽车的最大爬坡度。如果没有合适坡度的道路,则可采用增、减载荷和变换挡位的办法进行试验,然后按下式折算出最大爬坡度:

$$\alpha_{max} = \arcsin\left(\frac{G_a}{G}\frac{i_{g1}}{i_{ga}}\sin\alpha_a\right)$$

式中,α_{max} 为折算出的最大爬坡度;α_a 为试验时的实际爬坡度;G 为额定载荷时汽车总重力,N;G_a 为试验时汽车总重力,N;i_{g1} 为变速器 1 挡传动比;i_{ga} 为试验时变速器所用挡位传动比。

(四)汽车滑行试验

所谓滑行是指汽车以某一稳定行驶车速为初速度,脱挡利用其动能继续行驶直至停车的过程。滑行试验中,通常测定汽车的滑行距离与滑行阻力。

滑行过程中驾驶人不得转动转向盘。记录滑行距离和滑行初速度(应为 50km/h±0.3km/h)。试验测试应该在同一路段,往返一次。显然,滑行时汽车的滚动阻力与空气阻力之和

$$F_f + F_w = \delta_c m \frac{du}{dt} - \frac{T_r}{r}$$

式中,δ_c 为滑行时的汽车旋转质量换算系数;T_r 为滑行时传动系附加在驱动轮的摩擦阻力矩与从动轮的摩擦阻力矩之和,一般忽略不计。

滑行时汽车的运动只决定于 $F_f + F_w$ 与汽车的质量参数,因此可以根据滑行中的减速度、滑行时间、滑行距离等求得汽车行驶阻力。

二、室内试验

(一)汽车测功器

汽车的驱动力由汽车测功器来测量。图 1-19 所示是一种单鼓式的汽车测功器,常被称为转鼓试验台。两转鼓上安装汽车的两个驱动轮,并保证转鼓的中心和汽车驱动轮的中线在同一垂直平面上。当驱动轮转动时,转鼓以与驱动轮成比例的转速转动,汽车的行驶速度即可根据转鼓的转速测定。试验中转鼓的转速是由测功器产生的阻力来调节的,同样它还可以调节

车速。由测功器测出作用于转鼓的力矩 T 值。汽车后部用钢索或拉杆固定在支柱上,并串联一个拉力计,以测定汽车的挂钩牵引力 F_d。为了固定汽车,应有钢丝绳拉住试验汽车。从装在钢丝绳中的拉力表可读出汽车的挂钩拉力 F_d。根据测功器测出的力矩 T、拉力计读数 F_d 及 r、R 便可计算出驱动力 F_t 值。

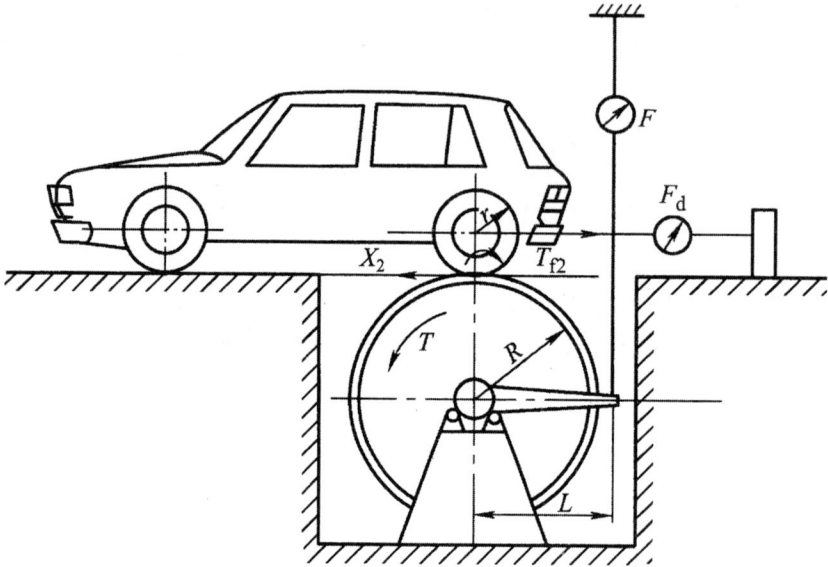

图 1-19　汽车测功器——转鼓试验台

显然

$$T = FL$$
$$F_d = X_2$$

式中,F 为作用在测功器外壳长臂上的拉力;L 为外壳长臂的长度。

根据汽车驱动轮和转鼓的力矩平衡,有

$$T_t = X_2 r + T_{f2}$$
$$T = X_2 R + T_{f2}$$

由此可得驱动轮上的驱动力矩 T_t 为

$$T_t = X_2 r + X_2 R - T$$
$$= F_d/(r+R) - FL$$

故汽车的驱动力为

$$F_t = \frac{T_t}{r} = \frac{F_d(r+R) - FL}{r}$$

在各个排挡、各种车速下测得的节气门全开时的 F_d 与 F 值,即能得表征汽车动力性的驱动力图。

现代多采用电力测功器,利用电子调节装置调节汽车负荷,滚动阻力、空气阻力和加速阻力为加速过程中的全部阻力。采用电力测功器来模拟,实现用汽车测功器测试汽车加速性。利用汽车测功器不仅能进行汽车动力性的试验,还能做汽车燃油经济性及排气污染等多种试验。汽车测功器已成为用途广泛的、基本的汽车试验设备。

（二）轮胎试验台

在轮胎试验台上可以测量轮胎的滚动阻力系数。图 1-20 所示是一种转鼓轮胎试验台，由电力测功机驱动的试验轮胎放在转鼓上，制动装置的测功器转鼓轴连接着，轮胎的加载垂直载荷 W。试验中测出驱动轮胎的转矩 T_d，则滚动阻力系数 f 为

$$f = \frac{T_t R - T_d r}{W R \times r}$$

式中，T_t 为驱动轮胎的转矩；T_d 为转鼓制动力矩；R 为转鼓的半径；r 为轮胎的动力半径。

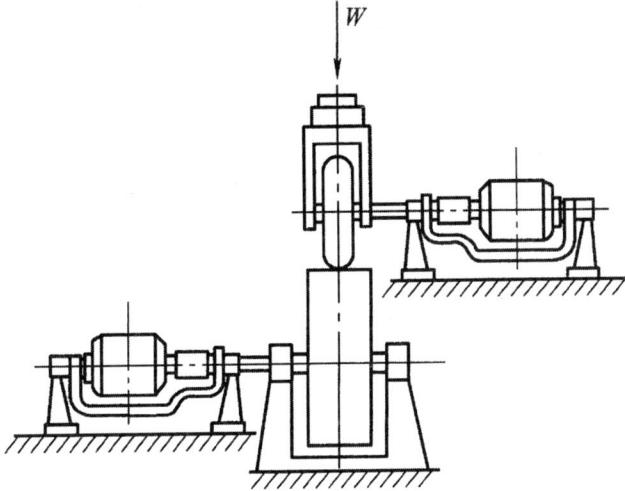

图 1-20　轮胎试验台

采用风洞试验来准确地测出汽车空气阻力系数。在能产生空气流的风洞设施中，以不动的汽车模型或整车经作强迫流动的空气流来模拟汽车在道路上行驶时所受到空气流作用的试验。因为缩小比例的汽车模型风洞很难完全满足相似理论所要求的试验条件，从而使测量误差增大，所以汽车模型风洞逐渐被大型整车风洞所取代，在整车风洞上对汽车实物进行风洞试验，进行空气动力学的研究。

第二章 汽车的燃油经济性

第一节 汽车燃油经济性及其评价指标

常用一定运行工况下汽车每行驶 100 公里的燃油消耗量或一定燃油量能使汽车行驶的里程来对汽车的燃油经济性进行评价与衡量。

在美国等一些国家则用英里/加仑数 MPG(mile/Gal)表示法作为汽车燃油经济性的指标,即用每消耗 1 加仑的燃油汽车行驶的英里数来表示(1 英里＝1.6093km,1 美加仑＝3.785L,1 英加仑＝4.546L),相同载质(客)量的汽车,该数字越大,说明该车的燃油经济性越好。

在我国及欧洲,用汽车每行驶 100km 所消耗的燃油升数来对燃油经济性进行评价,其单位为 L/100km。其数值越大,表明汽车燃油经济性越差。如相同载质(客)量的汽车,百公里油耗数字越小,说明该车的燃油经济性越好。

一、等速行驶百公里燃油消耗量

汽车百公里油耗可以用下面的表达式表示

$$Q_s = \frac{100q}{s} \tag{2-1}$$

式中,Q_s 为百公里油耗,L/100km;q 为汽车通过测试路段的燃油消耗量,mL;s 为测量路段长度,m。

汽车运输企业还常用完成每百吨公里或千吨公里运输工作量的燃油消耗量来表示汽车的燃油经济性,该指标便于比较不同装载量汽车的燃油经济性。表示方法如下

$$Q_t = \frac{100q}{Ws} \tag{2-2}$$

式中,Q_t 为汽车百吨公里油耗,L/(ht·km);W 为汽车载质量,t;q 为汽车通过测试路段的燃油消耗量,mL;s 为汽车行驶里程,m。

或

$$Q_p = \frac{1000q}{Ns} \tag{2-3}$$

式中,Q_p 为汽车千人公里油耗,L/(kp·km);q 为汽车通过测试路段的燃油消耗量,mL;N 为载客量,p(人);s 为汽车行驶里程,m。

等速百公里燃油消耗量曲线如图 2-1 所示。

二、循环工况行驶百公里燃油消耗量

图 2-2 给出了联合国欧洲经济委员会、美国法定的测定燃油经济性的循环行驶工况图。

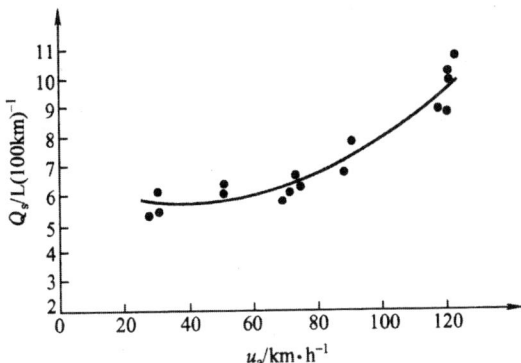

图 2-1 汽车等速行驶百公里燃油消耗量曲线

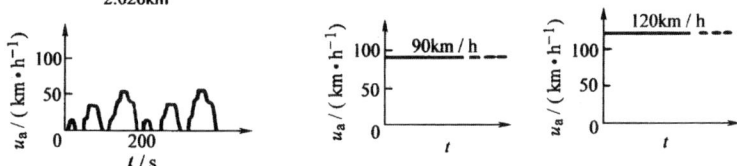

以 L/100km 计的"1/3混合油耗"为: $\frac{1}{3}$ 混合 = $\frac{1}{3}$ECE + $\frac{1}{3}$×90km/h + $\frac{1}{3}$×120km/h

美国城市: UDDS, 17.85km

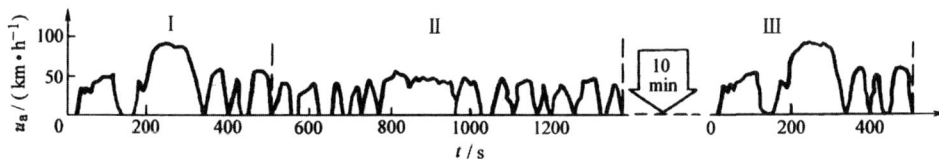

Ⅰ 为冷起动, Ⅲ 为热起动, 在汽车测功器上试验

公路: HWFET, 16.4km

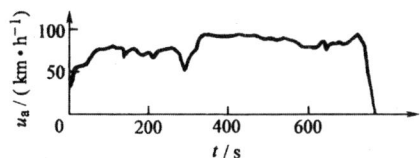

热起动, 在汽车测功器上试验

以 mile/gal 计的综合燃油经济性

$$= \cfrac{1}{\cfrac{0.55}{\text{城市循环工况燃油经济性}} + \cfrac{0.45}{\text{公路循环工况燃油经济性}}}$$

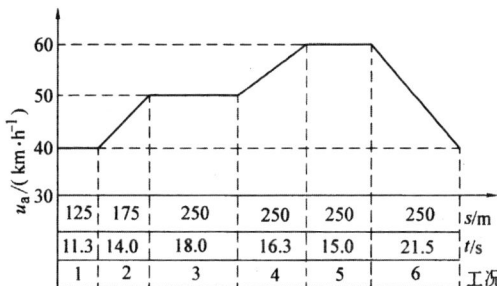

商用车六工况图

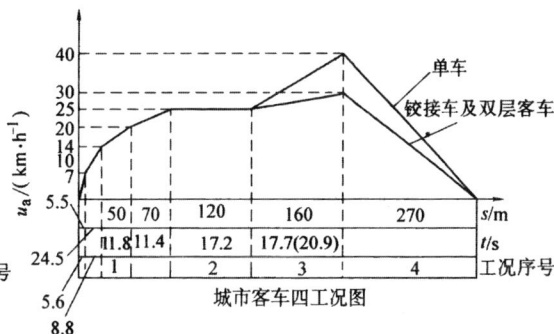

城市客车四工况图

图 2-2 测量汽车燃油经济性的行驶工况

燃油经济性的综合评价指标计算式为

$$\text{综合燃油经济性} = \cfrac{1}{\cfrac{0.55}{\text{城市循环工况燃油经济性}} + \cfrac{0.45}{\text{公路循环工况燃油经济性}}} \qquad (2\text{-}4)$$

我国控制乘用车燃料消耗量的第一个强制性国家标准《乘用车燃料消耗量限值》规定汽车在模拟城市和市郊的运转循环下,通过测定排放的 CO_2、CO 和 HC 的排放量,用碳平衡法计算出燃料消耗量。测量方法中的运转循环为 GB 18352.2—2001(GB 18352.3—2005)附录 C 的附件 CA 中所述的模拟市区和市郊行驶工况的试验循环。这个试验循环由一部(市区运转循环)和二部(市郊运转循环)组成,如图 2-3 所示。一部由四个市区运转循环单元构成,市区运转循环单元平均车速为 19km/h,总计时间为 780s,其当量行驶距离为 4.052km,具体构成如图 2-4 所示;市郊运转循环平均车速 62.6km/h,最大车速 120km/h,时间为 400s,当量行驶距离为 6.955km。用碳平衡法计算汽车燃油消耗量的具体公式如下:

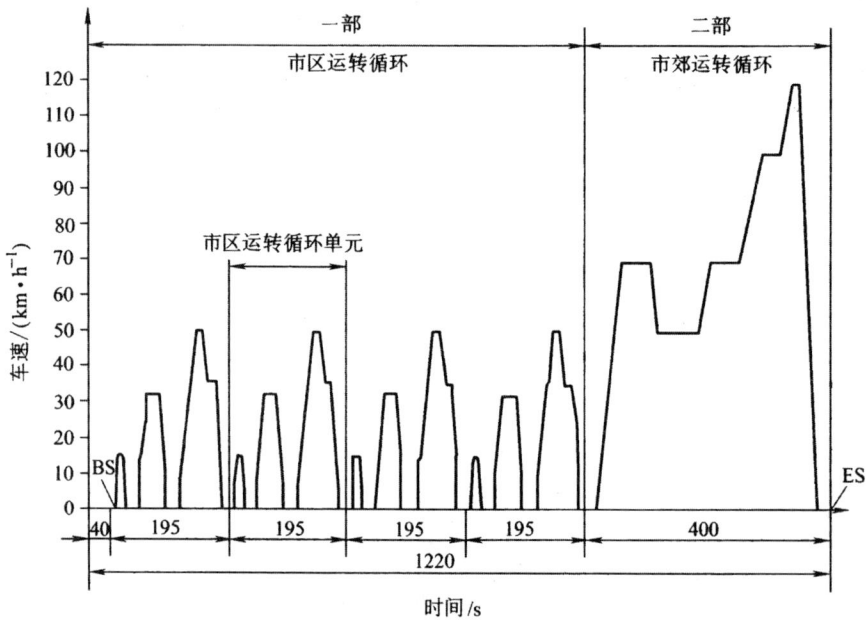

图 2-3　试验用的运转循环
BS—开始采样　ES—终止采样

汽油车

$$FC = \frac{0.1154}{D}(0.866HC + 0.429CO + 0.273CO_2)$$

柴油车

$$FC = \frac{0.1155}{D}(0.866HC + 0.429CO + 0.273CO_2)$$

式中,FC 为燃油消耗量,L/100km;HC 为碳氢排放量,g/km;CO 为一氧化碳排放量,g/km;CO_2 为二氧化碳排放量,g/km;D 为 288 K(15℃)下的燃油密度,kg/L。

用碳平衡法间接计算燃料消耗量与直接法相比,测量精度大致相当,但试验稳定性能更优越。

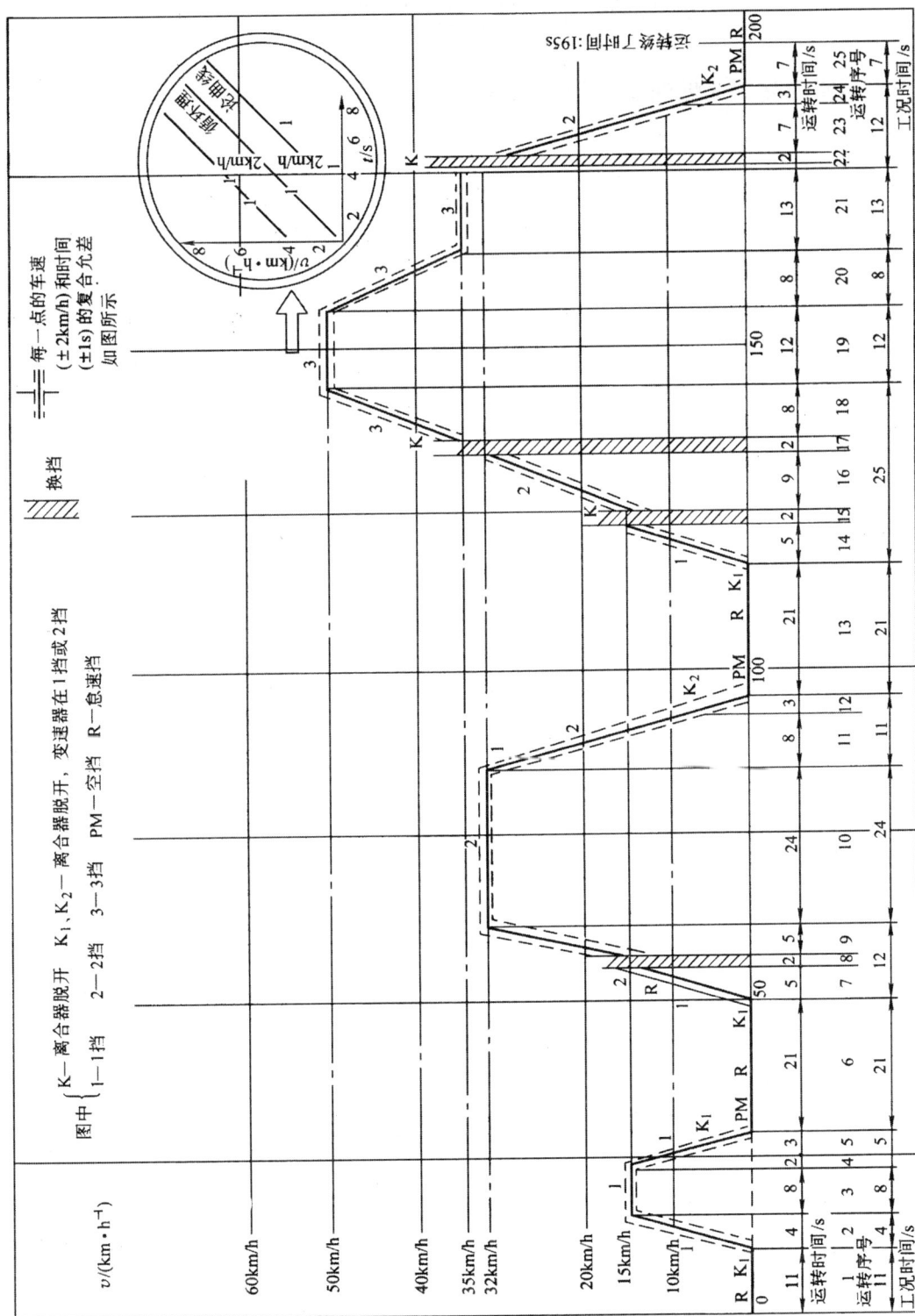

图2-4 I型试验市区运转循环单元（一部）示意图

第二节　汽车燃油经济性的计算

一、等速行驶工况燃油消耗量的计算

如图 2-5 所示为某汽油发动机的万有特性曲线,图上有等燃油消耗率曲线,根据这些曲线可以确定发动机在某一转速 n、发出某一功率 P 时的有效燃油消耗率 b。为了计算方便,按发动机转速 n 和车速 u_a 的换算关系在万有特性图的横坐标上画出汽车最高挡的行驶车速比例尺。

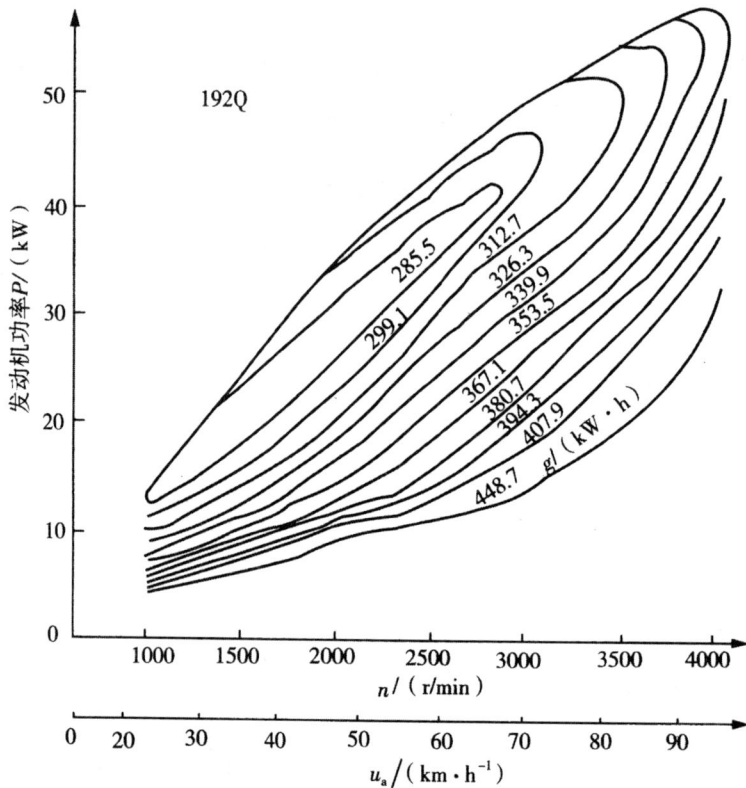

图 2-5　汽油发动机万有特性

计算时要由已知的汽车结构参数按下式

$$P_e = \frac{1}{\eta_T}\left(\frac{Gfu_a}{3600} + \frac{C_D A u_a}{76140}\right) \tag{2-5}$$

计算出以某一规定速度等速行驶的 P 值,在万有特性图上可查出与其相对应的 b 值,从而计算出以该车速等速行驶时单位时间内的燃油消耗量 Q_t 为

$$Q_t = \frac{Pb}{367\gamma} \tag{2-6}$$

整个等速段行程为 S 米,行驶时间为 t 秒的燃油消耗量 Q 为

$$Q = \frac{PbS}{102 u_a \gamma} \tag{2-7}$$

二、等加速行驶工况燃油消耗量的计算

汽车在加速行驶时，发动机还要提供为克服加速阻力所消耗的功率。若加速度为 $\mathrm{d}u/\mathrm{d}t$，则发动机应提供的功率 P_e 为

$$P_e = \frac{1}{\eta_T}\left(\frac{Gfu_a}{3600} + \frac{C_D A u_a^3}{76140} + \frac{\delta G u_a}{3600}\frac{\mathrm{d}u}{\mathrm{d}t}\right) \tag{2-8}$$

如多工况循环中某一等加速段如图 2-6 所示，需要计算由 u_{a1} 加速到 u_{a2} 过程的燃油消耗量，则可将加速过程分隔为若干区间，例如按速度每增加 1km/h 为一个小区间，已知加速度 $\mathrm{d}u/\mathrm{d}t$，按上式求得小区间起始或终了对应时刻的发动机功率 P 值。利用万有特性图，由已求得的发动机功率 P 及其对应的车速 u_a，查出有效燃油消耗率 b 值，代入式（2-6）便可求出相应时刻的单位时间燃油消耗量 Q_t。

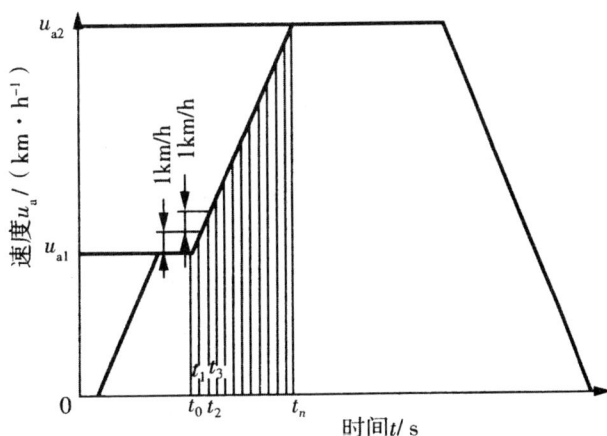

图 2-6　加速过程的燃油消耗量计算

当汽车加速行驶，车速每增加 1km/h 所用时间为 Δt 时，则

$$\Delta t = \frac{1}{3.6\dfrac{\mathrm{d}u}{\mathrm{d}t}}$$

从初始速度 u_{a1} 加速至 $u_{a1} + 1\mathrm{km/h}$ 时的燃油消耗量（mL）为

$$Q_1 = \frac{1}{2}(Q_{t0} + Q_{t1})\Delta t$$

式中，Q_{t0} 为车速为 u_{a1} 时，t_0 时刻的单位时间燃油消耗量，mL/s；Q_{t1} 为车速 $u_{a1} + 1\mathrm{km/h}$ 时，t_1 时刻的单位时间燃油消耗量，mL/s。

同理，车速由 $u_{a1} + 1\mathrm{km/h}$ 再增 1km/h 时的燃油消耗量 Q_2（mL）为

$$Q_2 = \frac{1}{2}(Q_{t1} + Q_{t2})\Delta t$$

式中，Q_2 为车速为 $u_{a1} + 2\mathrm{km/h}$ 时，t_2 时刻的单位时间燃油消耗量，mL/s。

依次可计算出每个小区间加速的单位时间燃油消耗量

$$Q_3 = \frac{1}{2}(Q_{t2} + Q_{t3})\Delta t$$

$$\vdots$$

$$Q_n = \frac{1}{2}(Q_{t(n-1)} + Q_{tn})\Delta t$$

由 u_{a1} 加速到 u_{a2} 整个加速段的燃油消耗量 Q_a 为

$$Q_a = \sum_{i=1}^{n} Q_i = Q_1 + Q_2 + Q_3 + \cdots + Q_n \tag{2-9}$$

或

$$Q_a = \frac{1}{2}(Q_{t0} + Q_{tn})\Delta t + \sum_{i=1}^{n-1} Q_{ti}\Delta t \tag{2-10}$$

加速段汽车行驶的距离为

$$S_a = \frac{u_{a2}^2 - u_{a1}^2}{25.92 \frac{du}{dt}} \tag{2-11}$$

三、等减速行驶工况燃油消耗量的计算

在减速段，汽车作减速行驶时，应完全放松油门踏板，离合器仍然接合。必要时，允许轻微制动，此时发动机处于怠速状态。所以，等减速段的燃油消耗量等于减速行驶的时间与发动机怠速燃油消耗率的乘积。其中减速时间为

$$t = \frac{u_{a2} - u_{a3}}{3.6 \frac{du}{dt}}$$

式中，u_{a2} 为等减速段起始车速，$\mathrm{km/h}$；u_{a3} 为等减速段终了车速，$\mathrm{km/h}$；$\frac{du}{dt}$ 为减速度，$\mathrm{m/s^2}$。故减速段的燃油消耗量为

$$Q_d = \frac{u_{a2} - u_{a3}}{3.6 \frac{du}{dt}} Q_i \tag{2-12}$$

式中，Q_d 为等减速段的燃油消耗量，mL；Q_i 为发动机怠速时的燃油消耗率，$\mathrm{mL/s}$。

减速段汽车行驶的距离为

$$S_d = \frac{u_{a2}^2 - u_{a3}^2}{25.92 \frac{du}{dt}} \tag{2-13}$$

四、怠速停车时燃油消耗量的计算

如多工况循环中有怠速停车段，怠速停车时间为 t_s，发动机怠速燃油消耗率为 Q_i，则怠速停车段的燃油消耗量为

$$Q_{id} = Q_i t_s \tag{2-14}$$

五、整个循环工况的百公里燃油消耗量

整个循环工况的百公里燃油消耗量为

$$Q_s = \frac{100 \sum Q}{S}$$

（2-15）

式中，$\sum Q$ 为整个循环各工况段的燃油消耗量之和，mL；S 为整个循环的行驶距离，m。

六、装有液力变矩器的汽车的燃油消耗量计算

对装有液力变矩器的汽车，其燃油消耗量的计算还要考虑泵轮的转矩曲线和特性，且发动机的节流特性常用 $M_e = f(n_e, \alpha)$ 及 $Q_t = g(n_e, \alpha)$ 的形式表示。式中，Q_t 系指发动机输出一定功率时每小时的燃油消耗量，称为小时燃油消耗量，单位为 L/h；α 指节气门开度。如图 2-7 所示即在不同节气门开度下，发动机转矩与小时燃油消耗量对其转速的变化关系曲线。

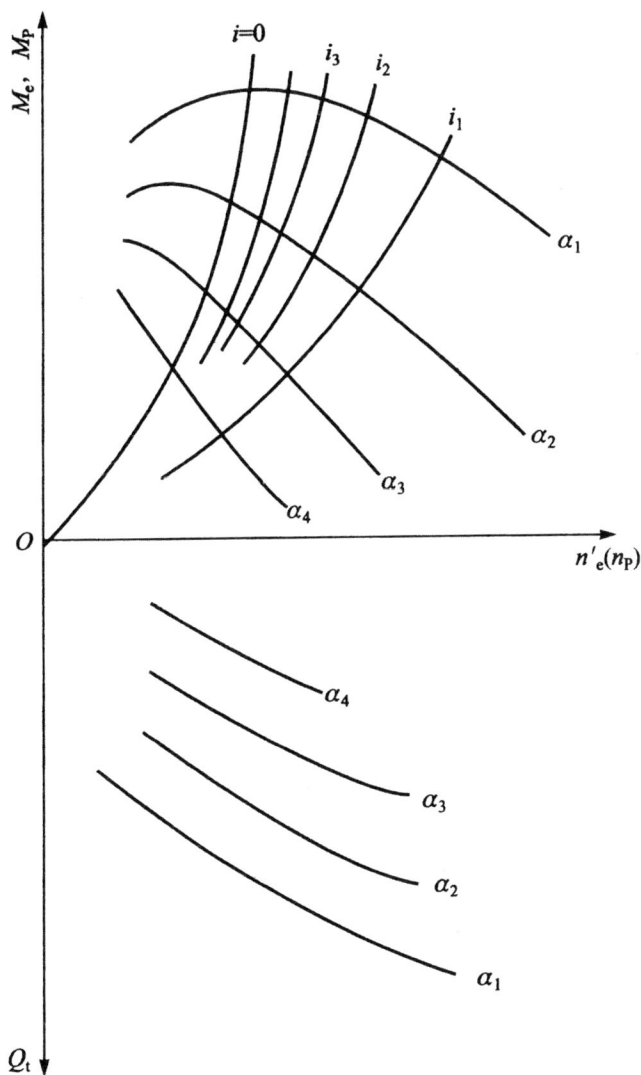

图 2-7　发动机与液力变矩器的共同工作曲线和发动机的小时燃油消耗量曲线

要计算 100km 燃油消耗量时，可在发动机转矩曲线上，画上泵轮的转矩曲线 $M_P = f(n_P)$，

M_P 为泵轮转矩,n_P 为泵轮转速;然后根据变矩器的特性 $K=f(i)$,确定在不同速比 i 下的变矩比 K,再按下面公式计算

$$M_t = KM_P \quad \text{和} \quad n_t = in_P$$

式中,M_t 为涡轮转矩;n_t 为涡轮转速。

绘制不同节气门开度 α 下的 $M_t = f(n_t)$ 与 $n_P = g(n_t)$ 曲线,如图 2-8 所示。

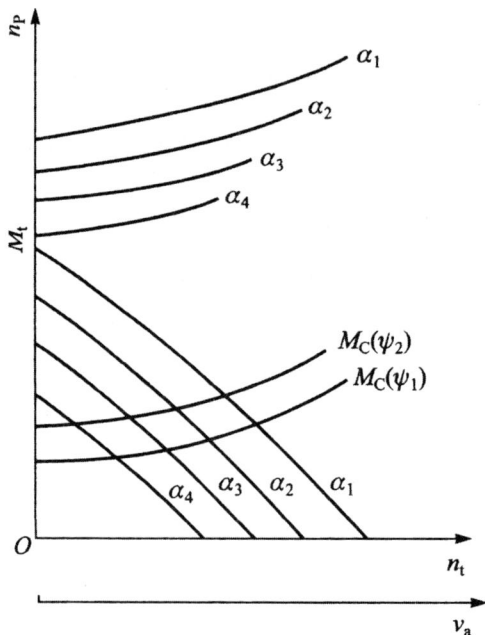

图 2-8 装有液力变矩器的汽车的转矩平衡曲线 $M_t = f(n_t)$ 与 $n_P = g(n_t)$ 曲线

转速按下列关系换算成速度

$$u_a = 0.377 \frac{rn_t}{i_0 i_R}$$

为了确定汽车在不同道路上以不同速度行驶时发动机的 α 与 $n_e(n_P)$,应利用转矩平衡,即在 $M_t = f(u_a)$ 的图上,按下列公式绘制汽车在不同道路阻力系数 $\psi(\psi = f + i)$ 下等速行驶时克服行驶阻力所需的涡轮转矩 M_C 与行驶速度 u_a 的关系。

$$M_C = \frac{(F_i + F_f + F_w)r}{\eta_m i_0 i_R}$$

在选取 η_m 时,应考虑带动液力传动辅助装置(如齿轮油泵、变矩器散热片)的能量消耗,以及离合器片在油中的转动损失。对于一般轿车,此项损失在发动机输出最大功率时约占 6%。

所得 M_C 与 M_t 的交点决定了汽车在一定道路阻力系数(如 ψ_1)下的汽车行驶速度与发动机节气门位置,并由所得速度在 $n_P = g(n_t)$ 曲线上确定 $n_P(n_e)$。于是,相应的小时燃油消耗量 Q_t 即可由图 2-7 中的 $Q_t = g(n_e, \alpha)$ 曲线求出,而百公里燃油消耗量 Q_L,L/100km,可按下式求得

$$Q_L = \frac{Q_t}{u_a \rho g} \times 100 \tag{2-16}$$

式中,ρ 为燃油的密度,kg/L;g 为重力加速度,m/s^2。

汽油的 ρg 取为 $6.96 \sim 7.15 \text{N/L}$，柴油可取为 $7.94 \sim 8.13 \text{N/L}$。这样，汽车的百公里燃油消耗量曲线 $Q_L\text{-}u_a$ 便可求出。

第三节　影响汽车燃油经济性的因素

汽车的使用和汽车的结构影响着汽车燃油经济性，为提高汽车燃油经济性，可以改善汽车的结构、提高驾驶员操作技术和正确维护车辆。

一、汽车使用因素的影响

汽车使用方面的影响因素包括汽车的技术状况、驾驶技术、挂车的应用、正确保养与调整，具体如图 2-9 所示。

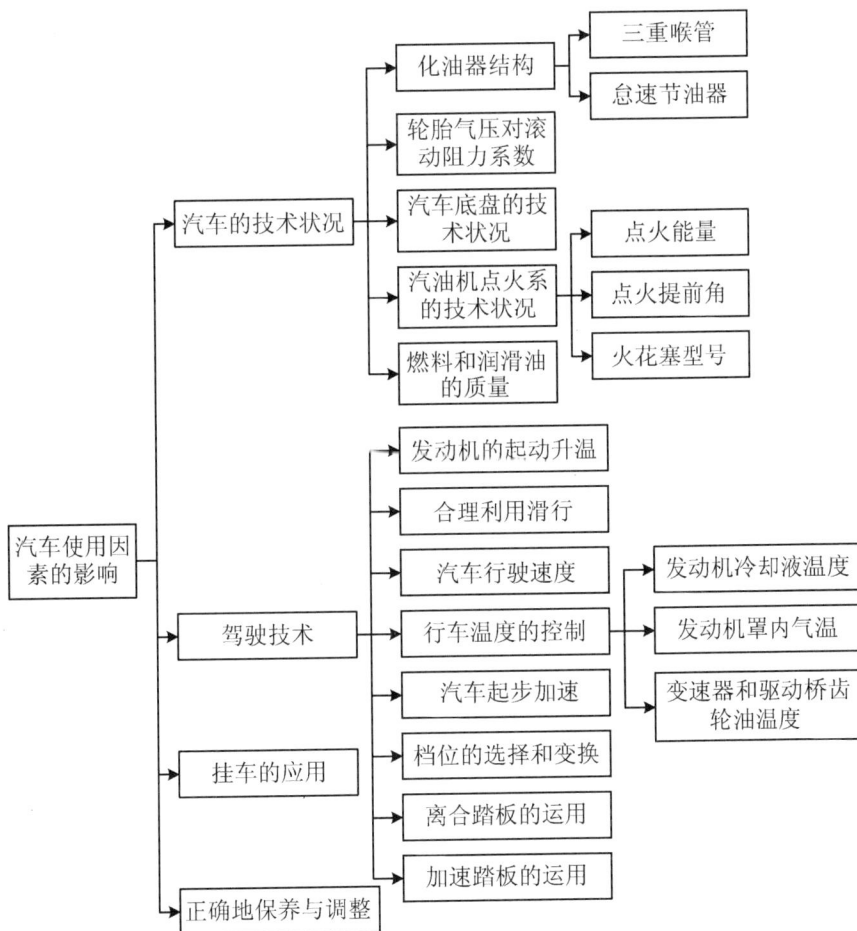

图 2-9　汽车使用因素对燃油经济性的影响

合理选用并不断改进化油器结构，对化油器进行检验和重新调整，以提供理想的混合气成分并改善混合气形成，可以提高汽车的燃油经济性。早在 20 世纪 70 年代，我国的汽车使用部门就已研制出各种化油器节油装置。其中有不少设计合理、节油效果明显，如现在广泛采用的三重喉管、怠速节油器等。

二、汽车结构的影响

汽车结构对燃油经济性的影响可以从汽车质量、发动机、传动系统等方面进行考虑,具体如图 2-10 所示。

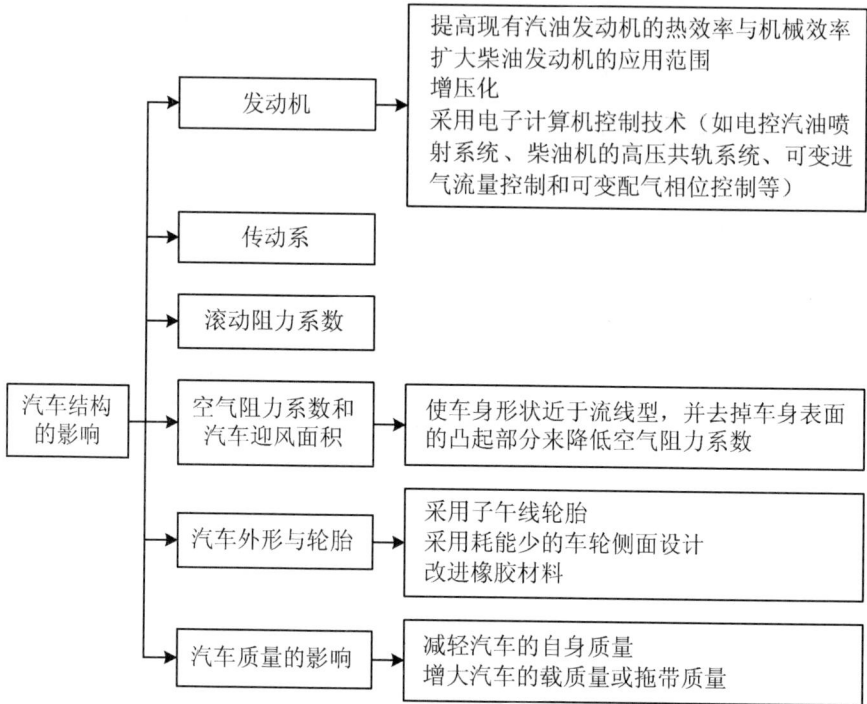

```
                           ┌─────────────────────────────────────┐
                  发动机 ──→│ 提高现有汽油发动机的热效率与机械效率  │
                           │ 扩大柴油发动机的应用范围              │
                           │ 增压化                              │
                           │ 采用电子计算机控制技术(如电控汽油喷   │
                           │ 射系统、柴油机的高压共轨系统、可变进   │
                           │ 气流量控制和可变配气相位控制等)       │
                           └─────────────────────────────────────┘
                  传动系

                  滚动阻力系数

   汽车结构                 ┌─────────────────────────────────────┐
   的影响    空气阻力系数和 ─→│ 使车身形状近于流线型,并去掉车身表面  │
             汽车迎风面积   │ 的凸起部分来降低空气阻力系数          │
                           └─────────────────────────────────────┘

                           ┌─────────────────────────────────────┐
             汽车外形与轮胎─→│ 采用子午线轮胎                      │
                           │ 采用耗能少的车轮侧面设计             │
                           │ 改进橡胶材料                        │
                           └─────────────────────────────────────┘

                           ┌─────────────────────────────────────┐
             汽车质量的影响─→│ 减轻汽车的自身质量                   │
                           │ 增大汽车的载质量或拖带质量            │
                           └─────────────────────────────────────┘
```

图 2-10　汽车结构对燃油经济性的影响

图 2-11(a)是发动机的负荷特性,图 2-11(b)中的 $A_1A_2A_3$ 曲线是"最小燃油消耗特性",例如,在某道路阻力系数 ψ 的道路上以 u'_a 速度行驶,需要发动机提供功率 P'_e。发动机可以在 $n_0,n'_e,n_1,n_2\cdots$ 多种转速及相应的多种负荷率工作,但只有在 P'_e 水平线与 A_2A_3 的交点处工作,即转速为 n'_e 和大致为 90% 负荷率工作时,燃油消耗率 b 最小。

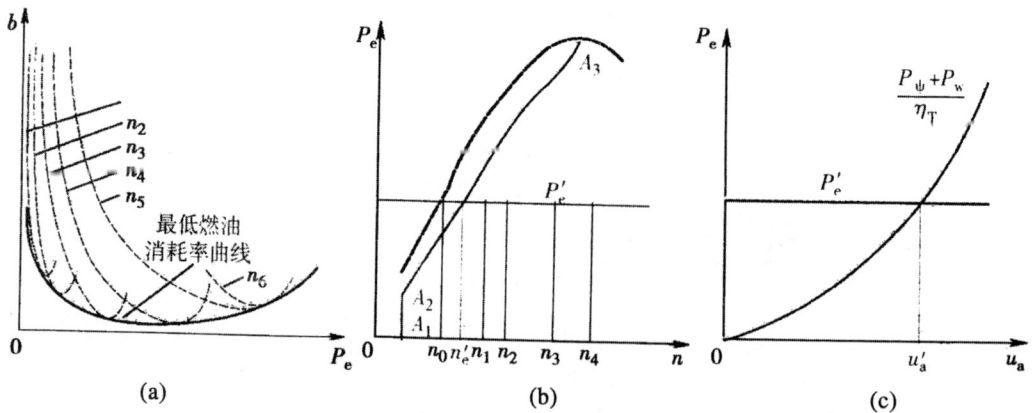

图 2-11　发动机最小燃油消耗特性的确定

有了发动机的"最小燃油消耗特性",可进一步确定无级变速器的调节特性。无级变速器的传动比 i' 与发动机转速 n 及汽车行驶速度之间有如下关系

$$i' = 0.377 \frac{nr}{i_0 u_a} = A \frac{n}{u_a} \qquad (2\text{-}17)$$

式中,A 对某一汽车而言为常数,$A = 0.377 \dfrac{r}{i_0}$。

当汽车以 u_a' 在一定道路上行驶时,根据 $P_e' = \dfrac{P_\psi + P_w}{\eta_T}$,由"最小燃油消耗特性"曲线可求出发动机经济的工作转速为 n_e'。将 u_a' 与 n_e' 代入上式,即得无级变速器应有的传动比 i'。在同一 ψ 值的道路上,不同车速时无级变速器应有的 i' 连成曲线便得到无级变速器的调节特性,见图 2-12。AB 为变速器最大传动比,ED 为最小传动比。BC 表示发动机转速为最大功率转速时,i' 与车速的关系曲线。AE 表示发动机最低转速时,i' 与车速的关系曲线。AE 与 BCD 曲线间所包含的曲线,表示在不同道路阻力下无级变速器的调速特性。

目前,在轿车上得到广泛应用的无级变速器是自动液力变速器。不过,由于液力变矩器的传动效率较低,汽车装用自动液力变速器后,燃油经济性均有所下降。但由于它具有起步平稳、操作简便、乘坐舒适性好等优点而受到人们欢迎。

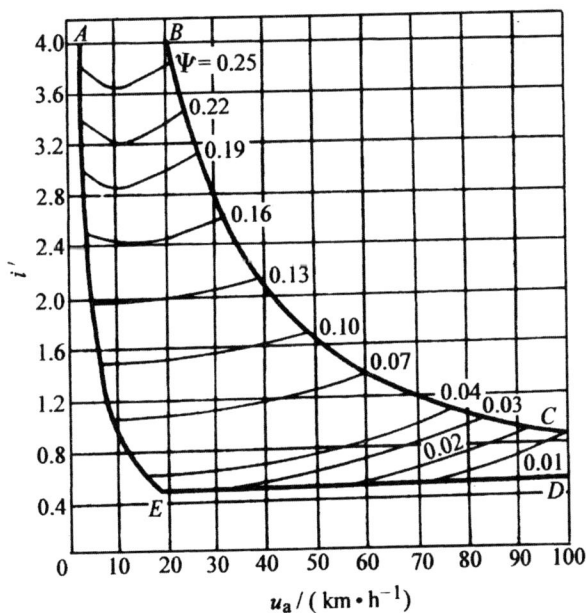

图 2-12　无级变速器的调速特性

采用机械无级变速器(CVT),可进一步提高汽车燃油经济性。目前,全世界有超过 50 多个汽车品牌装用了 CVT,年产 CVT 汽车超过 100 万辆。钢带式无级变速器的工作原理如图 2-13 所示。

近年来出现了与液力变矩器共同工作的双模式(Dual Mode)无级变速器-液力变矩器在一般行驶中处于脱离状况,只在起步时工作。图 2-14 是 1.6L Ford Escort 轿车上采用的这种变速器示意图。双模式无级变速器不仅起步性能良好,汽车燃油经济性也得到进一步改善。

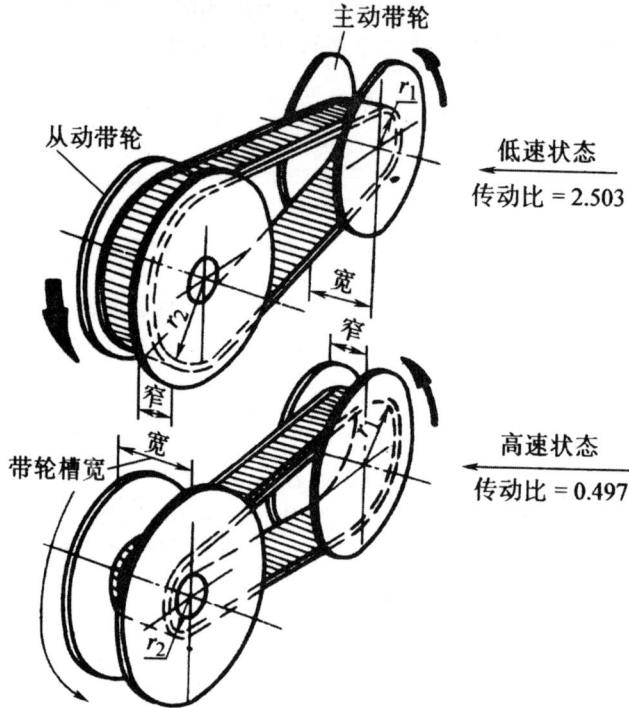

图 2-13 钢带式无级变速器工作原理

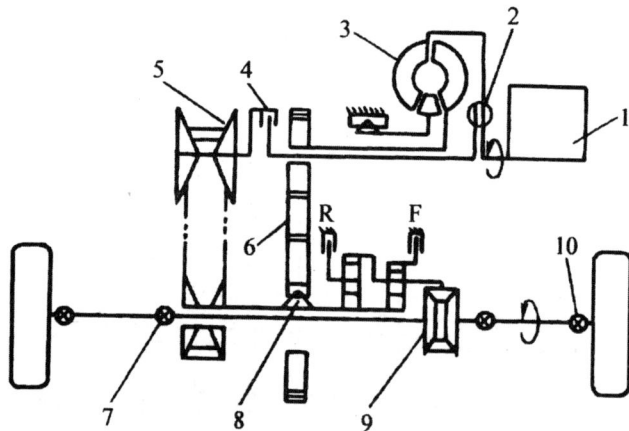

图 2-14 双模式无级变速器

1—发动机；2—扭转减振器；3—液力变矩器；4—转换离合器；5—变速带轮；
6—转换链传动；7—内等速万向节；8—超越离合器；9—差速器；10—外等速万向节

从汽车的外形与轮胎方面进行考虑，提高汽车燃油经济性的最有效方法就是降低 C_D 值。图 2-15 是 Audi 100 轿车通过变动车身形状而具有不同 C_D 值时的试验结果。

美国通用公司试验场资料表明，装有典型美国汽油发动机的小轿车，滚动阻力对油耗的影响如图 2-16（a）所示。由图可知，其数值为滚动阻力每减小 1N，燃油消耗量减少 0.01L/100km，或估算为 f 减少 10%，省油 0.6%～1.2%。

汽车对轮胎的要求很高，目前公认采用子午线轮胎可节油 6%～8%。图 2-16（b）为东风

5t 载货汽车 EQ-140 装用不同轮胎时的等速百公里燃油消耗量曲线。

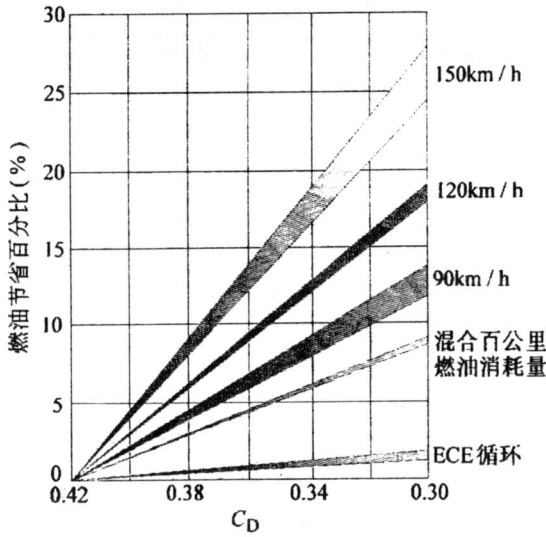

图 2-15　C_D 值降低导致的燃油节省程度

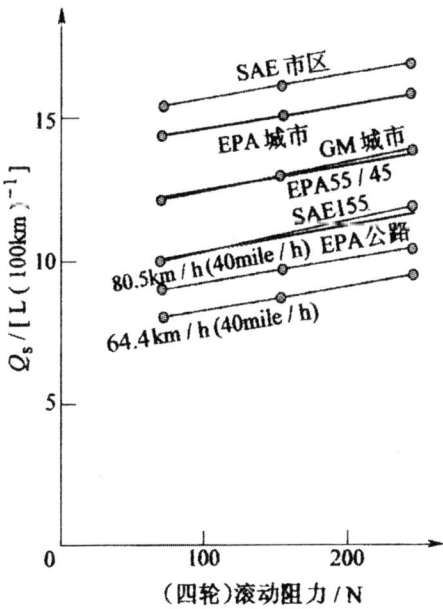

(a)滚动阻力与燃油消耗量的关系

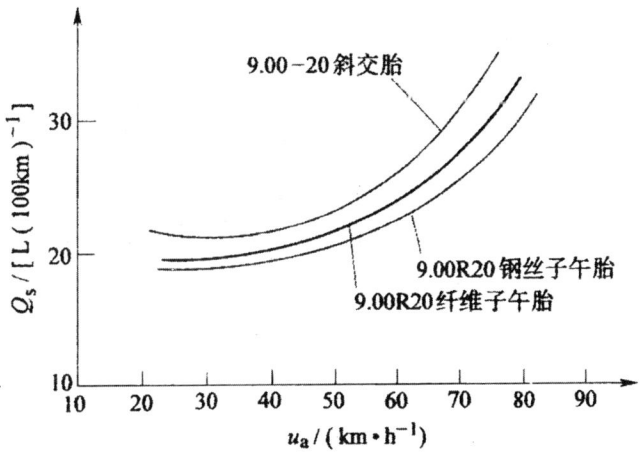

(b)东风5t载货汽车EQ-140装用不同轮胎时的
等速百公里燃油消耗量曲线

图 2-16　滚动阻力及不同轮胎与燃油消耗量的关系

第三章　汽车的制动性

第一节　制动性的评价指标

评价汽车的制动性[①]一般用三个方面的指标：制动效能、制动效能的恒定性和制动时汽车的方向稳定性。

一、制动效能

制动效能包括汽车的制动距离、制动减速度和制动力。表 3-1 为几种车型的汽车在良好路面上以 100km/h 初速度制动到停车时驶过的距离。表 3-2 为 GB 7258—2012 机动车运行安全技术条件对应急制动性能的要求。

表 3-1　汽车在良好路面上以 100km/h 初速度制动到停车时驶过的距离

车型	制动距离/m
捷达	48.8
别克 GL8	45.8
桑塔纳 2000	45.0
帕萨特	43.9
奥迪 A6 1.8T	42.3
宝来 1.8T	40.0
宝马 745i	37.1

表 3-2　应急制动性能要求

机动车类型	制动初速度 /km·h⁻¹	制动距离 /m	充分发出的平均减速度 /m·s⁻²	允许操纵力不应大于/N	
				手操纵	脚操纵
乘用车	50	≤38.0	≥2.9	400	500
客车	30	≤18.0	≥2.5	600	700
其他汽车（三轮汽车除外）	30	≤20.0	≥2.2	600	700

[①]　汽车的制动性是指强制汽车在短距离内减速、停车、控制下坡速度且维持行驶方向的稳定性和保证汽车较长时间停放在斜坡上的能力。

二、制动效能的恒定性

制动效能的恒定性主要是指汽车制动器的抗衰退性能,它包括抗热衰退性能和抗水衰退性能。制动过程实质上是把汽车行驶的动能通过制动器吸收转换为热能,所以造成制动器温度升高,摩擦副摩擦系数下降,制动力降低,难以保持在冷态时的制动效能。在制动热衰退试验中规定,汽车在制动时,要求剩余制动效能不低于规定值的80%。例如解放 CA141 汽车在制动时,剩余制动效能为规定值的 81.1%,符合相关规定。

制动效能降低的程度用热衰退率 η_t 表示:

$$\eta_t = \frac{j_{冷} - j_{热}}{j_{冷}} \times 100\% = \frac{s_{热} - s_{冷}}{s_{热}} \times 100\% \tag{3-1}$$

式中,$j_{冷}$ 为制动器在冷态(制动起始温度在 100℃以下)的制动减速度(m/s²);$j_{热}$ 为制动器在温度升高以后的制动减速度(m/s²);$s_{冷}$ 为制动器在冷态(制动起始温度在 100℃以下)的制动距离(m);$s_{热}$ 为制动器在温度升高以后的制动距离(m)。

另外,如何在使用过程中正确应对不可避免的热衰退的发生也成为汽车应用人员要掌握的主要问题。

抗水衰退性能是指汽车在潮湿的情况下或涉水行驶后,制动效能保持的程度。在上述情况下,由于制动器表面水膜的作用,造成摩擦系数降低,制动力减小。由于制动器初次制动的温度在 100℃以上,因此在使用过程中可以通过踩制动踏板来解决水衰退问题。有些汽车在设计时通过打孔来增加汽车制动时的抗水衰退性,如图 3-1 所示。

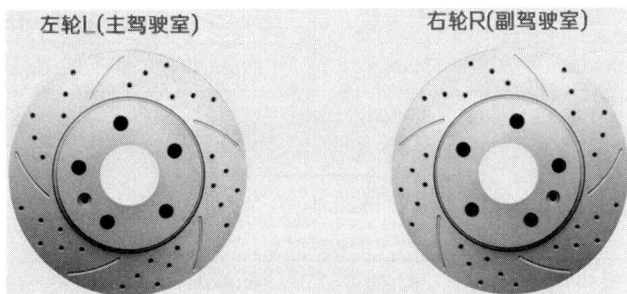

图 3-1　制动盘打孔设计提高抗水衰退性

三、制动时方向稳定性

制动时汽车行驶的方向稳定性是指制动时汽车按给定路径行驶的能力。若制动时发生跑偏、侧滑或失去转向能力,则汽车将偏离原来的路径。

表 3-3 和表 3-4 分别为我国二轴式汽车(GB 7258—2012《机动车运行安全技术条件》)和一些国家轿车制动规范对行车制动性的部分要求。

表3-3　GB 7258—2012《机动车运行安全技术条件》对各类汽车行车制动性能的要求

类型	制动初速度/km·h⁻¹	满载检验制动距离要求/m	空载检验制动距离要求/m	满载检验充分发出的平均减速度/m·s⁻²	空载检验充分发出的平均减速度/m·s⁻²	制动稳定性要求车辆任何部位不得超出的试车道宽度/m
三轮汽车	20	≤5.0		≥3.8		2.5
乘用车	50	≤20.0	≤19.0	≥5.9	≥6.2	2.5
总质量不大于3.5t的低速货车	30	≤9.0	≤8.0	≥5.2	≥5.6	2.5
其他总质量不大于3.5t的汽车	50	≤22.0	≤21.0	≥5.4	≥5.8	2.5
其他汽车、汽车列车	30	≤10.0	≤9.0	≥5.0	≥5.4	3.0

表3-4　一些国家轿车制动规范对行车制动性能的要求

国家\\项目	中国ZBT 24007—1989	中国GB 7258—2012	瑞典F18	美联邦135	欧共体(EEC)
试验路面	干混凝土路面	$\phi \geq 0.7$	$\phi \geq 0.8$	Skid No81	附着良好
载重	满载	任何载荷	任何载荷	轻载、满载	满载
制动初速	80km/h	50km/h	80km/h	96.54km/h	80km/h
制动时的稳定性	不许偏出3.7m通道	不许偏出2.5m通道	不抱死跑偏	不抱死跑偏3.66m	不抱死跑偏
制动距离或制动减速度	≤50.7m	≤20m 或 ≥5.9m/s²	≥5.8m/s²	≤65.8m	≤50.7m 或 ≥5.8m/s²
踏板力	<500N	<500N	<490N	66.7～667N	<490N

第二节　制动时车轮的受力

　　汽车受到与行驶方向相反的外力时,才能从一定的速度制动到较小的车速或直至停车。这个外力称之为地面制动力。下面分析一个车轮在制动时的受力状况,以说明影响汽车地面制动力的主要因素。

一、地面制动力与制动器制动力

　　图3-2画出了在良好的硬路面上制动时车轮的受力情况。其中,T_μ是车轮制动器中摩擦

片与制动鼓或盘相对滑转时的摩擦力矩,单位为 N·m;F_{Xb} 是地面制动力,单位为 N;W 为车轮垂直载荷、T_P 为车轴对车轮的推力、F_Z 为地面对车轮的法向反作用力,它们的单位均为 N。

显然,从力矩平衡得到

$$F_{Xb} = \frac{T_\mu}{r} \tag{3-2}$$

式中,r 为车轮半径,m。

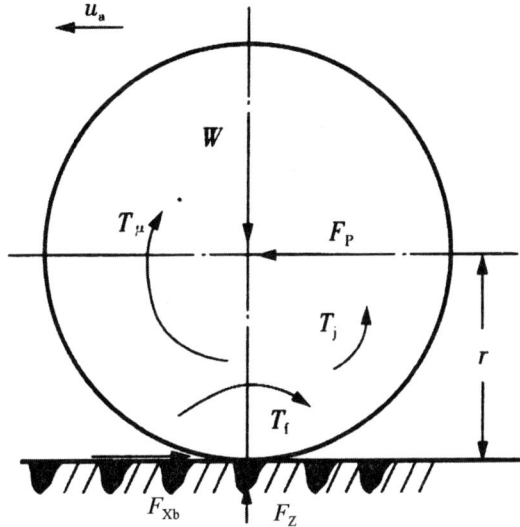

图 3-2　车轮在制动时的受力情况

在轮胎周缘为了克服制动器摩擦力矩所需的力称为制动器制动力,以符号 F_μ 表示,用下式进行表示

$$F_\mu = \frac{T_\mu}{r} \tag{3-3}$$

式中,T_μ 为制动器的摩擦力矩,N·m。

由式(3-3)可知,制动器制动力仅由制动器结构参数所决定。图 3-3 是试验得到的某四座轿车的制动器制动力与踏板力的关系曲线。

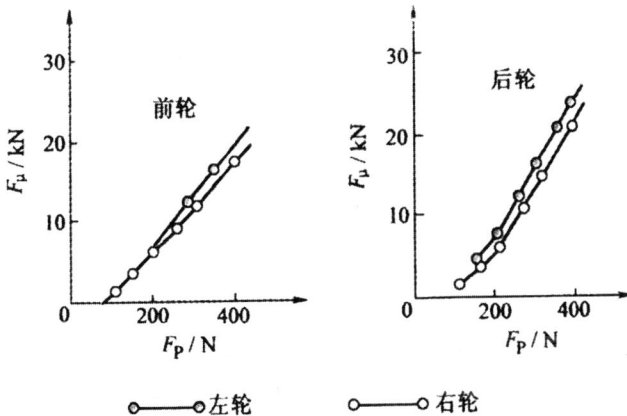

图 3-3　制动器制动力与制动踏板力的关系曲线

在制动时,车轮滚动时的地面制动力就等于制动器制动力,且随踏板力增长成正比地增长(图 3-4)。但地面制动力是滑动摩擦的约束反力,它的值不能超过附着力,即

$$F_{Xb} \leqslant F_\varphi = F_Z \varphi \qquad (3-4)$$

或最大地面制动力 F_{Xbmax} 为

$$F_{Xbmax} = F_Z \varphi \qquad (3-5)$$

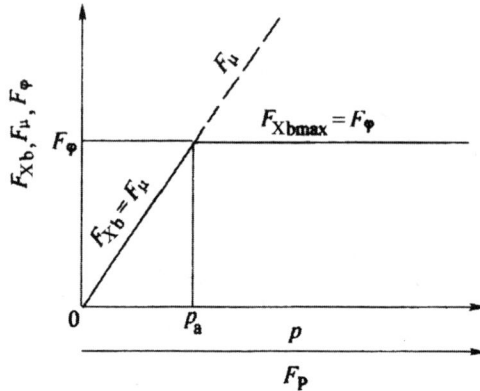

图 3-4　制动过程中地面制动力、制动器制动力及附着力的关系

二、硬路面上的附着系数

汽车的制动过程实际上并不只包含滚动和抱死拖滑两种状态,而是从车轮滚动到边滚边滑、再到抱死拖滑的一个渐变的连续过程。图 3-5 是汽车制动过程中逐渐增大踏板力时轮胎留在地面上的印痕。

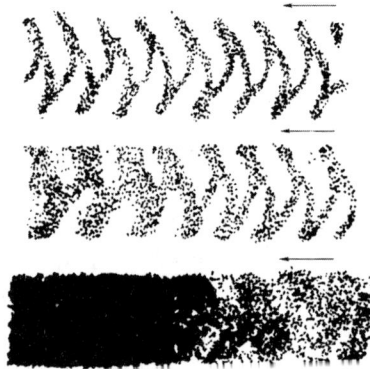

图 3-5　制动时轮胎留在地面上的印痕

若令地面制动力与垂直载荷之比为制动力系数 φ_b,则在不同滑动率时,φ_b 的数值不同。图 3-6 给出了试验所得的制动力系数曲线,即 φ_b-s 曲线。曲线在 OA 段近似于直线,随 s 的增加而迅速增大;过 A 点后上升缓慢,至 B 点达到最大值。制动力系数的最大值称为峰值附着系数 φ_p,一般出现在 $s = 15\% \sim 20\%$。滑动率再增加,制动力系数有所下降,直至滑动率为 100%。$s = 100\%$ 的制动力系数称为滑动附着系数 φ_s,在干燥路面上,φ_p 与 φ_s 的差别较小,而在湿路面差别较大。若令 $\gamma = \varphi_s / \varphi_p$,则 γ 在 $1/3 \sim 1$ 之间。

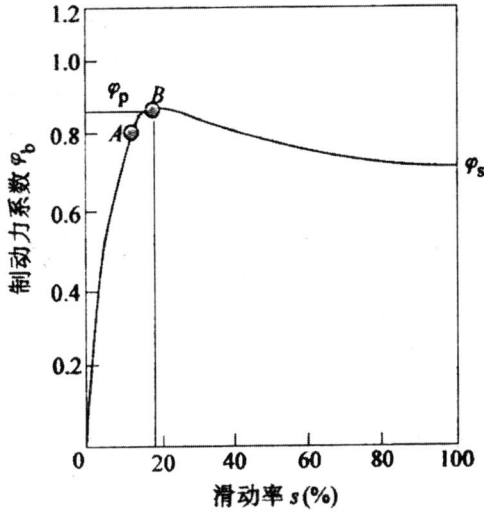

图 3-6　φ_b-s 曲线示意图

　　实际行驶中制动时,轮胎常常受到侧向力而侧偏或发生侧滑现象。图 3-7 中给出了试验得到的、有侧向力作用而发生侧偏时的制动力系数 φ_b、侧向力系数 φ_l 与滑动率 s 的关系曲线。侧向力系数为侧向力与垂直载荷之比。

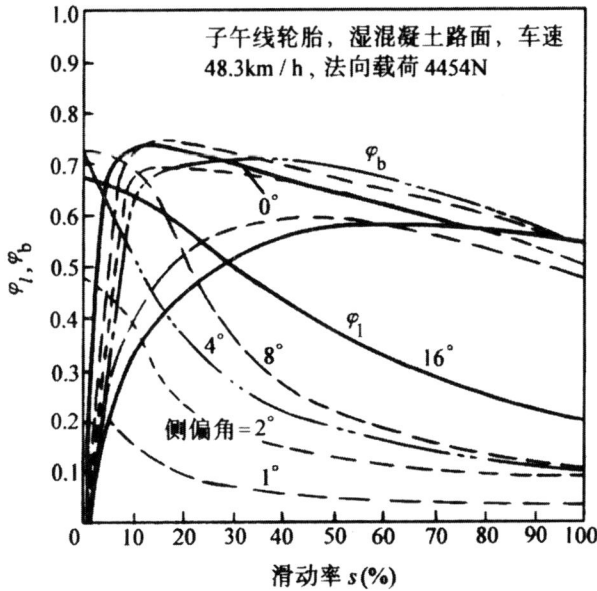

图 3-7　有侧偏时的 φ_b-s、φ_l-s 曲线

　　附着系数的数值主要决定于道路的材料、路面的状况与轮胎结构、胎面花纹、材料以及汽车运动的速度等因素。图 3-8 是一 7.75-14 斜交轮胎在各种路面上的 φ_b-s 曲线。图 3-9 是车速对货车轮胎 φ_b-s 曲线的影响。表 3-5 是各种路面上的平均附着系数。图 3-10 是日本各地潮湿沥青路面滑动附着系数的分布情况,可以看出附着系数的分散性。

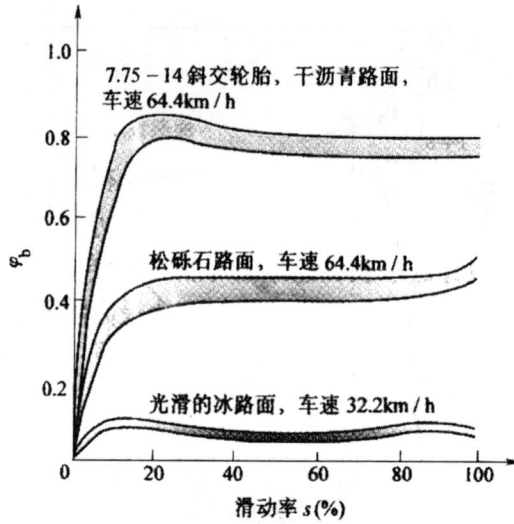

图 3-8　各种路面上的 φ_b-s 曲线

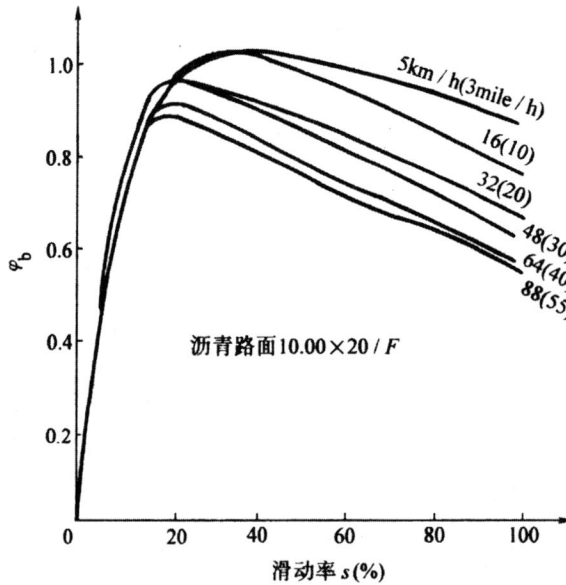

图 3-9　车速对制动力系数 φ_b-s 曲线的影响

表 3-5　各种路面上的平均附着系数

路面	峰值附着系数	滑动附着系数	路面	峰值附着系数	滑动附着系数
沥青或混凝土（干）	0.8～0.9	0.75	土路（干）	0.68	0.65
沥青（湿）	0.5～0.7	0.45～0.6	路（湿）	0.55	0.4～0.5
混凝土（湿）	0.8	0.7	雪（压紧）	0.2	0.15
砾石	0.6	0.55	冰	0.1	0.07

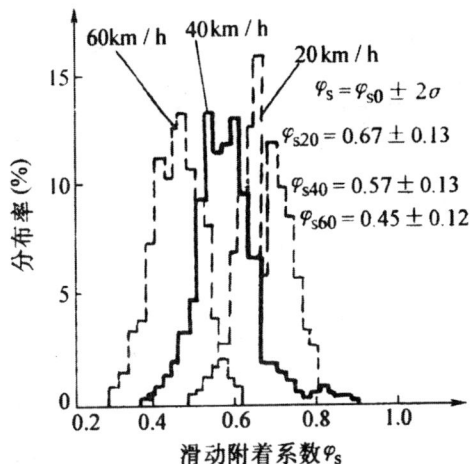

图 3-10　三种车速下日本各地潮湿沥青路面滑动附着系数的分布

图 3-11 是三种胎面花纹的轮胎在四种潮湿路面上测得的 φ_p 与 φ_s 值。可以看出,车速对附着系数的影响也不小。但在排水能力强的石英岩路面上,不同胎面的差别很小。

当然,轮胎的磨损会影响它的附着能力。随着胎面花纹深度的减小,它的附着系数将有显著下降。

路面的结构对排水能力当然也有很大影响。为了增加潮湿时的附着能力,路面的宏观结构应具有一定的不平度而有自动排水的能力;路面的微观结构应是粗糙且有一定的尖锐棱角,以穿透水膜,让路面与胎面直接接触。

增大轮胎与地面的接触面会提高附着能力。因此,低气压、宽断面和子午线轮胎的附着系数较一般轮胎高。

汽车行驶时可能遇到滑水这种附着能力很小的危险情况。轮胎在有积水层的路面上滚动时,其接触面如图 3-12 所示分为三个区域:A 区是水膜区,C 区是胎面与路面直接接触产生附着力的主要区域,B 区是 A 区与 C 区的过渡区,是部分穿透的水膜。轮胎低速滚动时,由于水的粘滞性,接触面前部的水需要一定时间才能挤出,所以接触面中轮胎胎面的前部将越过楔形水膜即 A 区滚动。车速提高后,由于水的惯性,接触区的前部水中产生动压力,该压力使胎面与地面分开,即随着车速的增加,A 区水膜在接触区中向后扩展,B、C 区相对缩小;在某一车速下,轮胎将完全漂浮在水膜上面而与路面毫不接触,B、C 区不复存在。这就是滑水现象。

根据流体动力学的原理确定发生滑水现象的车速,可设动水压力的升力 F_h 与轮胎接地面积 A、水密度 ρ 及车速 u_a 的平方成正比,即

$$F_h \propto \rho A u_a^2$$

出现滑水现象时,动水压力的升力分量等于作用于轮胎的垂直载荷。因此,刚出现滑水的车速与平均接地压力 W/A 的平方根值成正比。据此,Home 等根据试验数据给出下式来估算滑水车速,单位为 km/h。

$$u_h = 6.34 \sqrt{p_i} \tag{3-6}$$

式中,p_i 为轮胎充气气压,kPa。

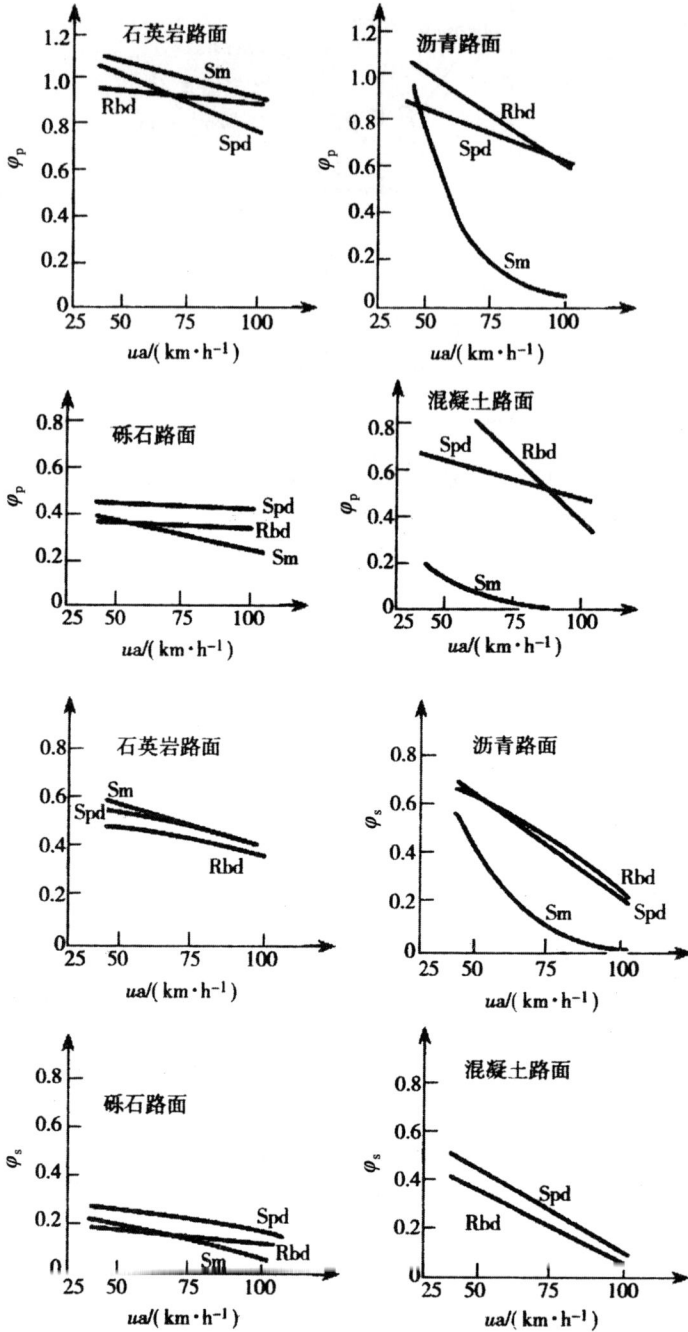

图 3-11　三种胎面在四种潮湿路面上的 φ_p 与 φ_s 值

Sm—无花纹光胎面；Rbd—有沟槽胎面；Spd—有沟槽且有小切缝的胎面

　　对于一般胎面花纹的轮胎，在水层深度小于胎面沟深时，滑水车速的估算更为复杂。图 3-13 中还给出了实际测得的一些轮胎滑水车速。

　　图 3-14 是两种轿车轮胎在不同水层深度下滑动附着系数与车速的关系曲线。由图可见，车速为 100km/h，水膜厚度为 10mm 时，滑动附着系数接近于零，即已发生了滑水现象。

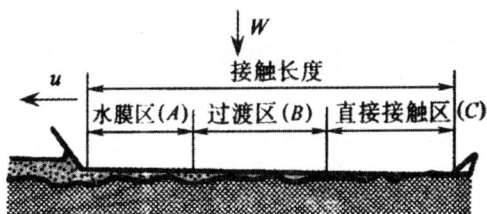

图 3-12 路面有积水层时轮胎接地面中的三个区域

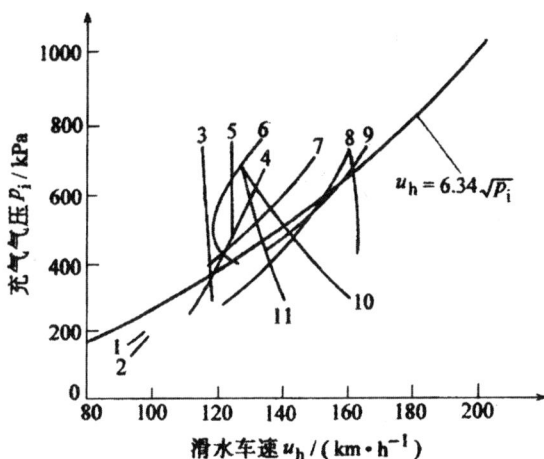

图 3-13 滑水车速与轮胎气压的关系

1—165SR13；2—645-13；3—磨耗的 1100-20 纵向花纹；4—磨耗的 1100-20 横向花纹；
5—磨耗的 750-16 纵向花纹；6—磨耗的 750-16 横向花纹；7—1000-20 子午胎；
8—750-16 横向花纹；9—750-20 纵向花纹；10—1000-20 横向花纹；11—1000-20 纵向花纹

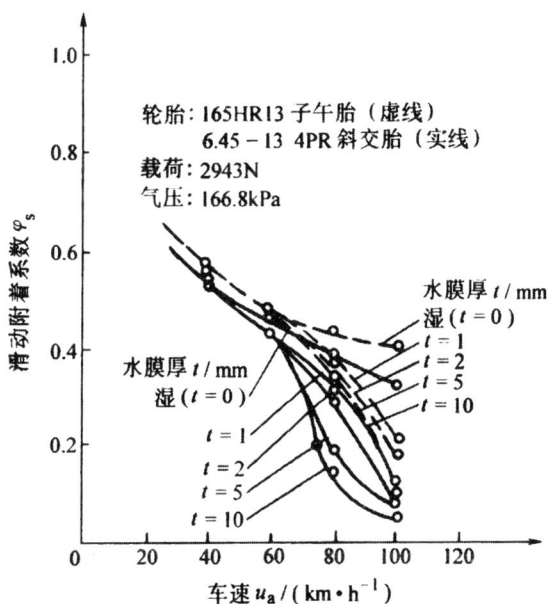

图 3-14 轿车轮胎在不同水层深度下滑动附着系数与车速的关系曲线

第三节　汽车的制动效能及其恒定性

汽车的制动效能是指汽车迅速降低车速直至停车的能力。评定制动效能的指标是制动减速度 a_b 和地面制动力 F_{Xb}。

一、制动效能的评价指标

(一)地面制动力

地面制动力:

$$F_{Xb} = \varphi_b G \tag{3-7}$$

式中,G 为汽车的总重力,单位为 N;φ_b 为制动力系数。

(二)制动减速度

在不同路面上,汽车所能达到的制动减速度 a_{bmax}(m/s^2)为

$$a_{bmax} = \varphi_b g \tag{3-8}$$

若存在汽车的前、后轮同时抱死,则制动减速度为

$$a_{bmax} = \varphi_s g \tag{3-9}$$

若汽车装有理想的自动防抱死装置,则制动减速度为

$$a_{bmax} = \varphi_p g \tag{3-10}$$

但汽车制动时,一般不希望任何车轴上的制动器抱死,故 a_{bmax} 将小于 $\varphi_s g$。

二、制动距离的分析

为了分析制动距离,需全面了解制动过程;如图 3-15 所示是驾驶员在接受了紧急制动信号后,制动踏板力、汽车制动减速度与制动时间的关系曲线。图 3-15(a)是实际测得的曲线。图 3-15(b)是经过简化后的曲线。

在制动器起作用阶段,汽车驶过的 S_2 估算如下。

在 t_2' 时间内

$$S_2' = u_0 t_2'$$

式中,u_0 为起始制动车速。

在 t_2'' 时间内,制动减速度呈线性增长,即

$$\frac{du}{dt} = kt$$

式中,$k = \dfrac{a_{bmax}}{t_2''}$,故

$$\int du = \int kt\, dt$$

求解这个积分等式。$t=0$ 时(如图 3-15 所示的 c 点),$u=u_0$,故

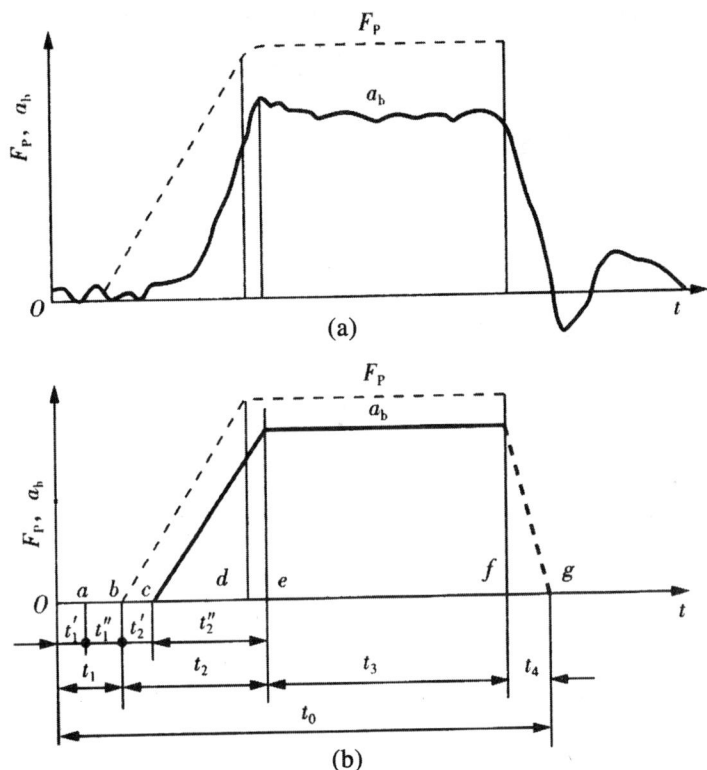

图 3-15　汽车的制动过程

$$u = u_0 + \frac{1}{2}kt^2$$

在 t_2'' 时的车速为

$$u_e = u_0 + \frac{1}{2}kt^2$$

又因

$$u = \frac{\mathrm{d}S}{\mathrm{d}t} = u_0 + \frac{1}{2}kt^2$$

所以

$$\int \mathrm{d}S = \int \left(u_0 + \frac{1}{2}kt^2 \right) \mathrm{d}t$$

而 $t=0$ 时（如图 3-15 所示的 c 点），$S=0$，故

$$S_2 = u_0 t - \frac{1}{6}kt^3$$

在 t_2'' 内汽车驶过的距离为

$$S_2'' = u_0 t_2'' - \frac{1}{6}a_{\mathrm{bmax}}t_2''^2$$

因此，在 t_2 时间内的制动距离为

$$S = S_2' + S_2'' = u_0 t_2' + u_0 t_2'' - \frac{1}{6}a_{\mathrm{bmax}}t_2''^2$$

在持续制动阶段,汽车以 a_{bmax} 作匀减速运动,其初速度为 u_e,速度为零,故

$$S_3 = \frac{u_e^2}{2a_{bmax}}$$

将 $u_e = u_0 - \frac{1}{2}a_{bmax}t_2''$ 代入上式,得

$$S_3 = \frac{u_0^2}{2a_{bmax}} - \frac{u_0 t_2''}{2} + \frac{a_{bmax} t_2''^2}{8}$$

故总制动距离

$$S = S_2 + S_3 = \left(t_2 + \frac{t_2''}{2}\right)u_0 + \frac{u_0^2}{2a_{bmax}} - \frac{a_{bmax} t_2''^2}{24}$$

由于 t_2'' 很小,故略去 $\frac{a_{bmax} t_2''^2}{24}$,取车速的单位为 km/h,制动距离的单位为 m,则上式可写成

$$S = \frac{1}{3.6}\left(t_2' + \frac{t_2''}{2}\right)u_{a0} + \frac{u_{a0}^2}{25.92 a_{bmax}} \tag{3-11}$$

三、制动效能的恒定性

当汽车连续下坡制动时会导致制动时间较长,温升很快,摩擦力矩显著下降,从而使汽车失去制动能力。例如,八达岭高速公路某段由于坡度较大和坡长较长致使很多交通事故发生,这段高速公路被驾驶人称为"死亡谷"。因此山区行驶的货车和高速行驶的轿车,对抗热衰退性能有更高的要求。一些国家规定,大型货车必须装备辅助制动器(如缓速器),以保持山区行驶的制动效能。缓速器作为车辆的辅助制动部件,称为"第四制动器"。目前缓速器的应用在发达国家已非常广泛。

(一)摩擦片的材料及摩擦系数

一般制动器的制动鼓、制动盘由铸铁制成,而摩擦片由石棉、半金属和陶瓷等几种材料制成。如保时捷 911 采用了特殊的陶瓷制动盘,表 3-6 为保时捷 911 与雷克萨斯 SC430 在制动时的各项指标对比。

表 3-6　保时捷 911 与雷克萨斯 SC430 比较表

对比项	保时捷 911 冷/热	雷克萨斯 SC430 冷/热
制动距离/m	34.1/34.1	39.4/44.3
a_{bmax}/m·s^{-2}	11.3/11.3	9.8/8.7
前轮温度/℃	228/480	180/685
后轮温度/℃	214/278	118/365

(二)制动器的结构形式

制动器的抗热衰退性能不仅受摩擦材料摩擦系数下降的影响,而且同制动器的结构形式有密切关系。常用制动器效能因数 K_{ef} 与摩擦系数 μ 的关系曲线来说明各种类型制动器的效

能及其稳定程度。制动器效能因数是指单位制动泵推力 F_{pu} 所产生的制动器摩擦力 F，即

$$K_{ef} = \frac{F}{F_{pu}} \tag{3-12}$$

式中，$F = T_{\mu}/r$，r 为制动鼓半径。

图 3-16 所示是具有典型尺寸的各种形式制动器制动效能因数与摩擦系数的关系曲线。同时盘式制动器和鼓式制动器相比，反应时间短且不会因为热膨胀而增加制动间隙。因此，盘式制动器已普遍用做轿车的前制动器，用做轿车后制动器的也不少；目前各种吨位的货车，包括重型货车（行驶于公路上做长途运输的）、牵引车采用盘式制动器的也日益增多。

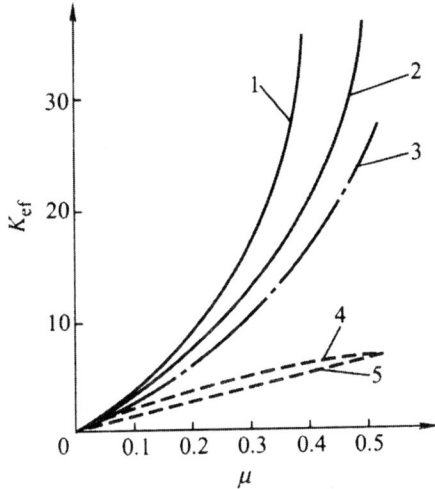

图 3-16　制动效能因数曲线
1—双向自动增力蹄制动器；2—双领蹄制动器；
3—领、从蹄制动器；4—双从蹄制动器；5—盘式制动器

图 3-17 所示是一辆装有自动增力蹄式制动器的轿车在不同起始车速制动时的汽车减速度曲线。起始车速低时，制动很灵，减速度达到 $0.8 \sim 0.9g$。起始车速增加后，由于摩擦片的热衰退效应，制动减速度越来越小。起始车速为 119km/h 时，制动减速度仅达 $0.25g$。这个试验结果突出地反映了自动增力蹄式制动器制动效能的不恒定。

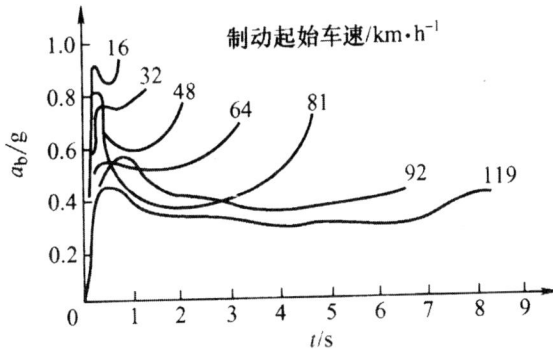

图 3-17　起始车速对制动减速度的影响

对四轮都装有盘式制动器的奔驰 600 轿车进行制动试验，测得的数据见表 3-7。

表 3-7　四轮都装有盘式制动器的奔驰 600 轿车制动试验数据

起始制动车速/km·h⁻¹	制动减速度/m·s⁻²
50	8.5～8.9
80	8.3～8.6
100	7.8～8.5
120	7.3～7.7

结果表明,起始车速提高后,汽车的制动减速度下降很小。这个试验结果突出地反映了盘式制动器制动效能的恒定性。

制动盘容易散热、热膨胀后使摩擦片与制动盘压得更紧、涉水后水恢复性能好等是盘式制动器能够保持较恒定的制动效能的原因。

第四节　制动时汽车的方向稳定性

在对汽车实施制动过程中,有时会出现制动跑偏、后轴侧滑或前轮失去转向能力等现象,从而造成汽车失去控制而离开原来的行驶方向。图 3-18 画出了单纯制动跑偏和由跑偏引起后轴侧滑时轮胎留在地面上的印迹的示意图。

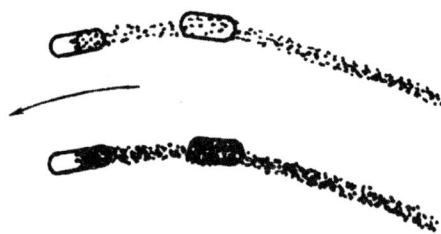

(a)制动跑偏时轮胎在地面上留下的印迹

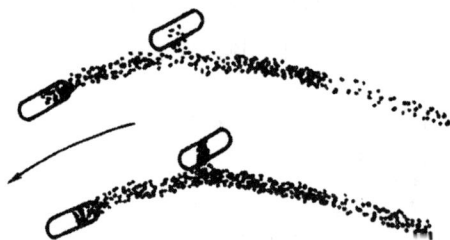

(b)制动跑偏引起后轴轻微侧滑时轮胎留在地面上的印迹

图 3-18　制动时汽车跑偏的情形

如图 3-19 所示,失去转向能力和后轴侧滑也是有联系的,一般如果汽车后轴不会侧滑,前轮就可能失去转向能力;后轴侧滑,前轮常仍有转向能力。制动跑偏、侧滑与前轮失去转向能力是造成交通事故的重要原因。根据对侧滑事故的分析,发现有 50% 是由制动引起的。

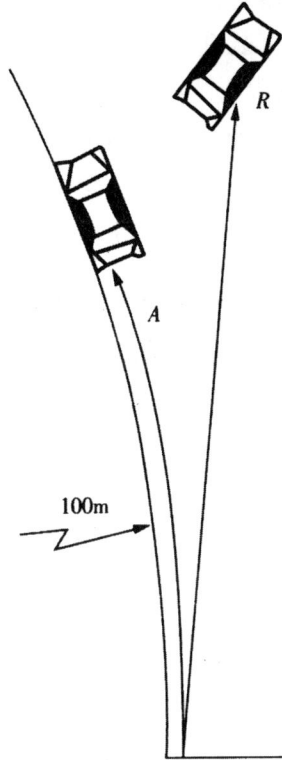

图 3-19　制动时汽车失去转向能力的情形

一、汽车的制动跑偏

制动时汽车跑偏的原因有两个,包括汽车左右轮的制动力不相等和制动时导向杆和转向拉杆不协调。图 3-20 给出了由于转向轴左、右车轮制动力不相等而引起跑偏的受力分析。为了简化,设前左轮的制动器制动力大于前右轮,故地面制动力 $F_{X11} > F_{X1r}$。此时,前、后轴分别受到的地面侧向反作用力为 F_{Y1} 和 F_{Y2}。显然,F_{X11} 绕主销的力矩大于 F_{X1r} 绕主销的力矩,产生跑偏现象。同时,由于主销有后倾,也使 F_{Y1} 对转向轮产生一同方向的偏转力矩,这样也增大了向左转动的角度。

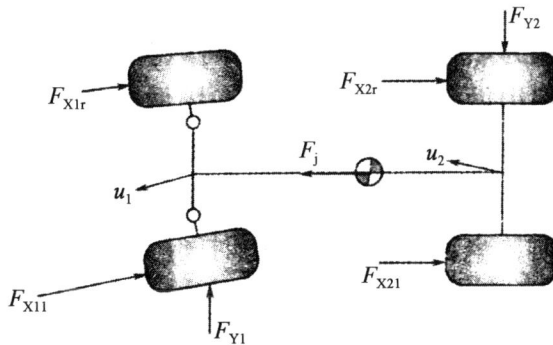

图 3-20　制动跑偏时的受力图

在轿车上做了专门的试验来观察左、右车轮制动力不相等的程度对制动跑偏的影响。

试验车的前轴左、右车轮制动泵装有可以调节液压的限压阀,以产生不同的制动器制动力。后轴上也装有一个可调节的限压阀,以改变前、后轴制动力之比,使汽车在制动时产生后轴车轮抱死与不抱死两种工况。转向盘可以锁住。左、右车轮制动力之差用不相等度表示,即

$$\Delta F_{\mu r} = \frac{F_{\mu b} - F_{\mu l}}{F_{\mu b}} \times 100\% \tag{3-13}$$

式中,$F_{\mu b}$为大的制动器制动力;$F_{\mu l}$为小的制动器制动力。

我国 GB 7258—2004 规定,前轴的不相等度不应大于 20%,后轴的不应大于 24%。

试验的结果用车身横向位移和汽车的偏航角来表示。

试验结果示于图 3-21 和图 3-22。由图可见,制动跑偏随着 $\Delta F_{\mu r}$ 的增加而增大;当后轮抱死时,跑偏的程度加大。

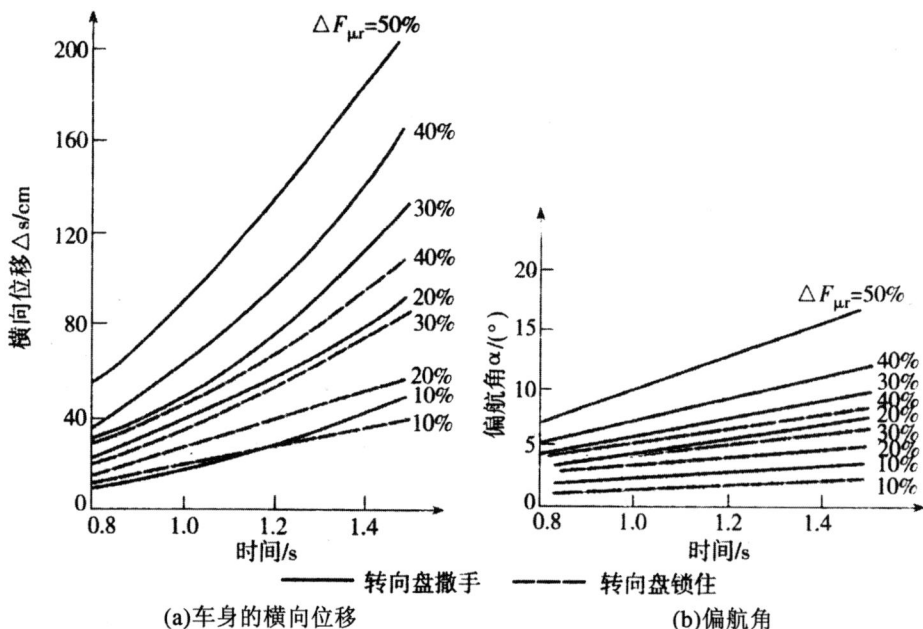

图 3-21 后轮未抱死时制动器制动力不相等度 $\Delta F_{\mu r}$ 对制动跑偏的影响(起始车速为 62.7km/h)

造成跑偏的第二个原因是悬架导向杆系与转向系拉杆发生运动干涉,且跑偏的方向不变。例如,图 3-23 给出了货车的前部简图。在紧急制动时,由于球头销又连接在转向纵拉杆上,致使转向节臂相对于主销作向右的偏转,造成汽车跑偏。后来改进了设计,使转向节上节臂处球头销位置下移,在前钢板弹簧扭转相同角度时,球头销位移量减少,转向节偏转也减少;同时增加了前钢板弹簧的刚度,从而基本上消除了跑偏现象。

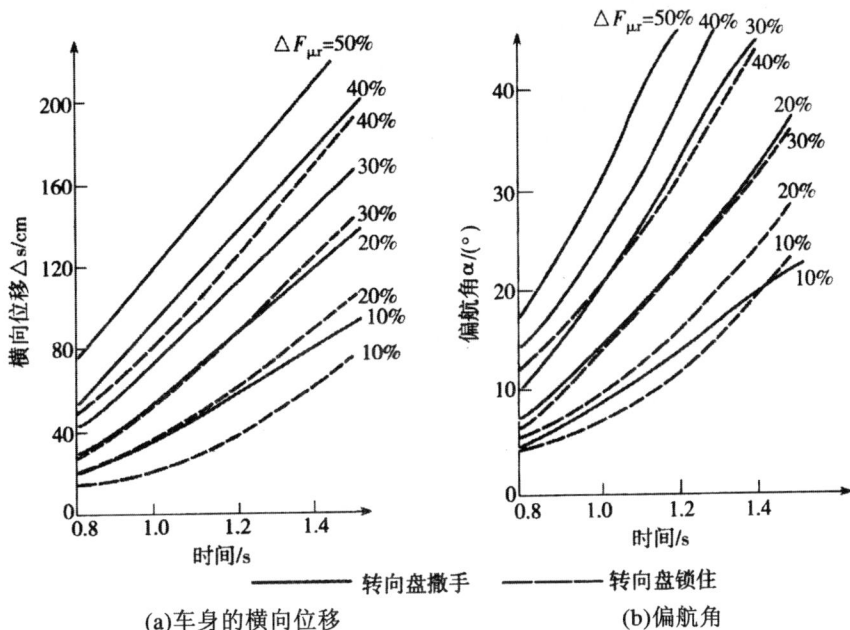

(a)车身的横向位移   (b)偏航角

图 3-22 后轮抱死时 $\Delta F_{\mu r}$ 对制动跑偏的影响(起始车速为 62.7km/h)

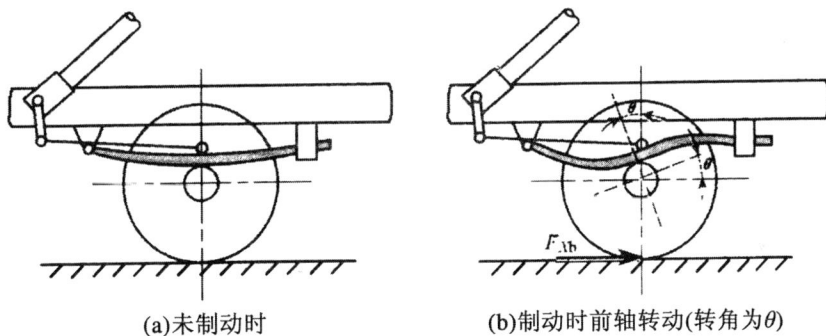

(a)未制动时   (b)制动时前轴转动(转角为θ)

图 3-23 悬架导向杆系与转向系拉杆在运动学上的不协调引起的制动跑偏

二、制动时后轴侧滑与前轴转向能力的丧失

直线行驶制动试验是在一条洒了水的平直混凝土路面上进行的。试验用的轿车有调节各个车轮制动器液压的装置,调节装置甚至可使车轮制动器液压为零,即在制动时该车轮根本不制动。下面给出四项试验结果。

(1)前轮无制动力而后轮有足够的制动力。试验结果如图 3-24 曲线 A 所示。曲线 A 说明,随着车速提高,侧滑的程度更加剧烈。

(2)后轮无制动力而前轮有足够的制动力。试验结果如图 3-24 曲线 B 所示。由图可知,即使车速达到 48km/h,汽车的纵轴转角也不大,夹角的最大值只有 10°,即汽车基本上维持直线行驶。

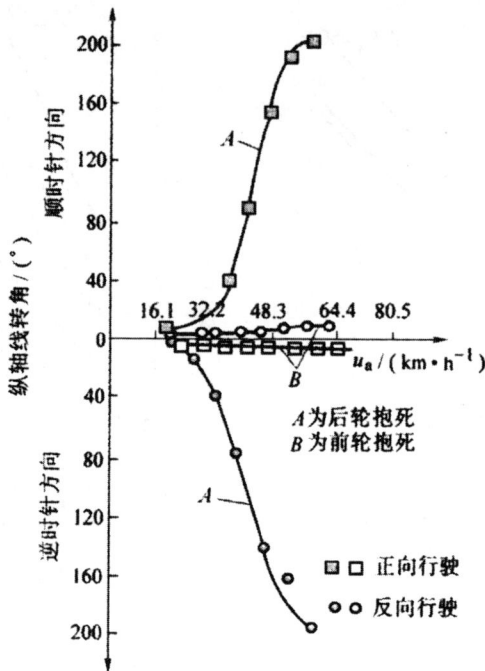

图 3-24 前轮抱死或后轮抱死时汽车纵轴线转过的角度(偏航角)

(3)前、后车轮都有足够的制动力,但它们抱死拖滑的次序和时间间隔不同。试验时利用车上制动器液压调节装置,可使前、后车轮在制动到抱死拖滑时有不同的先后次序和时间间隔。试验结果如图 3-25 所示。图上说明,以 64.4km/h 起始车速制动,若前轮比后轮先抱死拖滑(此时前轮丧失转向能力),或后轮比前轮先抱死且时间间隔在 0.5s 以内,则汽车基本上按直线行驶;若后轮比前轮先抱死拖滑超过 0.5s,则后轴将发生严重的侧滑。

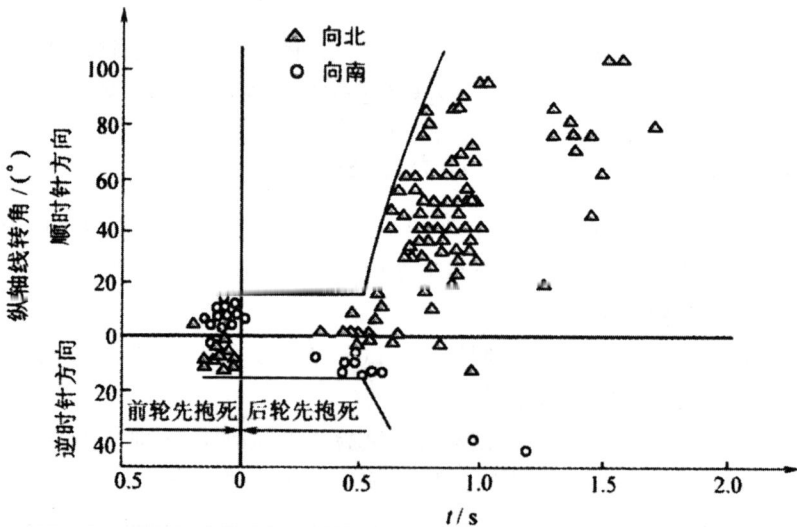

图 3-25 前、后轮抱死拖滑的次序和时间间隔对后轴侧滑的影响(混凝土路面、转向盘固定)

（4）起始车速和附着系数的影响。

为了查明附着系数对侧滑的影响，还在干燥路面上做了同样的试验。由试验结果可知，干燥路面的制动距离是湿路面的 70%［图 3-26（a）］。曲线表明，在干燥路面上，汽车纵轴转角比湿路面上要小。每次试验还记录后轮开始拖滑的时间，若以时间为横坐标把曲线重画一次［图 3-26（b）］，则在同样的时间内，干、湿路面的汽车纵轴转角相差不多。制动过程中车轮侧滑的受力情况如图 3-27 所示。

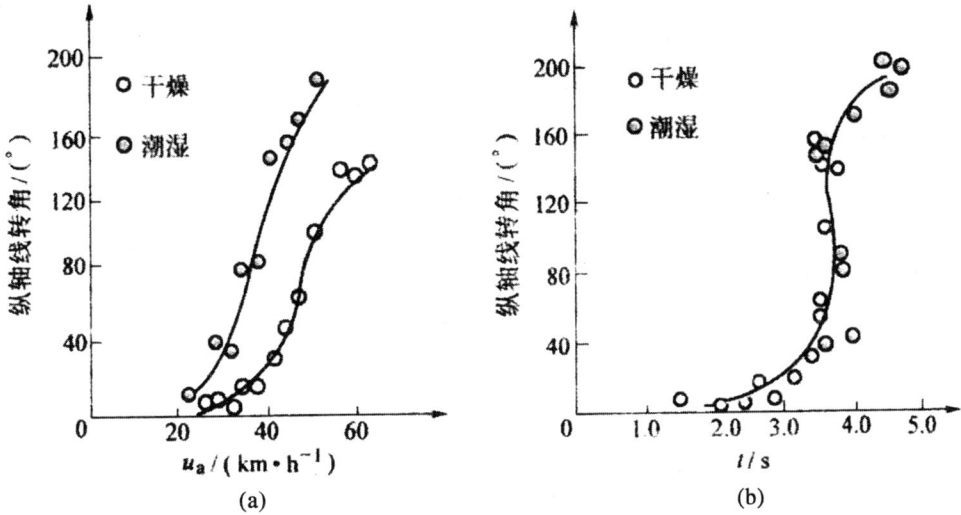

图 3-26 路面附着系数对后轴侧滑的影响

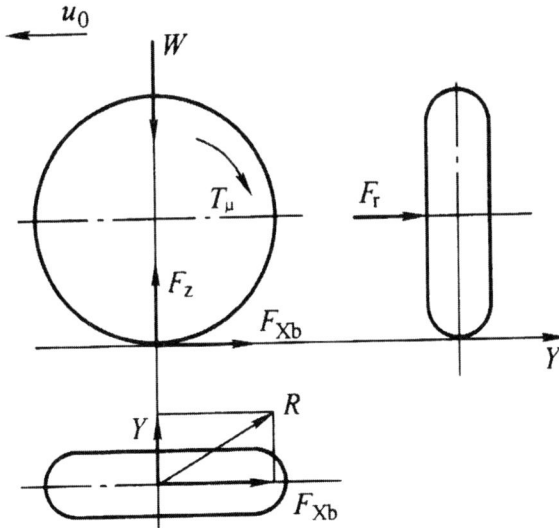

图 3-27 汽车车轮侧滑的受力情况

下面从受力情况分析汽车前轮抱死拖滑或后轮抱死拖滑的两种运行情况。

图 3-26（a）所示为前轮抱死而后轮滚动的情况。设转向盘不动，汽车受到偶然并短暂的侧向外力作用后，前轴发生了侧向滑动，前轴中心点 A 的速度 u_A 与汽车纵轴的夹角为 α；后轴未有侧向滑动，后轴中点速度 u_B 的方向与汽车纵轴方向一致。此时，汽车发生类似转弯的行

驶运动,其瞬时转动中心为速度 u_A、u_B 垂线的交点 O,在质心 C 上作用有离心力。图 3-28 上画出了汽车侧向的受力情况,F_{Y1}、F_{Y2} 为作用于前、后轴的地面侧向反作用力,F_j 为侧向惯性力,其数值基本上等于离心力;图 3-28 上没有画出沿纵轴方向的力。当前轮抱死时,F_{Y1} 很小,可认为 $F_{Y1} \approx 0$。根据刚体平面运动微分方程,有:$F_{Y1} + F_{Y2} + F_j = 0$,即地面侧向反力与侧向惯性力平衡;$(F_{Y1}a - F_{Y2}b) + M_j = 0$,$M_j = -I_Z \omega_r$(式中,$I_Z$ 为汽车绕通过质心 C 垂直地面轴线的转动惯量;ω_r 为汽车角加速度),即地面侧向反力对质心 C 的力矩之和与惯性力矩平衡。由力矩平衡方程式可知,前轮抱死、后轮滚动时,后轮侧向反作用力对质心的矩为 $F_{Y2}b$,使图 3-28(a) 中的汽车角速度减小,汽车趋于恢复直线行驶而处于稳定状况。图 3-28(b)所示为后轮抱死而前轮滚动。这时 $F_{Y2} \approx 0$,前轮地面侧向反作用力,F_{Y1} 对 C 点的力矩增大了汽车角速度,汽车在一定条件下可能出现难以控制的急剧转动。

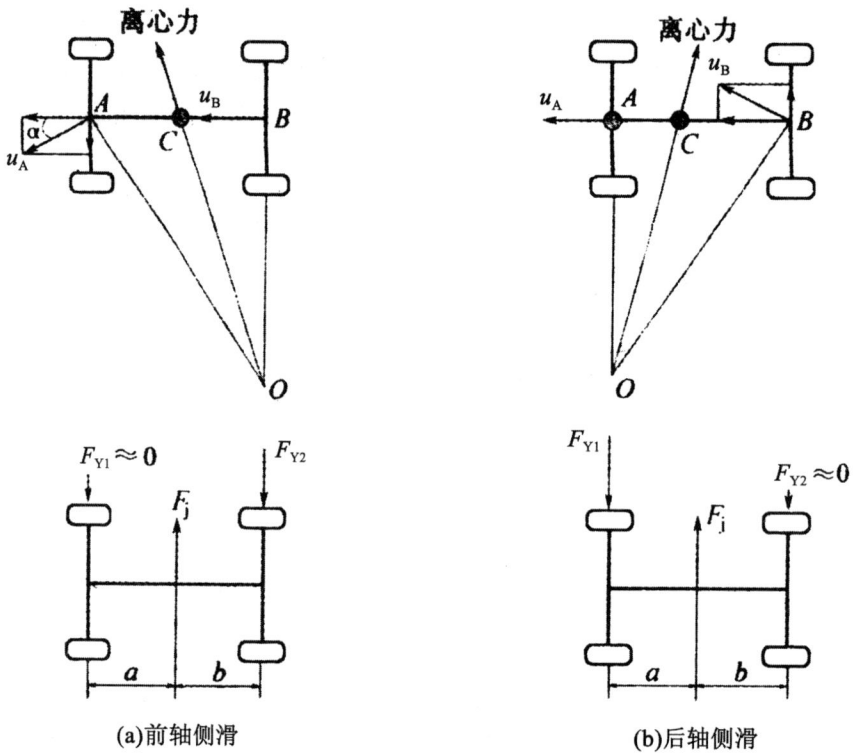

(a)前轴侧滑 (b)后轴侧滑

图 3-28 汽车一根轴侧滑时的运动状况

第五节 前、后制动器制动力的比例关系

一、地面对前、后车轮的法向反作用力

在分析前、后车轮制动器制动力分配比例之前,必须先了解制动时地面作用于前、后车轮的法向反作用力。如图 3-29 所示是汽车在水平路面上制动时的受力情形。

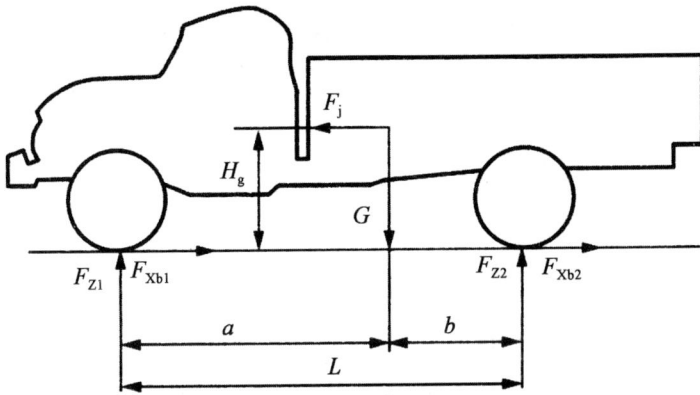

图 3-29　汽车制动时的受力图

图中，F_{Z1} 为地面对前轮的法向反力；F_{Z2} 为地面对后轮的法向反力；G 为汽车的重力；F_{Xb1} 为前轮的地面制动力；F_{Xb2} 为后轮的地面制动力；a 为汽车质心至前轴中心线的距离；b 为汽车质心至后轴中心线的距离；h_g 为汽车质心高度；F_j 为汽车制动时产生的惯性力。

对后轮接地点取力矩，得

$$F_{Z1}L = Gb + F_j h_g = Gb + \frac{G}{g}\frac{\mathrm{d}u}{\mathrm{d}t}h_g \tag{3-14}$$

式中，g 为重力加速度；$\dfrac{\mathrm{d}u}{\mathrm{d}t}$ 为汽车制动减速度。

对前轮接地点取力矩，得

$$F_{Z2}L = Ga + F_j h_g = Ga + \frac{G}{g}\frac{\mathrm{d}u}{\mathrm{d}t}h_g \tag{3-15}$$

可求得地面法向反力为

$$\begin{cases} F_{Z1} = \dfrac{G}{L}\left(b - \dfrac{h_g}{g}\dfrac{\mathrm{d}u}{\mathrm{d}t}\right) \\[2mm] F_{Z2} = \dfrac{G}{L}\left(a - \dfrac{h_g}{g}\dfrac{\mathrm{d}u}{\mathrm{d}t}\right) \end{cases} \tag{3-16}$$

若在各种不同附着系数的路面上制动，前、后轮都抱死拖滑（不论是同时抱死或分别先后抱死），此时 $F_{Xb} = F_{Xb1} + F_{Xb2} = F_\varphi = G\varphi$，或 $\dfrac{\mathrm{d}u}{\mathrm{d}t} = \varphi g$。此时地面的法向反力为

$$\begin{cases} F_{Z1} = \dfrac{G}{L}(b - \varphi h_g) \\[2mm] F_{Z2} = \dfrac{G}{L}(a - \varphi h_g) \end{cases} \tag{3-17}$$

由式(3-16)和式(3-17)为直线方程，可以看出汽车在制动过程中，前、后轮法向反力随制动减速度呈线性变化，前轮法向反力增加，后轮法向反力减少。图 3-30 给出了 BJ1041 和 BJ213 汽车前、后轮法向反作用力随减速度与四轮均抱死后随地面附着系数变化的情况。当制动强度或附着系数改变时，前、后轮法向反力变化是很大的。例如 NJ130 汽车。当 $\dfrac{\mathrm{d}u}{\mathrm{d}t} = 0.7g$，即 $\alpha_1 - \alpha_2 = 0.7$ 时，前轮法向反力增加了 90%，而后轮则减少了 38%。

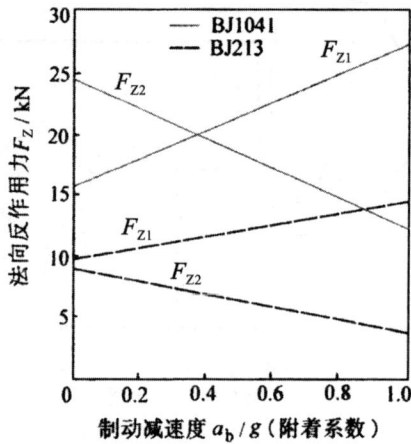

图 3-30　制动时地面对前、后轮法向反作用力的变化

二、理想的前、后轮制动器制动力分配曲线

如前所述,制动时前、后车轮同时抱死,对附着条件的利用和制动时汽车的方向稳定性均较为有利。在任何附着系数 φ 的路面上,前、后车轮同时抱死的条件是:前、后车轮制动器制动力之和等于附着力;并且前、后车轮制动器制动力分别等于各自的附着力,即

$$\begin{cases} F_{\mu 1} + F_{\mu 2} = \varphi G \\ F_{\mu 1} = \varphi F_{X1} \\ F_{\mu 2} = \varphi F_{X2} \end{cases}$$

或

$$\begin{cases} F_{\mu 1} + F_{\mu 2} = \varphi G \\ \dfrac{F_{\mu 1}}{F_{\mu 2}} = \dfrac{F_{Z1}}{F_{Z2}} \end{cases}$$

将式(3-17)代入上式,得

$$\begin{cases} F_{\mu 1} + F_{\mu 2} = \varphi G \\ \dfrac{F_{\mu 1}}{F_{\mu 2}} = \dfrac{b + \varphi h_{g}}{a - \varphi h_{g}} \end{cases} \tag{3-18}$$

消去变量 φ,得

$$F_{\mu 2} = \frac{1}{2}\left[\frac{G}{h_{g}}\sqrt{b^{2} + \frac{4h_{g}L}{G}F_{\mu 1}} - \left(\frac{Gb}{h_{g}} + 2F_{\mu 1}\right)\right] \tag{3-19}$$

由式(3-19)画成的曲线即为前、后车轮同时抱死时的前、后车轮制动器制动力的关系曲线——理想的前、后车轮制动器制动力分配曲线,简称 I 曲线。一般可用作图法直接求得 I 曲线(图 3-31)。

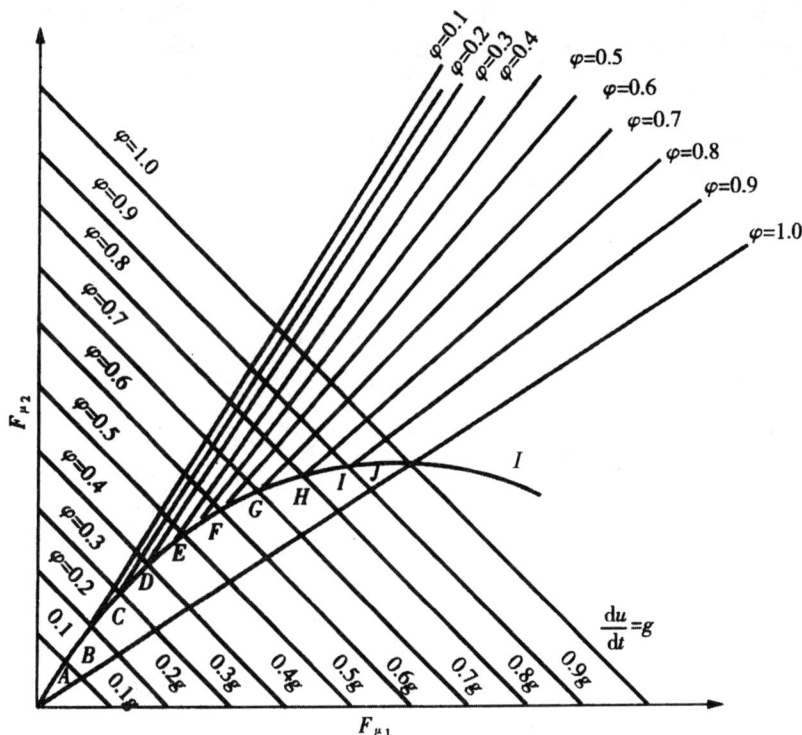

图 3-31　理想的前、后车轮制动器制动力分配曲线

三、具有固定比值的前、后车轮制动器制动力与同步附着系数

常用前轮制动器制动力与汽车总制动器制动力之比来表明制动力分配的比例,称为制动器制动力分配系数,用 β 表示,即

$$\beta = \frac{F_{\mu 1}}{F_{\mu}} \tag{3-20}$$

式中,$F_{\mu 1}$ 为前轮制动器制动力;F_{μ} 为汽车总制动器制动力,$F_{\mu} = F_{\mu 1} + F_{\mu 2}$,$F_{\mu 2}$ 为后轮制动器制动力。

所以

$$F_{\mu 1} = \beta F_{\mu},\ F_{\mu 2} = (1-\beta)F_{\mu}$$

且

$$\frac{F_{\mu 1}}{F_{\mu 2}} = \frac{\beta}{1-\beta} \tag{3-21}$$

或

$$F_{\mu 2} = \frac{1-\beta}{\beta} F_{\mu 1} \tag{3-22}$$

式(3-22)为通过坐标原点的直线,其斜率为

$$\tan\theta = \frac{1-\beta}{\beta} \tag{3-23}$$

该直线称为实际前、后车轮制动器制动力分配线,简称 β 线。图 3-32 画出了汽车的 I 曲线

及三条不同的 β 线。图中 $\beta_1<\beta_2<\beta_3$。β 值越大时,同步附着系数 φ_0 越大。图中 $\varphi_{01}<\varphi_{02}<\varphi_{03}$,$\varphi_{01}=0$,实际上没有同步附着系数,即没有一种路面可使汽车制动时前、后车轮同时抱死。对应于 β_2 有 $\varphi_{02}=0.35$,这时在一般溜滑的路面(例如 $\varphi=0.4$),还会出现后轮先抱死拖滑的情况,可能引起危险的后轴侧滑;且在较高附着系数路面上制动时,由于 β 线远离 I 曲线,因此制动系的工作效率是较低的。在更大的 β 值时有 β_3,同步附着 $\varphi_{03}=0.85$,即使在较高附着系数路面上制动也不会发生后轴侧滑,且在高附着系数路面上制动系效率较高。但是在多数路面上制动时,前轮先抱死而可能失去转向能力。

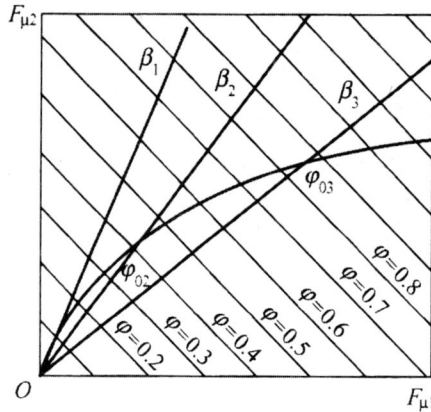

图 3-32 β 线与 I 曲线的配合

如图 3-33 所示为某一货车的 β 线,还给出了该车满载和空载时的 I 曲线。β 线与 I 曲线(满载)交于 B 点,此时的附着系数 $\varphi_0=0.39$。

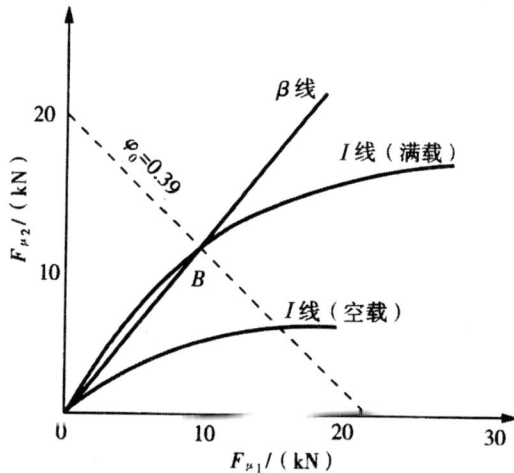

图 3-33 某货车的 β 线与 I 曲线

设车辆在同步附着系数 φ_0 的路面上制动时,此时前、后车轮将同时抱死拖滑,将式(3-18)代入式(3-21),得

$$\frac{\beta}{1-\beta}=\frac{b+\varphi_0 h_g}{a-\varphi_0 h_g}$$

整理后得

$$\varphi_0 = \frac{L\beta - b}{h_g} \tag{3-24}$$

式中，L 表示汽车轴距，$L = a + b$。

为了定量说明这一点，我们引进利用附着系数的概念，又称为被利用的附着系数，其定义为

$$\varphi_i = \frac{F_{Xbi}}{F_{Zi}}$$

式中，F_{Xbi} 为对应于制动强度 Z，汽车第 i 轴产生的地面制动力；F_{Zi} 为对应于制动强度 Z，地面对第 i 轴的法向反力；φ_i 为第 i 轴对应于制动强度 Z 的利用附着系数。

附着系数越接近制动强度，其附着条件发挥越好，汽车制动力分配的合理程度越高。通常以利用附着系数与制动强度的关系曲线（图 3-34）来描述汽车制动力分配的合理性。最理想的情况如图 3-34 中的对角线（$\varphi = Z$）。

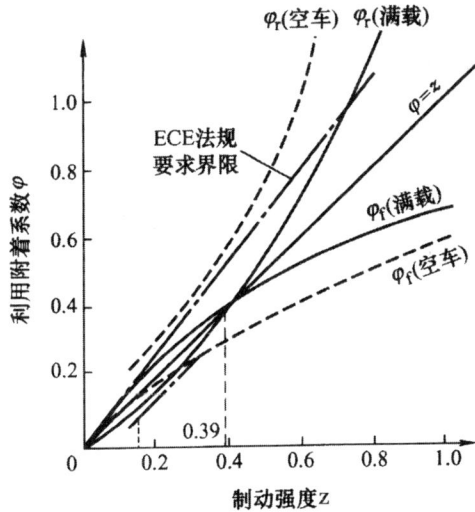

图 3-34　利用附着系数与制动强度的关系曲线

四、前、后车轮制动器制动力为固定比值的汽车在各种路面上制动过程的分析

利用 β 线与 I 曲线，就可以分析前、后车轮制动器制动力为固定比值的汽车在各种路面上的制动情况。为便于分析，先介绍两组线组——f 线组与 r 线组。

先求 f 线，当前轮抱死时

$$F_{Xb1} = \varphi F_{Z1} = \varphi \left(\frac{Gb}{L} + \frac{F_{Xb} h_g}{L} \right) = \varphi \left(\frac{Gb}{L} + \frac{F_{Xb1} + F_{Xb2}}{L} h_g \right)$$

整理得

$$F_{Xb2} = \frac{L - \varphi h_g}{\varphi h_g} F_{Xb1} - \frac{Gb}{h_g} \tag{3-25}$$

这就是在不同 φ 值路面上只有前轮抱死时的前、后轮地面制动力的关系式。以不同 φ 值代入式（3-25），即可得到 f 线组，并绘制于图 3-35 上。f 线与 I 曲线相交点处，后轮亦抱死，因此 I 曲线以上的 f 段已无意义。

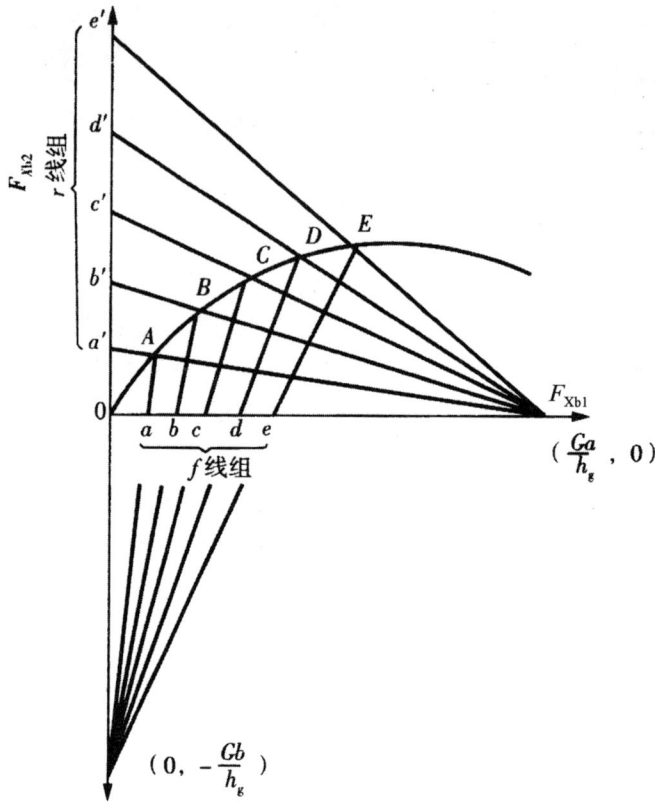

图 3-35　f 线组与 r 线组

再求 r 线组,当后轮抱死时:

$$F_{Xb2} = \varphi F_{Z2} = \varphi\left(\frac{Ga}{L} + \frac{F_{Xb}h_g}{L}\right) = \frac{-\varphi h_g}{L + \varphi h_g}F_{Xb1} + \frac{\varphi Ga}{L + \varphi h_g} \tag{3-26}$$

此即在不同 φ 值路面上只有后轮抱死时的前、后轮地面制动力的关系式。以不同 φ 值代入式(3-26),即得 r 线值。r 线与 I 曲线相交点处,前轮亦抱死,故 I 曲线以下的 r 线段已无意义(图 3-36)。

对于同一 φ 值的 f 线与 r 线的交点 $A,B,C,\cdots$ 既符合 $F_{Xb1} = \varphi F_{Z1}$,又符合 $F_{Xb2} = \varphi F_{Z2}$,所以这些交点便是前、后车轮都(包括同时)抱死的点。因此,连接 $A,B,C,\cdots$ 各点的曲线也就是 I 曲线。

五、前、后车轮制动器制动力的调节

现代汽车均装有各种制动力调节装置,用来改变前轮或后轮制动器分泵的油压或气压,从而改变前、后制动器制动力的比值,使之接近于理想制动力分配曲线,满足制动法规的要求。如图 3-37 所示给出了几种调节阀的制动力分配曲线。

限压阀串联在制动总泵和后轮分泵之间,当制动总泵输出油压达到预定的压力时,限压阀起作用,后轮制动分泵的油压不再升高,后轮制动器制动力不再增长。比例阀可分为控制前轮分泵油压的增压阀和控制后轮分泵油压的减压阀两种。当总泵油压达到预定压力后,通过增压阀或减压阀的作用控制 β 线的斜率,使 β 线更接近 I 曲线。

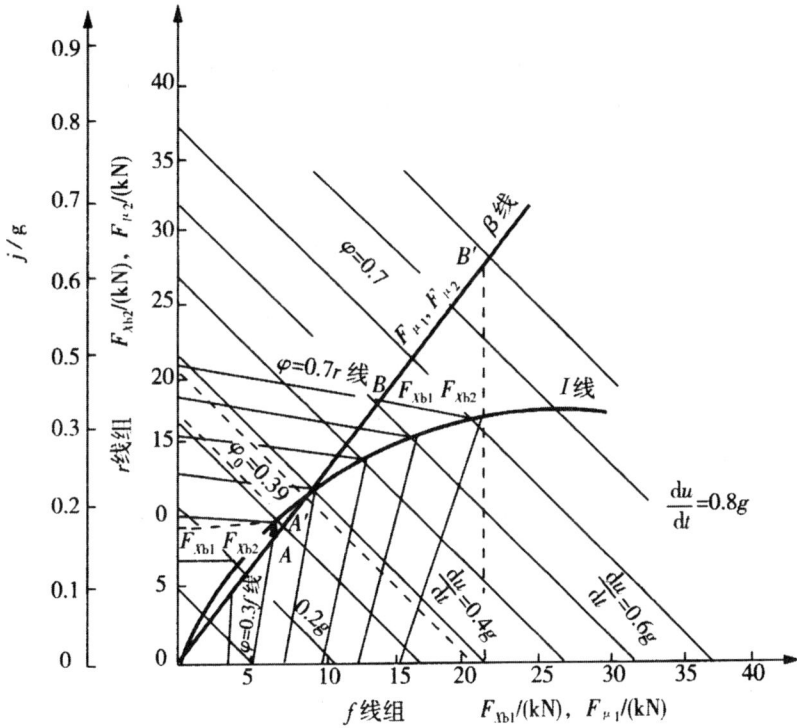

图 3-36　不同 φ 值路面上汽车制动过程的分析

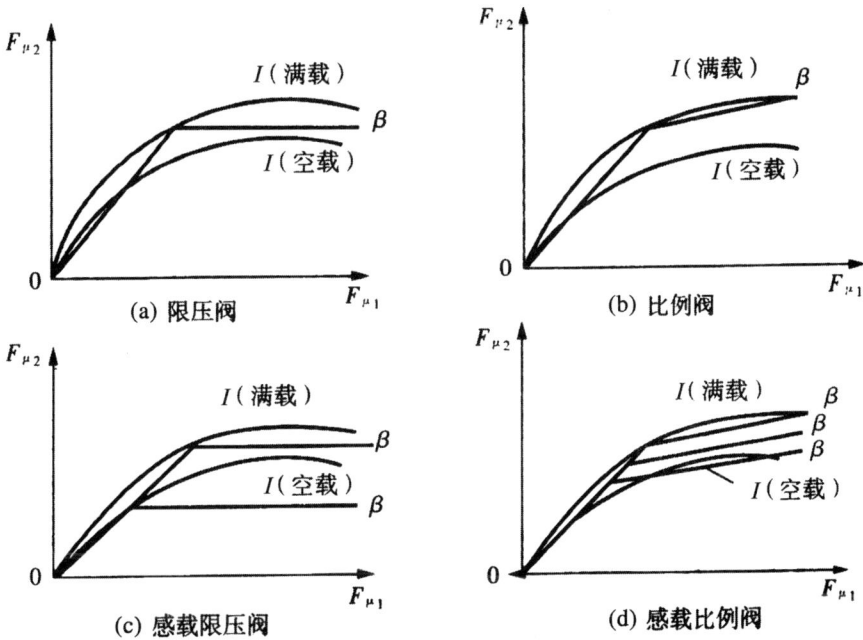

图 3-37　各种调节阀的 β 线

无论是比例阀还是限压阀,都有感载式与非感载式。感载式可以随汽车载荷改变 β 线,使 β 线接近汽车不同载荷的 I 曲线,从而明显地改善了汽车的制动性。

第六节 汽车防抱死制动系统(ABS)和制动器辅助系统 (BAS)及其他控制系统

一、防抱死制动系统(ABS)

目前,为了充分发挥轮胎与地面间的潜在附着能力,从而满足制动过程中汽车对制动的要求,很多高级轿车、豪华客车与重型货车上已装备了防抱制动装置(Antilock Braking System,简称 ABS)。ABS 通过将制动力调节到适应车轮-路面所能提供的附着力,以达到防止车轮在制动期间抱死的目的。ABS 一般由轮速传感器、电子控制器与压力调节器三部分组成,如图 3-38 所示。

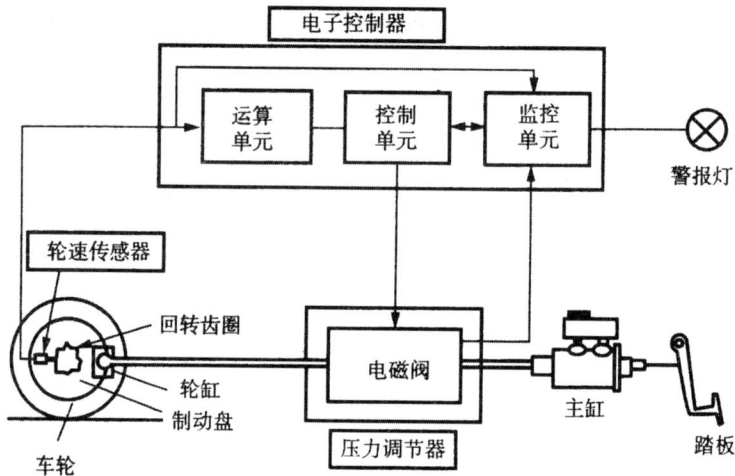

图 3-38 ABS 的组成示意图

目前 ABS 主要采用预测控制技术来实现近似理想的制动控制过程。一般常用的参数有车轮角减速度、滑动率等。如图 3-39 所示是以车轮角减速度为控制参数的防抱制动车轮速度的变化曲线。

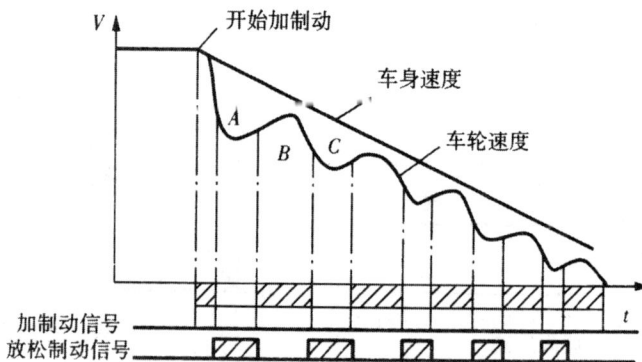

图 3-39 防抱制动车轮速度的变化曲线

（一）ABS 的工作原理

上述可知，车轮滑动率能较好地反映车轮制动状况，但由于滑动率通常不易直接测量得到，因此必须采用其他参数作为 ABS 的控制目标参数。

从制动车轮受力情况可知，如考虑车轮的惯性力矩，根据力矩平衡方程可得出车轮制动器制动力矩 M_μ 为

$$M_\mu = F_{Xb} - I_w \frac{d\omega}{dt} = \varphi F_z r - I_w \frac{d\omega}{dt} \tag{3-27}$$

由式（3-27）可见，制动过程中，当超出地面最大附着系数 s_p 后，地面制动力 φF_z 和地面制动力矩 $\varphi F_z r$ 将会减低；而当 M_μ 保持恒定时，势必导致车轮角加速度的减少，即增加了车轮角减速度。由于地面提供的制动力矩 $\varphi F_z r$ 比车轮惯性力矩 $I_w \frac{d\omega}{dt}$ 大得多，路面附着系数 φ 的微小变化将会引起很大的车轮角速度变化。因此，车轮的角减速度可作为一个主要的 ABS 控制目标参数。

对于制动压力的调节，目前大多采用 2 位 2 通阀，图 3-40 是 Bosch 公司 ABS5.3 型的液压原理图。关闭出油阀打开进油阀，压力增加；关闭进油阀，打开出油阀，压力减少；进油阀和出油阀同时关闭，保持压力不变。

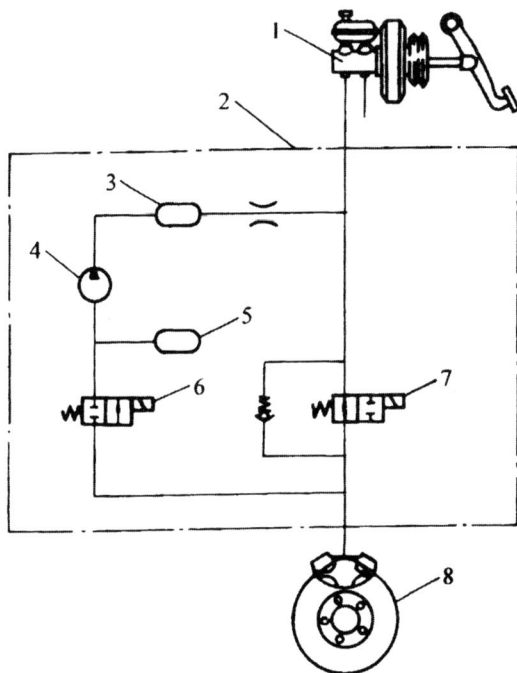

图 3-40　Bosch 公司 ABS5.3 型的液压原理图
1—主缸；2—液压调节器；3—阻尼器；4—回油泵；
5—蓄能器；6—出油阀；7—进油阀；8—制动器

为了说明 ABS 的控制原理，我们用单轮模型（图 3-41）来分析一下汽车的抱死过程。

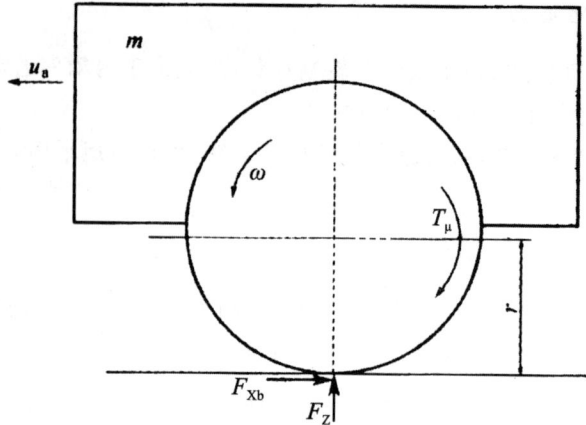

图 3-41　ABS 单轮模型

设单轮模型的质量为 m，车轮的转动惯量为 I，车轮旋转的角速度为 ω，地面的制动力为 F_{Xb}，作用于车轮的制动力矩为 T_μ，忽略空气阻力与滚动阻力，则可以列出微分方程如下

$$F_{Xb} = F_Z \varphi_b$$

$$I \frac{d\omega}{dt} = F_{Xb} r - T_\mu$$

为了使问题进一步简化，可做如下假设：

（1）认为车轮的抱死过程很快，忽略其车速的降低。

（2）认为车轮的载荷是一个常数，$F_Z = mg$。

（3）附着力滑移曲线可以用两直线段来近似，即

$$\varphi_b = \begin{cases} \varphi_p \dfrac{s}{s_p} & 0 \leqslant s \leqslant s_p \\[2mm] \varphi_s + \dfrac{(1-s)(\varphi_p - \varphi_s)}{1 - s_p} & s_p < s \leqslant 1 \end{cases}$$

（4）制动力矩是时间的线性函数，设车轮制动器的制动效能因数为 K_{ef}，制动轮缸的压力 $p(t) = p_0 t$，其中 p_0 表示液压增长斜率，制动器的制动力矩 $T_\mu = p(t) F_s K_{ef} r_k$，其中 F_s 表示轮缸面积，r_k 表示制动器摩擦力的等效作用半径。

令 $T_0 = p_0 F_s K_{ef} r_k$，则 $T_\mu = T_0 t$。

根据这些假设来解微分方程，当 $0 < s \leqslant s_p$ 时

$$I \frac{d\omega}{dt} = \varphi_p \frac{s}{s_p} F_Z r - T_0 t$$

而

$$s = \frac{u - r\omega}{u} = 1 - \frac{\omega}{u/r} = 1 - \frac{\omega}{\omega_0}$$

所以

$$I \frac{d\omega}{dt} = \frac{\varphi_p}{s_p} mgr \left(1 - \frac{\omega}{\omega_0}\right) - T_0 t$$

令 $\dfrac{T_0}{I} = B$、$\dfrac{mgr\varphi_p}{Is_p} = H$，则方程可变为

$$\frac{d\omega}{dt} + H\frac{\omega}{\omega_0} = H - Bt$$

解方程得

$$\omega = -\frac{B\omega_0}{H^2}e^{-\frac{H}{\omega_0}t} - \frac{B\omega_0}{H}t + \omega_0 + \frac{B\omega_0}{H^2}$$

$$\frac{\omega}{\omega_0} = 1 - \frac{B}{H}t + \frac{B\omega_0}{H^2}(1 - e^{-\frac{H}{\omega_0}t})$$

忽略过渡过程则

$$\frac{\omega}{\omega_0} = 1 + \frac{B\omega_0}{H^2} - \frac{B}{H}t$$

因为 $s = 1 - \dfrac{\omega}{\omega_0}$，所以 $s_p = \dfrac{B}{H}t_p - \dfrac{B\omega_0}{H^2}$

所以

$$t_p = \frac{H}{B}s_p + \frac{\omega_0}{H} = \frac{mgr\varphi_p}{T_0} + \frac{Is_p\omega_0}{mgr\varphi_p}$$

当 $s_p < s \leqslant 1$ 时

$$I\frac{d\omega}{dt} = \left[\varphi_p + \frac{(1-s)(\varphi_p - \varphi_s)}{1 - s_p}\right]mgr - T_0 t$$

即

$$\frac{d\omega}{dt} = \frac{\varphi_p - \varphi_s}{1 - s_p}\frac{mgr}{I\omega_0}\omega = \frac{\varphi_s mgr}{I} - \frac{T_0}{I}t$$

解方程得

$$\omega = \frac{(1-s_p)^2 I\omega_0^2 T_0}{(\varphi_p - \varphi_s)^2 m^2 g^2 r^2} - \frac{\varphi_s(1-s_p)\omega_0}{(\varphi_p - \varphi_s)} + \frac{T_0(1-s_p)\omega_0}{(\varphi_p - \varphi_s)mgr}t + e^{\frac{\varphi_p - \varphi_s}{1-s_p}\frac{mgr}{I\omega_0}t}$$

这里最后一项是有影响的，不便忽略，所以

$$\dot{\omega} = \frac{T_0(1-s_p)\omega_0}{(\varphi_p - \varphi_s)mgr} + \frac{\varphi_p - \varphi_s}{1-s_p}\frac{mgr}{I\omega_0}e^{\frac{\varphi_p - \varphi_s}{1-s_p}\frac{mgr}{I\omega_0}t}$$

t_s 的计算比较烦琐，这里就不做介绍了。

电子控制的防抱死制动系统通常采用轮速传感器测量车轮转速信号，通过车轮转速信号的微分来获得车轮的角减速度。但若要准确地控制制动强度，还需要更多的控制目标参数。

通常的方法是采用所谓的相对滑动率作为第二控制目标参数。根据每个车轮的实际转速，通过一定关系推算出一个理想的参考车速，它对应于当前时刻的最佳附着情况。比较该参考车速与实际车速，即可得出相对滑动率的目标值。

将可测的车辆减速度作为第二个控制目标参数，并为车轮角减速度提供参考。采用这种方法需在车中加装一个加速度传感器。图 3-42 是采用 Runge-Kutta 法解算上述微分方程的一个例子（车型是 KLQ6601）。

图 3-43 为牵引车 CA4161 带半挂车 THT9260（列车总质量 12660kg，总长 15.9m）安装万安集团 VIE-1 型 ABS 在冰路上进行匹配调试时的一次试验结果，图上给出了左侧一个车轮随时间变化的轮速、滑动率、制动力以及汽车车速的变化情况。

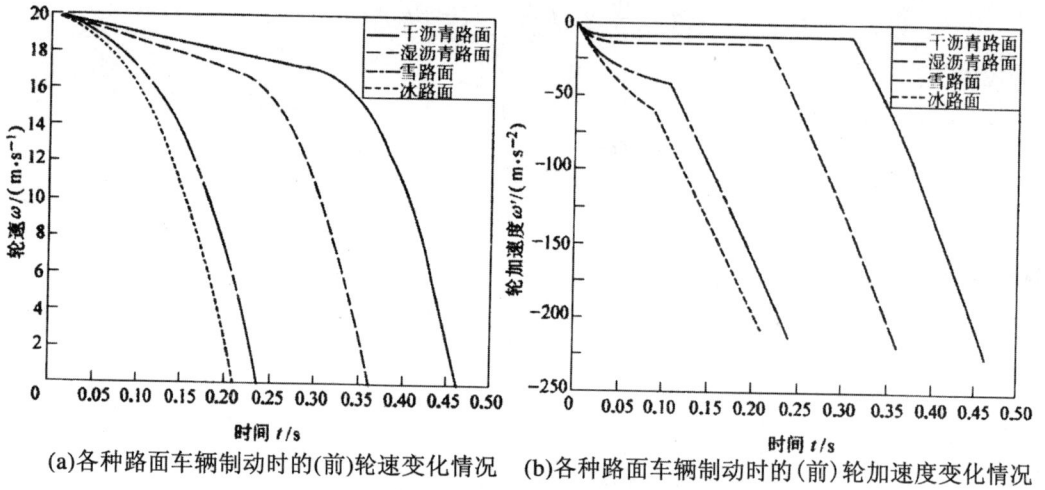

(a)各种路面车辆制动时的(前)轮速变化情况　(b)各种路面车辆制动时的(前)轮加速度变化情况

图 3-42　各种路面车辆制动时的轮速和轮加速曲线

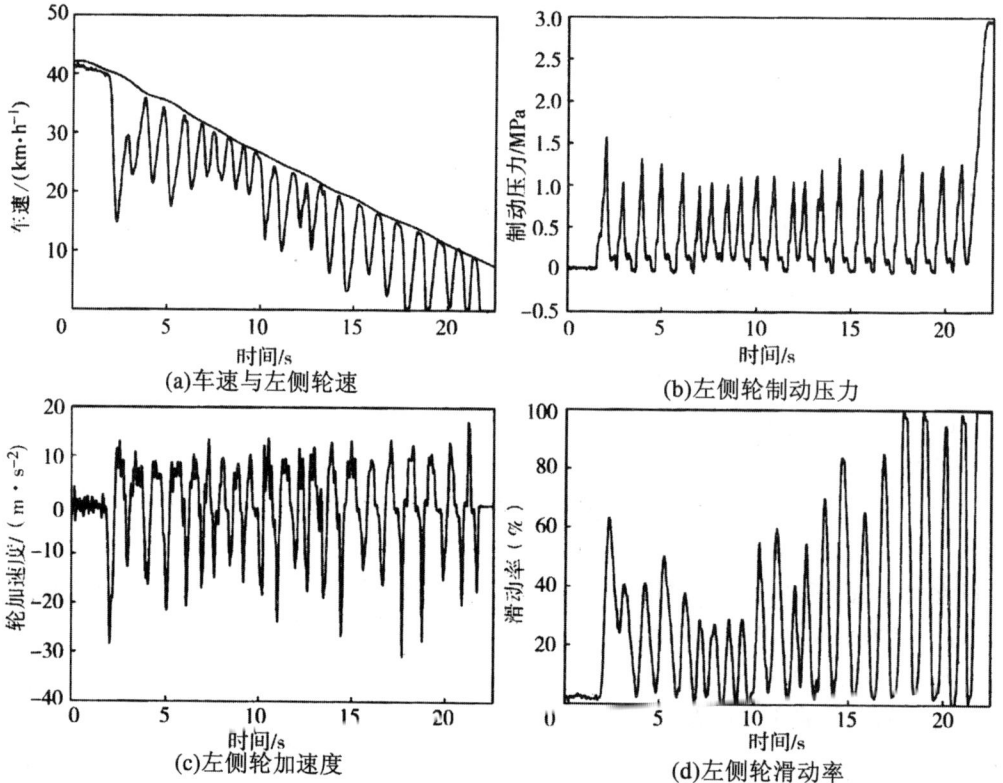

(a)车速与左侧轮速　　　　　　　　(b)左侧轮制动压力

(c)左侧轮加速度　　　　　　　　　(d)左侧轮滑动率

图 3-43　半挂车 VIE-1 型 ABS 防抱特性

（二）应用实例

　　实际中应用的防抱死制动系统有机械控制式和电子控制式两种。早期应用机械式防抱死制动系统的主要原因是它的成本低,但与电子控制系统相比,其控制动作慢,而且其成本优势越来越小,因此机械式防抱死制动系统已被淘汰。目前车辆中常用的多为电子控制的 ABS。

图 3-44 显示了一个典型的 ABS。

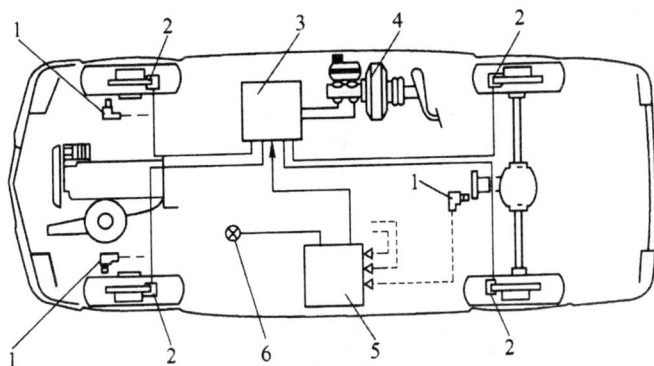

图 3-44　典型的 ABS

1—转速传感器；2—制动轮缸；3—液压调节器；4—制动主缸；5—ECU；6—警告灯

ABS 通常由以下三个模块构成(图 3-45)。

(1)传感器：检测运动状态，作为检测判断依据。

(2)电子控制单元(Electronic Control Unit,ECU)：处理传感器信号。

(3)液压执行元件：利用电磁阀将 ECU 发出的命令变为车轮上制动压力的变化。

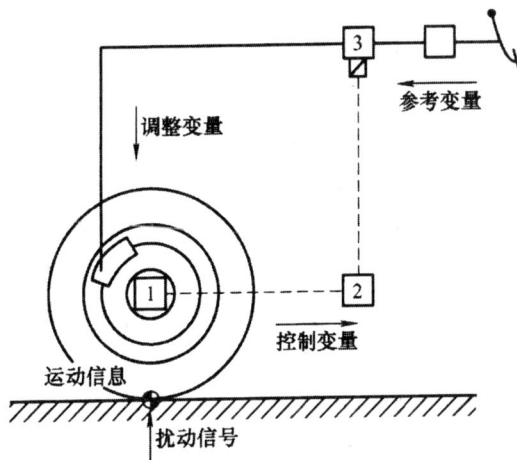

图 3-45　电子控制的 ABS 结构和控制回路示意图

1—传感器；2—电子控制单元(ECU)；3—液压执行单元

　　由于对制动系统安全性的严格要求，电子控制单元必须有一套备用系统，系统由两个相同的微处理器组成，通过控制信号的比较来识别微处理器的故障。

　　博世公司的防抱死制动系统采用前轮单独控制和后轮低选控制方式，作为一套附加的结构单元安装于制动系统中。根据制动回路的不同布置方式，分别采用了 3 个或 4 个制动阀和若干个传感器。三通道 ABS 在后轴差速器位置装有一个测量转速的传感器，通过轮速计算出车轮角减速度作为第一控制目标参数，得出的相对滑动率作为第二控制目标参数。根据这两个控制目标，ECU 发出控制指令给电磁阀，控制制动系统压力。电磁阀的工作原理如图 3-46所示，它有增压、保压和减压 3 个工作位置。每次停车后，ECU 和液压执行单元中的电子部件都例行自检,以确保系统正常工作。如果出现故障,ABS 将关闭,常规制动系统仍然工作,同时警示信号灯提醒驾驶人:ABS 出现故障。

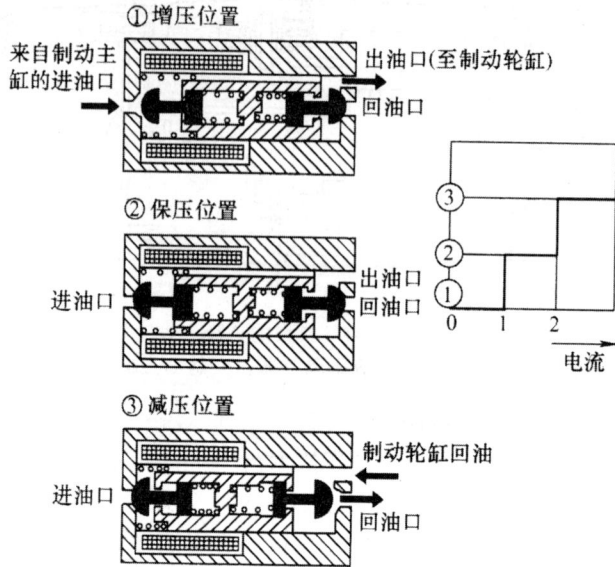

图 3-46 博世公司 ABS-3/3 型电磁阀工作原理

对于防抱死制动系统来说,常用车轮角减(加)速度和滑动率、车轮角加速度与半径的乘积、汽车的参考车速和汽车的减速度等参数判断车轮是否为减压或抱死现象。

奔驰轿车装有以车轮角减速度作为参量的 ABS,其道路试验结果见表 3-8。

表 3-8 奔驰轿车的道路试验结果

试验条件		装有 ABS			无 ABS		
混凝土路面	起始车速 /km·h⁻¹	制动距离 /m	平均减速度/m·s⁻²	制动距离 /m	制动距离 /m	平均减速度/m·s⁻²	残余速度 u_R/km·h⁻¹
干	100	41.8	9.25	8.2	50	7.73	40
湿	100	62.75	6.71	37.25	100	3.9	60
干	130	81.2	8.0	12.5	93.7	7.0	47.5
湿	130	97.1	6.71	41.1	138.2	4.72	70.9

所列残余速度 u_R 是从制动距离缩短算得的,即装 ABS 的汽车停住时,不装 ABS 的汽车还有残余速度。

以上试验是在直线行驶制动时测得的。还做了车速为 80km/h,装 ABS 和不装 ABS 的转弯制动试验,如图 3-47 所示。结果表明,装有 ABS 的汽车能准确地按弯道行驶,而不装 ABS 的汽车未能按弯道行驶。装有 ABS 汽车的制动距离可缩短 3.9m(干路面)和 7.3m(湿路面)。

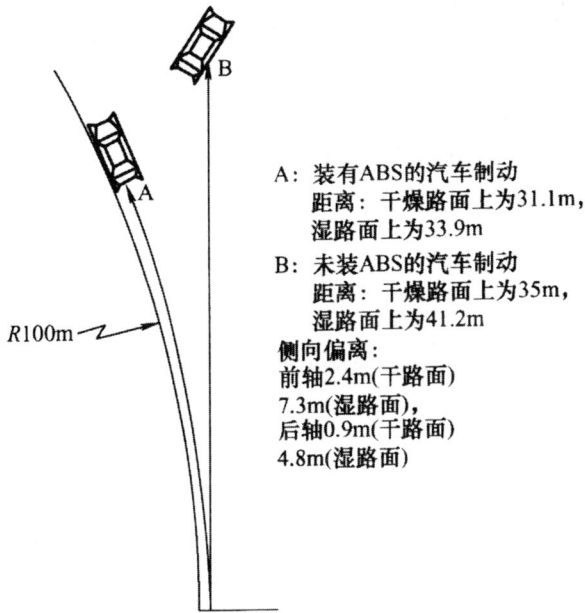

A：装有ABS的汽车制动
　　距离：干燥路面上为31.1m，
　　湿路面上为33.9m
B：未装ABS的汽车制动
　　距离：干燥路面上为35m，
　　湿路面上为41.2m
侧向偏离：
前轴2.4m(干路面)
7.3m(湿路面)，
后轴0.9m(干路面)
4.8m(湿路面)

图 3-47　装有 ABS 和不装 ABS 转弯试验对比

二、制动辅助系统（BAS）

制动辅助系统（Brake Assist System，BAS），在紧急情况下有 90% 的汽车驾驶人踩制动踏板时缺乏果断，制动辅助系统正是针对这一情况而设计的。如图 3-48 所示，在连续下长坡行驶时，主制动系统无法及时将热量释放到大气中，使得制动鼓（盘）的温度大幅度升高，从而使摩擦因数下降、磨损加大。

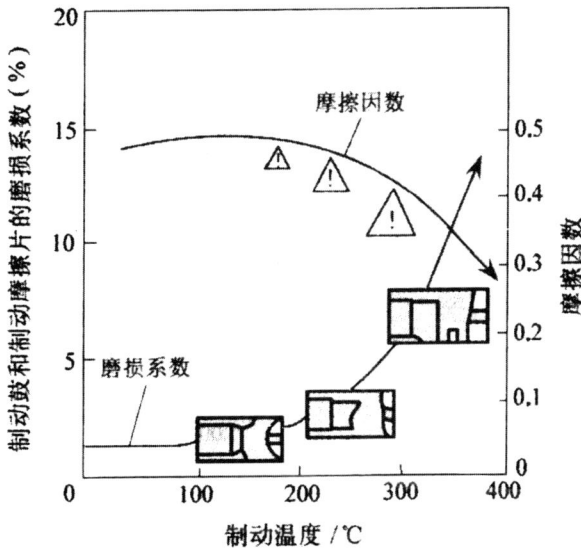

图 3-48　摩擦因素和摩擦损系数的曲线

为了能在最快时间使车轮抱死,汽车工程师们设计了制动辅助系统,即让现有的 ABS 具有一定的智能,当踩制动踏板动作快、力大时,BAS 就判断驾驶人在紧急制动并让 ABS 工作,迅速增大制动力。BAS 分机械式和电子控制式两种。机械式 BAS 实际上是在普通制动加力器的基础上稍加修改而成,在制动力不大时,它起到加力器的作用。电子控制式 BAS 的制动加力器上有一个传感器,如果 ABS 控制器判断是紧急制动,它就让加力器内螺线阀门开启,加大压力室内的气压,以提供足够的助力。

第七节 汽车驻车制动性

驻车制动性是衡量汽车长期停放在坡道上的能力。驻车制动一般靠手操纵的驱动机构使后轴制动器或中央制动器产生制动力矩并传到后轮,路面对后轮产生地面制动力,以实现整车制动(驻车制动)。

如图 3-49 所示为汽车驻车的受力情况。α 为坡道的倾角,F_{Xb2} 为驻车制动时的地面制动力。

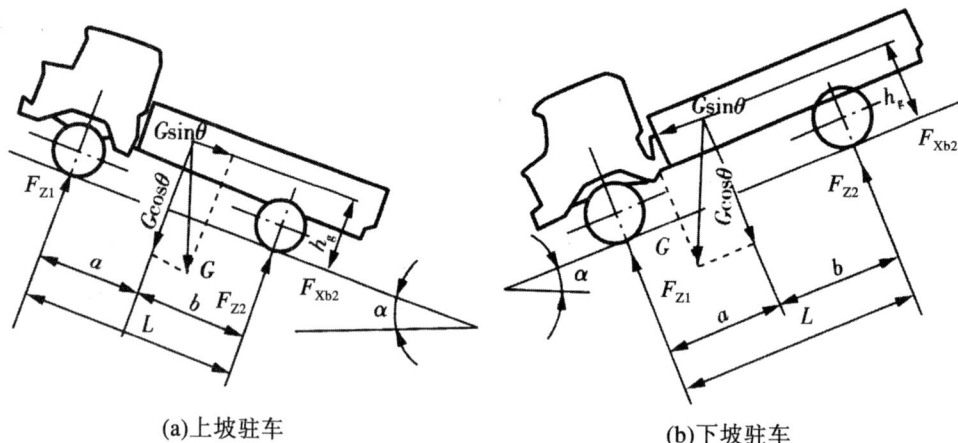

(a)上坡驻车   (b)下坡驻车

图 3-49 汽车驻车时的受力情况

根据力和力矩平衡条件,得

上坡方向

$$F'_{Xb2} = G\sin\alpha$$

下坡方向

$$F_{Z2} = \frac{Ga\cos\alpha + Gh_g\sin\alpha}{L}$$

汽车可能停驻的极限上坡路倾角 α,可根据后轮上的附着力与制动力相等的条件求得:

$$\alpha = \tan^{-1}\frac{\varphi a}{L + \varphi h_g}$$

同理可导出汽车可能停驻的极限下坡路倾角 α',即

$$\alpha' = \tan^{-1}\frac{\varphi a}{L + \varphi h_g}$$

因为 $\alpha > \alpha'$ 所以最大驻车坡度为

$$i_a = \tan\alpha' = \frac{\alpha a}{L + \varphi h_g}$$

第八节 汽车制动性试验

一、路面制动试验

试验路段应为平坦、硬实、清洁、干燥的水泥或沥青路面,轮胎与地面间的附着系数不小于 0.7,坡度不大于 1%。试验时风速应小于 3m/s,气温在 5℃～30℃ 范围内。试验前汽车应充分预热,以 0.8～0.9u_{max} 行驶 1h 以上。路面试验的主要仪器为第五车轮仪(简称五轮仪)及减速度计。五轮仪分为接触式和非接触式两种。

高温工况(热态)制动试验包含两个阶段:加热制动与测定制动性指标。连续制动是一种常用的加热方法,即令汽车加速到 0.8u_{max} 时,以 3m/s² 减速度制动减速到 0.4u_{max};再加速,再制动减速,根据不同车型重复 15～20 次,每次制动的时间间隔为 45～60s。加热结束时轿车制动器的温度可升至 250℃～270℃,中型货车达 140℃～150℃,重型货车达 170℃～200℃。也可令汽车维持 40km/h 车速驶下 1.7km、7% 的坡道来加热制动器。加热前后及中间应进行数次制动性指标测定以评定制动系的热衰退性能。另一种高温工况是下长坡连续制动。令汽车在坡度为 6%～10%、长 7～10km 的坡道上以车速 30km/h 制动下坡,最后检查制动性指标。

二、室内制动试验

室内制动试验台主要有滚筒式和平板式两种。

(一)滚筒式制动试验台

图 3-50 是一种广泛采用的滚筒式制动试验台简图。滚筒 2 由电动机经减速装置驱动。旋转的滚筒带动车轮 1 旋转,当踩制动踏板时,车轮受到的制动器摩擦力矩增加滚筒旋转的阻力,电动机的反作用力矩由测力传感器 4 测得,这样就能测出每个车轮制动器的摩擦力矩,也就得到每个车轮的制动力大小。

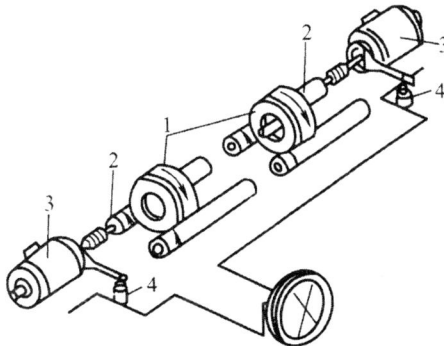

图 3-50 滚筒式制动试验台简图
1—车轮;2—滚筒;3—电动机;4—测力传感器

滚筒表面应有横向槽形花纹以增加筒面与轮胎胎面间的附着系数。制动试验台滚筒表面应干燥,没有松散物质及油污。驾驶人将汽车驶上滚筒,位置摆正,起动滚筒,使用制动,测取所要求的参数值,并记录车轮是否抱死。

(二)平板式制动试验台

图 3-51 是一种普遍采用的平板式制动试验台简图。平板式试验台主要由测试平板(两块或四块)、传感器和控制柜等组成。测试平板是制动力和轮重的承受和传递装置。

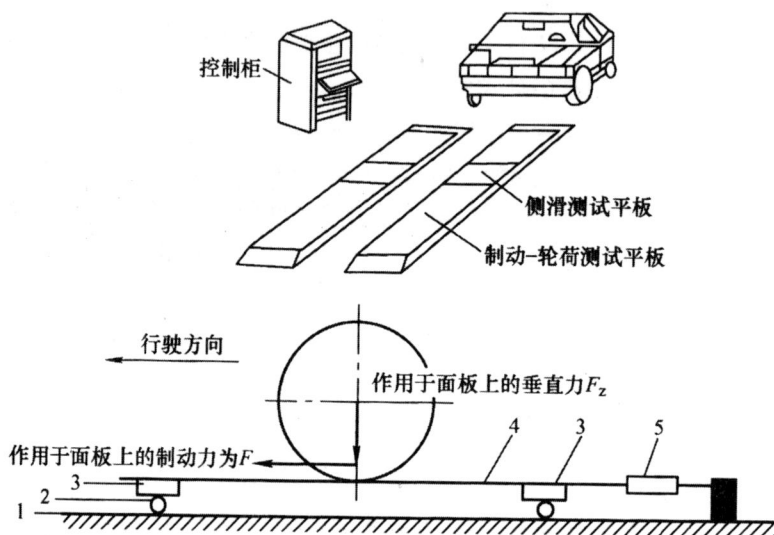

图 3-51 平板式制动试验台简图
1—底板;2—钢珠;3—压力传感器;4—平板;5—拉力传感器

测试平板为长方形钢板,在每块平板的下表面四个角上均安装有传感器,用以检测被测车辆的轮重。此外,移动平板还通过拉力传感器的纵向拉杆与底板连接。试验时驾驶人以较低车速(5～10km/h)将汽车对正平板台并驶上平板,变速器置于空挡,急踩制动踏板,车轮与平板 4 之间产生一对水平方向的作用力与反作用力,车轮受到平板 4 提供的作用力即为车轮的地面制动力。由于每块平板由四个钢珠支承,水平作用力只能通过装有拉力传感器 5 的拉力杆传至地脚。拉力杆受到的力即为车轮的制动力。只要测得每块平板受到的水平作用力,也就得到每个车轮地面制动力。为了增加车轮轮胎与平板间的附着系数,平板表面有网状花纹,保持附着系数在 0.65 以上。有时还应使用一定加载装置,以增加附着重力。平板式试验台的缺点是不容易测量制动鼓的圆度,测量制动力随踏板力的变化不如滚筒式试验台方便。

平板式制动试验台与滚筒式制动试验台相比具有测试过程接近实际状况、能测试实际制动时的动态轴荷变化、测试方便、时间短、检测效率高等优点。

台试检验制动力要求见表 3-9。

表 3-9 台试检验制动力要求

机动车类型	制动力总和与整车质量的百分比(%)		轴制动力与轴荷的百分比(%)	
	空载	满载	前轴	后轴
三轮汽车	≥45	—	—	≥60
乘用车、总质量不大于3500kg 的货车	≥60	≥50	≥60	≥20
其他汽车、汽车列车	≥60	≥50	≥60	—
摩托车	—	—	≥60	≥55
轻便摩托车	—	—	≥60	≥50

第四章　汽车的操纵稳定性

第一节　概述

一、汽车坐标

在汽车操纵稳定性的研究中,常把整车作为一个系统,通过系统的输入和输出物理参量之间的关系,来表征汽车的操纵稳定性能,如图4-1所示。

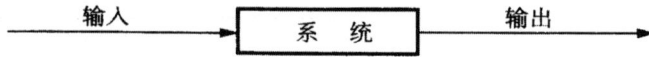

$$\text{输入} \longrightarrow \boxed{\text{系　统}} \longrightarrow \text{输出}$$

图 4-1　系统分析示意图

汽车转弯时,实际输入的物理参量显然是方向盘转角,但为了简化分析过程,假设方向盘转角与前轮偏转角之间为单纯的比例关系,即

$$\delta_{sw}(t) = i_w \delta(t)$$

式中,$\delta_{sw}(t)$为方向盘转角随时间变化的函数;i_w为转向系角传动比,假设为常数;$\delta(t)$为前轮偏转角随时间变化的函数。

所谓的前轮偏转角δ是指假想的设置在前轴中点的车轮偏转角,如图4-2所示。δ的大小为

$$\delta = \frac{1}{2}(\delta_1 + \delta_r)$$

式中,δ_1、δ_r分别为左、右前轮的偏转角。

对于前轮角阶跃函数而言,其数学表达式如图4-3所示。

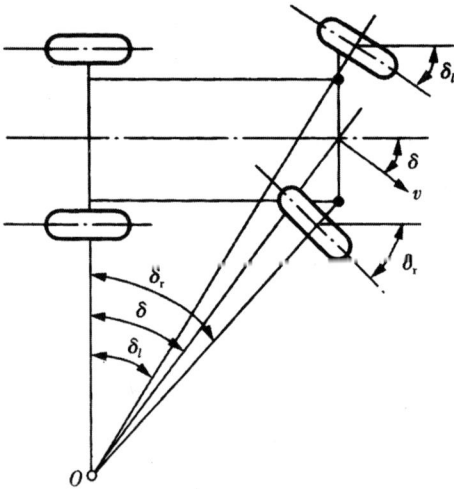

图 4-2　前轮偏转角示意图

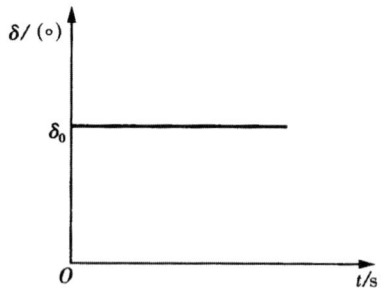

图 4-3　前轮角阶跃函数 $\delta(t)$

　　为了描述前轮偏转后汽车的运动状况,通常需建立一个固结于运动着的汽车上的直角动坐标系即车辆坐标系,如图 4-4 所示。

　　汽车的前轮角阶跃输入下的瞬态响应就是指汽车在接收到输入信号 $\delta(t)$ 后,其输出信号随时间的变化过程,即函数 $\omega_r(t)$;其稳态响应,就是指时间 t 趋于 ∞ 的输出状态,即 $\omega_r(\infty)$,一般经过较短时间就可近似认为系统进入稳态。

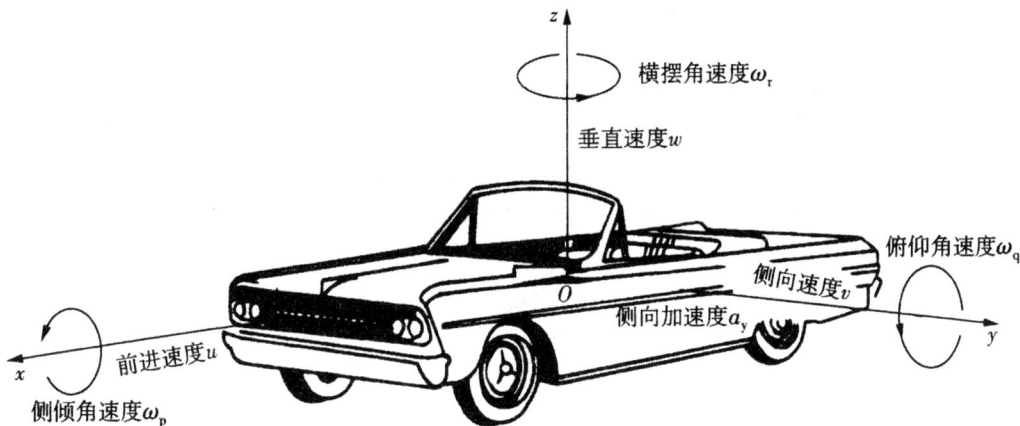

图 4-4　车辆坐标系及汽车的有关运动形式

二、驾驶人-汽车系统

　　在汽车操纵稳定性的研究中可以将汽车仅作为一个开路系统进行分析和研究。在这种开路系统中,不考虑驾驶人的情况,只是机械地将转向盘作必要的转动,不允许根据汽车的转向运动做任何的操纵修正命令,即不存在反馈作用。因此将汽车当做是开路系统进行的研究,汽车的响应完全取决于汽车的结构参数,能够较好地反映汽车的固有特性。

　　汽车操纵稳定性的研究对象应该将驾驶人也包括在内,进行包含驾驶人反馈的汽车响应研究。图 4-5 为一种闭环的汽车系统分析框图。

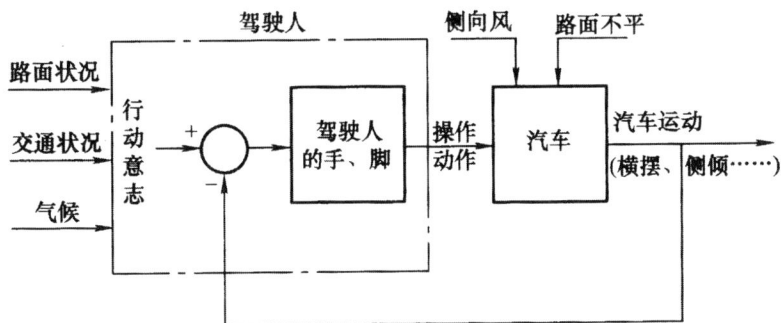

图 4-5　驾驶人-汽车系统

　　汽车曲线行驶的转向盘输入一般分为角位移输入(简称角输入)以及力矩输入(简称力输入)。角输入指给转向盘作用一个角位移。力输入指给转向盘作用一个力矩。驾驶人在实际驾驶车辆时,对转向盘的输入是上述两种形式都存在的。外界侧向干扰输入主要是侧向风以及路面不平等产生的侧向力。

第二节　汽车的极限稳定性

一、纵向极限稳定性

(一)纵向翻倒

汽车的纵向翻倒最容易发生在上坡或下坡时,以上坡为例,汽车的受力情况如图 4-6 所示。在实际使用中,当坡道较大时,汽车行驶速度比较低,空气阻力忽略不计,同时汽车的动力主要用来克服坡道阻力,在较大的坡道上加速能力有限,也不考虑加速阻力。

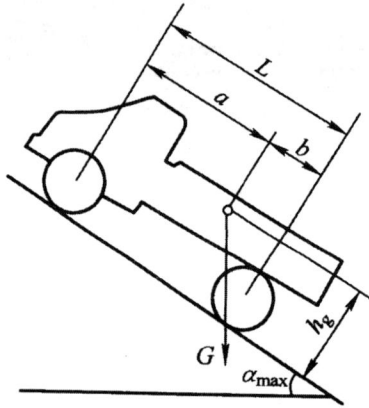

图 4-6　汽车上坡受力图

由受力图可求得汽车前、后轮的地面法向反作用力,当前轮的地面法向反作用力 F_{Z1} 为零时,前轮将失去转向操纵能力,并可能发生向后纵向翻倒。因此,汽车上坡时,不发生翻倒的条件是为

$$F_{Z1} = \frac{bG\cos\alpha - h_g G\sin\alpha}{L} > 0$$

式中,F_{Z1} 为前轮地面法向反作用力;G 为汽车的总重力;b 为汽车重心到后轴的距离;h_g 为汽车重心高度;L 为汽车前后轴距;α 为道路纵向坡道角度。

由上式得出纵向不翻倒的极限纵向坡道值

$$\tan\alpha_{max} = \frac{b}{h_g} \tag{4-1}$$

式中,α_{max} 为不发生纵向翻倒时的极限纵向坡道角度;b 为汽车重心到后轴的距离;h_g 为汽车重心高度。

由此可知,当道路的坡度角 $\alpha \geqslant \alpha_{max}$ 时,汽车即失去操纵并可能绕后轴翻倒。b 越大,h_g 越小,汽车上坡时越不容易发生向后纵向翻倒,汽车的极限稳定性越好。

（二）驱动轮滑转

汽车上坡时，坡道阻力也随坡道角度的增大而增加，当克服坡道阻力所需的驱动力超过附着力时，汽车的驱动轮就会产生滑转，汽车行驶的稳定性也会遭到破坏。汽车上坡时，后轮驱动的汽车不发生驱动轮滑转的条件是

$$F_{tmax} = G\sin\alpha_{\varphi max} = F_{Z2}\varphi \tag{4-2}$$

式中，F_{tmax} 为最大驱动力；F_{Z2} 为前轮地面法向反作用力；$\alpha_{\varphi max}$ 为道路纵向坡道角度；φ 为纵向附着系数。

将式（4-1）代入（4-2），并整理可得

$$\tan\alpha_{\varphi max} = \frac{\alpha\varphi}{L - \varphi h_g} \tag{4-3}$$

（三）纵向极限稳定条件

在实际使用中，如果汽车遇到较大坡道时，因附着条件的限制，地面无法提供克服坡道阻力所需的驱动力，汽车也就无法上坡，也就不会发生向后纵向翻倒。因此，要保持汽车纵向的极限稳定性，就要保证汽车上坡时，随着坡道角度的增大，驱动轮的滑转先于向后纵向翻倒。后轮驱动的汽车，上坡时保持纵向极限稳定性的条件则为

$$\frac{\alpha\varphi}{L - \varphi h_g} < \frac{b}{h_g}$$

整理得

$$\frac{b}{h_g} > \varphi$$

上式称为后轮驱动汽车上坡时的纵向极限稳定条件，用同样方法可求得后轮驱动，汽车下坡时的纵向极限稳定条件，以及前轮驱动汽车、全轮驱动汽车上坡或下坡时的纵向极限稳定条件。对多数汽车而言，其重心位置都比较低，即重心高度 h_g 比较小，均能满足上述条件而有余。但越野汽车的重心一般较高，而且装用越野轮胎时附着系数也较大，失去纵向极限稳定性的危险增加。因此，对于经常行驶于坎坷不平路面的越野汽车，应尽可能降低其质心位置，而前轮驱动型汽车的纵向稳定性最好。

二、侧向极限稳定性

（一）侧向翻倒

如图 4-7 所示，在弯道半径为 R 的平路上，如果车速达到 u_r，致使离心惯性力 $F_j = \dfrac{Gu_r^2}{gR}$ 与汽车的总重力 G 的合力 F 的作用线通过外侧车轮与地面的接触线时，内侧车轮对路面的载荷为零，汽车将失去操纵并可能侧翻。此时有

$$\frac{F_j}{G} = \frac{R}{2h_g}$$

将 $F_j = \dfrac{Gu_r^2}{gR}$ 代入上式，得出不发生侧翻的临界车速

$$u_r = \sqrt{\frac{gRB}{2h_g}} \qquad (4\text{-}4)$$

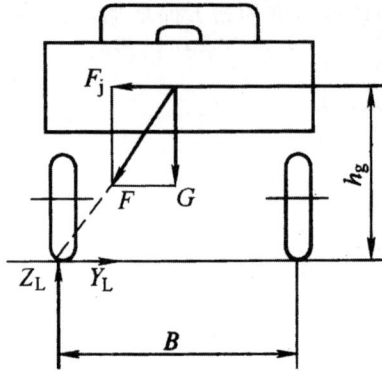

图 4-7　汽车转弯侧翻的受力图

（二）侧滑

当侧向分力（这里即是 F_j）大于路面的侧向附着力时，会发生侧滑。若转弯车速为 u_s 时发生侧滑，则 u_s 应满足

$$\frac{Gu_s^2}{gR} = G\varphi$$

则有

$$u_s = \sqrt{gR\varphi} \qquad (4\text{-}5)$$

（三）侧向极限稳定条件

正常情况下，侧翻比侧滑更危险，对人的伤害更大，为了避免，从汽车结构上应保证使侧滑发生在翻车之前。先发生侧滑的条件是 $u_s < u_r$，由(4-4)、(4-5)两式解得

$$\varphi < \frac{B}{2h_g} \qquad (4\text{-}6)$$

φ 被称之为汽车侧向稳定性系数。

一般汽车行驶于干燥的沥青路面上时，φ 值较大，约为 $0.7 \sim 0.8$，此时仍然能满足上述稳定性的条件。为避免侧翻，应尽可能降低质心高度。

用普通货车底盘改装的厢式货车，如冷藏车等，改装后的质心高度增加，使侧翻的危险性加大。

第二节　轮胎的侧偏特性

一、轮胎的侧偏现象

汽车行驶时，由于各种侧向力的作用，地面产生相应地侧向反作用力 F_Y，F_Y 又称作侧偏力。车轮在侧向力 F_y 和侧偏力 F_Y 的作用下，其运动方向偏离了车轮平面方向，这种现象称为轮胎的侧偏现象（图 4-8）。这种现象主要表现为以下两方面。

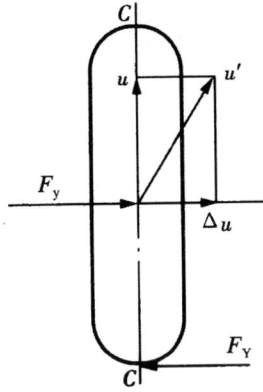

图 4-8　有侧向力作用时刚性车轮的滚动

(1)当侧偏力 F_y 达到车轮与地面间的附着极限时,车轮发生侧向滑动,若滑动速度为 Δu,车轮便沿合成速度 u' 方向运动,偏离了车轮平面 CC 方向。

(2)由于弹性车轮在侧向力的作用下产生侧向变形所引起的侧偏。下面利用如图 4-9 所示对这个现象作一说明。设想在车轮的中心平面圆周上作出 $a,b,c,\cdots$ 标记(图 4-9(a)),当车轮未受侧向力而滚动时(图 4-9(b)),车轮上的 b 点将与支承面上的 b_1 点相接触,c 点将与 c_1 点相接触,依此类推;从而可得车轮在支承面上的运动轨迹 af_1。由于 af_1 处于车轮平面之内,因此车轮的运动方向与车轮平面一致,没有侧偏现象。当车轮受到侧向力 F_y 作用时,就会产生如图 4-9(c)所示的侧向变形,一旦滚动,车轮上的 b 点将与支承面上的 b_1' 相接触,c 点将与 c_1' 相接触,依此类推。

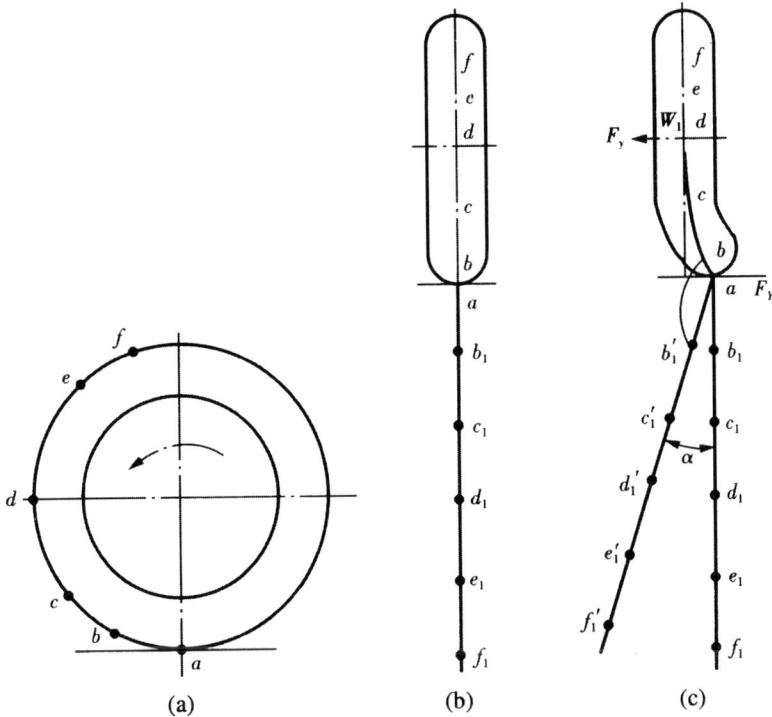

(a)　　　　　　　(b)　　　　　　　(c)

图 4-9　弹性车轮与侧偏现象

弹性车轮在侧向力作用下，由于车轮的侧向弹性变形，其实际运动方向不再是车轮平面所指的方向，而是偏离了一个角度，这个角度 α 称为侧偏角。

从图中可以看出，侧偏方向与侧向力 F_y 的方向一致，与侧偏力 F_Y 的方向相反。当汽车转弯时，侧偏方向则与离心力方向一致，因此也可用离心力方向来定义的 α 正值。显然，α 的数值与 F_y 的大小有关；也就是说，α 的数值与 F_Y 的大小有关。

二、轮胎的侧偏特性

轮胎的侧偏特性是指侧偏力 F_y 与侧偏角 α 之间的数值关系。图 4-10 给出了一些由试验测出的轮胎侧偏特性曲线。侧偏特性曲线在 $\alpha=0°$ 处的斜率称为侧偏刚度 k，单位为 N/rad 或 N/(°)。

因此，F_Y 与 α 的数值关系可写作

$$F_Y = k\alpha \tag{4-7}$$

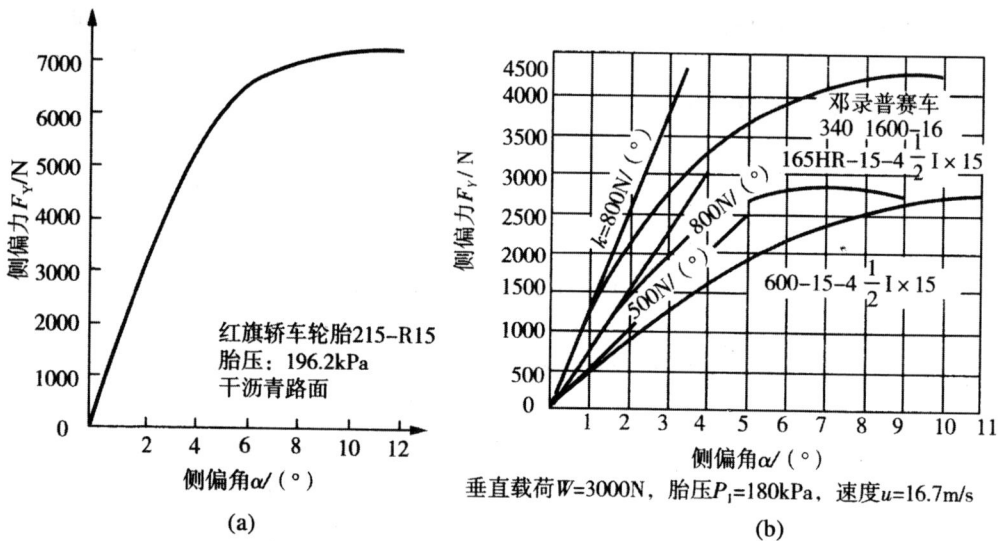

图 4-10 轮胎的侧偏特性

当侧偏力较大时，侧偏角以较大的速率增长，即 F_Y-α 曲线的斜率逐渐减小，这是由于轮胎在接地处已发生部分侧滑。侧偏力达到附着极限时，整个轮胎侧滑。

三、影响侧偏刚度的因素

(一)轮胎的尺寸、型式和结构

侧偏刚度与轮胎的尺寸有关，尺寸越大，侧偏刚度越大。子午线轮胎接地面宽，一般侧偏刚度较高，如图 4-11 所示。

轮胎断面高 H 与断面宽 B 之比 $H/B\times100\%$ 称为扁平率。要想提高侧偏刚度，可采取减小扁平率的办法。

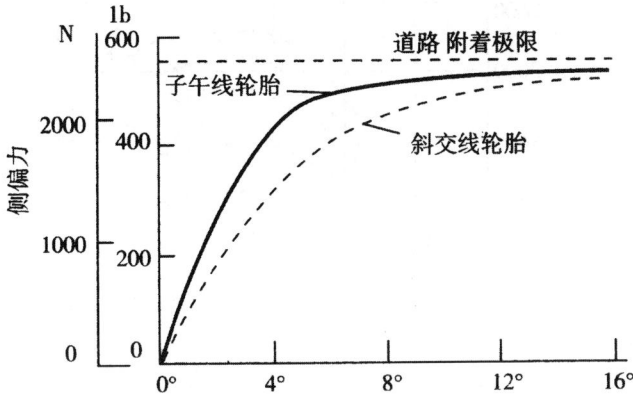

图 4-11 一斜交线轮胎与一子午线轮胎的侧偏特性

(二)轮胎的充气压力

在一定范围内,侧偏刚度随着气压的增大而增大,如图 4-12 所示。

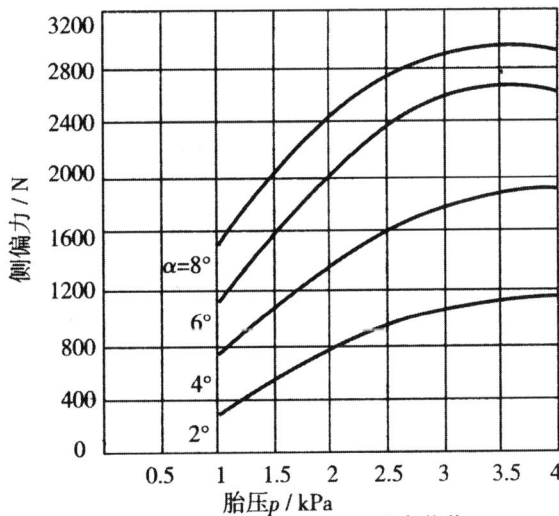

轮胎6.40-13,速度u=11m/s,垂直载荷W=4000N

图 4-12 轮胎充气压力对侧偏刚度的影响

(三)轮胎的垂直载荷

如图 4-13 所示可以看出,同一侧偏角下,不同垂直载荷时的侧偏力不一样。在一定范围内,侧偏刚度随垂直载荷的增加而加大,但超过该范围,侧偏刚度反而随着垂直载荷的增大而减小。侧偏刚度最大时的垂直载荷约为额定载荷的150%。

(四)路面及其粗糙程度、干湿状况

图 4-14 是一轮胎在干和湿沥青路面与湿混凝土路面上的侧偏特性。图上给出的是侧向力系数 F_Y/F_z 与侧偏角 α 的关系曲线。

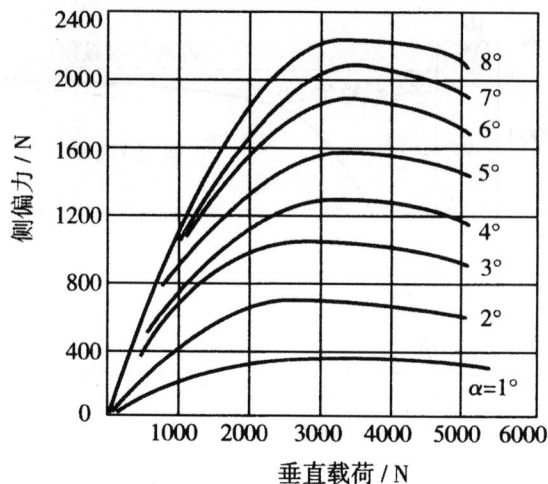

图 4-13　垂直载荷对侧偏刚度的影响

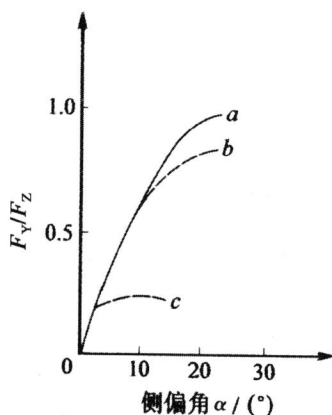

图 4-14　干路面和湿路面上的侧偏特性

a 为干沥青路面,速度为 16.5km/h;b 为湿混凝土路面,速度为 32.2km/h;

c 为湿沥青路面,速度为 14.5km/h

路面有薄水层时,由于滑水现象,会出现完全丧失侧偏力的情况。图 4-15 表明一轮胎在不同轮胎胎面、路面粗糙度和水层厚度等条件下,最大侧偏力的降低情况。水层厚 1.02mm 时,在粗糙路面上,开有 4 条沟槽的胎面能防止滑水现象。水层厚 7.62mm 时,不论胎面有无沟槽、路面是否粗糙,当车速为 80km/h 时均出现滑水现象,此时最大侧偏力为零。

四、回正力矩——绕 OZ 轴的力矩

在轮胎发生侧偏时,还会产生作用于轮胎绕 OZ 轴的力矩 T_Z。圆周行驶时,使转向车轮恢复到直线行驶位置的主要恢复力矩之一,称为回正力矩。

回正力矩是由接地面内分布的微元侧向反力产生的。接地印迹内地面侧向反作用力的分布与回正力矩的产生情况如图 4-16 所示。

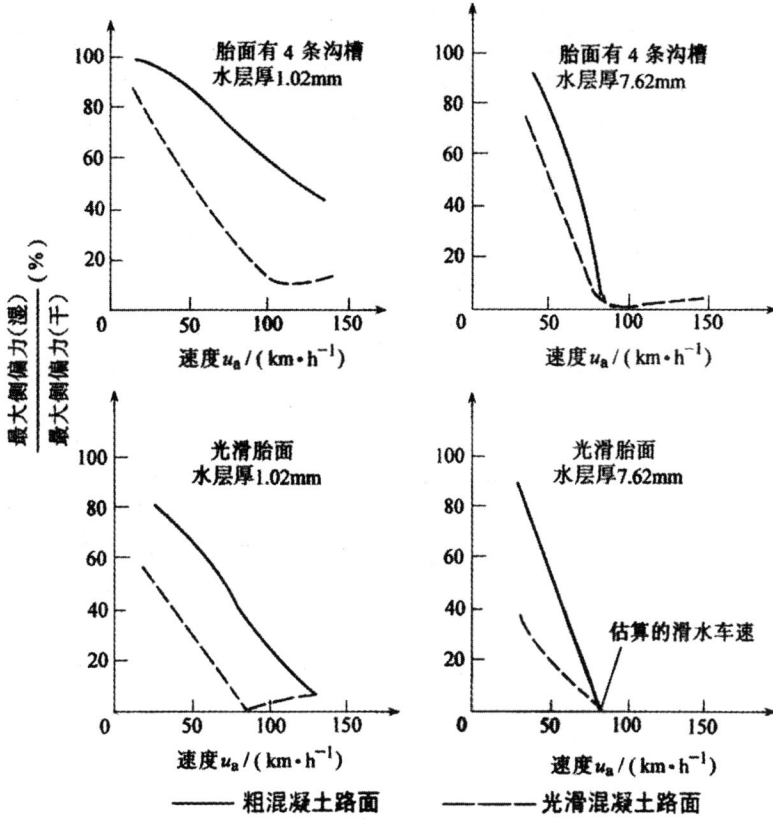

图 4-15　轮胎胎面、路面粗糙程度、水层厚度与滑水现象的关系

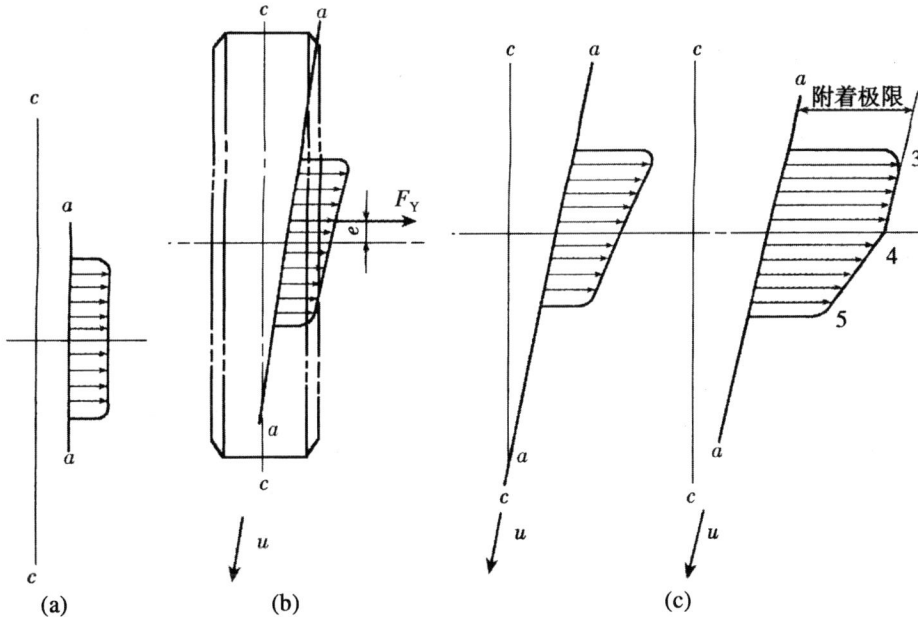

图 4-16　接地印迹内地面侧向反作用力的分布与回正力矩的产生

试验得到的回正力矩-侧偏角曲线如图 4-17 所示。

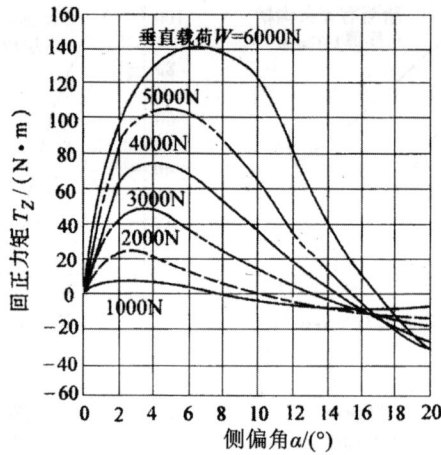

轮胎8.00-14,速度 u=8.4m/S, 胎压：140kPa

图 4-17　轮胎的回正力矩-侧偏角特性

地面切向反作用力对回正力矩的影响如图 4-18 所示。

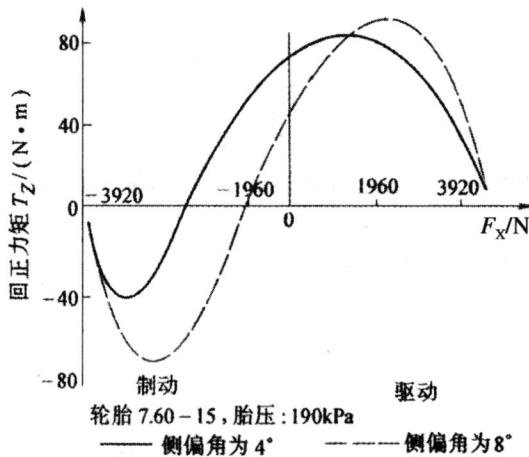

轮胎 7.60-15，胎压：190kPa
——— 侧偏角为4°　　　------- 侧偏角为8°

图 4-18　地面切向反作用力对回正力矩的影响

五、有外倾角时轮胎的滚动

汽车两前轮有外倾角 γ,具有绕各自旋转轴线与地面的交点 O' 滚动的趋势(图 4-19),若不受约束,犹如发生侧偏一样,将偏离正前方而各自向左、右侧滚动。

图 4-20(a)是试验得到的外倾侧向力与外倾角的关系曲线。外倾侧向力与外倾角成线性关系,其关系式为

$$F_{Y\gamma}=k_\gamma\gamma \tag{4-8}$$

按轮胎坐标系规定,k_γ 为负值,称作外倾刚度,单位为 N/rad 或 N/(°)。

图 4-20(b)是试验求得的不同外倾角下轮胎的侧偏特性。如图所示,侧偏特性具有平移的特点。图 4-20(c)是图 4-20(b)中的局部放大图,图上的 A、B 与 C 线条是外倾角 γ 为正、为零与为负时,小侧偏角范围内的侧偏特性。

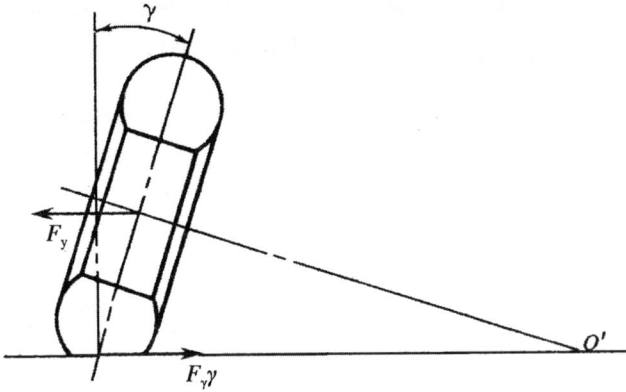

图 4-19 车轮外倾角与外倾侧向力

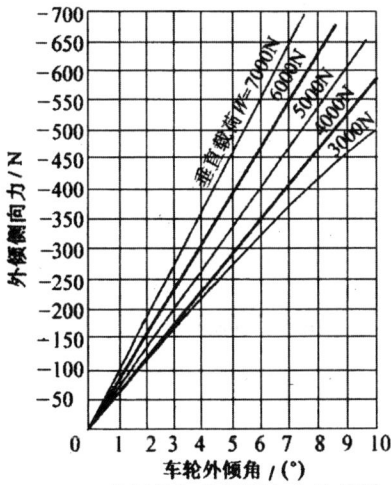

(a)外倾角与外倾侧向力的关系

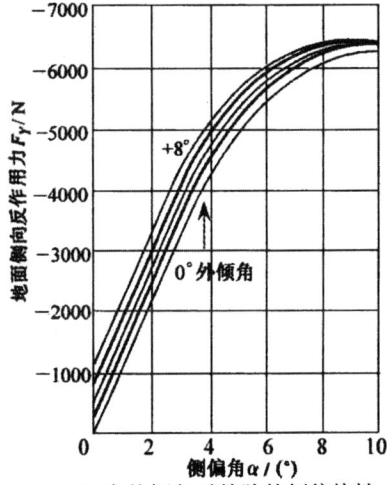

(b)有外倾角时轮胎的侧偏特性

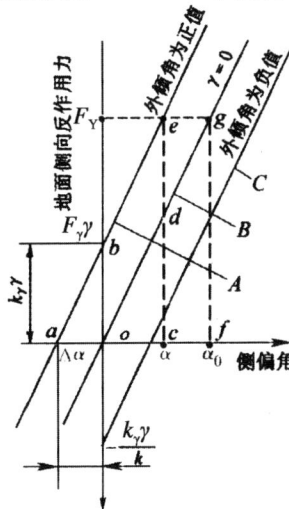

(c)有外倾角时轮胎的侧偏特性

图 4-20 有外倾角时轮胎的侧偏特性

汽车的外倾角不能太大,否则会影响侧向附着力,对汽车的极限性能造成一定的影响。图 4-21 给出了不同垂直载荷下的回正力矩与外倾角曲线。

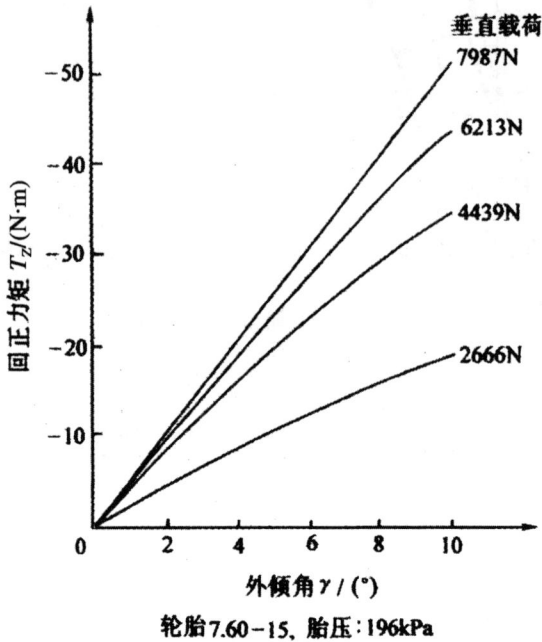

图 4-21　外倾回正力矩与外倾角曲线

按照轮胎坐标系的规定,将侧偏力、回正力矩、外倾侧向力、侧偏角等轮胎特性参数的正负关系画在图 4-22 中,可见正侧偏角对应于负的侧偏力与正的回正力矩;正外倾角对应于负的外倾侧向力与负的外倾回正力矩。

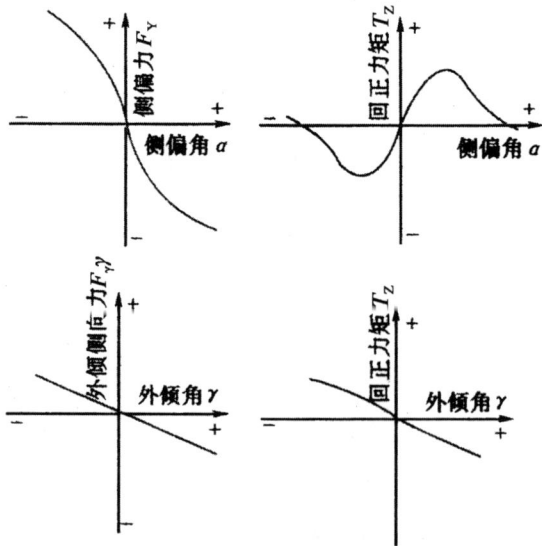

图 4-22　轮胎特性参数的正负

第四节　汽车直线行驶时的操作稳定性

一、转向轮振动的影响

汽车的转向轮通过悬架和转向传动机构与车架相连,这些互相联系的机件组成了弹性振动系统。在汽车行驶过程中,由于路面不平等因素的影响,就会使转向轮出现左右摆动或上下跳动的现象,如图 4-23 所示。转向轮的振动不仅会使行驶阻力、轮胎磨损、行驶系和转向系零件动载荷增加,而且严重影响汽车的操纵稳定性,使汽车行驶速度的发挥受到限制。

转向轮的上下跳动可看作绕汽车纵轴线的角振动,它一般是由路面不平或车轮不平衡引起的。汽车直线行驶中,由于路面不平或车轮不平衡等使转向轮绕汽车纵轴线产生角振动时,由于陀螺效应会使转向轮绕主销偏转,如果左轮升高,车轮将向右偏转;如果左轮下落,车轮将向左偏转,即转向轮绕汽车纵轴线的角振动激发了转向轮绕主销的角振动。同样由于陀螺效应,转向轮绕主销的角振动会反过来加剧转向轮绕汽车纵轴线的角振动,如此反复,将严重影响汽车直线行驶的稳定性。

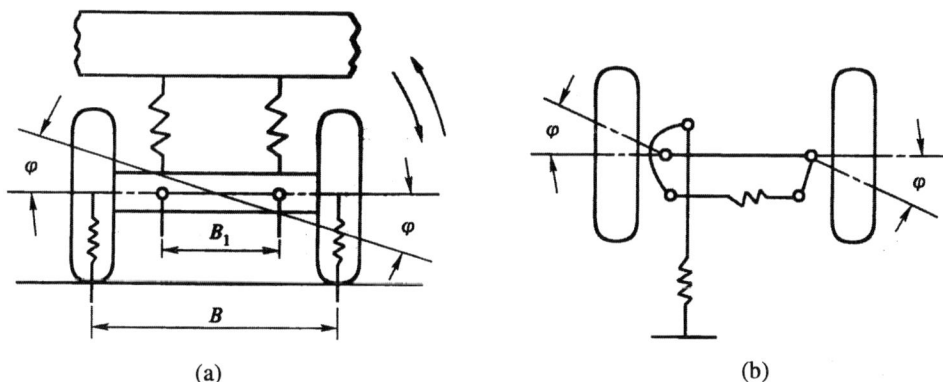

图 4-23　转向轮的振动

转向轮的左右摆动就是绕主销的角振动。无论是由于路面不平、车轮不平衡或侧向风等直接引起转向轮绕主销的角振动,还是转向轮绕汽车纵轴线的角振动间接引起转向轮绕主销的角振动,都会影响汽车直线行驶时的方向稳定性。

二、转向轮定位的影响

转向轮的定位参数中,主销内倾和主销后倾对操纵稳定性影响较大。

(一)主销内倾的影响

主销内倾角是指在汽车横向垂直平面内,转向主销中心线与铅垂线之间的角度,如图 4-24 所示。当汽车转向时,转向轮绕主销偏转,假设前轴(转向轴)的空间位置不变,且转向轮绕主销偏转 $180°$,则转向轮由图中实线所示位置转到虚线所示位置,转向轮的接地点 A 深入到地面以下的 A' 点,但实际转向轮不可能进入地面以下,而是将转向轮连同汽车前轴被

抬高一定距离 h，驾驶员施加在转向盘上的运动能量部分转化为前轴升高的势能而储存起来。虽然汽车实际转向时，转向轮的偏转角度一般只有 35°左右，不可能达到 180°，但由此可以推出，由于主销内倾角的影响，转向轮绕主销偏转时，前轴被抬高而势能增大，储存起来的势能与转向轮的偏转角度成正比。汽车转向后，驾驶员松开转向盘，在前轴重力作用下，被储存起来的势能便释放出来，从而使转向轮自动回正。这种自动回正作用，有利于保持汽车直线行驶的稳定性，但主销内倾角过大，会使转向沉重。

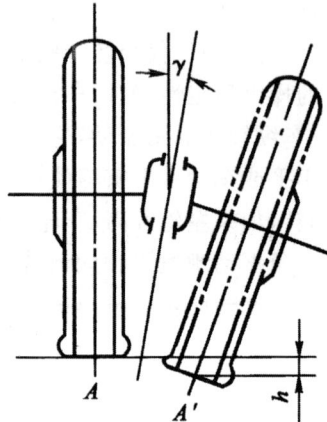

图 4-24　主销内倾的自动回正作用

（二）主销后倾的影响

主销后倾角是指在汽车纵向垂直平面内，转向主销中心线与铅垂线之间的角度，如图 4-25 所示。汽车转向时，离心力在前轴上的分力引起路面对转向轮的侧向反作用力 Y_1。由于主销的后倾，轮胎的接地点与主销之间存在一定垂直距离，则侧向反作用力绕主销形成力矩。无论转向轮绕主销向何方向偏转，侧向反作用力绕主销形成力矩都会促使转向轮自动回正，因此主销后倾也有利于保持汽车直线行驶时的稳定性，但主销后倾角过大，同样也会使转向沉重。

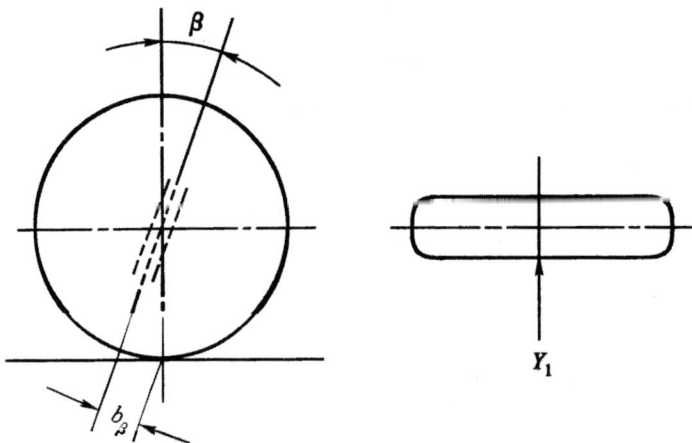

图 4-25　主销内倾的自动回正作用

三、轮胎侧偏的影响

(一)前轮侧偏的影响

弹性轮胎与路面的接触不是点接触,而是面接触。转向轮接地印迹内侧向反作用力的分布,影响汽车直线行驶时的操纵稳定性。当车轮静止时,受到侧向力作用后,由于接地印迹长轴方向各点的侧向变形量相等,所以地面侧向反作用力均匀分布。但滚动的车轮受到侧向力作用时,弹性轮胎的侧偏使接地印迹扭曲,接地印迹前端离车轮平面近,后端则离车轮平面远,轮胎的侧向变形量沿接地印迹长轴方向由前到后逐渐增大。由于侧向反作用力的大小与侧向变形量成正比,所以转向轮接地印迹内侧向反作用力的合力向后偏移,如图 4-26 所示,侧向力靠与侧向反作用力 Y_1 形成的力偶矩力图使转向轮回到直线行驶位置。由此可见,转向轮的侧偏有利于汽车转向后转向轮的自动回正,同样有利于保持汽车直线行驶时的稳定性。

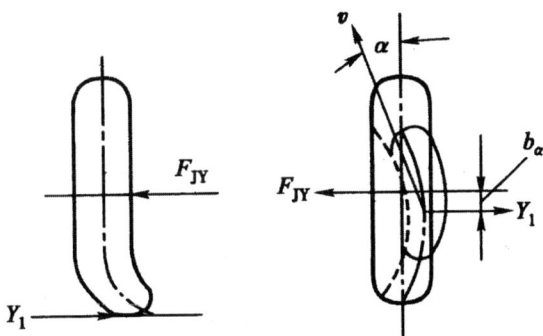

图 4-26　轮胎侧偏的自动回正作用

转向轮的侧偏刚度越小,受到侧向力作用时的侧偏角度就越大,自动回正作用也随之增大。目前轿车上广泛采用低压胎以提高其附着性能,也增大了转向轮的自动回正作用,但防止转向沉重,因此采用低压胎的汽车不得不减小其主销后倾角,有些甚至出现负值。

(二)前、后轮侧偏的综合影响

前、后轮的侧偏角度影响汽车的转向特性,而具有不同转向特性的汽车,其直线行驶时的稳定性也不同。

具有中性转向的汽车沿 xx 方向直线行驶时,如果有偶然的侧向力 R_y 作用在汽车重心上,由于前、后车轮的侧偏角度相等,汽车将沿与 xx 方向成 $\alpha = \alpha_A = \alpha_B$ 角的 mm 方向直线行驶,如图 4-27(a)所示。要想维持原来的行驶方向,只要向侧向力相反一侧转动转向盘,使汽车纵轴线与原行驶方向成 α 角,然后再将转向盘转回直线行驶位置,如图 4-27(b)所示。

　　具有过多转向特性的汽车直线行驶时,如果有偶然的侧向力 R_y 作用在汽车重心上,由于前轮侧偏角度 α_A 比后轮侧偏角度 α_B 小,汽车将向侧向力方向相反的一侧转弯行驶,并产生离心力 F_c,如图 4-28 所示。由于离心力 F_c 的侧向分力 F_{cy} 与侧向力 R_y 的方向相同,会加快轮胎的侧偏,从而使转向半径减小,离心力进一步增大,尤其车速较高时,如此恶性循环,最终将导致汽车失去操纵稳定性。

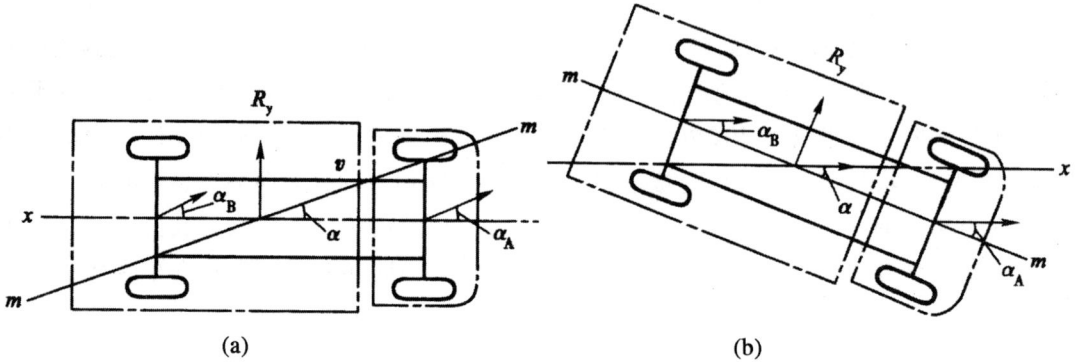

图 4-27　中性转向特性汽车的直线行驶稳定性

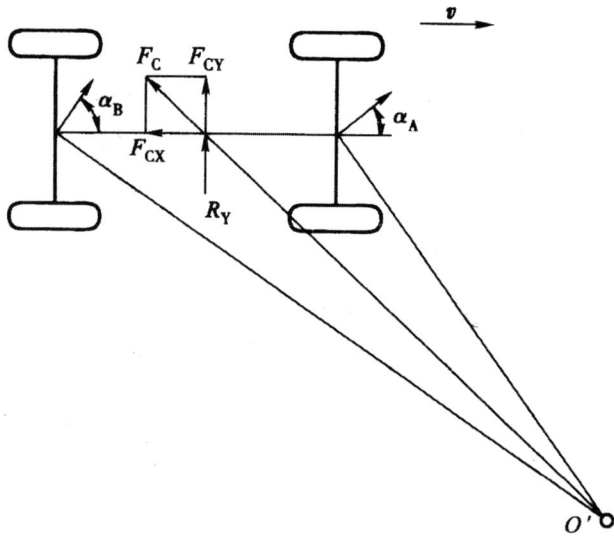

图 4-28　过多转向特性汽车的直线行驶稳定性

　　具有不足转向特性的汽车直线行驶时,如果有偶然的侧向力 R_y 作用在汽车重心上,由于前轮侧偏角度 α_A 比后轮侧偏角度 α_B 大,汽车将向侧向力作用方向一侧转弯行驶,并产生离心力 F_c,如图 4-29 所示。由于离心力 F_c 的侧向分力 F_{cy} 与侧向力 R_y 的方向相反,有抑制侧向力 R_y 的作用,所以当侧向力 R_y 消失后,汽车能自动回复直线行驶。由此可见,具有不足转向特性的汽车也有良好的直线行驶稳定性。

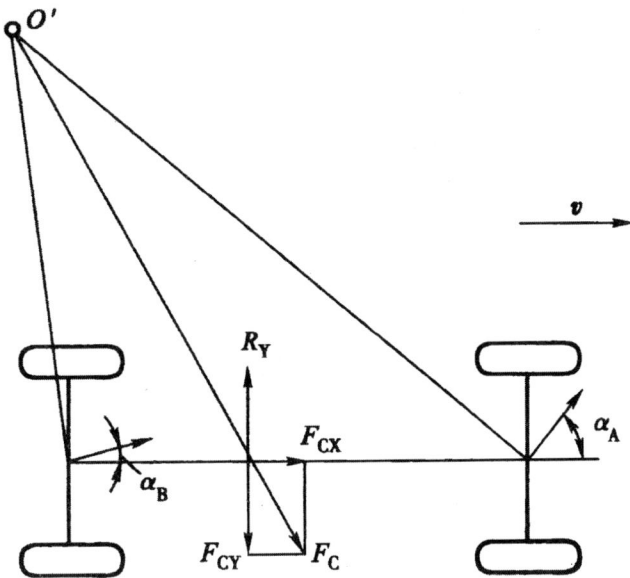

图 4-29　不足转向特性汽车的直线行驶稳定性

第五节　前轮角阶跃输入下汽车的稳态响应

一、线性二自由度汽车模型的运动微分方程

为了分析汽车操纵稳定性的基本特性，通常将其简化为线性二自由度的汽车模型，如图 4-30 所示。它实际是一个由前后两个有侧向弹性的轮胎支承于地面，具有侧向及横摆运动的二自由度汽车模型。

将汽车的（绝对）加速度与（绝对）角加速度及外力与外力矩沿车辆坐标系的轴线分解，列出沿这些坐标轴的运动微分方程如下

$$\begin{cases} (k_1+k_2)\beta+\dfrac{1}{\mu}(ak_1-bk_2)\omega_r-k_1\delta=m(v'+u\omega_r) \\ (ak_1-bk_2)\beta+\dfrac{1}{\mu}(a^2k_1+b^2k_2)\omega_r-ak_1\delta=I_z\dot{\omega_r} \end{cases} \tag{4-9}$$

式中，k_1 为前轮的侧偏刚度；k_2 为后轮的侧偏刚度；a 为质心至前轴的距离；b 为质心至后轴的距离；β 为汽车质心的侧偏角；ω_r 为汽车横摆角速度；$\dot{\omega_r}$ 为汽车横摆角加速度；δ 为前轮转角；u 为质心速度在 Ox 轴上的分量；$\dot{v}=\dfrac{\mathrm{d}v}{\mathrm{d}t}$，$v$ 是质心速度在 Oy 轴上的分量；m 为汽车质量；I_z 为汽车绕 z 轴的转动惯量。

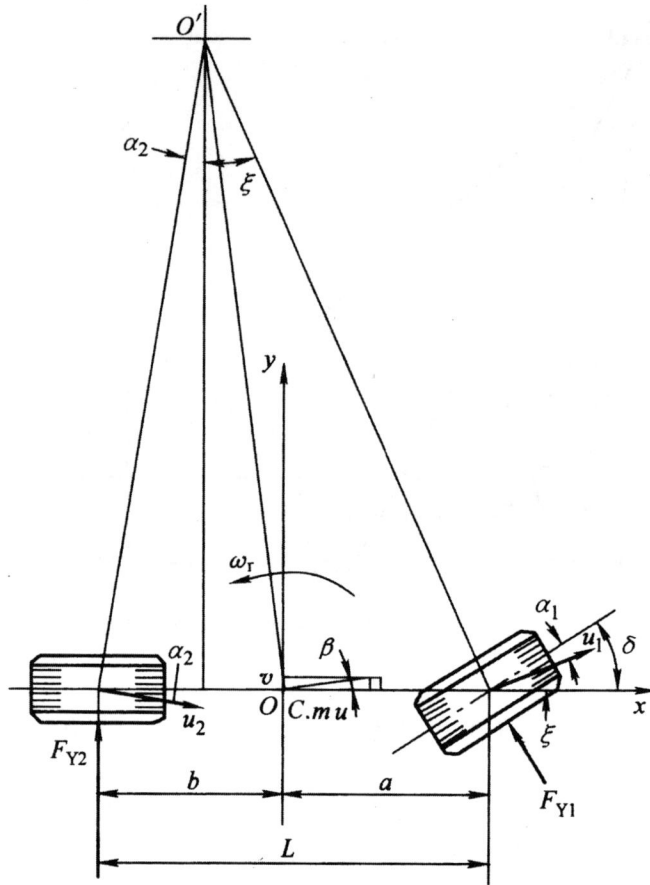

图 4-30 二自由度汽车模型

二、前轮角阶跃输入下进入的汽车稳态响应

(一)稳态响应

汽车等速行驶时,在前轮角阶跃输入下进入的稳态响应就是等速圆周行驶。常用稳态下的横摆角速度与前轮转角之比 $\dfrac{\omega_r}{\delta}$ 来评价稳态响应。该比值被称为稳态横摆角速度增益或转向灵敏度。

稳态时横摆角速度 ω_r 为定值,此时 $\alpha_r = 0$,$\omega_r = 0$,以此代入式(4-9)得稳态横摆角速度增益为

$$\frac{\omega_{rs}}{\delta} = \frac{u/L}{1 + Ku^2} \qquad (4\text{-}10)$$

式中,$K = \dfrac{m}{L^2}\left(\dfrac{a}{k_2} - \dfrac{b}{k_1}\right)$,称为稳定性因数,$\text{s}^2/\text{m}^2$,是表征汽车稳态响应的一个重要参数。

（二）稳态响应的三种类型

根据 K 值等于 0、小于 0 还是大于 0 三种情况，汽车的稳态转向特性可分为如下三类（图 4-31）。

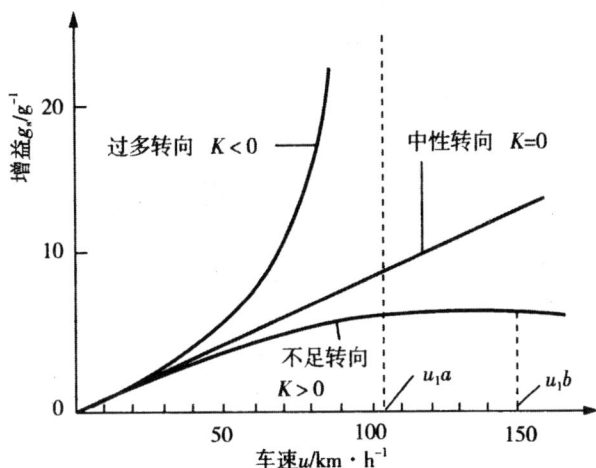

图 4-31 g_s-u 关系曲线

1. 中性转向

$K=0$ 时，$g_s=u/L$，g_s-u 关系曲线是一条斜率为 $1/L$ 的直线。这种转向特性称为中性转向。对于中性转向而言，因

$$g_s=\frac{\omega_{rs}}{\delta_0}=\frac{\mu}{L}$$

故

$$\omega_{rs}=\frac{\mu}{L}\delta_0$$

由力学原理知

$$\omega_r=\frac{u}{R}$$

式中，R 为汽车的转向半径。

在分析操纵稳定性时，R 均指转向中心至汽车纵向轴线的垂直距离，如图 4-32 所示。当系统进入稳态时，R 不再随时间而变，但与车速有关。因此，具有中性转向汽车的转向半径 R 为 $\frac{L}{\delta_0}$。可见，中性转向汽车的转向半径 R 仅与前轮偏转角 δ_0 和轴距 L 有关，且不随车速而变。

2. 不足转向

当 $K>0$ 时，增益 g_s 的分母 $(1+Ku^2)>1$，故小于中性转向的增益，具有不足转向特性汽

车的 g_s-u 曲线是一条位于中性转向增益线下方的曲线，显然，K 值越大，汽车转向不足的程度就越高，即不足转向量越大。

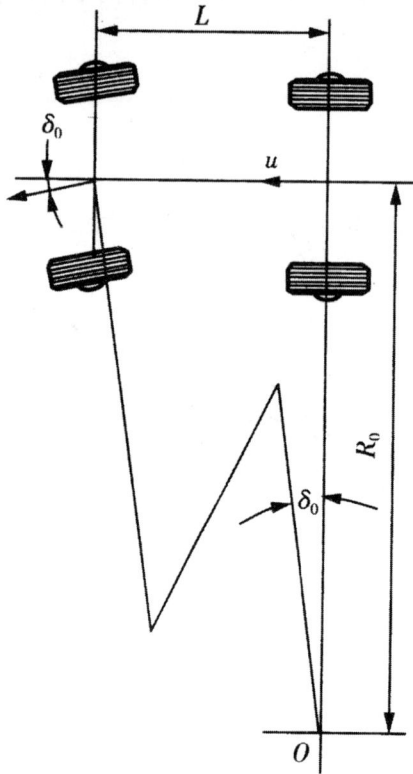

图 4-32　刚性车轮汽车的转向运动

可求得当车速为 $u_{ch}=\sqrt{\dfrac{1}{K}}$ 时，增益 g_s 达到最大值。显然 u_{ch} 越小，K 值就越大，不足转向量也越大。

3. 过多转向

当 $K<0$ 时，增益 g_s 的分母 $(1+Ku^2)<1$，增益 g_s 大于中性转向的 g_s，当输入角 δ_0 相同时，ω_{rs} 比中性转向时大，呈现转向过度的特性，因此称作过多转向。具有过多转向汽车的 g_s-u 曲线是一条位于中性增益线上方的向上弯曲的曲线，K 值越小（即绝对值越大），汽车的过多转向量就越大。

当车速 $u^2=-\dfrac{1}{K}$ 时，$(1+Ku^2)=0$，g_s 趋于 ∞，该车速称为临界车速。临界车速越低，过多转向量越大。

如图 4-33 所示是美国的试验标准，图中给出了当侧向加速度为 $0.4g$ 时的 g_s-u 曲线的满意范围，可供参考。

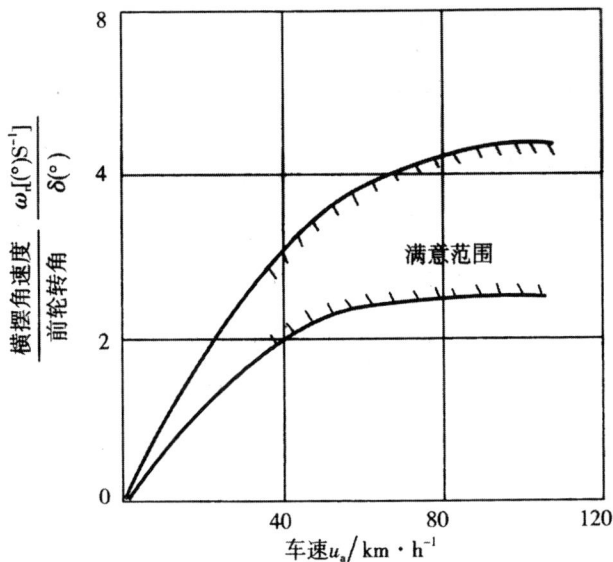

图 4-33 g_s-u 曲线的满意范围

(三)表征稳态响应的另两个参数

1. 前、后轮侧偏角绝对值之差($\alpha-\alpha_0$)

为了测定汽车的稳态响应,常输入固定的转向盘转角,令汽车以不同等速度作圆周行驶,测出其前、后轮侧偏角的绝对值 α_1、α_2。若 $\alpha_1-\alpha_2>0$,则 $K>0$,为不足转向;当 $\alpha_1-\alpha_2=0$,则 $K=0$,为中性转向;当 $\alpha_1-\alpha_2<0$,则 $K<0$,为过度转向。

如图 4-34(b)所示为几种汽车的试验曲线。图中曲线 1、2、3 为过多转向,曲线 5 为不足转向。曲线 4 在小侧向加速度时为过多转向,在大侧向加速度时转变为不足转向。

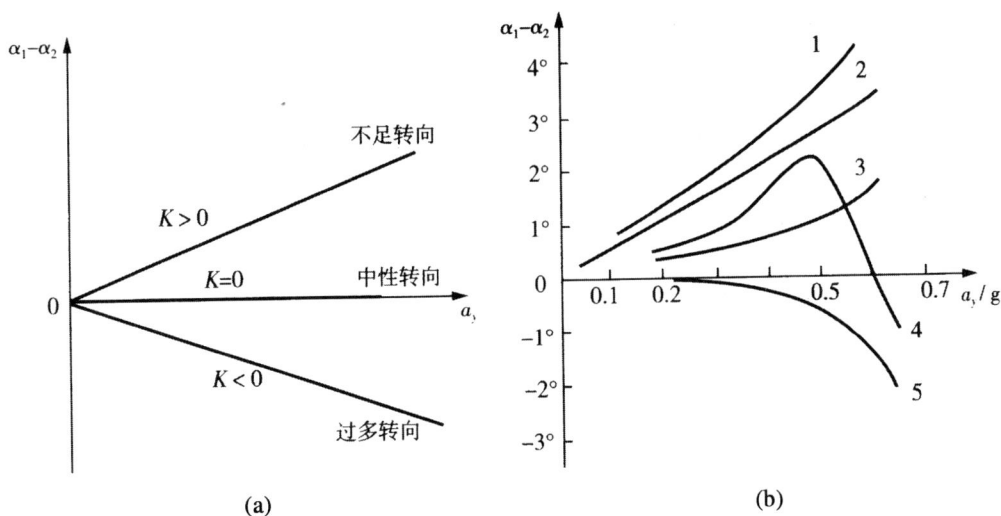

(a)   (b)

图 4-34 表示汽车稳态转向特性的($\alpha_1-\alpha_2$)-α_y 曲线

如图 4-35 所示是汽车进入稳态后的转向运动简图。

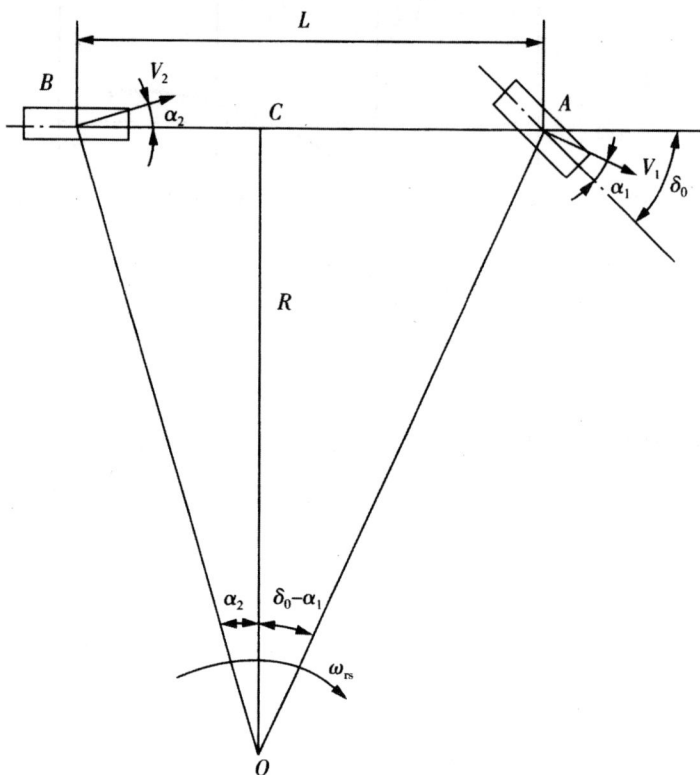

图 4-35　汽车稳态转向运动简图

2. 转向半径比 R/R_0

在前轮转角不变的条件下,若令车速极低、侧向加速度接近于零、轮胎侧偏角可忽略不计时,转向半径为 R_0。而一定车速下有一定侧向加速度时的 R,则这两个转向半径之比 R/R_0 也可用来表征汽车的稳态响应。

故当 $K=0$ 时,$R=R_0$,即中性转向汽车的转向半径不随车速发生变化。$K>0$ 时,$\dfrac{R}{R_0}>1$,即不足转向汽车的 R 总大于 R_0,R 将随 u 的增加而增大;$K<0$ 时,$\dfrac{R}{R_0}<1$,即过度转向汽车的 R 总小于 R_0,且 R 将随 u 的增加而减小。

三、前轮角阶跃输入下汽车的瞬态响应

(一)瞬态响应

在稳态响应中,汽车的参数如质心侧偏角 β 以及横摆角速度 ω_r 不随时间的变化而变化。与稳态响应相反,在瞬态响应过程中,汽车的特征参数将随着时间的变化而变化。因此汽车的瞬态响应将比稳态响应更为复杂,更能表征汽车的操纵稳定性。图 4-36 所示为某型汽车在转向盘角

阶跃输入下的瞬态响应曲线。

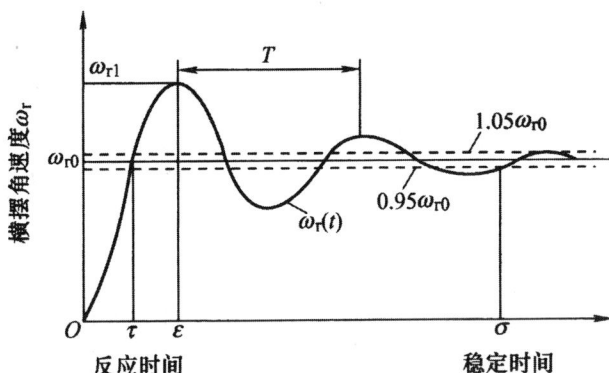

图 4-36 转向盘角阶跃输入下汽车的横摆角速度瞬态响应曲线

单自由度一般强迫振动的微分方程式

$$\ddot{\omega}_r + 2\omega_0\xi\dot{\omega}_r + \omega_0^2\omega_r = B_1\dot{\delta} + B_0\delta \tag{4-11}$$

式中，ω_0 为固有圆频率；ξ 为阻尼比。

通过求解上面的常系数微分方程即可得到汽车的横摆角速度响应特性。

图 4-37 给出了美国安全试验车的横摆角速度瞬态响应在不同行驶车速下的满意区域以及丰田轿车的瞬态横摆角速度响应曲线。图 4-37 中的前轮转角采用了两种计算方法，一种是直接用前轮绕主销的转角来计算，另一种是用转向盘转角与总传动比来近似地计算。

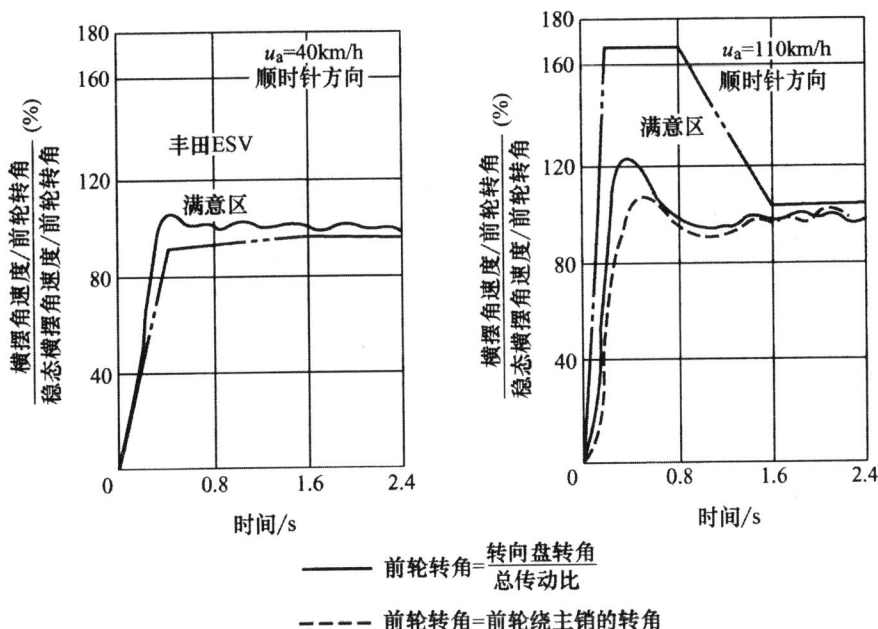

图 4-37 美国安全试验车横摆角速度瞬态响应的满意区域与丰田轿车的瞬态响应

(二)表征瞬态响应的参数

1. 横摆角速度 ω_r 波动时的固有(圆)频率 ω_0

$$\omega_0 = \sqrt{\dfrac{mu(ak_1 - bk_2) + \dfrac{L^2 k_1 k_2}{u}}{mu I_z}} = \dfrac{L}{u}\sqrt{\dfrac{k_1 k_2}{m I_z}(1 + Ku^2)} \qquad (4\text{-}12)$$

ω_0 值是评价汽车瞬态响应的一个重要参数。ω_0 值应高些为好,这样可以减少谐振的倾向。

图 4-38 给出了某型汽车的横摆角速度在瞬态响应中波动时的固有频率与上述参数之间的关系曲线。

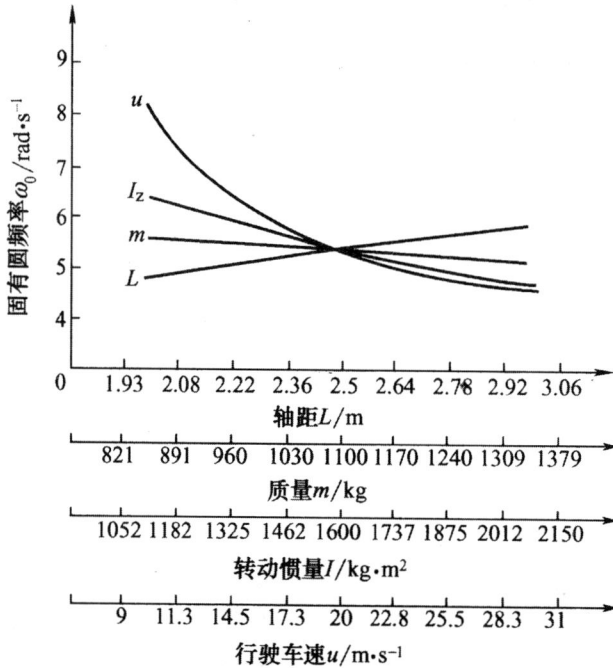

图 4-38 汽车的主要参数与横摆角速度响应中波动时的固有圆频率之间的关系

一些欧洲以及日本轿车的横摆角速度瞬态响应中波动时的固有频率与汽车的稳定性因数之间的关系如图 4-39 所示。从图中可以看到,其瞬态响应时波动时的固有频率在 1Hz 左右。

2. 阻尼比 ξ

阻尼比 ξ 越大,横摆角速度 $\omega_r(t)$ 衰减得越快,汽车的操纵稳定性越好。

$$\xi = \dfrac{-m(a^2 k_1 + b^2 k_2) - I_z(k_1 + k_2)}{2L\sqrt{m I_z k_1 k_2 (1 + Ku^2)}} \qquad (4\text{-}13)$$

由上式知,阻尼比与很多的参数有关,如汽车的质量、绕 z 轴的转动惯量、轴距以及质心的位置等。汽车的主要结构参数对其横摆角速度瞬态响应阻尼比的影响如图 4-40 所示。

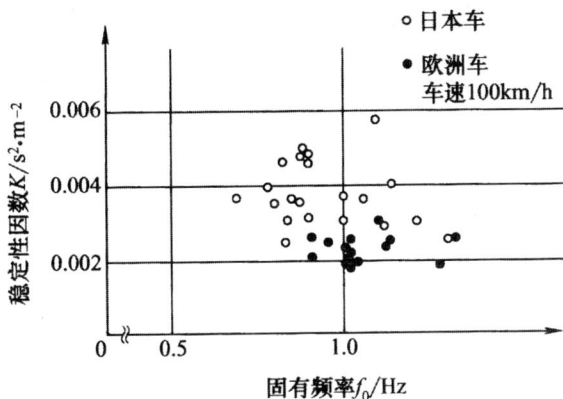

图 4-39　一些轿车的横摆角速度响应中波动时的固有频率与稳定性因数之间的关系

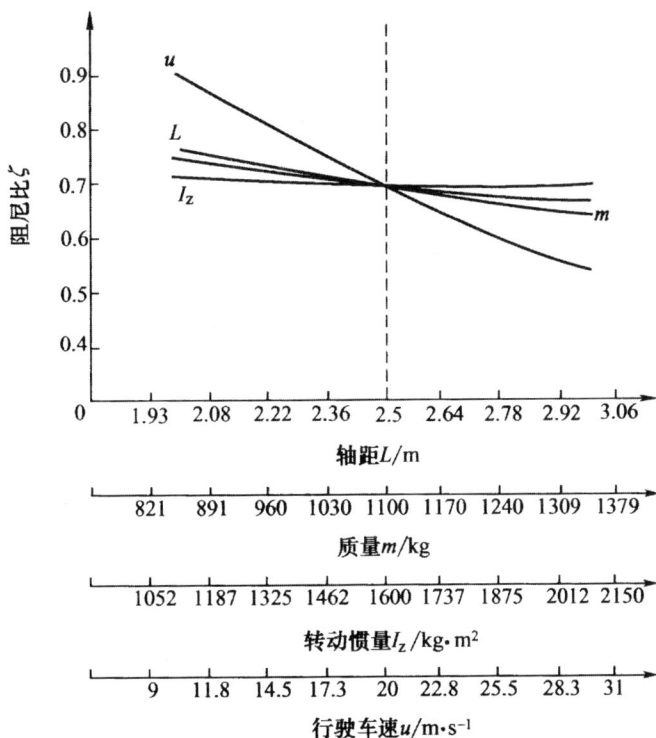

图 4-40　汽车的结构参数以及行驶车速与阻尼比的关系

　　同时,在不同的静态储备系数下以及不同的行驶车速对汽车的横摆角速度瞬态响应阻尼比的影响如图 4-41 所示。在图中,阻尼比随静态储备系数的增大而减小,即车辆相应地转向操纵的振动性变强。随着行驶车速的增加,具有不足转向特性(静态储备系数小于 0)汽车的阻尼比减小,车辆的振动性增强。对于具有过多转向特性的汽车,随着行驶速度的增大,阻尼比也增大。在大阻尼下的横摆角速度瞬态响应中,横摆角速度是单调上升的,有发散的趋势,因此恶化了汽车的转向操纵,使汽车趋于不稳定。

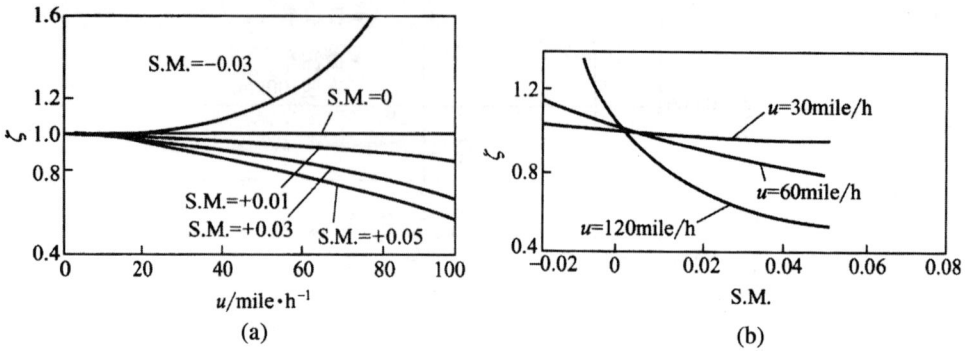

图 4-41　不同阻尼比时汽车的横摆角速度瞬态响应曲线

在不同的阻尼比下,汽车的横摆角速度瞬态响应如图 4-42 所示。很明显,随着阻尼比的增大,横摆角速度的衰减越快,汽车的操纵稳定性也越好。

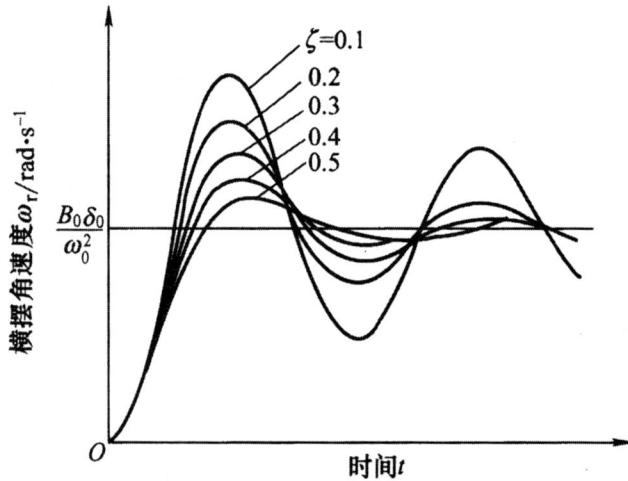

图 4-42　静态储备系数以及行驶车速与阻尼比的关系

3. 反应时间 τ

反应时间是指前轮角阶跃输入后,汽车的横摆角速度第一次达到稳态值 ω_{r0} 所需的时间,反应时间短,则驾驶人感到转向响应迅速、及时;反应时间长就会觉得转向反应迟钝。一般希望反应时间短些为好。

图 4-43 给出了不同的汽车结构参数下横摆角速度瞬态响应过程中的反应时间与这些参数的关系。

4. 稳定时间 σ

汽车横摆角速度达稳态值的 $95\% \sim 105\%$ 的时间称为稳定时间。稳定时间表明由瞬态响应进入稳态响应所经历的时间,一般希望稳定时间应尽可能短。

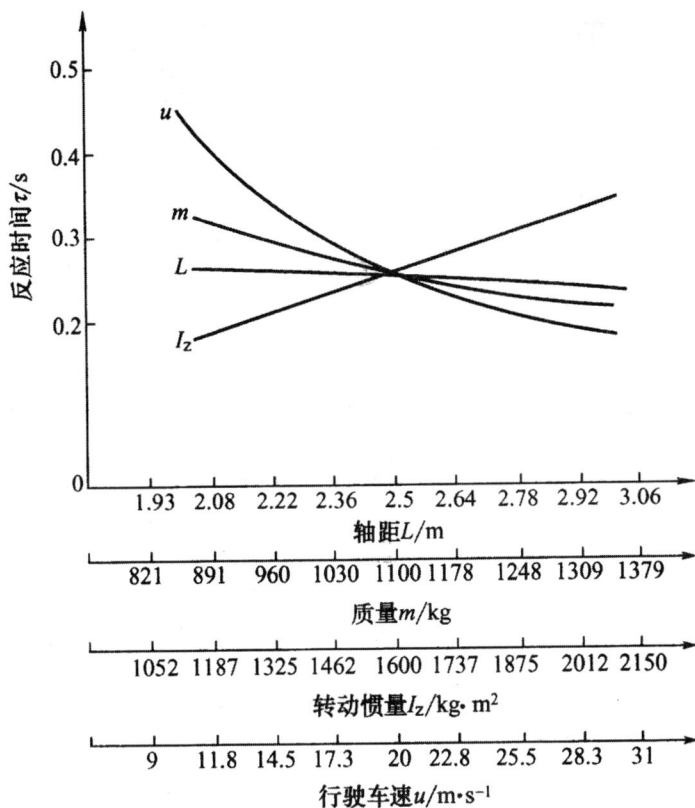

图 4-43　汽车的结构参数以及行驶车速与反应时间的关系

第六节　变形转向——悬架导向装置变形引起的车轮转向角

图 4-44 是一种具有不足变形转向角的多杆式后独立悬架的示意图。从图 4-44(a)中可看出,该悬架基本上属双横臂式,不过上、下横臂均由两根导向杆所替代,上面的两根杆确定了车轮作转向角转动的瞬时轴线上的一个瞬时中心。下面的两根杆既决定了瞬时轴线上另一瞬时中心,又确定了变形转向角的大小与方向。图 4-44(b)是下面两根导向杆的示意图,两杆之一为 A 形杆,另一根为侧置杆,图上还标明了橡胶衬套在各个方向的刚度系数 k 值。由于 k_2、k_4 很小,受到侧向力后,A 形杆沿衬套轴向有明显位移,见图 4-45(a),从而后外轮产生了减小后轴侧偏角的不足变形转向角。当汽车在弯道行驶并减速制动时,这种悬架的后外轮也产生不足变形转向角,见图 4-45(b),从而提高了制动时的方向稳定性。由于 Nissan 240SX 是后轮驱动,因此它也能减弱卷入(Tuck In)现象。

可用下式估算侧向力变形转向角

$$\delta_c = \frac{F_y}{1000} \frac{\partial \delta}{\partial F_y} \tag{4-14}$$

式中,δ_c 为变形转向角,$\dfrac{\partial \delta}{\partial F_y}$ 为侧向力变形转向系数。

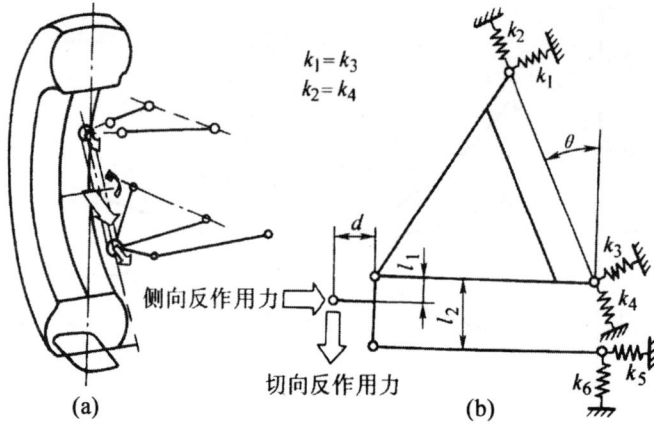

$k_1 = k_3$
$k_2 = k_4$

侧向反作用力

切向反作用力

(a)   (b)

图 4-44   Nissan 240SX 具有不足变形转向角的多杆式后独立悬架

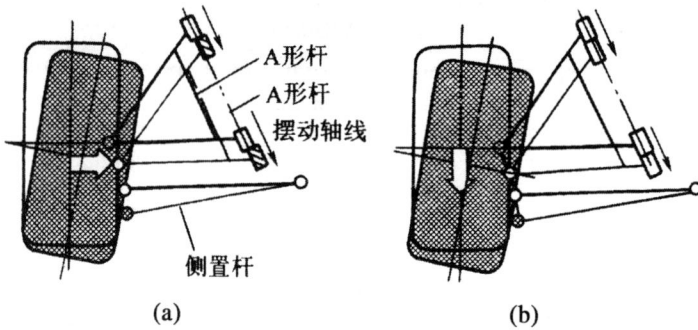

A形杆

A形杆

摆动轴线

侧置杆

(a)   (b)

图 4-45   Nissan 240SX 多杆式后独立悬架的变形转向角

由轮胎力学特性可知,各轮胎上都作用有回正力矩。在回正力矩作用下,悬架和车轮有扭转变形。前、后轴车轮均发生 δ_a(图 4-46)。回正力矩作用的结果,使前轴趋于增加不足转向,后轴趋于减少不足转向。

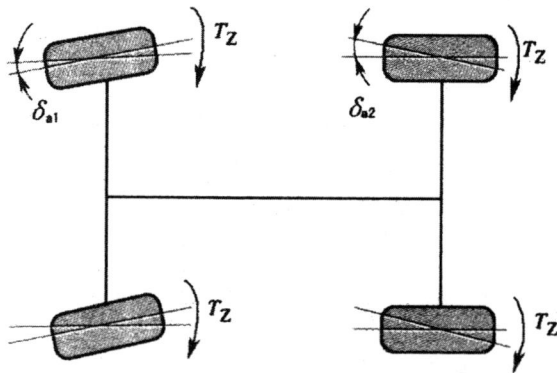

T_Z T_Z

δ_a1 δ_a2

T_Z T_Z

图 4-46   回正力矩引起的变形转向角

$$\delta_\mathrm{a} = \frac{1}{100}\alpha N_\mathrm{a}\frac{\partial \delta}{\partial T}$$

第七节　传动系对汽车操纵稳定性的影响

一、地面切向反作用力与"不足-过多转向特性"的关系

下面以前驱动汽车为例,从几个主要方面说明驱动力对"不足-过多转向特性"的影响。

在一定载荷范围内,轮胎侧偏刚度随着载荷的增大而增加,当汽车在弯道上以大驱动力加速行驶时,前轴载荷减小,后轴载荷增加。因此导致汽车加速时前轴侧偏角增加,后轴侧偏角减小。节气门开大汽车在弯道上加速行驶时,为了提供要求的侧偏力,前轮侧偏角必然增大。这是汽车有增加不足转向的趋势的两个原因。汽车在冰雪路面上行驶时,这种趋势更加明显。

图 4-47 中画出了处于直线行驶位置的前轮及其受到的地面切向反作用力 F_X 与驱动转矩 T_h。

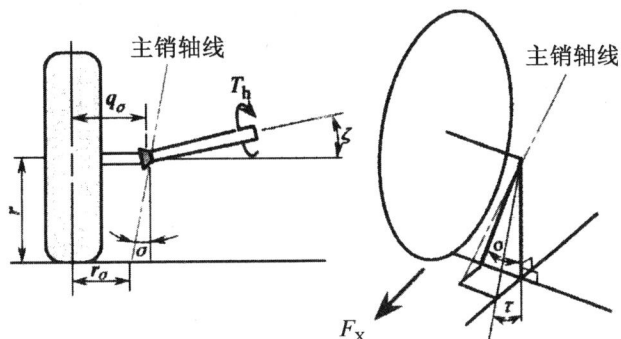

图 4-47　作用于前驱动轮的切向反作用力与驱动转矩

不考虑滚动阻力并忽略法向反作用力产生的力矩,作用于前轮绕主销的力矩为

$$T_k = F_X r_\sigma \cos\tau \cos\sigma + T_h \sin(\sigma + \xi)$$
$$= F_X [r_\sigma \cos\tau \cos\sigma + r\sin(\sigma + \xi)]$$

式中,r_σ 为接地面上的主销偏置距;σ 为主销内倾角;τ 为主销后倾角;ξ 为半轴与水平线的夹角;r 为车轮半径。

因主销后倾角、内倾角均较小,$\cos\tau \approx \cos\sigma \approx 1$,上式可写成

$$T_k = F_X [r_\sigma + r\sin(\sigma + \zeta)]$$

若半轴处于水平位置,$\xi = 0$,则力矩臂为 $(r_\sigma + r\sin\sigma)$,即图中的 q_σ 就是车轮中心主销偏置距。

驱动力对"不足-过多转向特性"的影响可以总结为增加前驱动汽车的不足转向趋势,增加后驱动汽车的过多转向趋势,具体如图 4-48 所示。

```
                                    ┌─────────────────────────────┐
                                    │ 汽车在弯道上以大驱动力加速行驶时,    │
                                    │ 前轴垂直载荷明显减轻,后轴垂直载荷    │
                                    │ 相应增加。因此,加速时前轴侧偏角增    │
                                    │ 加,后轴侧偏角减小,汽车有增加不足    │
                                    │ 转向的趋势                        │
                                    └─────────────────────────────┘

                                    ┌─────────────────────────────┐
                                    │ 车轮驱动时,随着驱动力的增加,同一    │
                                    │ 侧偏角下的侧偏力下降。节气门开大汽    │
                                    │ 车在弯道上加速行驶时,为了提供要求    │
                                    │ 的侧偏力,前轮侧偏角必然增大,汽车    │
                 ┌──────────────┐   │ 有增加不足转向的趋势               │
                 │ 增加前驱动汽车  │   └─────────────────────────────┘
                 │ 的不足转向趋势  │   ┌─────────────────────────────┐
                 └──────────────┘   │ 前轮受半轴驱动转矩的影响会产生不足    │
                                    │ 变形转向,增加了前驱动汽车不足转向    │
                                    │ 的趋势                           │
                                    └─────────────────────────────┘

┌──────────┐                        ┌─────────────────────────────┐
│ 驱动力"不足-│                       │ 由于转向杆系等处的弹性,前轮产生了    │
│ 过多转向特性"│                       │ 相应的不足变形转向角,增加了汽车的    │
└──────────┘                        │ 不足转向趋势                      │
                                    └─────────────────────────────┘

                                    ┌─────────────────────────────┐
                                    │ 随着驱动力的增加,轮胎回正力矩通常    │
                                    │ 有所增大,这也增加了不足转向趋势       │
                                    └─────────────────────────────┘

                 ┌──────────────┐   ┌─────────────────────────────┐
                 │ 增加后驱动汽车  │   │ 后轮驱动汽车在进行发动机制动时,由    │
                 │ 的过多转向趋势  │   │ 于制动力的作用增大了后轴侧偏角,产    │
                 └──────────────┘   │ 生了过多转向的趋势,加上其他因素的    │
                                    │ 综合影响,后驱动汽车也常有"卷入"      │
                                    │ 现象                            │
                                    └─────────────────────────────┘
```

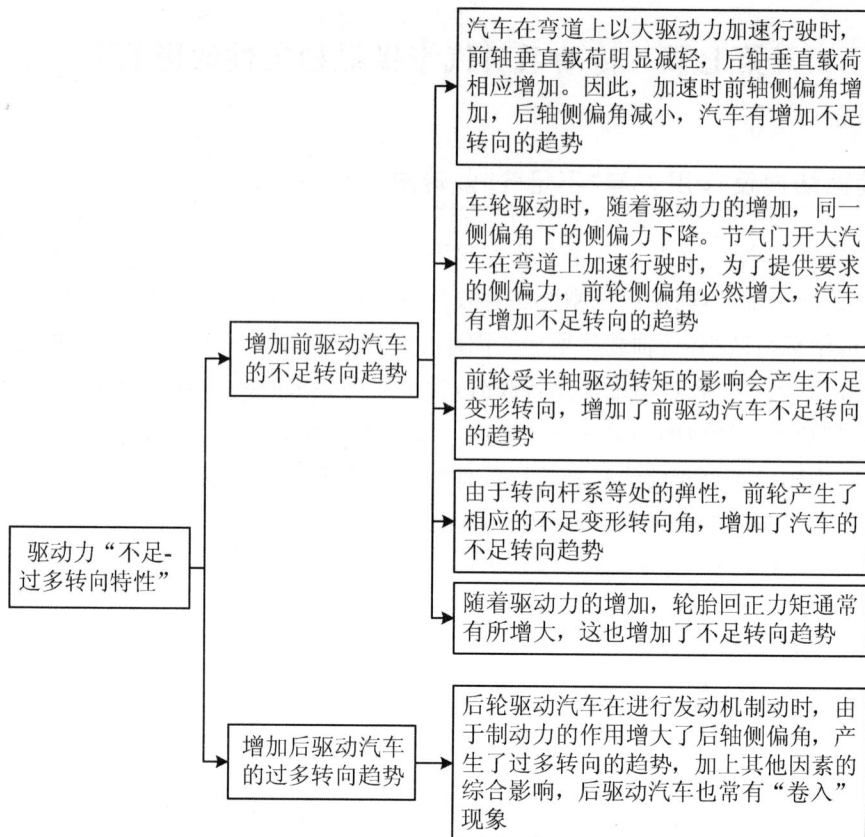

图 4-48　驱动力与"不足-过多转向特性"的关系

二、地面切向反作用力控制转向特性的基本概念简介

在低附着系数地面上行驶时,驱动力对汽车弯道行驶的影响是很容易看出来的。不同驱动形式汽车作加速弯道行驶时横摆角速度变化的曲线如图 4-49 所示。从该图中可以看出驱动力对汽车弯道行驶的影响情况。

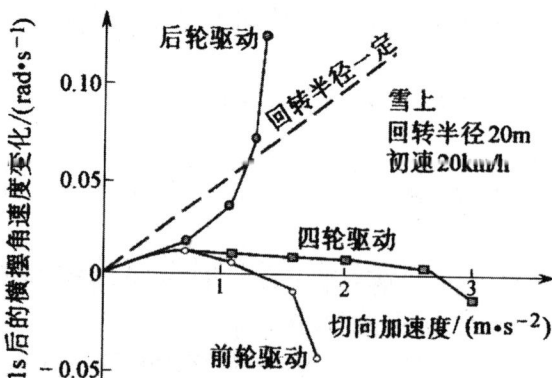

图 4-49　不同驱动形式汽车作加速弯道行驶时横摆角速度变化的比较

（一）总切向反作用力控制

ABS 就是总制动力控制，对过大的制动力加以抑制，保证较佳的滑动率，提高制动时的方向稳定性。车轮驱动时会出现滑转，滑转率过大时，同样会丧失侧向的稳定性。不少汽车也采用限制总驱动力的"驱动控制系统"（Traction Control System，缩写为 TCS 或 ASR），以提高驱动时汽车的方向稳定性。

（二）前、后轮间切向力分配比例的控制

上面已经谈到改变前、后轮间切向力分配比例是能改变汽车转向特性的。图 4-50 给出了由仿真计算求得的前、后驱动力不同分配比例时，4WD 汽车在转向盘转角为 90°以 0.2g 纵向加速度加速行驶时汽车的路径。可以看出，当这辆车为前驱动（FWD）时，汽车有较强的不足转向特性；成为后驱动（RWD）后，由于增加了较大的过多转向趋势，汽车有较弱的不足转向特性。

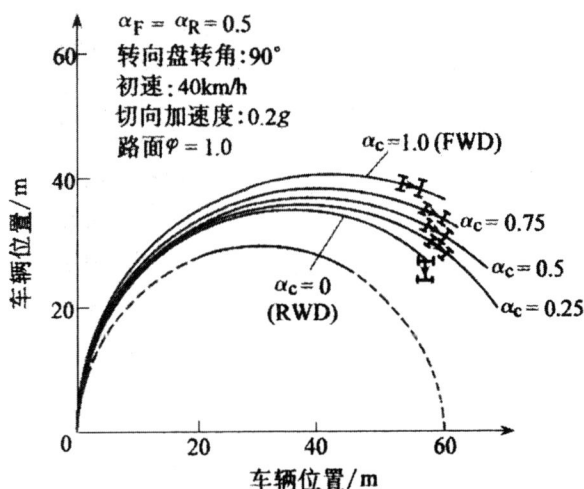

图 4-50　4WD 汽车在转向盘转角为 90°、切向加速度为 0.2g 的条件下，不同前、后驱动力分配比例时汽车的行驶路径

α_F、α_R——前轴、后轴的外侧车轮驱动力与该轴驱动力之比

α_C——前轴驱动力与整车驱动力之比

（三）内、外侧车轮间切向力分配的控制

普通汽车上的内侧车轮与外侧车轮间装有差速器，内侧、外侧车轮分配到的驱动力是相等的，驱动力的合力在汽车纵向轴线上。近年来，有的汽车公司为了进一步提高汽车的操纵稳定性，已开发出可以改变内、外侧驱动力分配比例的新传动系，如本田公司的直接横摆力偶矩控制系统（DYCS）。

第八节 提高操纵稳定性的电子控制系统

一、稳定性控制系统

图 4-51 利用轮胎的附着特性-附着圆说明各种电子控制系统的名称,表明 4WS、TCS、ABS、VSC 等电子控制系统的有效工作范围。汽车稳定性控制系统(Vehicle Stability Control System,VSC)是一种新型的主动安全控制系统,系统主要在大侧向加速度、大侧偏角的极限工况下工作,利用车辆动力学的状态变量反馈来调节车轮上的纵向力和侧向力的大小,利用左、右两侧制动力之差产生的横摆力偶矩来防止出现难以控制的侧滑现象,从而使汽车获得最佳的操纵稳定性。图 4-52 为 VSC 在抑制前轮侧滑和后轮侧滑中的应用。

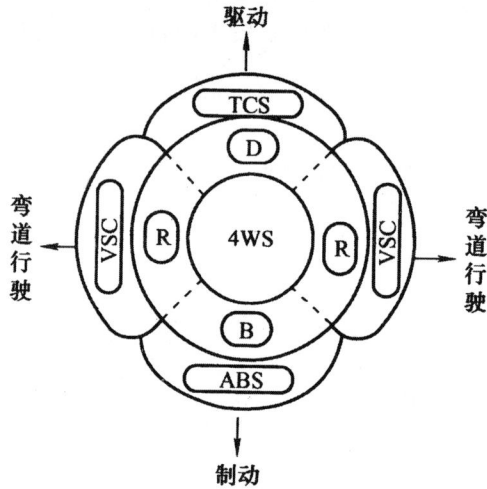

图 4-51 提高操纵稳定性的各种电子控制系统的有效工作区域
D—驱动力分配控制;R—侧倾刚度分配控制;B—制动力分配控制

(一)极限工况下前轴侧滑与后轴侧滑的特点

为了掌握极限工况下前轴或后轴侧滑的特点,丰田公司利用 7 自由度汽车模型,进行了两种转向输入下汽车响应的分析、计算。7 自由度汽车是指车体有 3 个自由度,四个车轮有 4 个自由度的汽车模型。

通过正弦转向角输入,可以出现后轴侧滑汽车激转的极限工况。图 4-53 给出了起始车速为 120km/h、频率为 0.6Hz 的转向角正弦(一个周期)输入下的响应。

图 4-54 是不同起始车速下,质心侧偏角 β 与质心侧偏角速度 $\dot{\beta}$ 的关系曲线。即使起始车速不同,曲线的变化趋势还是一样的。

通过斜阶跃前轮转向角输入,会出现前轴侧滑驶出弯道、丧失路径跟踪性能的极限工况。图 4-55 是起始车速为 70km/h,不同转向角度、斜阶跃输入下的汽车响应。

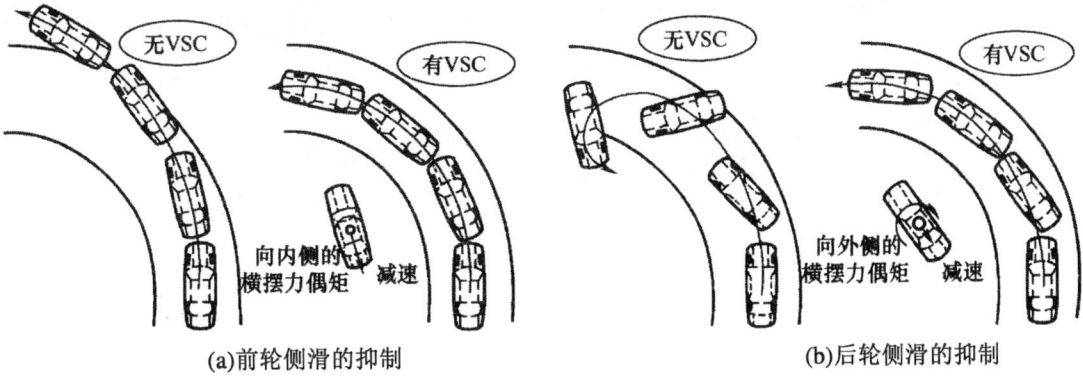

(a)前轮侧滑的抑制　　　　　　　　　　　　　(b)后轮侧滑的抑制

图 4-52　汽车稳定性控制

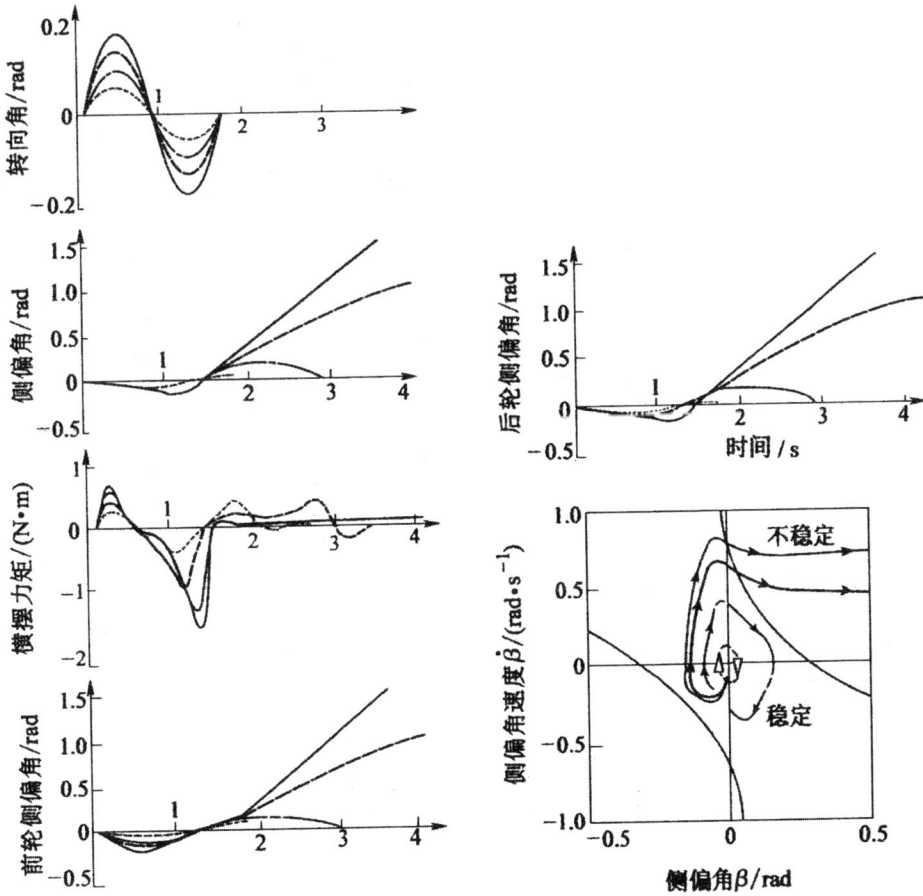

图 4-53　正弦转向角输入下的汽车响应

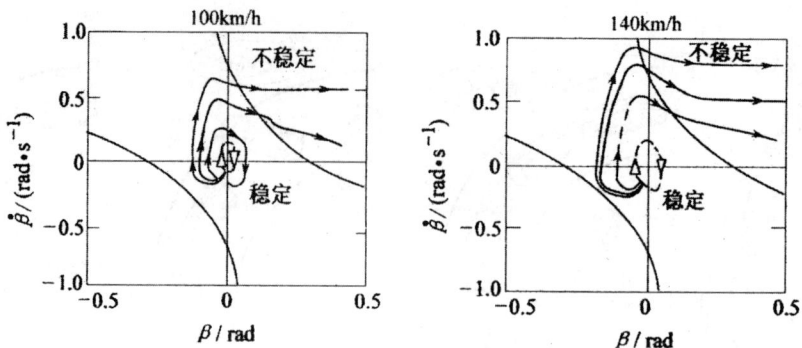

图 4-54　起始车速为 100km/h、140 km/h 时正弦转向角输入下的 β-$\dot{\beta}$ 曲线

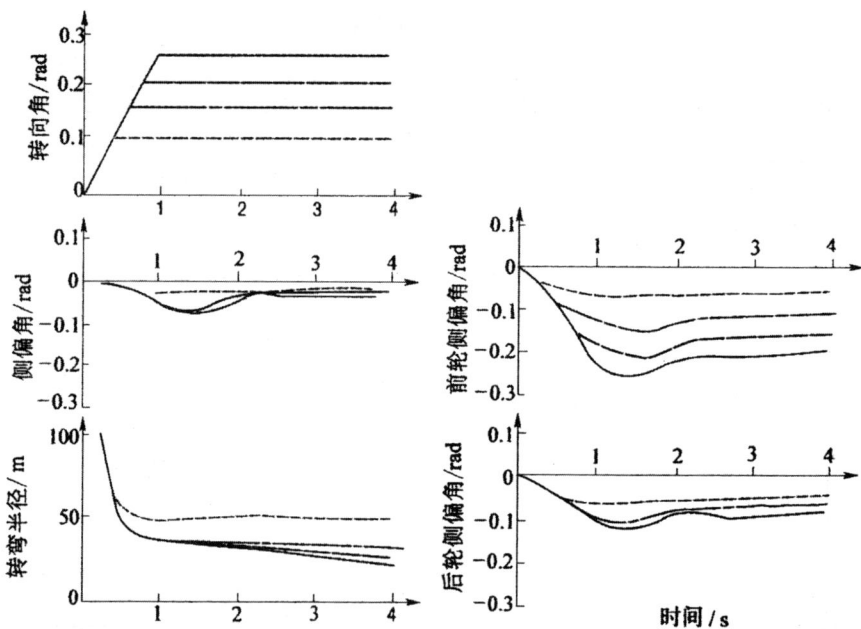

图 4-55　斜阶跃转向角输入下汽车的响应

图 4-56 为斜阶跃转向角输入下(其角速度为 0.025rad/s),不同起始车速时,前轮侧偏角与转弯半径的关系。增加转向角能减小转弯半径的条件为

$$\alpha_1 < C_3$$

式中,C_3 为常数。

(二)横摆力偶矩及制动力的控制效果

与 4WS 及主动悬架角刚度分配控制系统相比较,在极限工况下,对每一个车轮都进行主动的制动力控制,效果是最好的。这是由于一方面它可以利用左、右侧车轮制动力之差直接构成横摆力偶矩,另外还可以利用制动力之和控制汽车纵向减速度。下面首先使用外加的纵向力和力偶矩来研究分别施加纵向减速力或横摆力偶矩对汽车响应的影响。

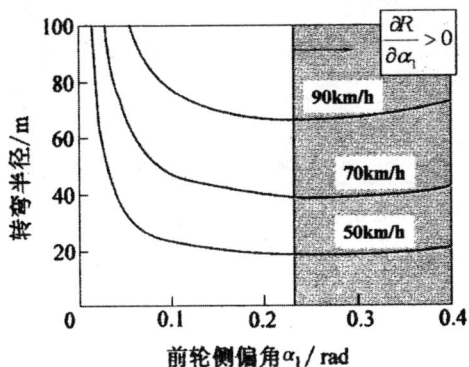

图 4-56　斜阶跃转向角输入下前轮侧偏角与汽车转弯半径的关系

图 4-57 是正弦转向角输入下,受到向外侧的外加横摆力偶矩 M 或纵向减速力 F_X 时,汽车质心的最大侧偏角。正弦输入的最大转角为 0.18rad(10.3°),频率为 0.6Hz,外力偶矩或外力是在正弦输入开始之后 1.5s 加上去的。由图可知,向外侧的外加横摆力偶矩可以显著地减少最大侧偏角,而外加纵向(减速)力则无影响。这是由于外加纵向力作用时,前、后轴垂直载荷发生变化引起的过多转向趋势与车速降低稳定性提高的正面作用相互抵消。

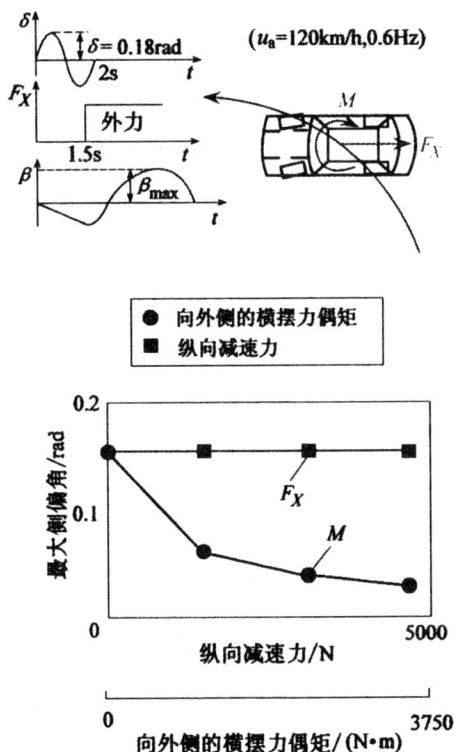

图 4-57　横摆力偶矩 M 或纵向减速力 F_X 对汽车稳定性的影响

图 4-58 是斜阶跃转向角输入下,向内侧的外加横摆力偶矩或外加纵向减速力作用于汽车时,汽车质心的最大侧偏角及转弯半径变化的情况。阶跃输入的转向角为 0.25rad(14.3°),外力偶矩或外纵向力是在斜阶跃开始后 1s 作用在汽车上的。由图可知,外力偶矩 M 与外纵向

减速力 F_X 对减小转弯半径都是有效的。不过,大一些的(向内侧的)外力偶矩会使汽车失去稳定性;而外纵向力的大小则对稳定性无影响。还可以看出,由于外纵向力使汽车减速,随着时间的增大,外纵向力的影响加大。

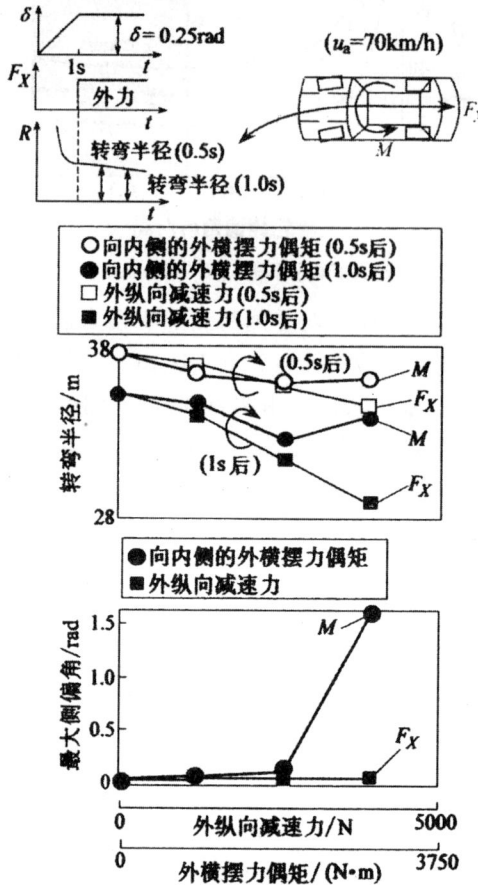

图 4-58　横摆力偶矩 M 或纵向减速力 F_X 对路径跟踪性的影响

(三)各个车轮制动力控制的效果

在一个车轮上,决定由制动力构成的横摆力偶矩的大小的因素有很多,具体如图 4-59 所示。

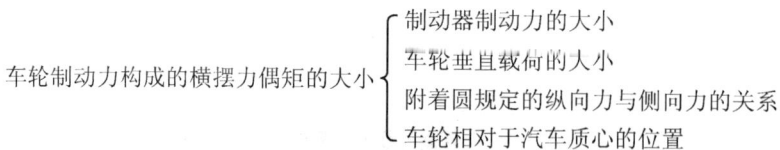

图 4-59　决定车轮制动力构成的横摆力偶矩的大小的因素

图 4-60 是各个车轮作用有制动力时产生的横摆力偶矩。

显然,当后轴要侧滑之际,可在前外轮上施加制动力,产生一向外侧的横摆力偶矩。由图可知,制动力增大,横摆力偶矩增大,横摆力偶矩不仅容易控制,还能对后轴侧滑进行有效抑制,安全性能得到有效的提高。如果出现侧滑的是前轴,则应该施加适度向内侧的横摆力偶矩和制动力。

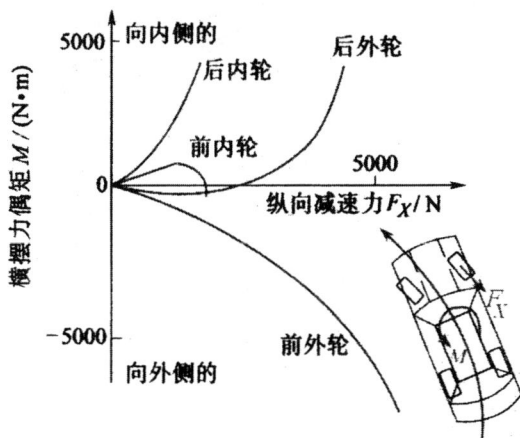

图 4-60　各个车轮上作用制动力时所产生的横摆力偶矩

当施加小制动力时,可以利用单个车轮进行控制。图 4-61 是在如图 4-58 所示同样的转向角输入下,在转向开始 1s 后,对每个车轮单独施加 500N 制动力时转弯半径随时间变化的曲线。可以看出,在后内轮施加制动力的效果最好。然而对四个车轮都进行控制会得到更好的效果,见图 4-62。仿真计算中,在后内轮上施加的是不失去稳定条件下最大的制动力;在四轮控制时,前两轮与后外轮均作用同样大的制动力,后内轮作用的制动力较大,利用这种策略可以产生足够大的制动力和适度向内侧的横摆力偶矩。

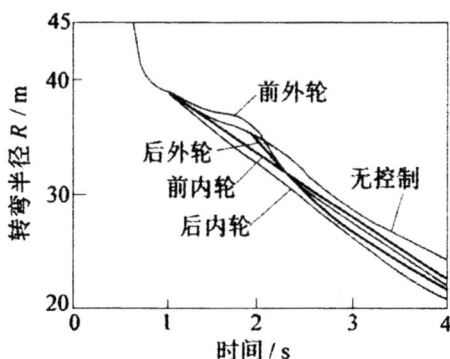

图 4-61　在单个车轮施加制动力时汽车的转弯半径

(四)四个车轮主动制动的控制效果

根据上述结果,对四个车轮均参与的主动制动系统在极限工况下的响应进行了计算。当后轴可能侧滑进入激转失去稳定性之际,对前外轮进行制动的控制强度是由 $\beta + K\dot{\beta}$ 决定的。在仿真计算中的控制目标(Control Target)为滑动率,其控制策略(Control Strategy)如图 4-63 所示。

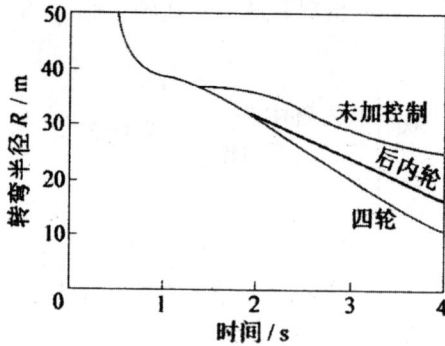

图 4-62　四个车轮施加制动力与只在后轮施加制动力的比较

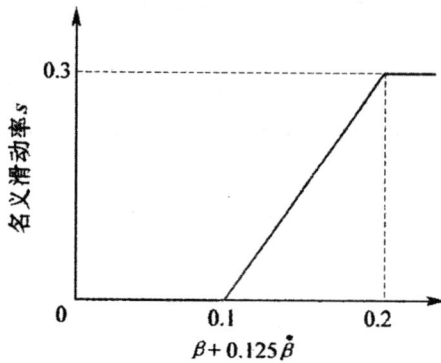

图 4-63　稳定性的控制策略

当前轴可能侧滑失去路径跟踪能力时,四个车轮均要进行制动控制,对每个车轮制动力的控制强度是由前轮侧偏角决定的。其控制策略如图 4-64 所示。

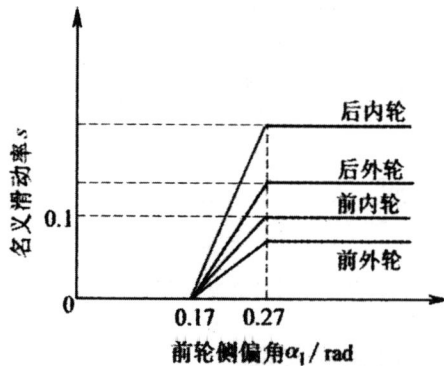

图 4-64　路径跟踪性能的控制策略

（五）装有 VSC 系统汽车的试验结果

图 4-65 与图 4-66 分别是起始车速为 80km/h 时进行仿真事故试验及极限 J-转向试验的结果。结果表明,四个车轮主动制动控制能提供恰当的横摆力偶矩和制动力,有效地提高了汽车的稳定性与路径跟踪性能。

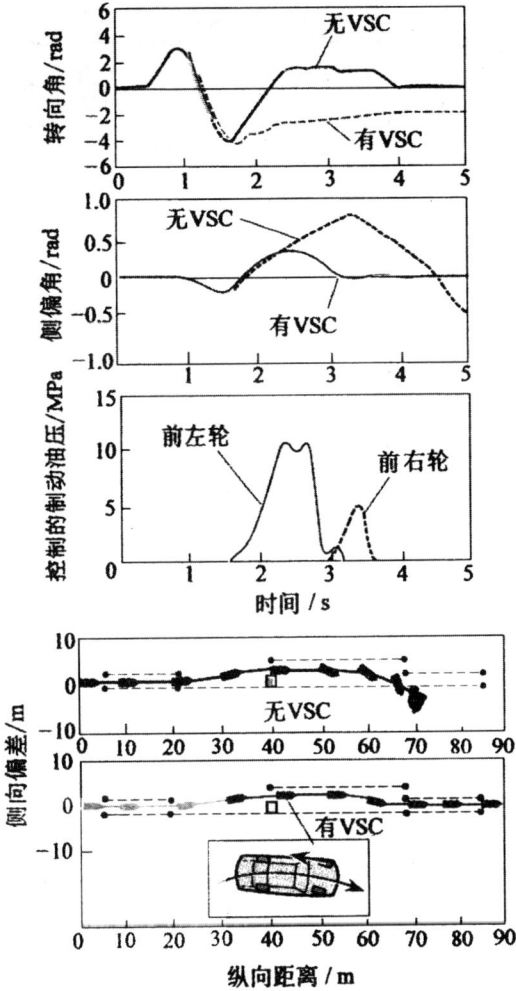

图 4-65　防止事故试验中 VSC 的作用

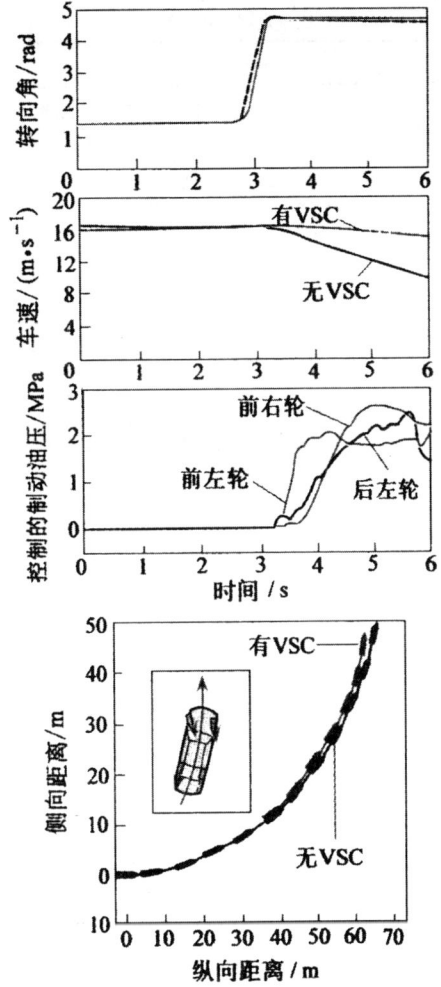

图 4-66　极限 J-转向试验中 VSC 的作用

二、电子稳定程序控制系统(ESP)

　　ESP 的控制方式如图 4-67 所示。根据驾驶人的意图与实际汽车的运行状态之间的差异来识别汽车所处的状态,即不足转向和过多转向。ESP 根据横摆率传感器、轮速传感器等多个传感器发出的信号,及时启动相应车轮上的制动装置,以修正转向过度或转向不足的倾向。

　　相对于 ABS 以及 ASR 等只在出现相应的工况下才工作,ESP 在加速、滑行、制动等各种操作状态下都保持工作。

　　ESP 的优点如图 4-68 所示。

　　ESP 控制方法的基础是汽车行驶状态的识别。根据传感器的信号判断出汽车运行所处的状态,继而进行控制的实施。在过多转向时,ESP 的控制措施如图 4-69 所示。在不足转向时,ESP 的控制措施如图 4-70 所示。

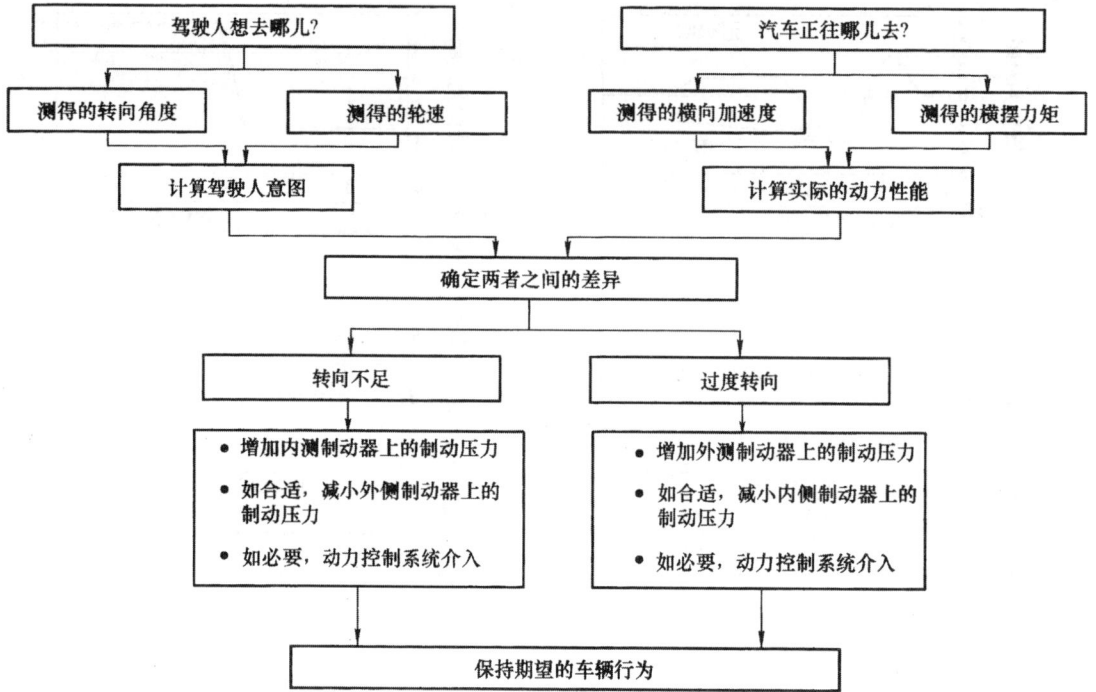

图 4-67　ESP 的控制框图

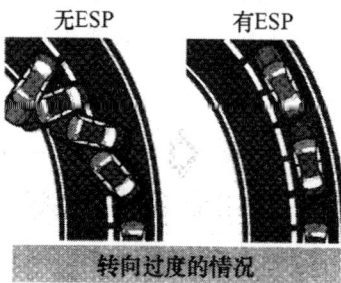

图 4-68　ESP 的优点

随着电动助力转向系统在汽车上应用的日益广泛,相关的技术也日渐成熟。电控转向技术是基于电动助力转向发展起来的一种新的汽车转向技术。与电动助力转向技术相比,电控转向能够提供更好的舒适性以及主动性。

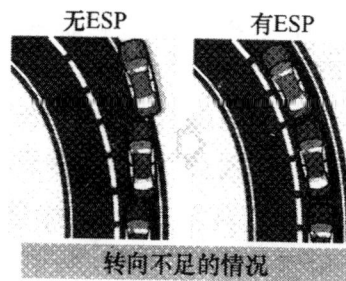

图 4-69　ESP 对过多转向的控制　　　图 4-70　ESP 对不足转向的控制

第九节　汽车操纵稳定性的试验

一、概述

图 4-71 为一种汽车操纵稳定性试验系统的构成,整个试验系统由系统硬件以及系统软件两个部分组成。系统软件部分为操纵稳定性试验数据的处理系统以及与试验中数据采集相关的一些接口程序。系统的硬件主要由一些试验相关的传感器以及测试仪器等组成。

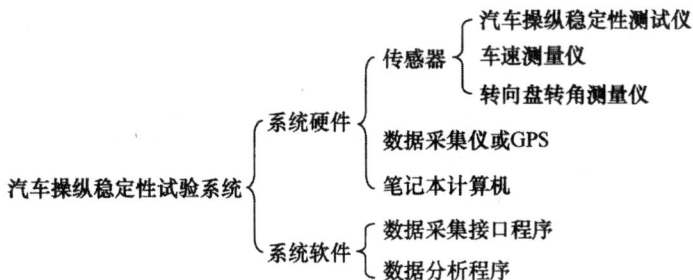

图 4-71　汽车操纵稳定性试验系统的基本构成

图 4-72 为一种汽车操纵稳定性测试仪的框图。

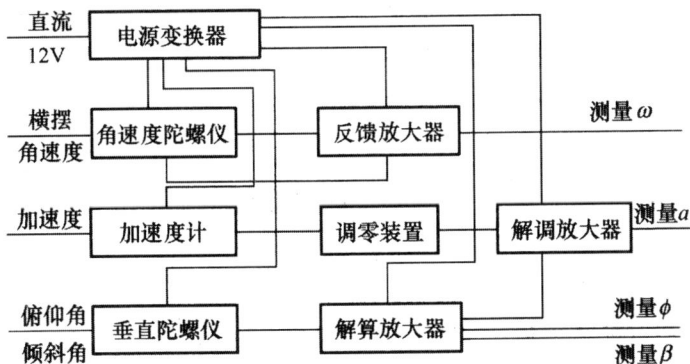

图 4-72　汽车操纵稳定性测试仪框图

汽车操纵稳定性试验系统的流程图如图 4-73 所示。传感器以及测试仪器上的信号进入数据采集与预处理系统中进行 A/D 转换等,再通过串行口进入笔记本计算机系统。整个数据的处理系统将完成数据的显示、实时的图形绘制、试验数据的保存以及试验结果的输出等部分工作。

二、低速行驶转向轻便性试验

试验时汽车按照画在场地上的双纽线,如图 4-74 所示,以 10km/h 的车速行驶。双纽线轨迹的极坐标方程为

$$L = d\sqrt{\cos 2\Psi}$$

在 $\Psi = 0$ 时,双纽线顶点处的曲率半径最小,其数值为 $R_{\min} = d/3$。双纽线的最小曲率半

径应按试验汽车的最小转弯半径乘以 1.1 倍,并圆整到比此乘积大的一个整数来确定。

试验中记录转向盘转角及转向盘转矩,并按双纽线路径每一周整理出如图 4-75 所示的转向盘转矩-转向盘转角曲线,对汽车转向轻便性进行评价。

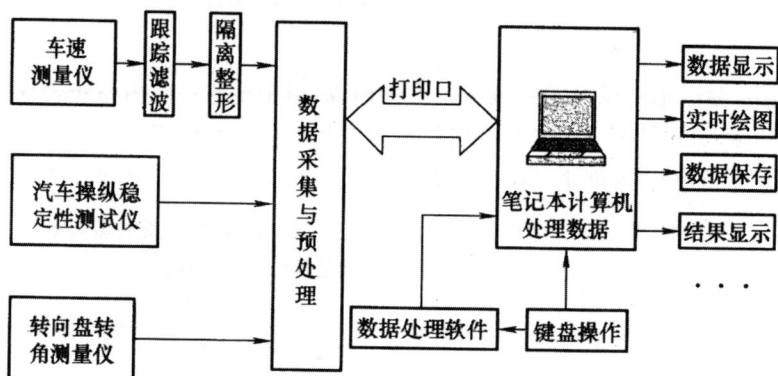

图 4-73　汽车操纵稳定性试验系统流程图

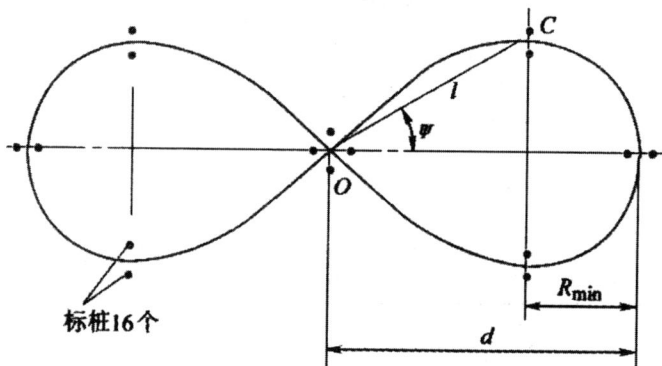

图 4-74　测定转向轻便性的双纽线

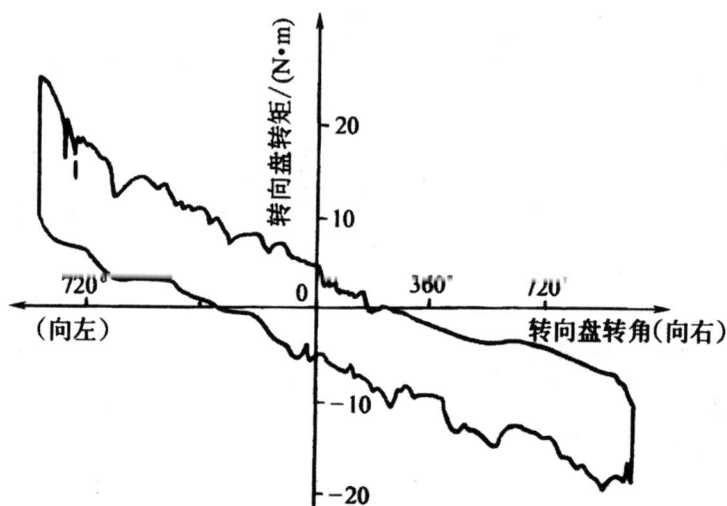

图 4-75　转向盘转矩-转向盘转角曲线

三、蛇行试验

蛇行试验是综合评价汽车行驶及乘坐的舒适性的试验项目,与其他稳定性试验项目一起,共同用于评价汽车的操纵稳定性。GB 6323.1—86 对蛇行试验方法作了具体的规定。

试验要求在干燥、平坦且清洁的水泥或沥青路面上进行,任意方向的坡度不大于 2%。试验时风速不大于 5m/s,气温在 5℃～32℃ 范围内。

试验场地按图 4-76 所示设立标桩。最大总质量小于或等于 6t 的汽车,标桩间距为 30m,最大总质量超过 6t 的汽车,标桩间距为 50m。

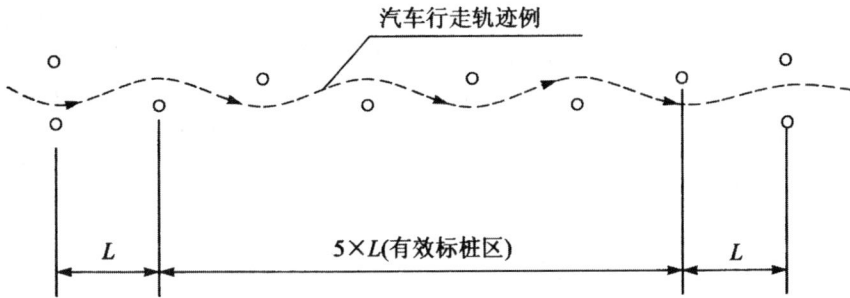

图 4-76　蛇形试验场地布置

以车速 $v_1,v_2,v_3,\cdots,v_{10}$ 在标桩间蛇行穿行,记录汽车通过有效标桩区的时间、转向盘转角、汽车横摆角速度、车身侧倾角,结合驾驶员主观评价来评定汽车的行驶稳定性。其中 v_1 大致取为基准车速的 $1/2$,v_{10} 以保证试验安全为原则,自行选定,但最高车速不得超过 80km/h,中间各车速间隔自行规定。最大总质量小于或等于 2.5t 的汽车,基准车速为 65km/h;最大总质量大于 2.5t,小于或等于 6t 的汽车,基准车速为 50km/h;最大总质量大于 6t 而小于或等于 15t 的汽车,基准车速为 60km/h;大于 15t 的汽车,基准车速为 50km/h。

四、定转弯半径试验法

该试验法是根据 ISO 4318《汽车稳态回转试验方法》制定,试验条件与定转向盘转角试验法相同。在试验场地上,用明显颜色画出半径为 30m 的圆弧试验路径,路径两侧沿圆弧中心线每隔 5m 放置标桩,如图 4-77 所示。

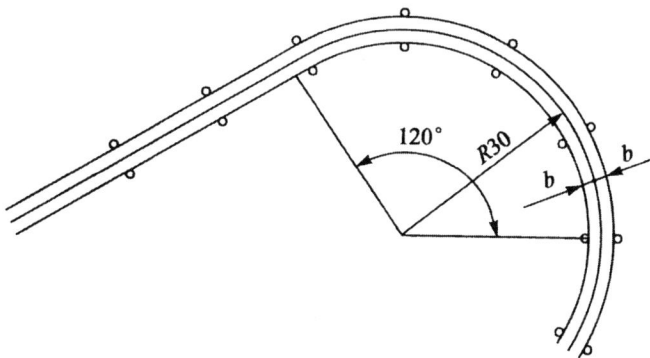

图 4-77　定转弯半径试验路径

汽车以最低稳定车速行驶,调正转向盘转角,使汽车能沿圆弧行驶,在进入圆弧路径并达稳定状态后,开始记录并保持节气门开度和转向盘位置在 3s 内不动,之后停止记录。

增大车速重复上述试验(但侧向加速度增量每次不大于 $0.5m/s^2$),直至侧向加速度达到 $6.5m/s^2$ 或受到发动机功率限制,或汽车出现不稳定状态时的最大侧向加速度为止。

在该项试验中记录转向盘转角、车厢侧倾角、转向盘力矩、重心侧偏角与侧向加速度之间的关系,以此评价汽车的转向特性。

五、汽车回正能力试验

一般的低速回正试验,要求汽车沿半径为 15m 的圆周行驶,并调整车速使侧向加速度达到 $4m/s^2$,稳定住车速后突然松开转向盘。在回正力矩的作用下,汽车前轮将回复到直线行驶状态。试验过程中汽车的节气门位置保持不变。记录 t、u、δ_{sw}、ω_r,并对其进行整理,得出 ω_r-t 曲线,对汽车转向回正能力进行评价。

六、转向盘角脉冲试验

转向盘角脉冲试验在平坦的场地上进行。试验车速为最高车速的 70%。汽车以试验车速行驶,然后给转向盘一个角脉冲转角输入,见图 4-78。转向盘转角输入脉宽为 $0.3\sim0.5s$,其最大转角应使汽车量大侧向加速度为 $4m/s^2$。输入转向盘角脉冲时,汽车行驶方向发生摆动,经过不长时间回复到直线行驶(图 4-79)。记录试验过程的时间 t、转向盘转角 δ_{sw}、车速 u、横摆角速度,并对其进行整理,得出频率特性。

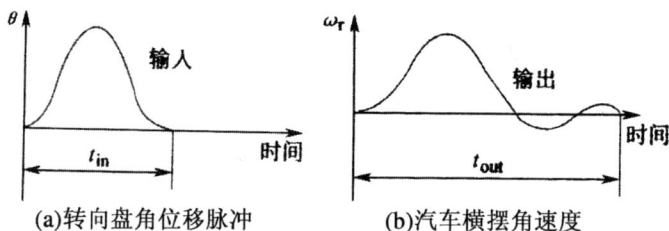

图 4-78 转向盘角脉冲试验的输入与输出

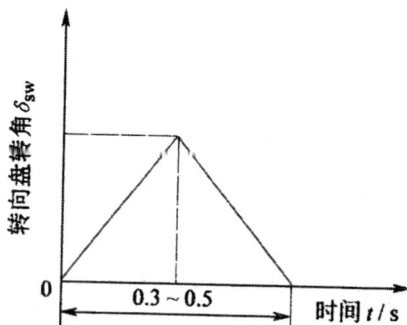

图 4-79 转向盘角脉冲

第五章 汽车的环保性

第一节 汽车的排放污染

一、汽车排放的主要有害成分及其危害

汽车排放的主要有害成分有 CO、HC、NO_x 和碳烟。它们大部分是由排气尾管排出的，也有从其他部位窜出的。

汽车排放的有害物质散发到空气中，通过呼吸系统进入人体，能使神经系统、消化系统、呼吸系统受到损害。其中 NO_x 化合物和 HC 化合物在太阳光紫外线作用下，产生"光化学烟雾"。光化学烟雾既危害人体健康也污染环境。

二、汽车排放污染物的形成及影响因素

(一)汽车排放污染物的形成

1. 一氧化碳(CO)的形成

汽车发动机的主要燃料是汽油和柴油，它们是碳氢化合物(烃)的混合物(可用 C_nH_m 表示)。当燃料完全燃烧时，其产物为 CO_2 和 H_2O，即

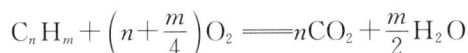

$$C_nH_m + \left(n + \frac{m}{4}\right)O_2 \Longrightarrow nCO_2 + \frac{m}{2}H_2O$$

当空气量不足时，则有部分燃料不能完全燃烧而生成 CO。其反应为

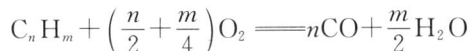

$$C_nH_m + \left(\frac{n}{2} + \frac{m}{4}\right)O_2 \Longrightarrow nCO + \frac{m}{2}H_2O$$

由此可以看出 CO 是在空气量不足的情况下所生成的不完全燃烧的产物，因此 CO 的排出量基本上受空燃比所支配(图 5-1)。

当处于比理论混合比浓的范围内时，随着空燃比的下降，CO 的浓度呈线性增加。当过量空气系数 $\alpha > 1$ 时，在理论上不会产生 CO，但实际上由于混合气的混合及分配不均匀，因此在排气中还会有少量的 CO。即使混合气混合得很好，也会由于燃烧后的温度很高，使已经形成的 CO_2 分解成 CO 和 O_2，即 $2CO_2 \Longrightarrow 2CO + O_2$。$H_2O$ 也会部分分解成 H_2 和 O_2，即 $2H_2O \Longrightarrow 2H_2 + 2O_2$，其中 H_2 会使 CO_2 还原成 CO，即 $CO_2 + H_2 \Longrightarrow CO + H_2O$。所以，汽车排气中总会有 CO 存在。

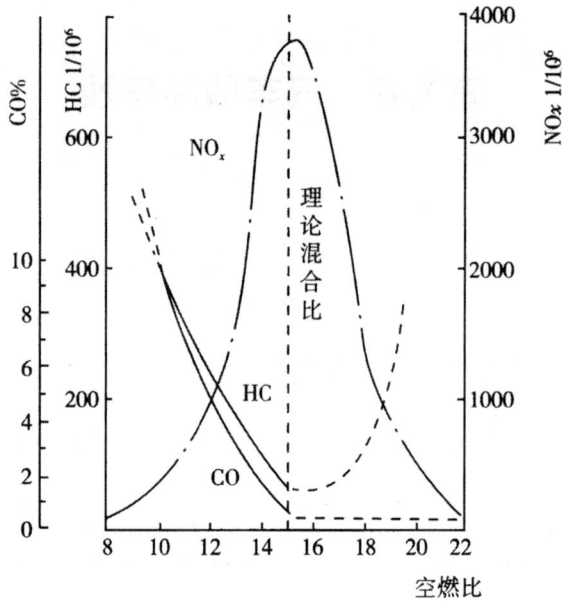

图 5-1　汽车排气中的 CO、HC 及 NO 浓度与空燃比的关系

2. 碳氢化合物的形成

排气中 HC 的形成机理比 CO 复杂,但 HC 仍是不完全燃烧的产物。例如,发动机在 $\alpha < 1$ 的情况下工作时会因空气量不足而产生不完全燃烧现象。此外,混合气过浓、过稀、燃料雾化不良或混入废气过多时,也会因灭火或半灭火状态而使未燃部分的燃料变成 HC 排出。

如图 5-2 所示可以看出排气门开启和关闭前后,HC 的浓度特别高,这说明在燃烧室内壁周围残留着高浓度的 HC。

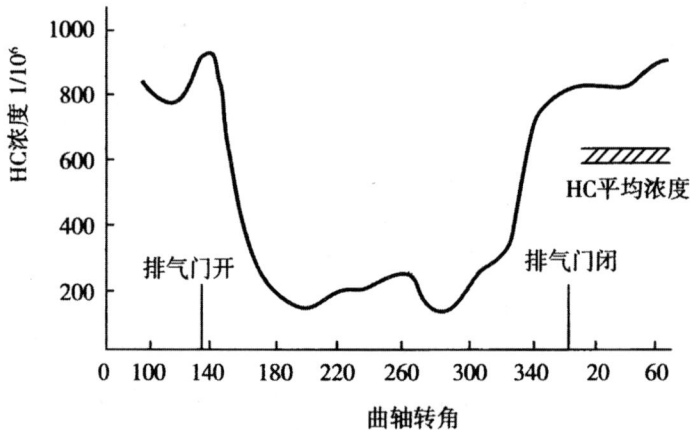

图 5-2　HC 的排出与排气门开闭前后曲轴转角变化间的关系

汽车排出的 HC 还有一部分是来自曲轴箱窜气和燃料的蒸发。曲轴箱窜出的气体大部分是未燃气体(约占 80%),其中含有百万分之一的 HC。燃料蒸发所形成的 HC 是由于燃料饱和蒸气的扩散产生的,且温度(包括气温、油温)越高,蒸发损失越多,HC 的浓度也随之增加。

3. 氮氧化物的形成

NO_x 是指 NO、NO_2、N_2O、N_2O_3、N_2O_4、N_2O_5 等氮氧化物的总称。在发动机排出的废气中 NO 占绝大部分(约占 99%),而 NO_2 的含量较少(约占 1%)。NO 在大气中被氧化成 NO_2。

在较低的温度下,N_2 和 O_2 的化学反应可认为是

$$N_2 + O_2 \longrightarrow 2NO$$

但在高温时,分为下列两个反应较为合适:

$$2N_2 + O_2 \rightleftharpoons 2NO + 2N$$
$$N + O_2 \rightleftharpoons NO + O$$

当燃烧产生高温并始终保持一定状态时,$2N_2 + O_2 \rightleftharpoons 2NO + 2N$ 和 $N + O_2 \rightleftharpoons NO + O$ 中的正逆反应分别达到平衡,通过计算可求出 NO 的平衡浓度(图 5-3)。

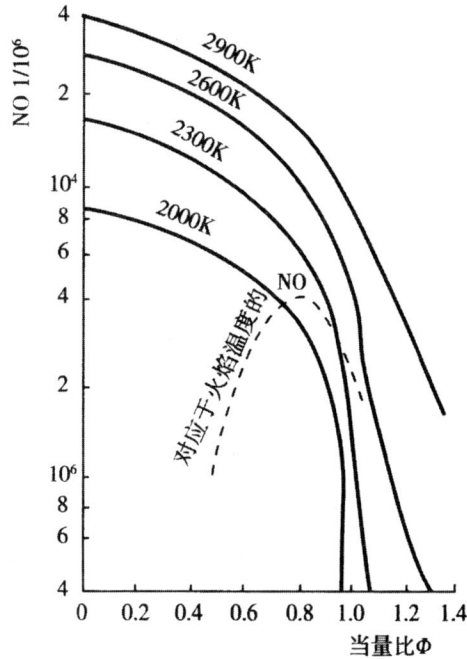

图 5-3 NO 的平衡浓度随时间变化的关系

如图 5-3 所示,NO 的浓度与温度和混合气浓度(当量比 Φ = 实际燃空比/理论燃空比)有很大关系:在 Φ 值小的区间内,NO 浓度随温度升高而迅速增加;在一定温度下,NO 浓度随 Φ 的增加而减少。特别是当 Φ 接近或超过 1 时,因氧气不足,NO 随 Φ 的增加而急剧减少。由此可知,NO 的形成,在 Φ 值小的区间内温度起主要作用,而 Φ 值大的区间内主要起作用的是氧的浓度。

要想达到化学平衡,需要相当长的时间,近年来一般从反应速度进行探讨,并以点火后各种成分随时间的变化来推测 NO 的生成量。如图 5-4 所示为甲烷(CH_4)在空气中燃烧时的计算实例,可以看出,尽管主要成分在反应开始后 10^{-4} s 内就可大致达到化学平衡,但是 NO 与

N的变化几乎才开始,即使经过 10^{-2} s,NO 也比平衡浓度的分子率低得多,即 NO 是在已燃的气体中慢慢地发生。因此,停留在高温下的时间也是 NO 生成的重要影响因素。

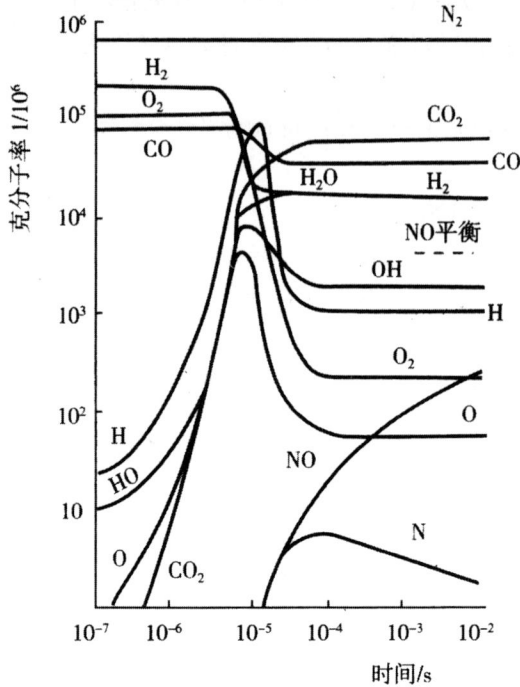

图 5-4　甲烷在空气中燃烧时各种成分
(CH₄ 与空气为理论混合比,压力为 10 个大气压,火焰温度为 2477K)

4. 微粒与碳烟

柴油机排出的微粒要比汽油机多得多,其中碳烟微粒排放要比汽油机高 30～80 倍。碳烟不是纯粹的碳,而是一种聚合体,其主要成分随柴油机负荷不同稍有改变。一般含碳 85%～95%、氧 4%～8%、少量的氢和灰粉。也有人认为碳烟是石墨结晶,由直径 $0.05\mu m$ 左右微粒附聚成 $0.1\sim101\mu m$ 的多孔性炭粒构成。

碳烟微粒生成有两个途径。其一,在高温(2000～3500K)富有缺氧区,已形成气相的燃油分子通过裂解和脱氢过程,经过核化或形成先期产物,快速产生较小分子的物质,在后期出现聚合反应,最终产生碳烟微粒;其二,在低于 1500K 的低温区则通过聚合和冷凝过程,缓慢产生较大分子量的物质,最后也生成碳烟微粒,两个途径交叉进行,但大多数的微粒是在高温缺氧区的快速反应过程中产生的。

(二)影响汽车有害气体排放的使用因素

1. 空燃比的影响

使用中,空燃比对 CO 和 HC 的影响主要表现在气温和压力。气温高,发动机进气温度高,则混合气的混合比随空气温度的升高而变浓,使排气中的 CO 和 HC 浓度增大。高原地区大气压力随着海拔高度的升高而降低，空气密度也相应降低，向发动机供给的混合气变浓，使排气中的 CO 和 HC 增加。

（1）当混合气处于比理论空燃比（14.8）浓的范围内时，随着空燃比的下降，CO、HC 浓度增加，NO_x 的浓度下降。其中 CO 和 HC 的增加是由于空气量不足而产生不完全燃烧所致，NO_x 的下降是由于混合气浓度、燃烧高峰温度和氧的浓度降低所致。

（2）当混合气处于比理论空燃比稀的范围内时，随着空燃比的增加，CO 的浓度变化不大，且浓度较低，而 HC 增加，NO_x 减少。在理论上不会产生 CO，但实际上由于混合气的混合及分配不均匀，以及 CO_2 在高温下的分解，因此仍有少量的 CO 生成。

（3）比理论空燃比大 10% 左右的稀混合气，对减少 CO 和 HC 的排放有利，然而此时 NO_x 排放量最多。为了减少排气中的 NO_x，需要空燃比小于 12 或大于 18，可是过浓和过稀的混合气对发动机的工作将产生不利影响。当空燃比大于 18 时混合气过稀，发动机工作不稳定，有灭火现象，反而引起 HC 增加。

2. 发动机工况的影响

一般市区运行的汽车，发动机工况占总工作时间的比例为：怠速和中等转速占 35%，加速占 22%，匀速占 29%，减速占 14%。

汽油机在减速和转速不变的工况下，废气中 HC 较多，CO 的浓度大；柴油机由于混合的空气量充足，HC 浓度很小，CO 的含量甚微。在汽油机和柴油机加速及高转速时，NO 浓度均明显增大。

市区运行的车辆，很多时候处于强制怠速（即发动机制动）工况。此时，由于汽油发动机转速较高，节气门开度小，混合气浓度大，使排气中的 CO、HC 浓度都很高；对于柴油机发动机，此时已停止供油，因此排放污染物甚少。

汽油机排气有害成分与汽车运行工况的关系如图 5-5 所示。

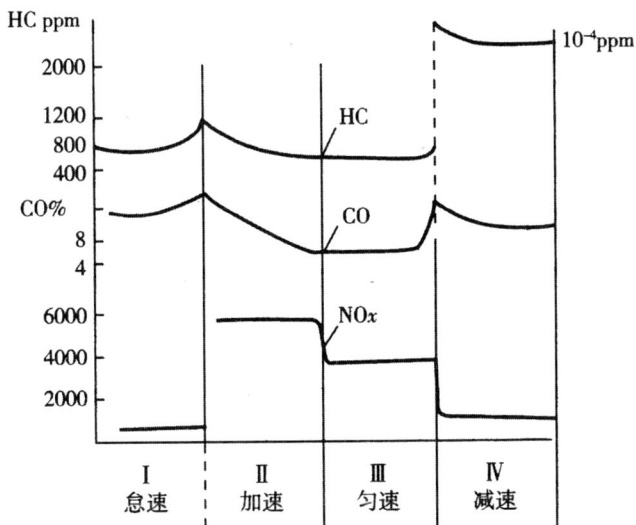

图 5-5　汽油机排气有害成分与汽车运行工况的关系

3. 点火时刻的影响

点火时刻对排气中 CO 浓度的影响较小，但对 NO_x、HC 浓度的影响很大。

当点火提前角增大时，循环压力和温度提高，废气中 NO_x 的浓度随之增大；反之，NO_x 的浓度减少。如图 5-6 所示。

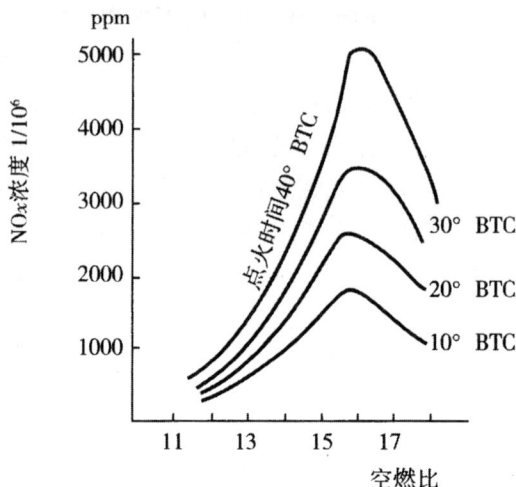

图 5-6　点火时间和空燃比对 NO_x 浓度的影响

当点火滞后时，废气中 HC 的浓度减小，且因为混合气进入排气管后继续燃烧提高了排气系统温度。当有过量空气时，还将促使排气中的未燃部分进一步氧化而起到净化作用，若点火过迟，因燃烧速度慢，HC 的浓度亦会增大，如图 5-7 所示。但是，点火滞后将会引起发动机功率下降，油耗增加。

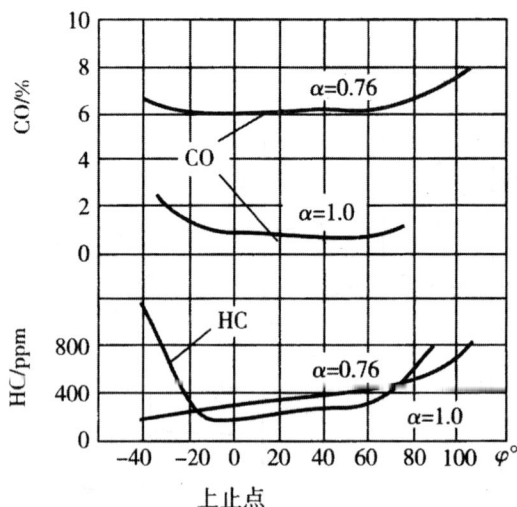

图 5-7　点火时间对 CO、HC 浓度的影响

4. 配气相位的影响

气缸中残留废气的多少对 NO_x 影响很大，而配气相位（进气门开关、排气门开关、重叠时

间、重叠点位置)影响气缸中的残留废气量。

进气门早开会使留在气缸内的废气稀释新鲜空气,而使 NO_x 减少,这主要在部分负荷及进气管真空度较高或低转速时有效。

重叠点提前,则排气不完全,并且由此而产生的压力差把废气推入进气管,在高速时对 NO_x 的减少特别有利;重叠点延迟,因为晚开进气门的作用不大,其作用仅与晚关排气门一样,在低转速时,由于排气管产生的强烈回抽作用而使 NO_x 的排出量降低。

早开进气门会使废气流入进气管,从而减少 HC 的排出量,但开得过早反而会增加 HC 的排出量。晚开进气门几乎对 HC 没有影响。

在低转速和部分负荷时,随着重叠时间的增加,混合气将迅速变稀,使 HC 增加;相反,在高负荷时,要求重叠时期长,以取得最有利的燃烧条件。

在重叠点提前时,HC 排出量开始减少,然后又增加。重叠点提前主要对全负荷和高转速有利,反之则对部分负荷和低转速有利。

5. 火花塞间隙及分电器触点的影响

使用经验表明,火花塞电极之间间隙大于最佳值,则 HC 排放量将增加 $12\%\sim24\%$。分电器触点间隙过大、过小都对最佳点火提前角有明显影响。若间隙变化 0.1mm 将使点火提前角偏离 $6°$,则 HC 排放量可增加 3%。

三、控制汽车排气污染的措施

(一)保持发动机处于良好的技术状况

气缸压缩压力、供油系统、点火系统的技术状况对有害排放物的影响比例分别占 20%、30%、26%。

(1)保持正常气缸压缩压力。当气缸压缩压力低时,发动机起动困难,燃烧不完全,不但导致 HC 和 CO 的含量增加,而且使油耗增高。因此,使用及维修中应重视保持正常的气缸压缩压力,若不正常,应找出原因并正确调整和修复。

(2)保持供油系统处于良好的技术状况。汽油机化油器调整不当或在使用中发生了变化会使有害排放物浓度增加,化油器的正确调整应把握好混合气浓度、怠速及油量的调整。柴油机供油泵循环油量、供油压力和喷油提前角是影响排气污染的重要因素,应按使用说明书的规定正确调整。

(3)保持点火系统处于良好的技术状况。保证点火系具有足够的跳火能量,适当地延迟点火,但点火提前角不可过小,分电器触点间隙和火花塞电极间隙要保持最佳值。

(二)控制汽油的蒸发

油箱、化油器中的汽油蒸气和曲轴箱中的 HC 浓度很高,控制汽油蒸发损失,防止泄漏的措施有:曲轴箱通风、曲轴箱贮存法和吸附法。

把曲轴箱和空气滤清器用管子连起来,就构成了最简单的曲轴箱通风装置。这种装置的主要缺点是由于空气滤清器的负压小而处理不彻底,且机油和水分会污染滤清器的滤芯。PCV 阀曲轴箱通风装置,如图 5-8 所示。把曲轴箱压力调节阀(PCV 阀)和进气管连成一条管路,把气门室罩与空气滤清器连成另一条管路。这样曲轴箱内气体有两条通路:一条是通过气门室罩和空气滤清器进入化油器;另一条则通过 PCV 阀进入进气管。当空气量多时,PCV 阀打开,曲轴箱内的气体被吸入进气管。这种装置可以把窜入曲轴箱内的 HC 完全处理干净,故目前已得到广泛应用。

曲轴箱贮存法是指在停车时将化油器和油箱中蒸发的汽油蒸气通过管道导入曲轴箱贮存起来,在运行时再通过压力调节阀把它吸入进气管中燃烧掉。

吸附法是指利用装在容器中的活性炭吸附汽油蒸气,并在行车时由新鲜空气使汽油蒸气脱离活性炭而导入进气系统。ELCD 装置是由吸附法原理制作的,此装置能将汽油蒸气完全处理掉,但当其压力平衡阀漏气时会导致燃料流量变化而影响发动机正常工作。

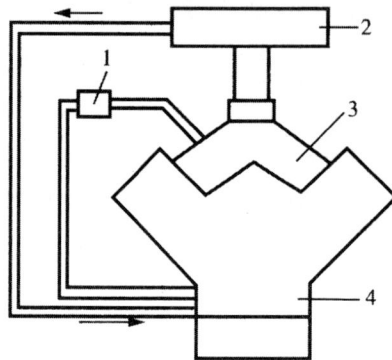

图 5-8 PCV 方式的曲轴箱通风装置系统图
1—PCV 阀;2—空气滤清器;3—进气管;4—曲轴箱

(三)驾驶技术

提高驾驶技术对降低排气污染十分重要。驾驶时,应尽量减少发动次数,避免连续猛踏加速踏板;行驶时,保持节气门的适当开度,冷却水温保持在 80℃~90℃ 之间,以保证发动机正常工作。

(四)汽油机排放控制技术

汽油机排放控制技术主要有机内净化技术、排气后处理技术等等,具体如图 5-9 所示。

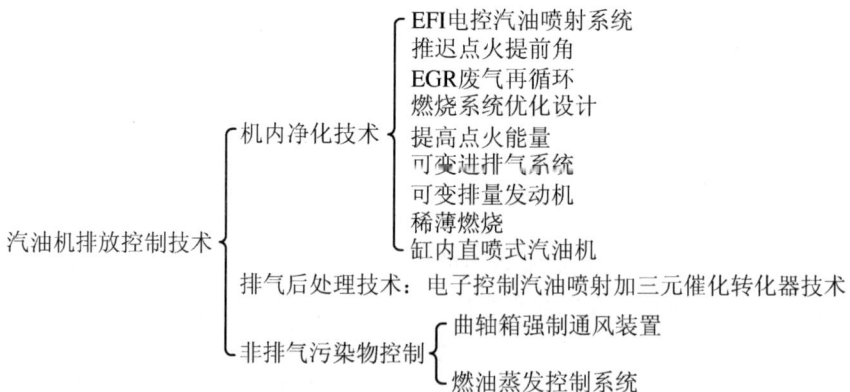

图 5-9 汽油机排放控制技术

（五）柴油机排放控制技术

1. 机内净化技术

主要有推迟喷油提前角、EGR废气再循环（仅在部分柴油轿车和轻型车上使用）、增压及增压中冷、改善喷油特性（预喷射、多段喷射、提高喷油压力、柴油机电子控制燃油喷射系统）、改进燃烧方法和燃烧室（直喷式燃烧室、非直喷式燃烧室及浓稀两段燃烧）、预混合燃烧。

2. 排气后处理技术

氧化催化转化器（用于降低微粒中的可溶性有机物 SOF、HC、CO），微粒捕集器（用于过滤和除去排气微粒），NO_x 还原催化转化器（用于降低 NO_x 排放）。

（六）汽油、柴油的改进

随着汽车技术的进步和发展，以及环保要求的提高，对车用燃油的质量要求也在不断变化，对与汽车排放密切相关的燃油组分、理化性能、添加剂等提出了新的要求。现对汽油的要求是：不加铅、增加含氧量、降低蒸汽压、降低苯含量、降低芳香烃含量、控制稀烃含量和添加清洁添加剂，对柴油的要求是低硫、低芳香烃等。

（七）代用燃料

随着世界石油储量的日益减少，在发动机上使用代用燃料的趋势正在加速，同时也为减少汽车排放污染开辟了更广阔的天地。现阶段已经使用或正在研究使用的代用燃料主要有天然气、液化石油气、醇类燃料（甲醇、乙醇）、氢气、电能等。代用燃料燃烧后排放的污染物要比汽油少得多。

第二节　汽车的噪声污染

一、概述

汽车是一个包括多种不同性质噪声的综合噪声源，如图 5-10 所示给出了各种汽车加速行驶时车外噪声的频谱图。由图可见，汽车噪声为宽频带噪声，覆盖人们听觉的主要频率范围；汽车噪声能量在各频带内分布比较均匀，并具有一些明显的峰值。低、中频段声级较高，当频率高于 3000Hz 以上时，噪声每 10 倍频程约下降 20dB。汽车噪声的噪声源一般分为发动机噪声、底盘噪声、车身噪声。它们互相关联，较小的噪声源被更大的噪声源掩盖，很难彻底分离各个声源。对于大多数汽车来说，加速行驶时，发动机噪声能量超过总加速噪声能量的 50%～70%，底盘噪声所占比例一般较低，在汽车高速行驶时，轮胎噪声才成为决定性因素之一。如图 5-11 所示是国产中型货车车外加速行驶噪声声源分解与贡献比例。

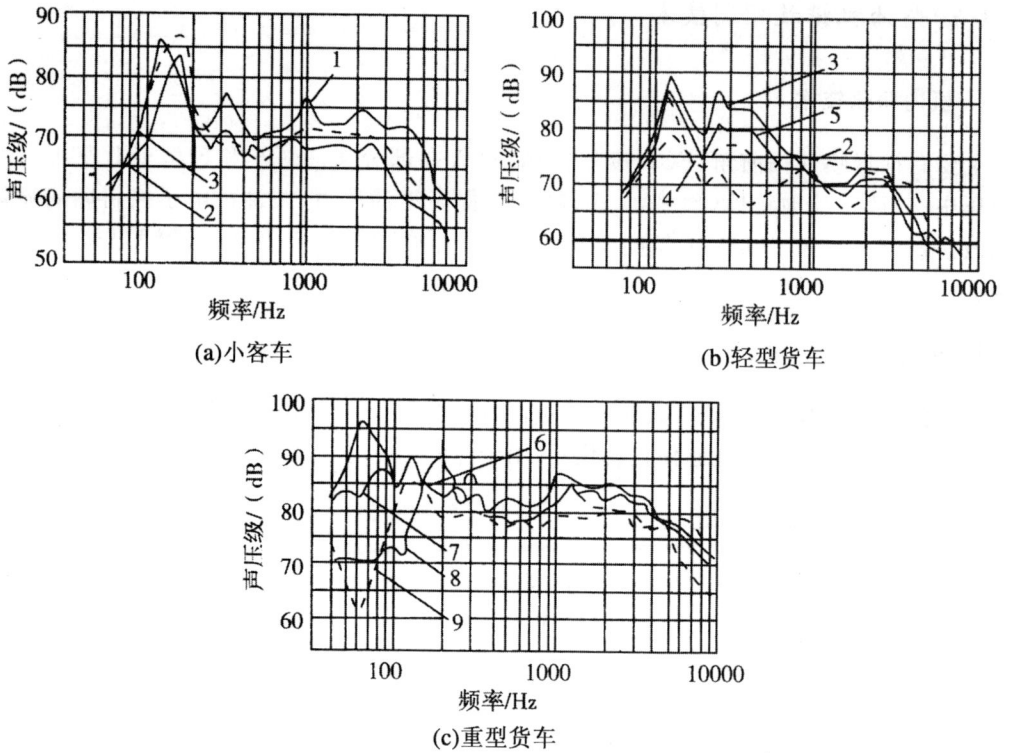

图 5-10　汽车加速行驶的噪声频谱

1—排量 1.1L；2—排量 1.5L；3—排量 1.7L；4—排量 2.3L；5—排量 2.4L；

6—6 缸、排量 8L；7—8 缸 V 型；8—8 缸 V 型、排量 13L；9—6 缸、排量 6L

　　合理的降噪措施是必须治理贡献比例大的噪声源。因此了解汽车各噪声源相对重要性，研究它们的发声机理，已成为汽车理论的主要任务。

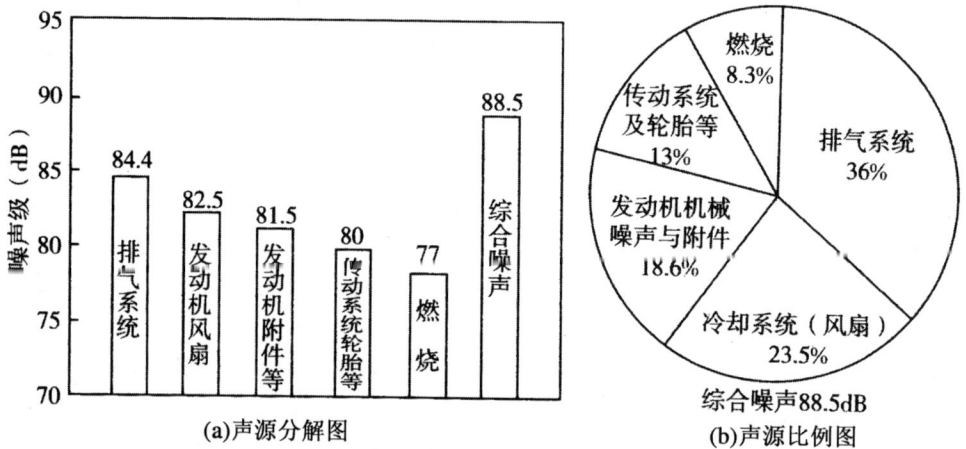

图 5-11　国产中型货车车外加速行驶噪声声源分解与贡献比例

二、发动机噪声

（一）燃烧噪声

汽油机燃烧柔和、噪声小,与柴油机相比,其燃烧噪声并不突出。

发动机燃烧噪声与其燃烧过程有直接的关系,而燃烧过程又相当复杂,它与燃料的性质、压缩比、点火提前角或供油参数、发动机的结构形式（如风冷、水冷）、燃烧室形状（如盒形、球形、涡流室及预燃室）、发动机进气状态、转速、负荷等各种因素均有密切关系。所以要控制发动机的燃烧噪声,主要应从以下方面采取措施:延迟喷油定时、改进燃烧室结构形状与参数、提高废气循环率和进气节流、采用增压技术、改善燃油品质。除此之外,要降低燃烧噪声,还应减少活塞与连杆机构各处的配合间隙,增加油膜厚度,采用较小气缸直径并增加气缸数,采用较大的活塞行程与气缸直径之比值,改变薄壁件的材料和附加阻尼等等。

（二）机械噪声

发动机的机械噪声的分类如图 5-12 所示。

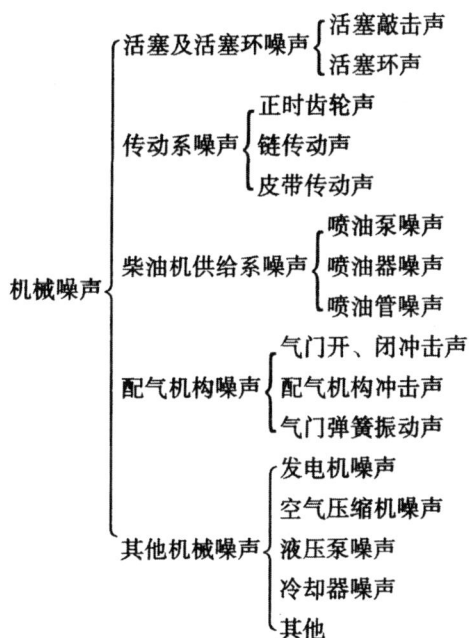

图 5-12　机械噪声的分类

机械噪声是由发动机工作时各运动件之间、运动件与固定件之间作用的周期性变化的力所引起的,它与激发力的大小和发动机结构动态特性等因素有关。活塞对汽缸壁的敲击,通常是发动机的最大机械噪声源。由于活塞与汽缸壁之间有间隙存在,当作用在活塞上的气体压力和惯性力发生周期性变化时,活塞对汽缸壁的侧向推力在上、下止点处改变方向,呈周期性变化,从而形成活塞对汽缸壁的强烈冲击。这种冲击振动一方面从汽缸壁传给曲轴箱,另一方面经连杆、曲轴,再从皮带轮等处传播出去。

（三）进、排气噪声

进、排气噪声是由于发动机在进、排气过程中的气体压力波动和气体流动所引起的噪声，按照噪声形成的机理，都属于空气动力性噪声。其中排气噪声是仅次于发动机本体噪声并与风扇噪声同等重要的噪声源，有时往往比发动机本体噪声高 $10\sim15\mathrm{dB}$。进气噪声比排气噪声小，但是它是产生车内噪声的原因之一。

降低进、排气噪声的主要措施是使用消声效果好的消声器。

三、底盘噪声

（一）传动系噪声

齿轮传动的特点是轮齿相互交替啮合，在啮合处既有滚动又有滑动，不可避免地要产生齿间的撞击与摩擦，从而使齿轮产生振动并发出噪声；另一方面，路面不平、发动机曲轴的扭振、车速的变化（制动、加速、换挡），会使正常啮合关系遭到破坏，从而激发出噪声。工作中的齿轮还承受着交变负荷，使轴产生弯曲振动，并在轴承上引起动负荷，最终传给箱体，使之辐射噪声。

为了降低齿轮工作时的噪声，可采取以下措施：

（1）合理选择齿轮结构型式和改进齿轮参数设计，优先选用低噪声齿轮结构。

（2）改进工艺提高加工精度。

（3）正确安装和合理使用。应十分注意齿轮安装精度，各部位间隙应适当调整，正确选用润滑油料，以利于吸收振动能量，减小齿间摩擦，降低齿轮噪声。

（4）采用齿轮阻尼减振措施。选择高阻尼系数的齿轮材料以及在齿轮基体处装合适的阻尼减振装置等，能有效抑制齿轮振动，阻止其向外辐射噪声。

滚动轴承的噪声是由于工作中的振动和摩擦产生的。为降低其噪声，应优先选用球轴承，并注意安装准确，调整好间隙和预紧力。

传动轴动平衡的好坏是影响其振动噪声的主要因素，应考虑提高传动轴刚度和动平衡度，并设计专门的扭转减振器，以控制传动轴振动引起的噪声。

（二）轮胎噪声

轮胎引起的噪声有车内噪声也有车外噪声，前者是轮胎激振车体而传到车内的噪声，后者是轮胎与路面相互作用而直接发出的噪声。轮胎噪声的类型如图 5-13 所示。

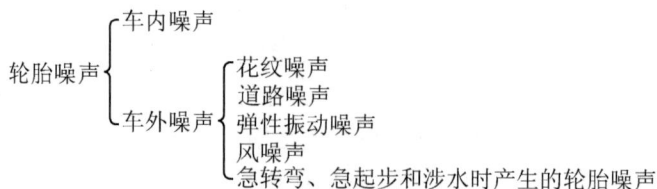

```
轮胎噪声 ┬ 车内噪声
        └ 车外噪声 ┬ 花纹噪声
                  ├ 道路噪声
                  ├ 弹性振动噪声
                  ├ 风噪声
                  └ 急转弯、急起步和涉水时产生的轮胎噪声
```

图 5-13　轮胎噪声的类型

影响轮胎噪声的因素很多,具体如图 5-14 所示。

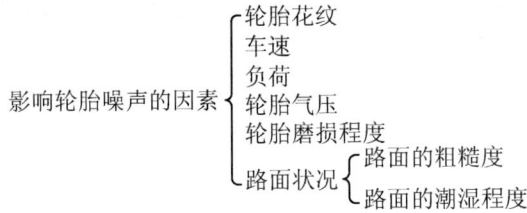

影响轮胎噪声的因素 {
轮胎花纹
车速
负荷
轮胎气压
轮胎磨损程度
路面状况 {
路面的粗糙度
路面的潮湿程度
}
}

图 5-14 影响轮胎噪声的因素

(三)制动噪声

制动噪声源于制动器的振动。制动器的摩擦系数随滑动速度变化,这种变化的摩擦力激发制动器某些构件共振,产生较强烈的噪声,这种噪声多是人们难以忍受的高频噪声。

制动噪声的控制措施主要是优化制动器结构参数并合理选用材料,减少共振发生的可能性。以鼓式制动器为例,具体方法有:增加制动鼓刚性,减小制动器刚性,增加鼓与蹄对振动的衰减,合理匹配鼓与蹄的固有频率,改善摩擦衬片的特性并提高其衰减振动的能力。

四、车室噪声

车室噪声指汽车行驶时,乘坐室内存在的各种噪声。车室噪声极易引起乘员疲劳,它对汽车乘坐舒适性有重要影响。如图 5-15 所示,车室噪声主要来源于两方面:一是车身振动;二是空气与车身之间的冲击与摩擦。

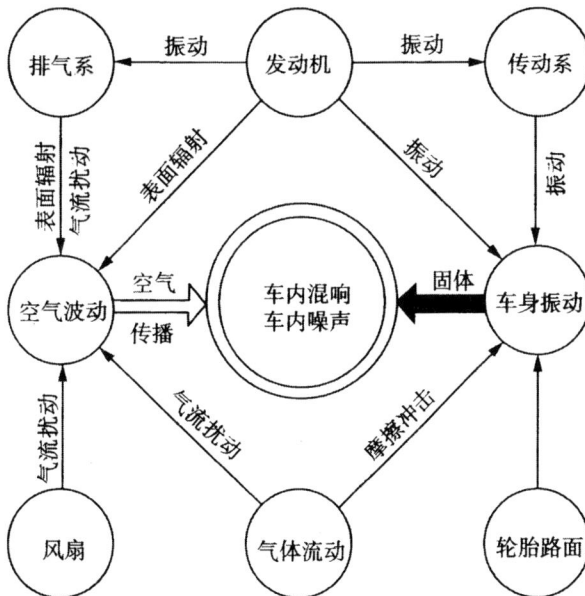

图 5-15 车内噪声的主要来源与传播途径

降低车室噪声首先是取决于发动机、底盘各部件的降噪效果,其次是取决于车身方面的降噪措施。因此在降低车外噪声的同时也同步降低了车室噪声。

车室噪声评价一般引用驾驶员右耳位置处的声级和频谱两个参量。

在车身壁板上使用能减少反射声的吸声材料,可有效降低车室混响作用,从而达到控制车室噪声的目的。

五、汽车噪声的测定

(一)通过噪声的试验方法

我国机动车加速噪声测定标准与国际标准化组织规定的测试方法(ISO R362)基本相同,测量场地如图 5-16 所示。测试话筒位于 20m 跑道的中心点两侧,各距中心线 7.5m,距地面高 1.2m,话筒接受面应朝向车辆,并平行于车辆行驶方向。

在进行加速噪声测定时,车辆以 50km/h 的稳定车速到达 AA' 线。此时,发动机转速应为额定转速的 3/4;变速器有 4 挡以上的挡位时使用 3 挡、4 挡及 4 挡以下者用 2 挡。车辆前端到达 AA' 线开始立即全开节气门,直线加速行驶。当车辆后端到达终端线 BB' 时,立即停止加速。声级计用"快"挡"A"计权网络进行测量,并读出车辆驶过时声级计所指示的最大读数。车辆应往返测量两次,且同一侧面两次测量结果之差不应大于 2dB。

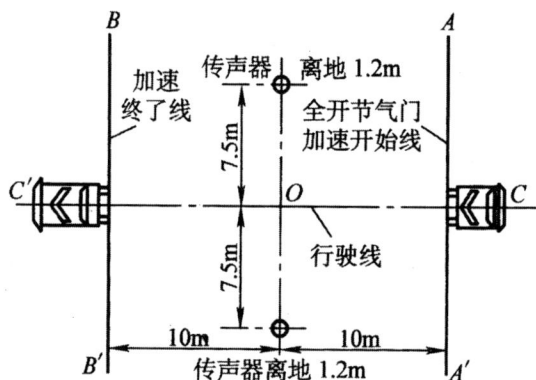

图 5-16　加速噪声的测量场地

(二)停车噪声的试验方法

具有代表性的停车噪声试验方法是 ISO R362 及 ISO DIS5130,前者是停车噪声的全周噪声测定法,后者是排放噪声测定法。

(三)车内噪声的试验方法

对车内噪声进行测量和评价时,主要考虑的因素是车辆舒适性、语言清晰度(客车)、听觉损害程度(载货汽车驾驶室)以及人在车内对车外各种音响信号的识别能力。

测量时,车辆取常用挡位,以 50km/h 匀速行驶。声级计用"快"挡测量"A"、"C"计权声压级,并分别读取声级计指示的最大读数平均值。如果需要做噪声频谱分析时,可用倍频程分析仪进行。

第六章　汽车的舒适性

第一节　汽车的平顺性

汽车行驶平顺性是指汽车在一般行驶速度范围内行驶时，能保证乘员不会因车身振动而引起不舒服和疲劳的感觉，以及保持所运货物完整无损的性能。

一、激发汽车振动的振源

一般情况下，汽车的振源可以分为以下两类：

(一)路面和轮胎激发的振动

看似平坦的道路，实际上总存在宏观和微观上的高低不平，如图 6-1 所示。由图可看到，整段路面存在波长远大于汽车轴距的起伏波形，这是一种超低频的路面起伏变化趋势，对汽车的振动影响甚小，可以忽略。图中可看到整段路面还存在宏观上明显可察觉的波长及波幅较大的路面，属中、低频的路面不平度。这是引起汽车振动的路面主要频率成分，常称路面不平度的主频带。此外，还有不易察觉的波长很短、幅值很小的路面不平度的高频成分，对汽车振动的影响甚小，也可忽略。

图 6-1　路面纵断面形状

不同的道路凹凸不平程度有极大差异，汽车技术上用路面谱 $S_q(\Omega)$ 来描述道路凹凸不平的程度。不同的路面有不同的路面谱值，$S_q(\Omega)$ 值越大，表明路面不平程度越甚。当汽车以不同车速在同一路面上行驶时，由于车速不同会激起汽车不同剧烈程度的振动。为此，在实际研究路面对汽车振动的影响时，该类路面实际激励汽车振动的激励谱 $S_q(f)$ 可在具体车速的基础上换算而来。

(二)发动机激发的振动

发动机运转时会产生振动，其成因如下：

1. 发动机机体重心的周期性移动

发动机运转时，往复运动部件(如活塞、连杆等)在周期性上的不运动使整机产生周期性的上下移动。另一方面，随连杆的周期性左右摆动(连杆在气缸中做上下和左右的合成平面运动)使整机重心在垂直方向(上、下)移动的同时,还存在水平方向(左、右)周期性摆动。

2. 发动机运动部件惯性力的周期变化

发动机重心的周期性移动(垂直和水平),会使得无论是运动部件惯性力的大小,还是其方向都会发生无法避免的周期性变化,最终使发动机在相应方向产生振动。此外,由于各缸运动件的惯性力作用于不同平面上,形成与平面间距离有关的力偶,如往复惯性力、连杆惯性力形成的摆动力偶。

3. 燃气压力引起曲轴回转力矩的周期变化

发动机的四个工作行程中,仅膨胀行程做功,施加给曲轴的回转力矩极大,其他三个行程施加给曲轴的回转力矩则要小得多。对于多缸发动机,气缸依次轮流进入膨胀行程。因此,曲轴上的回转力矩呈现周期性的脉动状态。回转力矩的周期脉动,在能够形成发动机机体沿垂直方向和水平方向振动的同时,也无法避免曲轴以及与之相连的传动轴的回转角速度的发生改变。

二、路面的统计特性

路面不平度引起的低频随机振动强度在一定程度上决定了汽车行驶的平顺性。通常情况下,把路面相对基准平面的高度沿道,路面的具体路走向 I 的变化称为路面不平度函数(路面纵剖面曲线),路面不平度函数如图 6-2 所示。

作为路面振动输入的路面不平度函数,可以看成是平稳随机过程的样本函数。平稳随机过程的样本函数不同于确定性函数(周期性函数、准周期性函数、瞬变函数等),它的特点是不能用确定的数学表达式来预测其瞬时值,但可以用概率统计方法描述其数量规律。

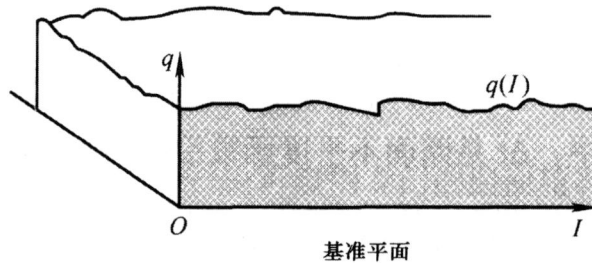

图 6-2 路标不平度函数

(一)随机过程的统计特性

路面不平度函数沿道路走向的变化是一个平稳随机过程,此过程亦可计为时间的函数。根据随机过程理论,此过程的数字特征如下。

1. 均值或数学期望

$$E[q(t)] = \mu_q = \lim_{t \to \infty} \frac{1}{t} \int_{-\frac{t}{2}}^{\frac{t}{2}} q(t) \mathrm{d}t \tag{6-1}$$

均值表明了沿道路方向上相对于基准平面路面不平度的平均值。

2. 均方值

均方值即 $q^2(t)$ 的均值，为在时间 t 内路面不平度 $q(t)$ 瞬时值的平方对时间积分并除以该时间。其数学表达式为

$$E[q^2(t)] = \mu_q = \lim_{T \to \infty} \frac{1}{T} \int_{-\frac{t}{2}}^{\frac{t}{2}} q^2(t) dt \tag{6-2}$$

均方值的正平方根称为均方根值。

3. 方差

方差即 $[q(t) - \mu_q]^2$ 的均值，为

$$\begin{aligned} \sigma_q^2 &= \lim_{t \to \infty} \frac{1}{t} \int_{-\frac{t}{2}}^{\frac{t}{2}} [q(t) - \mu_q]^2 dt \\ &= \lim_{T \to \infty} \frac{1}{T} \int_{-\frac{T}{2}}^{\frac{T}{2}} q^2(t) dt - 2\mu_q \lim_{I \to \infty} \frac{1}{T} \int_{-\frac{T}{2}}^{\frac{T}{2}} q(t) dt + \mu_q^2 dt \\ &= E[q^2(t)] - 2\mu_q^2 + \mu_q^2 = E[q^2(t)] - \mu_q^2 \end{aligned} \tag{6-3}$$

则

$$E[q^2(t)] = \mu_q^2 + \sigma_q^2$$

方差的正平方根称为标准差。当均值 $\mu_q = 0$ 时，均方值就等于方差，均方根值就等于标准差。

4. 自相关函数

随机过程在各个孤立时刻统计特性的重要数字特征的具体刻画可借助于均值和方差来实现。有一点需要注意的是，随机过程两个不同时刻状态之间的联系是无法通过以上两个方面来体现的。自相关函数可以描述随机过程本身在两个不同时刻状态之间的线性依从关系。

$$R_q(\Delta t) = \lim_{I \to \infty} \frac{1}{T} \int_{-\frac{T}{2}}^{\frac{T}{2}} q(t) q(t + \Delta t) dt \tag{6-4}$$

式中，Δt 是路面不平度函数沿道路走向上两时刻的间隔，为方便，令 $\tau = \Delta t$，则

$$R_q(\tau) = \lim_{I \to \infty} \frac{1}{T} \int_{-\frac{T}{2}}^{\frac{T}{2}} q(t) q(t + \tau) dt \tag{6-5}$$

式中，τ 为时间延迟量；$R_q(\tau)$ 为时间延迟量 τ 时随机过程的自相关函数值。

由式（6-5）可见，当 $\tau = 0$ 时，$R_q(\tau)$ 等于平稳随机过程的均方值，当 $\tau > 0$ 时，$R_q(\tau)$ 取决于 $q(t)$ 和 $q(t + \tau)$ 两个不同时刻状态之间的线性依赖（关联）的程度，一般情况下，当 $\tau \to \infty$ 时，$R_q(\tau) = 0$。

5. 谱密度函数

由数学知识知，随机过程 $q(t)$ 被看作是无限多个频率的谐振动的叠加，这些谐振动具有两个特点，分别为连续的，其强度和相位都是一定的。在谱密度函数中，涉及频率分析，具体就是将随机过程时域上的一些数字特征转化为频率域上的数字特征来进行表示，在此基础上再对其进行分析。随机过程在频率域上常用功率谱密度函数来描述和表征。根据傅里叶理论，如

果一个平稳随机过程的样本函数的道路历程为 $q(t)$，则它的自相关函数为 $R_q(\tau)$。如果满足 $\int_{-\infty}^{\infty} |R_q(\tau)| \mathrm{d}\tau < \infty$ 的条件，即绝对可积，则可以利用傅里叶变换来确定道路历程函数的频率结构。傅里叶变换为

$$S_q(f) = \int_{-\infty}^{\infty} R_q(\tau) \mathrm{e}^{-\mathrm{j}2\pi f\tau} \mathrm{d}\tau \qquad (6\text{-}6)$$

$$R_q(\tau) = \frac{1}{2\pi} \int_{-\infty}^{\infty} S_q(f) \mathrm{e}^{\mathrm{j}2\pi f\tau} \mathrm{d}f \qquad (6\text{-}7)$$

式(6-7)表示 $S_q(f)$ 的傅里叶逆变换为 $R_q(\tau)$，即 $S_q(f)$ 和 $R_q(\tau)$ 是一对傅里叶变换对。$S_q(f)$ 称为 $q(t)$ 的自功率谱密度函数。因为 $R_q(\tau)$ 是实偶函数，由傅里叶变换的性质可知，$S_q(f)$ 亦必然为实偶函数，如图 6-3 所示。

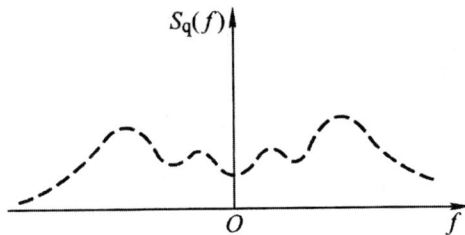

图 6-3　自谱密度函数曲线

当 $\tau = 0$ 时，由式(6-7)可得

$$R_q(0) = \int_{-\infty}^{\infty} S_q(f) \mathrm{d}f$$

$$R_q(0) = E[q^2(t)]$$

又

$$E[q^2(t)] = \int_{-\infty}^{\infty} S_q(f) \mathrm{d}f \qquad (6\text{-}8)$$

由上式可见，自功率谱密度函数曲线下的面积，即为平稳过程的均方值 $E[q^2(t)]$，所以 $S_q(f)$ 又称均方谱密度函数。若 $q(t)$ 为振幅，$q^2(t)$ 则代表能量，$\lim\limits_{T\to\infty} \frac{1}{T} \int_{-\frac{T}{2}}^{\frac{T}{2}} q^2(t) \mathrm{d}t$ 则代表 $q(t)$ 在 $(-\infty, +\infty)$ 上的平均功率。因而由式(6-8)可知，$S_q(f)$ 代表单位频带上所具有的平均功率，亦即平均功率密度。$S_q(f)$ 又是 f 的函数，故称之为自功率谱密度函数，简称自谱密度或自谱。其量纲为均方值的单位除以频率的单位。

(二)路面不平度的自功率谱密度函数——路面谱

路面不平度在测量时，可以用标尺和水准仪进行逐点测量；也可以用专门的路面轮廓仪来测量。在实际测量中，使用比较多的是标杆法测量。在借助于标杆来进行测量时，为了将路面纵剖面上的不平度值有效测量出来，是借助于路面的轮廓曲线显示出来的，具体操作是，将等距离排列的直立杆插在两端固定的横杆上，具体值的得出是在直立杆的下端与地面接触时。借助于计算机的帮助，一些统计特性参数如路面不平度的功率谱密度 $G_q(n)$ 或方差 σ^2 等，可借助于所测得的大量随机数据在概率统计方法的基础上一一计算得出。

当用频率响应法计算与研究汽车振动时,路面不平度的功率谱密度成为最有用的参数,因为在频域中线性系统的随机输入与响应之间存在简明关系。路面不平度的路面功率谱密度 $G_q(n)$ 具体的拟合可借助于以下公式得出,这是参照了我国国家标准 GB 7031《车辆振动输入—路面不平度表示》的情况下实现的:

$$G_q(n) = G_q(n_0) \left(\frac{n}{n_0} \right)^{-W} \tag{6-9}$$

式中,n 为空间频率,m^{-1},它是波长 λ 的倒数,代表了有多少个波长存在于每米的长度中;n_0 为参考空间频率,$n_0 = 0.1\mathrm{m}^{-1}$;参考空间频率 n_0 下的路面功率谱密度值的具体表示是借助于 $G_q(n_0)$ 实现的,称为路面不平度系数,单位为 $\mathrm{m}^2/\mathrm{m}^{-1} = \mathrm{m}^3$;$W$ 为频率指数。

对式(6-9)两边取对数,即 $\log G_q(n) = \log G_q(n_0) - W\log\left(\frac{n}{n_0}\right)$,在双对数坐标上,该式可以看作是一斜线,双对数坐标上斜线的斜率的表示是借助于 W 实现的,不难看出,路面功率谱密度的频率结构具体就是由它所决定的。在拟合实测路面功率谱密度过程中,为了减少误差,拟合可在不同空间频率范围通过不同的拟合系数(频率指数)的分段选用来实现,这么做是出于减小误差的考虑,然而有一点需要注意的是,应当保证段数范围在 0～4 之间。

在参考路面功率谱密度的情况下被分为了 8 级,这具体是依据国际标准化组织来进行的。各级路面不平度系数 $G_q(n_0)$ 的几何平均值在表 6-1 中得以不无遗漏地列了出来,分级路面谱的频率指数 $W=2$。$0.011\mathrm{m}^{-1} < n < 2.83\mathrm{m}^{-1}$ 范围路面不平度相应的均方根值 $q_{rms}(\sigma_q)$ 的几何平均值也被详细地在表 6-1 中列出。

表 6-1　路面不平度 8 级分类标准

路面等级	$G_q(n_0)/(10^{-6}\mathrm{m}^3)$ $(n_0 = 0.1\mathrm{m}^{-1})$	$\sigma/(10^{-3}\mathrm{m})$ $(0.011\mathrm{m}^{-1} < n < 2.83\mathrm{m}^{-1})$
	几何平均值	几何平均值
A	16	3.81
B	64	7.61
C	256	15.23
D	1024	30.45
E	4096	60.9
F	16384	121.8
G	65536	243.61
H	262144	487.22

由式(6-9)和表 6-1 画出路面不平度分级图如图 6-4 所示,由图可以看出,路面功率谱密度 $G_q(n)$ 反比于随空间频率 n,正比于波长 λ。当 $W=2$ 时,$G_q(n)$ 和 λ^2 是正比的关系,$G_q(n)$ 是不平度幅值的均方值谱密度,如此一来,就导致 $G_q(n)$ 跟不平度幅值的平方的关系也是正比,这就使得不平度幅值 q_n 会正比于波长 λ。从图 6-4 来看,图上影线面积为德国公路路面谱分布范围,可以看出德国公路的情况非常不错,这是从阴影的具体分布看出的,大部分公路都是

A 级的,只有很少一部分是 B、C 级。相关数据显示,基本上,A、B、C 三级是我国高等公路路面谱所能够满足的,其中,占比重比较大的是 B、C 级路面,也就是说相比德国,我国公路路面谱还是有提升空间的。

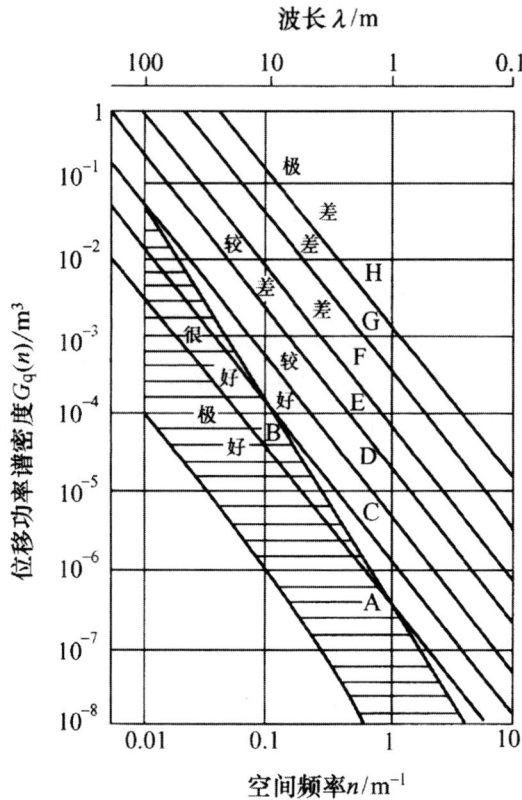

图 6-4　路面不平度分析

（三）空间频率功率谱密度 $G_q(n)$ 化为时间频率功率谱密度 $G_q(f)$

在实际操作过程中,有两个因素决定了汽车振动系统的输入,具体是路面不平度和车速。因此,为了将空间频率功率谱密度 $G_q(n)$ 换算为时间频率谱密度,就需要借助车速 u。

空间频率 $n(\mathrm{m^{-1}})$ 表示每米长度中包括几个波长,时间频率 $f(\mathrm{s^{-1}})$ 表示每秒时间内几个波长。故当输入的时间频率 f 是 n 和 u 的乘积时,就意味着 $u(\mathrm{m/s})$ 是汽车驶过空间频率为 n 的路面的速度,即

$$f = un \tag{6-10}$$

由上式扩展得出 $\Delta f = u\Delta n$,该式明确了时间频率带宽 Δf 与相应的空间频率带宽 Δn 的关系,由此得出,当空间频率 n 或带宽 Δn 固定不变时,无论是时间频率 f 还是带宽 Δf 跟车速 u 都是正比关系。

在某一车速 u 下,与空间频带 Δn 相应的时间频带 Δf 内所包含的路面不平度 q 的谐量成分保持一致,其"功率"为 $\sigma_{q\sim\Delta n}^2$,故 $G_q(f) = \lim\limits_{\Delta f \to 0} \dfrac{\sigma_{q\sim\Delta n}^2}{\Delta f}$ 可以有效表示出换算的时间频率功率谱密度。所以,把以空间频率表示的路面谱 $G_q(n)$ 转换成以时间频率表示的路面谱 $G_q(f)$ 时,两者

的转换关系即为

$$G_q(f) = \frac{1}{u} G_q(n) \tag{6-11}$$

式中，u 为行驶速度，m/s。

三、汽车振动系统的简化，单质量系统的振动

(一)汽车振动系统的简化

进行具体分析是要能够很好地将汽车进行简化，因为汽车的振动系统非常复杂。为了很好地将汽车系统进行简化，就需要建立一个汽车立体模型，具体如图 6-5 所示。

当汽车对称于其纵轴线且左、右车辙的不平度函数 $x(I) = y(I)$，此时汽车车身受到的振动仅有垂直和俯仰两个方向，即为 z 和 φ，这两种振动在一定程度上左右了平顺性。将汽车立体模型进一步简化可得如图 6-6 所示的平面模型。在这个模型中，因为比较小就可忽略轮胎阻尼，与此同时，按照动力学等效的条件，可以把质量为 m_2，转动惯量为 I_y 的车身依次分解为前轴上、后轴上及质心 C 上的三个集中 m_{2f}、m_{2r} 及 m_{2c}。这三个质量的连接是借助于无质量的刚性杆实现的，其具体值的大小是基于以下三个因素考虑的：

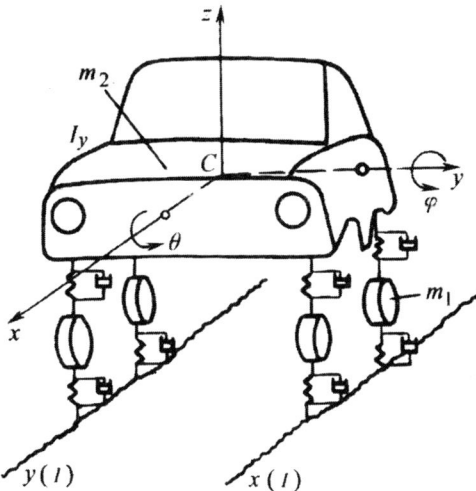

图 6-5　四轮汽车简化的立体模型

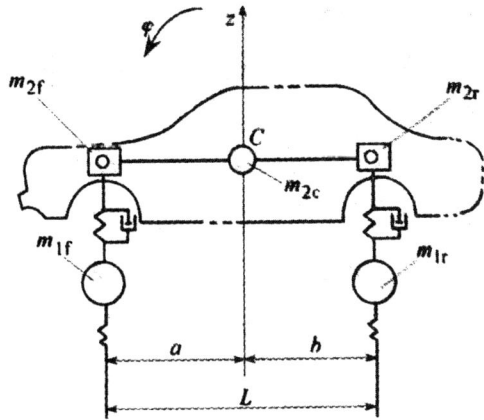

图 6-6　双轴汽车简化的平面模型

(1)总质量恒定

$$m_{2f} + m_{2r} + m_{2c} = m_2 \tag{6-12}$$

(2)质心位置不变

$$m_{2f}a - m_{2r}b = 0 \tag{6-13}$$

(3)转动惯量 I_y 的值恒定

$$I_y = m_2 \rho_y^2 = m_{2f}a^2 + m_{2r}b^2 \tag{6-14}$$

式中，绕横轴 y 的回转半径是借助于 ρ_y 表示出来的；车身质量部分的质心至前、后轴距离的表示是借助于 a、b 完成的。

具体三个质量可在式(6-12)、式(6-13)和式(6-14)的基础上——得出：

$$\begin{cases} m_{2f} = m_2 \dfrac{\rho_y^2}{aL} \\[2mm] m_{2r} = m_2 \dfrac{\rho_y^2}{bL} \\[2mm] m_{2c} = m_2 \left(1 - \dfrac{\rho_y^2}{ab}\right) \end{cases} \qquad (6\text{-}15)$$

通常，令 $\varepsilon = \dfrac{\rho_y^2}{ab}$。由式(6-15)可以看出，当 $\varepsilon = 1$ 时，意味着 $m_{2c} = 0$。根据统计，$0.8 \sim 1.2$ 为大多数汽车 ε 的取值范围，可以看出跟 1 是比较接近的。在 $\varepsilon = 1$ 的情况下，$m_{2c} = 0$，这就意味着前、后轴上方车身部分的集中质量 m_{2f}、m_{2r} 的垂直方向运动是没有任何关系的而是相互独立的。在 $\varepsilon = 1$ 的情况下，当前轮因路面不平而振动时，就会出现质量 m_{2f} 运动而质量 m_{2r} 不运动的情况；相反也是一样的。因此，在这种特殊情况下，可将图 6-6 上 m_{2f} 和前轮轴以及 m_{2r} 和后轮轴所构成的两个双质量系统的振动单独列出来进行探讨。

(二)单质量系统的自由振动

图 6-7 是分析车身振动的单质量系统模型。

静力平衡位置即为车身垂直位移坐标 z 的原点，如此一来，描述系统运动的微分方程可借助于牛顿第二定律得出

$$m_2 \ddot{z} + C(\dot{z} - \dot{q}) + K(z - q) = 0 \qquad (6\text{-}16)$$

此方程的解由自由振动齐次方程的解与非齐次方程特解之和组成。

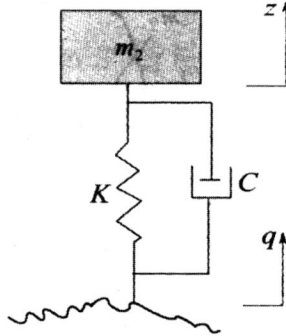

图 6-7　车身单质量系统模型

令 $n = \dfrac{C}{m_2}$，$\omega_0^2 = \dfrac{K}{m_2}$，则齐次方程为

$$\ddot{z} + 2n\dot{z} + \omega_0^2 z = 0 \qquad (6\text{-}17)$$

式中的 ω_0 往往被称为系统固有圆频率，n 和 ω_0 的比值 ζ 在一定程度上决定了阻尼对运动的影响，ζ 称为阻尼比

$$\zeta = \frac{n}{\omega_0} = \frac{C}{2\sqrt{m_2 K}} \qquad (6\text{-}18)$$

通常情况下，汽车悬架系统阻尼属于小阻尼时，意味着阻尼比 f 的数值在 0.25 左右，此时

微分方程的解为

$$z = Ae^{-nt}\sin(\sqrt{\omega_0^2 - n^2}\, t + \alpha) \tag{6-19}$$

这个解意味着,有阻尼自由振动时,质量 m_2 在有阻尼自由振动的情况下,其振动固有频率为 $\omega_r = \sqrt{\omega_0^2 - n^2}$,其振幅衰减是按照 e^{-nt} 进行的,如图 6-8 所示。

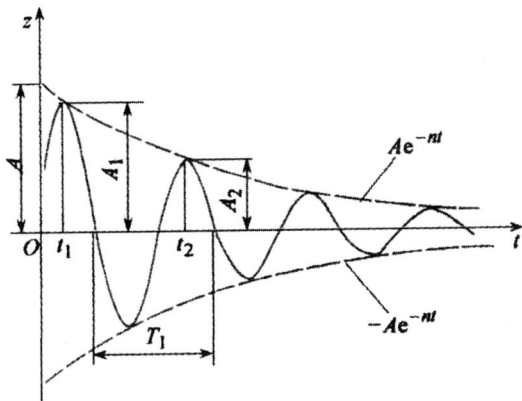

图 6-8　衰减振动曲线

以下两个方面分别体现了阻尼比 ζ 对衰减振动的影响。

1. 与有阻尼固有频率 ω_r 有关

$$\omega_r = \sqrt{\omega_0^2 - n^2} = \omega_0 \sqrt{1 - \zeta^2} \tag{6-20}$$

由式(6-20)不难得出,汽车悬架系统阻尼比 ζ 基本上是维持在 0.25,相比于 ω_0,ω_r 下降的仅有 3% 左右,也就意味着 $\omega_r \approx \omega_0$,在这样的情况下得出,车身部分振动的固有圆频率 ω_0(rad/s)、固有频率 f_0(s^{-1} 或 Hz)依次为

$$\omega_0 = \sqrt{\frac{K}{m_2}}$$

$$f_0 = \frac{\omega_0}{2\pi} = \frac{1}{2\pi}\sqrt{\frac{K}{m_2}} \tag{6-21}$$

2. 决定振幅的衰减程度

图 6-8 上两个相邻的振幅 A_1 与 A_2 之比称为减幅系数 d,其表达式为

$$d = \frac{A_1}{A_2} = \frac{Ae^{-nt_1}}{Ae^{-n(t_1+T_1)}} = e^{nT_1} = e^{\frac{2\pi\zeta}{\sqrt{1-\zeta^2}}} \tag{6-22}$$

对式(6-22)取自然对数

$$\ln d = \frac{2\pi\zeta}{\sqrt{1-\zeta^2}} \tag{6-23}$$

可以由实测的衰减振动曲线得到减幅系数 d,由下式求出阻尼比

$$\zeta = \frac{1}{\sqrt{1 + 4\pi^2/\ln^2 d}} \tag{6-24}$$

（三）单质量系统的频率响应特性

系统的频率响应函数的求出也是有可能的，具体是在输出、输入谐量复振幅 z 与 q 的比值或 $z(t)$ 与 $q(t)$ 的傅里叶变换 $Z(\omega)$ 与 $Q(\omega)$ 的比值的基础上得出的，即为 $H(\mathrm{j}\omega)_{z\sim q}$

$$H(\mathrm{j}\omega)_{z\sim q}=\frac{z}{q}=\frac{Z(\omega)}{Q(\omega)} \tag{6-25}$$

式中，复振幅 $z=z_0\mathrm{e}^{\mathrm{j}\varphi_2}$，$q=q_0\mathrm{e}^{\mathrm{j}\varphi_1}$。

其中，z_0、q_0 为输出、输入谐量的幅值；φ_2、φ_1 为输出、输入谐量的相角。

代入式（6-25）得

$$H(\mathrm{j}\omega)_{z\sim q}=\frac{z_0}{q_0}\mathrm{e}^{\mathrm{j}(\varphi_2\sim\varphi_1)} \tag{6-26}$$

写成指数形式时

$$H(\mathrm{j}\omega)_{z\sim q}=\big|H(\mathrm{j}\omega)\big|_{z\sim q}\mathrm{e}^{\mathrm{j}\varphi(\omega)} \tag{6-27}$$

比较以上两式可以看出，$H(\mathrm{j}\omega)_{z\sim q}=z_0/q_0$。它是输出、输入谐量的幅值比，称为幅频特性。$\varphi(\omega)=\varphi_2-\varphi_1$ 表示输出与输入谐量的相位差，称为相频特性。

对式（6-27）进行傅里叶变换或将各复振幅代入该式，即

令 $z=z$，$q=q$，$\dot{z}=\mathrm{j}\omega z$，$\dot{q}=\mathrm{j}\omega q$，$\ddot{z}=-\omega^2 z$，复数方程

$$z(-m_2\omega^2+\mathrm{j}C_\omega+K)=q(\mathrm{j}C_\omega+K) \tag{6-28}$$

并由此得频响函数

$$H(\mathrm{j}\omega)_{z\sim q}=\frac{z}{q}=\frac{K+\mathrm{j}C_\omega}{(-m_2\omega^2+K)+\mathrm{j}C_\omega} \tag{6-29}$$

将频率比 $\lambda=\omega/\omega_0$（$\omega_0=\sqrt{K/m_2}$）和阻尼比 $\zeta=C/2\sqrt{K/m_2}$ 代入上式，得

$$H(\mathrm{j}\omega)_{z\sim q}=\frac{1+2\mathrm{j}\zeta\lambda}{1-\lambda^2+2\mathrm{j}\zeta\lambda} \tag{6-30}$$

此式的模为幅频特性，即

$$\big|H(\mathrm{j}\omega)\big|_{z\sim q}=\left[\frac{1+(2\zeta\lambda)^2}{(1-\lambda^2)^2+(2\zeta\lambda)^2}\right]^{\frac{1}{2}} \tag{6-31}$$

图 6-9 为用双对数坐标画出的式（6-31）所示的幅频特性 $|z/q|$。用双对数坐标画幅频特性时，首先确定其低频段和高频段的渐近线。

当 $\lambda\ll1$ 时（低频段），$|z/q|\to1$，$\lg|z/q|=0$ 渐近线为一水平线，其斜率为 $0\cdot1$。渐近线的"频率指数"等于 0。

当 $\lambda\gg1$ 时（高频段），分析阻尼比 $\zeta=0$、$\zeta=0.5$ 两种情况。

（1）$\zeta=0$ 时，$|z/q|\to\dfrac{1}{\lambda^2}$，$\lg|z/q|=-2\lg\lambda$，渐近线的斜率为 $-2:1$。"频率指数"等于 -2。

（2）$\zeta=0.5$ 时，$|z/q|\to\left[\dfrac{\lambda^2}{\lambda^2(\lambda^2+1)}\right]^{\frac{1}{2}}\to\dfrac{1}{\lambda}$，$\lg|z/q|=-\lg\lambda$，渐近线的斜率为 $-1:1$。"频率指数"等于 -1。

可以看出，在双对数坐标上，渐近线的斜率与其"频率指数"相等。

低频和高频段渐近线交点的频率比，由低、高频段两个渐近线方程的解得到。$\zeta=0$、$\zeta=0.5$ 时，交点分别要满足 $-2\lg\lambda=0$ 和 $\lg\lambda=0$，于是交点频率比均为 $\lambda=1$。下面确定在交点频率比 $\lambda=1$，即共振时的幅值。$\lambda=1$ 时

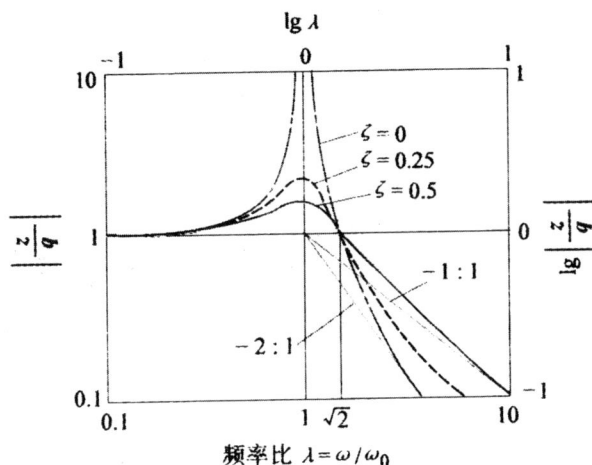

图 6-9 单质量系统位移输入与位移输出的幅频特性

$$|z/q|_{\omega=\omega_0}=\sqrt{1+\frac{1}{4\zeta^2}}$$

$\zeta=0$ 时

$$|z/q|_{\omega=\omega_0}=\infty$$

$\zeta=0.5$ 时

$$|z/q|_{\omega=\omega_0}=\sqrt{2}$$

确定了渐近线和交点频率比下的幅值，就可以画出频率特性曲线。

现在对图 6-9 上的幅频特性 $|z/q|$ 分成三个频段加以讨论：

(1)低频段($0\leqslant\lambda\leqslant0.75$)。$|z/q|$ 略大于 1，明显的动态特性是不会出现的，此频段受阻尼比的影响也非常有限。

(2)共振段($0.75<\lambda\leqslant\sqrt{2}$)。$|z/q|$ 出现峰值，共振峰会因输入位移的放大以及阻尼比 ζ 的加大而得到显著的下降。

(3)高频段($\lambda\geqslant\sqrt{2}$)。在 $\lambda=\sqrt{2}$ 时，$|z/q|=1$，与 ζ 没有任何关系；在 $\lambda>\sqrt{2}$ 时，$|z/q|<1$，减振会因阻尼比 ζ 的减小变变得简单。

四、双轴汽车的振动

(一)振型分析

在分析车身振动时，对图 6-6 所示的双轴汽车简化的平面模型进一步忽略了车轮部分质量与轮胎刚度的影响，变为图 6-10 所示的车身振动模型。

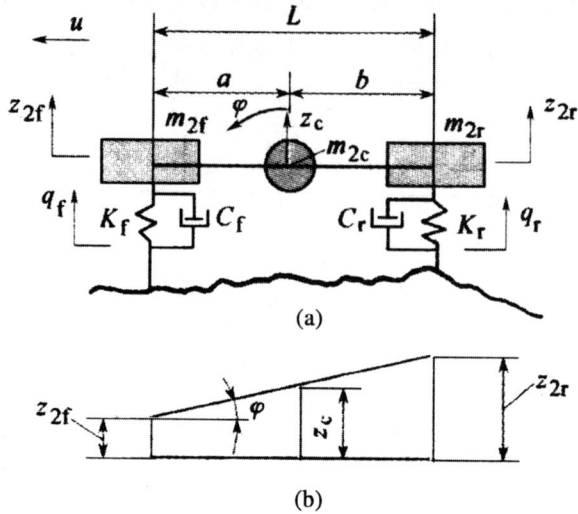

图 6-10 车身振动模型

图 6-10(a)上，m_{2f}、m_{2r}、m_{2c} 为按式(6-15)计算的动力学等效的三个集中质量，车身具体的运动的描述可借助于以下几点来实现：质心处的垂直位移 z_c 和俯仰角 φ，以及前、后轴上方垂直位移 z_{2f}、z_{2r} 两组坐标。

坐标系 z_{2f}、z_{2r} 与 z_c、φ 可通过图 6-10(b)看出有以下关系

$$z_{2f}=z_c-a\tan\varphi\approx z_c-a\varphi$$
$$z_{2r}=z_c+b\tan\varphi\approx z_c+b\varphi$$

以及

$$\varphi=(z_{2r}-z_{2f})/L$$
$$z_c=z_{2f}+a\varphi=z_{2f}+a(z_{2r}-z_{2f})/L=(z_{2r}a+z_{2f}b)/L$$

由以上式子可以看出，φ 的大小不但是由 z_{2r}、m_{2f} 的幅值决定的，还跟 z_{2r} 与 m_{2f} 之间的相位差有一定关系。

1. 当坐标系为 m_{2f}、z_{2r} 时，无阻尼自由振动运动方程

分别对前、后端取力矩平衡，可以得出

$$\begin{cases} m_{2f}\ddot{z}_{2f}+m_{2c}b(\ddot{z}_{2r}a+\ddot{z}_{2f}b)/L^2+K_f z_{2f}=0 \\ m_{2r}\ddot{z}_{2r}+m_{2c}a(\ddot{z}_{2r}a+\ddot{z}_{2f}b)/L^2+K_r z_{2r}=0 \end{cases} \tag{6-32}$$

前、后端部分系统两个固有圆频率，在运动的仅有 z_{2f}、$z_{2r}=0$ 的情况下和运动的仅有 z_{2r}、$z_{2f}=0$ 的情况下，会有

$$\omega_{0f}^2=\frac{K_f L^2}{m_2(\rho_y^2+b^2)}$$
$$\omega_{0r}^2=\frac{K_r L^2}{m_2(\rho_y^2+a^2)}$$

相应两个振型如图 6-11 所示。

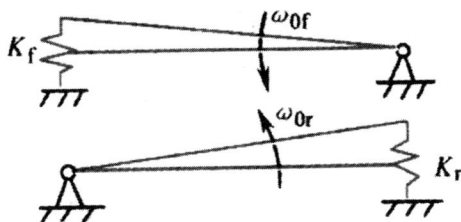

图 6-11　前、后端部分系统的振型

由式(6-32)运动方程,得到两个主频率

$$\Omega^2_{1.2}=\frac{1}{2(1-\beta_1\beta_2)}\left[\omega^2_{0f}+\omega^2_{0r}\mp\sqrt{([\omega^2_{0f}-\omega^2_{0r}]^2+4\beta_1\beta_2\omega^2_{0f}\omega^2_{0r}}\right] \tag{6-33}$$

式中

$$\beta_1=\frac{(1-\varepsilon)\dfrac{a}{L}}{\dfrac{b}{L}+\varepsilon\dfrac{a}{L}} \tag{6-34}$$

$$\beta_2=\frac{(1-\varepsilon)\dfrac{b}{L}}{\dfrac{a}{L}+\varepsilon\dfrac{b}{L}} \tag{6-35}$$

和两个主频率 $\Omega_{1.2}$ 保持对应关系,即为有两个主振型存在于车身,如图 6-12 所示。

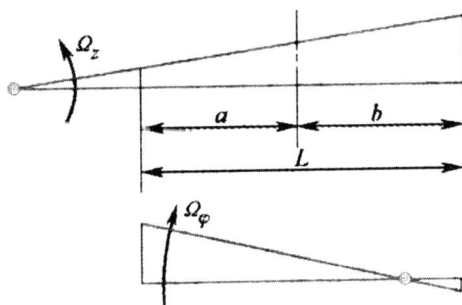

图 6-12　车身振动的主振型

当悬挂质量分配系数 $\varepsilon=1$ 时,由式(6-15)可知,此时 $m_{2c}=0$,运动方程式(6-32)中, z_{2f} 与 z_{2r} 不耦合,结点位于 z_{2f} 与 z_{2r} 处。由式(6-34)、式(6-35)还可以看出, $\varepsilon=1$ 时, $\beta_1=\beta_2=0$。主频与前、后端部分频率相等,即 $\Omega_1=\omega_{0f}$; $\Omega_2=\omega_{0r}$,这就意味着,主振型与前、后部分系统振型没有任何出入。

2. 采用 z_c、φ 坐标系时的无阻尼自由振动运动方程

由垂直方向力的平衡和绕质心的力矩平衡,得

$$\begin{cases} m_2\ddot{z}_c+(K_f+K_r)z_c+(K_rb-K_fa)\varphi=0 \\ m^2\rho^2_y\ddot{\varphi}+(K_fa^2+K_rb^2)\varphi+(K_rb-K_fa)z_c=0 \end{cases} \tag{6-36}$$

垂直和角振动两个部分系统固有圆频率为

$$\omega_z^2 = \frac{K_f + K_r}{m_2} \tag{6-37}$$

$$\omega_\varphi^2 = \frac{K_f a^2 + K_r b^2}{m_2 \rho_y^2} \tag{6-38}$$

相应两个振型如图 6-13 所示。

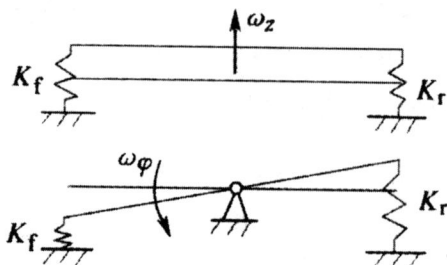

图 6-13　垂直和角振动部分系统的振型

由式(6-38)运动方程,同样可以得到两个主频率

$$\Omega_{1,2}^2 = \frac{1}{2}\left[\omega_z^2 + \omega_\varphi^2 \pm \sqrt{(\left[\omega_z^2 - \omega_\varphi^2\right)^2 + 4\eta_1\eta_2\right]} \tag{6-39}$$

式中

$$\begin{cases} \eta_1 = \dfrac{K_r b - K_f a}{m_2} \\ \eta_2 = \eta_1 / \rho_y^2 \end{cases} \tag{6-40}$$

由式(6-40)可以看出,$K_r b - K_f a = 0$ 时,$\eta_2 = \eta_1 = 0$,主频率与部分系统固有圆频率相等,即 $\Omega_z = \omega_z$,$\Omega_\varphi = \omega_\varphi$。

在 $K_r b - K_f a \neq 0$ 时,Ω_φ 的大小和 ω_φ 的大小比较接近,Ω_z 的大小有接近于 ω_z 的大小。在振动系统参数适当匹配的情况下,使 $\omega_\varphi < \omega_z$,这就意味着 $\Omega_\varphi < \Omega_z$,如此一来,就会造成使车身产生俯仰角共振的角加速度分量比较小。

前面内容已经指出,在 3Hz 以下,相比于垂直方向的振动,人对水平方向的振动比垂直方向说更加敏感。鉴于俯仰角振动会导致纵向水平振动这一点,因此为了改善平顺性,应尽量减小俯仰角加速度。

(二)使 $\omega_\varphi < \omega_z$,减小俯仰角加速度

1. 悬挂质量分配系数 $\varepsilon > 1$

$\varepsilon = \rho_y^2 / (ab)$,在设计上使车身绕质心的回转半径 ρ_y 加大,或使 ab 减小,都能使 ε 加大。当 $\varepsilon > 1$ 时,可以使 $\omega_\varphi < \omega_z$。

为了说明简单,设 $a = b$,代入式(6-38),则得

$$\omega_\varphi = \sqrt{\frac{ab(K_f + K_r)}{\rho_y^2 m_2}} = \sqrt{\frac{K_f + K_r}{m_2 \varepsilon}}$$

由式(6-37),$\omega_z = \sqrt{\dfrac{K_f + K_r}{m_2}}$ 代入上式得

$$\frac{\omega_z^2}{\omega_\varphi^2} = \varepsilon$$

因此,当 $\varepsilon > 1$ 时, $\omega_\varphi < \omega_z$ 。

实际上,多数汽车 $\varepsilon < 1$,尤其是轻型小轿车的车身布置,要达到 $\varepsilon > 1$ 是相当困难的,因为这种汽车要求十分紧凑,所以回转半径 ρ_y 比较小,只能通过减小轴距 L 来达到。但车身布置又要求有足够大的乘坐空间,轴距减不下来。而且在下面讨论轴距对俯仰角振动的影响时还会看到,轴距减小会使俯仰角振动加剧,所以轴距不宜减小。

2. 前、后悬架的"交联"

使 $\omega_\varphi < \omega_z$ 的另一方法是采用前、后悬架的"交联"。其示意图表示在图 6-14 上。图上弹簧 K_f'' 、 K_r'' 的具体连接是由一与车身铰接的无质量杠杆所完成的,其受力仅仅发生在车身垂直振动时,并与弹簧 K_f' 、 K_r' 并联,总的弹簧刚度仍然是

$$\left.\begin{array}{l} K_f = K_f' + K_f'' \\ K_r = K_r' + K_r'' \end{array}\right\} \tag{6-41}$$

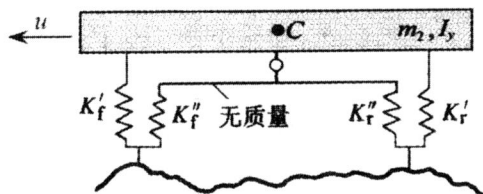

图 6-14 "交联"悬挂的示意图

垂直振动的固有圆频率和前面式(6-37)一样,仍为

$$\omega_z^2 = \frac{K_f + K_r}{m_2}$$

在俯仰角振动时, K_f'' 、 K_r'' 不起作用,俯仰角振动的固有圆频率减小为

$$\omega_\varphi^2 = \frac{K_f' a^2 + K_r' b^2}{m_2 \rho_y^2}$$

适当选择弹簧刚度的比值 K_f'/K_f'' 、 K_r'/K_r'' ,就可以使 $\omega_\varphi < \omega_z$ 。

(三)计算前、后轮双输入系统振动响应时的单轮输入折算幅频特性

对前、后双轮输入系统在路面输入下的随机振动响应进行相关分析时,为了方便对有关参数对振动的影响进行讨论,就需要将单轮输入折算幅频特性引入进来,具体计算可依照单轮输入系统随机振动功率谱密度传递的公式来进行,如此一来,分析工作的难度将会有很大程度地降低,且也会变得更加清晰。

当质量分配系数 $\varepsilon = 1$ 时的双轴汽车等效系统如图 6-15 所示,该系统会因单轮输入折算幅频特性的引入时得以使用。从图 6-15 中可以看出,两个"车身-车轮"双质量系统之间的连接是借助于长度等于 L 的无质量杠杆来完成的。

图 6-15 上,车身上任一点 P 离开前轴的距离为 l (l 会因 P 位于前轴后面而取负值),在

前、后轮处 l/L 的值分别为 0 和 -1，-0.5 是在轴距中心处 l/L 所取的值。P 点的垂直位移 z_{2p} 与 z_{2f}、z_{2r} 的关系为

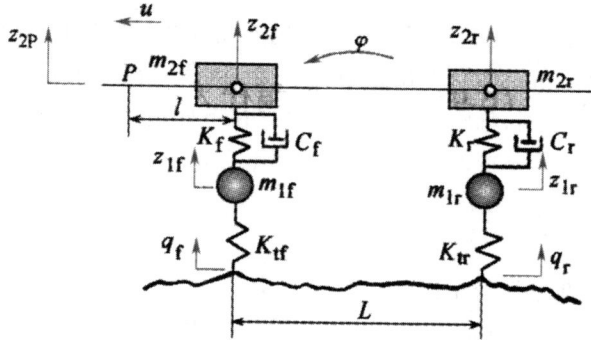

图 6-15　$\varepsilon=1$ 情况下的双轴汽车等效系统

$$z_{2p} = z_{2f} + l(z_{2f} - z_{2r})/L \tag{6-42}$$

由于前、后车轮走的车辙是同一个，故会有一时间滞后量 Δt 存在于前、后轮处路面输入 q_f、q_r 之前，该值的具体大小是由轴距 L 和车速 u 所决定的

$$\Delta t = \frac{L}{u} \tag{6-43}$$

此时，下式很好地展示出了前、后轮路面之间的输入关系

$$q_r = q_f(t - \Delta t) \tag{6-44}$$

前、后轮双输入在上式的基础上可以有效等效为前轮处 q_f 的单输入。为了准确地计算出车身上任一点 P 的垂直加速度 $\ddot{z}_{2p}$ 和车身俯仰角加速度 $\ddot{\varphi}$ 的功率谱密度，需要求出其对前轮单输入 $\dot{q}_f$ 的折算幅频特性 $|\ddot{z}_{2p}/\dot{q}_f|$ 和 $|\ddot{\varphi}/\dot{q}_f|$，再借助于前式单输入传递的关系式即可。

进一步分解折算幅频特性的话，其可被写成以下格式

$$|\ddot{z}_{2p}/\dot{q}_f| = |z_{2p}/z_{2f}| \cdot |\ddot{z}_{2f}/\dot{q}_f|$$
$$|\ddot{\varphi}/\dot{q}_f| = |\varphi/z_{2f}| \cdot |\ddot{z}_{2f}/\dot{q}_f| \tag{6-45}$$

上面两式中 $|\ddot{z}_{2p}/\dot{q}_f|$ 是上一节讨论过的"车身-车轮"双质量系统的车身加速度 $\ddot{z}_2$ 对路面速度输入 $\dot{q}$ 的幅频特性。如此一来，求折算幅频特性又进一步归结为求车身任一点 P 的位移 z_{2p} 和俯仰角位移 φ，对前轴上方车身位移 z_{2f} 的幅频特性。

（四）轴距中心处垂直位移 z_c 和车身俯仰角位移 φ 对前轴上方车身位移 z_{2f} 的幅频特性

由前面公式可以得到 z_c、φ 与 z_{2f}、z_{2r} 的关系，在轴距中心处 $a=b$，于是

$$z_c(t) = \frac{1}{2}[z_{2f}(t) + z_{2r}(t)] \tag{6-46}$$

$$\varphi(t) = \frac{1}{L}[z_{2r}(t) - z_{2f}(t)] \tag{6-47}$$

现假定 $z_{2f}/q_f = z_{2r}/q_r$，这也意味着前、后两个"车身-车轮"双质量系统的频率响应函数是没有任何出入保持相等的，再借助于式（6-44），前、后轴上方车身位移 z_{2f} 与 z_{2r} 的关系即可被顺利导出

$$z_{2\mathrm{r}}(t) = z_{2\mathrm{f}}(t - \Delta t) \tag{6-48}$$

将式(6-48)代入式(6-46)、式(6-47)得

$$\begin{cases} z_{\mathrm{c}}(t) = \dfrac{1}{2}\left[2z_{2\mathrm{f}}(t) - z_{2\mathrm{f}}(\Delta t)\right] \\[2mm] \psi(t) = \dfrac{1}{L}z_{2\mathrm{f}}(\Delta t) \end{cases}$$

对式用复振幅代入或进行傅里叶变换,得

$$\begin{cases} z_{\mathrm{c}}(t) = \dfrac{1}{2}\left[z_{2\mathrm{f}}(t) + z_{2\mathrm{f}}(t - \Delta t)\right] \\[2mm] \varphi(t) = \dfrac{1}{L}\left[z_{2\mathrm{f}}(t - \Delta t) - z_{2\mathrm{f}}(t)\right] \end{cases} \tag{6-49}$$

在时域 $z_{2\mathrm{r}}$ 比 $z_{2\mathrm{f}}$ 滞后时间 Δt,在频域 $z_{2\mathrm{r}}$ 比 $z_{2\mathrm{f}}$ 滞后相角 $\omega\Delta t$。z_{c} 和 φ 对 $z_{2\mathrm{f}}$ 的频率响应函数与幅频特性在对式(6-49)做稍加整理的基础上得出

$$\frac{z_{\mathrm{c}}}{z_{2\mathrm{f}}} = \frac{1}{2}(1 + \mathrm{e}^{-\mathrm{j}\omega\Delta t})$$

$$\left|\frac{z_{\mathrm{c}}}{z_{2\mathrm{f}}}\right| = \left[\frac{1 + \cos\omega\Delta t}{2}\right]^{\frac{1}{2}} \tag{6-50}$$

$$\frac{\varphi}{z_{2\mathrm{f}}} = \frac{1}{L}(\mathrm{e}^{-\mathrm{j}\omega\Delta t} - 1)$$

$$|\varphi/z_{2\mathrm{f}}| = \frac{2}{L}\left[\frac{1 - \cos\omega\Delta t}{2}\right]^{\frac{1}{2}} \tag{6-51}$$

在 $z_{2\mathrm{f}}/q_f = z_{2\mathrm{r}}/q_f$ 的情况下,前、后轮路面输入 q_f、q_r 和前、后轴上方车身位移 $z_{2\mathrm{f}}$、$z_{2\mathrm{r}}$,对于某一频率下的谐量具有相同的相位差;路面输入用空间频率 n 或波长 λ 表示时,相位差为 $2\pi nL = 2\pi L/\lambda$。由图 6-16(a)、(c)可以看出,当 $L/\lambda = 0,1,2,3\cdots$,相位差 $\omega\Delta t = 0,2\pi,4\pi,6\pi\cdots$,此时 q_f、q_r 以及 $z_{2\mathrm{f}}$、$z_{2\mathrm{r}}$ 均为同相位,在此频率下

$$z_{\mathrm{c}}/z_{2\mathrm{f}} = 1; \; |\varphi/z_{2\mathrm{f}}| = 0$$

此时轴距中心的垂直位移 z_{c} 与前、后轴上方车身位移 $z_{2\mathrm{f}}$、$z_{2\mathrm{r}}$ 相等,而俯仰角振动 φ 等于零,属于纯垂直振动情况。

当 q_f、q_r 和 $z_{2\mathrm{f}}$、$z_{2\mathrm{r}}$ 相位相反时:由图 6-16(b)、(d)可以看出,$L/\lambda = 1/2, 3/2, 5/2, \cdots$,相位差 $\omega\Delta t = \pi, 3\pi, 5\pi, \cdots$。

$|z_{\mathrm{c}}/z_{2\mathrm{f}}| = 0$ 和 $|\varphi/z_{2\mathrm{f}}| = 2/L$ 属于纯角振动情况。

图 6-16 描述了轴距中心的垂直位移 z_{c} 和俯仰角振动 φ 的振动响应随前、后轴振动相位差的变化,称为"轴距滤波特性"。在纯垂直振动时,$z_{\mathrm{c}}/z_{2\mathrm{f}} = 1$;其他相位差下 $z_{\mathrm{c}}/z_{2\mathrm{f}} < 1$。

(五)车身上任一点 P 的垂直位移 $z_{2\mathrm{p}}$ 对前轴上方车身位移 $z_{2\mathrm{f}}$ 的幅频特性

有一点毋庸置疑的是车身上任一点俯仰角振动都相同,与此相反,垂直振动的大小则各不相同。为了对车身振动沿纵轴的分布来进行讨论,从而进一步对舒适性受到座位不同的安装位置进行讨论,这就需要在前面只对轴距中心处的垂直位移 z_{c} 进行分析的基础上,还需要对车身上任一点 P 的垂直位移 $z_{2\mathrm{p}}$ 进行分析。

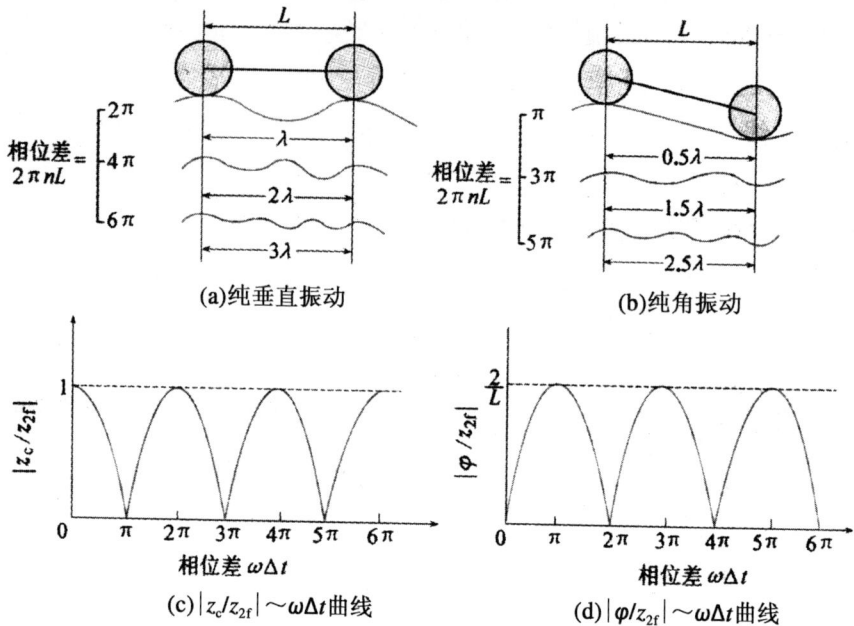

图 6-16　短矩滤波特性

下式很好地展示出了车身上任一点 P 的垂直位移 z_{2p} 与前、后轴上方车身的垂直位移 z_{2f}、z_{2r} 之间的关系

$$z_{2p}(t) = z_{2f}(t) + l/L[z_{2f}(t) - z_{2r}(t)] \tag{6-52}$$

式中，l 表示的是车身上任一点 P 到前轴的距离（见图 6-16）。

将 $z_{2r}(t) = z_{2f}(t - \Delta t)$ 的关系代入式（6-52），再借助于复振幅代入，可以得出

$$\frac{z_{2p}}{z_{2f}} = (1 + l/L - l/L \mathrm{e}^{-\mathrm{j}\omega\Delta t}) \tag{6-53}$$

幅频特性为

$$\left|\frac{z_{2p}}{z_{2f}}\right| = \left[1 + 2(l/L + (l/L)^2)(1 - \cos\omega\Delta t)\right]^{\frac{1}{2}} \tag{6-54}$$

在前、后轴上方，即在 $l/L = 0$、$l/L = -1$ 处的车身位移，由式（6-54）可得 $\left|\dfrac{z_{2p}}{z_{2f}}\right| = 1$，即 $z_{2p} = z_{2f}$。

在轴距中心，即 $l/L = -0.5$ 处

$$\left|\frac{z_{2p}}{z_{2f}}\right| = \left(\frac{1 + \cos\omega\Delta t}{2}\right)^{\frac{1}{2}}$$

它与式（6-50）相同。在图 6-16 上给出了在轴距之外 $l/L = 0.25$、-1.25 处，以及在轴距内 $l/L = -0.25$、-0.75 处，幅频特性随相位差 $\omega\Delta t$ 变化的曲线。

在纯垂直振动时，在车身上任一点，即不论 l/L 等于多大，式（6-53）中 $|z_{2p}/z_{2f}| = 1$，车身上各点垂直位移相同。

在纯角振动时，式（6-54）中 $|z_{2p}/z_{2f}| = 1 + 2l/L$，在轴距中心 $l/L = -0.5$ 处，$|z_{2p}/z_{2f}| = 0$，没有垂直位移。在轴距中心与前、后轴之间 $l/L = 0.25$、-0.75 处，$|z_{2p}/z_{2f}| = 0.5$；在前、后

轴上方,即 $l/L=0,-1$ 处,$|z_{2p}/z_{2f}|=1$;在轴距外,前、后悬 1/4 轴距 $l/L=0.25$、-1.25 处,$|z_{2p}/z_{2f}|=1.5$。因此可以看出,在纯角振动时,垂直振动的大小与到轴距中心的距离成正比。

在路面随机输入下,车身各点垂直位移的均方根值 $\sigma_{z_{2p}}$ 与幅频特性 $|z_{2p}/z_{2f}|$ 的幅值大小有关。轴距中心处幅值最低,因而垂直位移均方根值最小。距离轴距中心越远幅值越大,垂直位移的均方根值也越大。

五、"人体-座椅"系统参数对振动的影响

(一)"人体-座椅"系统的传递特性

为了计算座椅传至人体的振动,需要将一个"人体-座椅"系统附加到图 6-17 中去。如此一来,就会变为如图 6-17 所示的振动模型。

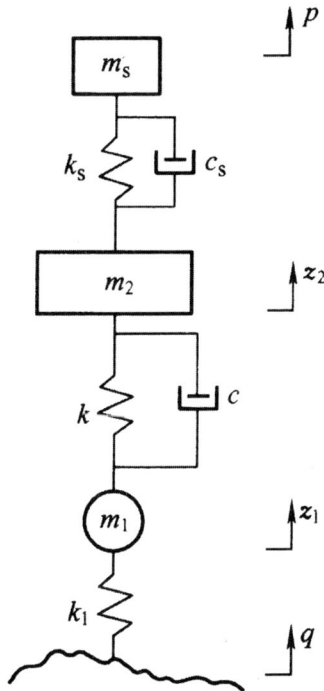

图 6-17 附加完"人体-座椅"子系统的振动模型

三自由度振动系统的微分方程为

$$m_s\ddot{p}+c_s(\dot{p}-\dot{z}_2)+k_s(p-z_2)=0 \tag{6-55}$$

$$m_2\ddot{z}_2+c(\dot{z}_2-\dot{z}_1)+kz_2+m_s\ddot{p}=0 \tag{6-56}$$

$$m_1\ddot{z}_1+k_1z_1=k_1q \tag{6-57}$$

在实际计算中,是不将式(6-56)中 $m_s\ddot{p}$ 这一项考虑在内的,之所以这么做,是因为和车身质量 m_2 相比,人体的质量 m_s 要小得多,故常常会忽略人体运动对车身运动所产生的任何作用,如此一来,可以看作是由两个环节组成的三自由度系统:一个是图 6-17 所示的二自由度系统(式(6-56)、式(6-57));另一个是式(6-55)所示的单质量系统。

串联即为上述两个环节之间的关系,也就是说后一环节的输入是前一个环节的输出。在

由串联环节构成的系统中,在自动控制理论的基础上可以得出,两个环节幅频特性的乘积即为其幅频特性。即

$$|\ddot{p}/q| = |\ddot{p}/\ddot{z}| \cdot |\ddot{z}/q| = |-\omega^2 p/-\omega^2 z_2| \cdot |p/z_2| \cdot |\ddot{z}_2/q| \qquad (6\text{-}58)$$

式(6-58)中,双质量系统车身加速度 $\ddot{z}_2$ 对路面不平度 q 的幅频特性具体是通过 $|\ddot{z}_2/q|$ 表示出来的,它表示在图 6-18(a) 上;座椅的位移对车身垂直位移 z_2 的幅频特性的表示是借助 $|p/z_2|$ 表示出来的,它表示在图 6-18(b) 上;$|\ddot{p}/q|$ 为人承受的加速度 $\ddot{p}$ 对路面不平度 q 的幅频特性,表示在图 6-18(c) 上。

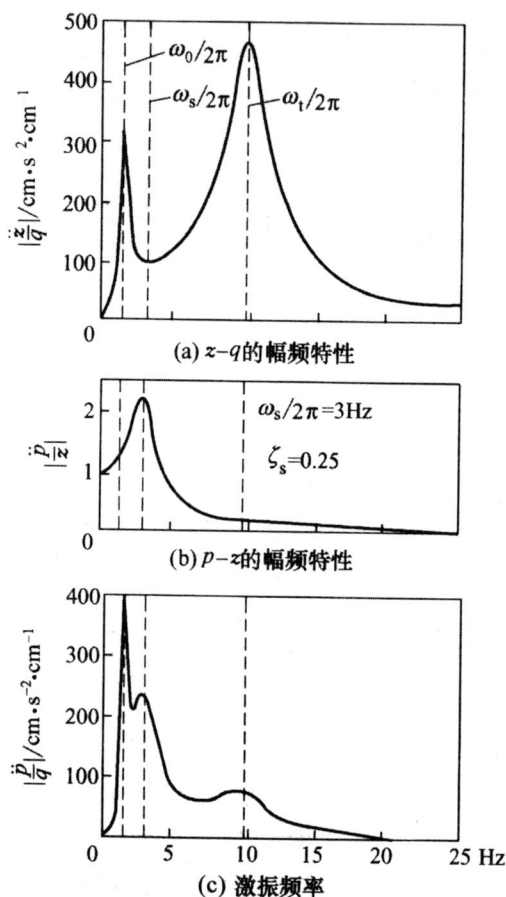

图 6-18 "人体-座椅"系统的振动特性

图 6-18 中,ω_s、ζ_s 是座椅的固有频率和阻尼比,ω_1 是轮胎的固有频率,ω_0 是车身振动系统的固有频率。

该系统的固有频率在"人体-座椅"单质量系统的运动方程式(6-55)的基础上可以得出:

$$\omega_s = \sqrt{\frac{k_s}{m_s}}$$

系统的阻尼比为

$$\zeta_s = \frac{c_s}{2\sqrt{k_s m_s}}$$

(二)"人体-座椅"系统参数对振动的影响

由图 6-18 可以看出,"人体-座椅"系统在其固有频率 $f_s=\omega_s/2\pi$ 附近,能够有效放大车身底板的振动输入;在激振频率 ω_0 超过 $\sqrt{2}f_s$ 后,就会出现减缓地板振动输入的情况。

在对"人体-座椅"系统的固有频率 ω_s 进行确定时,其和车身部分固有频率 ω_0 重合的情况是一定要避免的。当 ω_s 与 ω_0 重合时,汽车的舒适性会有很大程度的降低,这是因为出现了人体承受的加速度 $\ddot{p}$ 对 q 的幅频特性出现突出的共振峰的情况。目前,1.2~1.5Hz 可以说是汽车车身部分的固有频率 $f_0=\omega_0/2\pi$ 所集中的一个范围。通常情况下,要保证 2~3Hz 是 $\omega_s/2\pi$ 所处的一个范围,这是因为 3Hz 是座椅系统的固有频率 $\omega_s/2\pi$ 的最大值,且还要保证与车身固有频率 $\omega_0/2\pi$ 之间的差异。一般不使 ω_s 低于 ω_0,只有当车身部分固有频率很高的情况,例如 $f_0=\omega_0/2\pi>2.5$Hz 时,可以考虑低于 $\omega_0/2\pi$,选择 2Hz 左右,而且此时要有足够大的阻尼。

合理的阻尼是座椅系统应当选择的,这么做是出于减小共振振幅考虑。为了使共振区共振幅度在一定范围内,且即使是在高频区也能使减振效果得到良好的保证,就需要使座椅的阻尼比 ζ_s 保持在 0.25 左右。然而在实际情况中,这个值是大部分座垫都无法达到的。在有些大型载货汽车上为了改善驾驶人的乘坐舒适性,在座椅下面设置了由弹簧和液力减振器构成的悬架机构,这样可以得到足够大的阻尼。

六、人体对振动的反应和平顺性的评价

(一)人体对振动的反应

振动的频率、强度、作用方向和持续时间决定了机械振动对人体的影响,且每个人对振动的敏感程度会因各自的心理与身体素质不同而有所不同。

人体坐姿受振模型如图 6-19 所示,是由 ISO 2631—1∶1997(E)标准规定的。

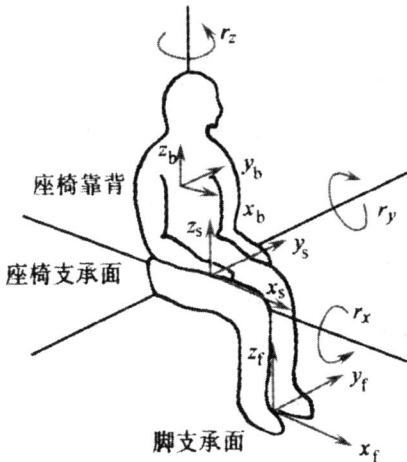

图 6-19 人体受振模型

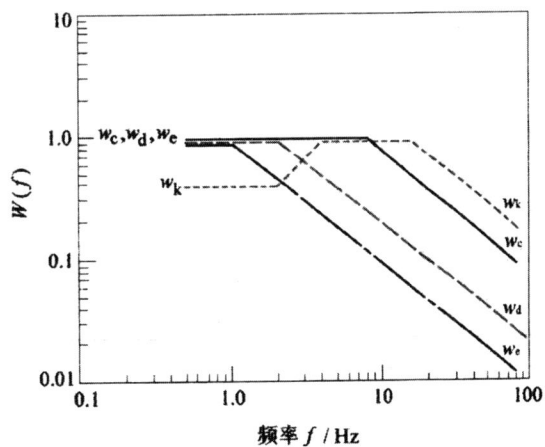

图 6-20 各轴向频率加权函数(渐近线)

在此标准中,不同频率的振动,人体所感受的敏感度也各不相同,各轴向 0.5~80Hz 的频率加权函数(渐进线)在图 6-20 上都给了出来,人体会因输入点的不同和轴向振动的不同而存

在一定差异,同时还将各轴向振动的轴加权系数 k 也给了出来。

（二）平顺性的评价方法

常用的评价方法有以下两种,这些都需要先将各轴向加权加速度均方根值都计算出来。

1. 基本的评价方法

（1）对记录的加速度时间历程 $a(t)$,加权加速度时间历程 $a_w(t)$ 可在相应频率加权函数 $w(f)$ 的滤波网络的基础上,按下式计算得出

$$a_w = \left[\frac{1}{T}\int_0^T a_w^2(t)\mathrm{d}t\right]^{\frac{1}{2}} \tag{6-59}$$

式中,T 为振动的分析时间,一般取 120s。

以下公式可以有效地表示出频率加权函数 $w_k(f)$（渐进线）,式中频率 f 的单位为 Hz

$$w_k(f) = \begin{cases} 0.5 & (0.5 < f < 2) \\ \dfrac{f}{4} & (2 < f < 4) \\ 1 & (4 < f < 12.5) \\ \dfrac{12.5}{f} & (12.5 < f < 80) \end{cases}$$

$$w_d(f) = \begin{cases} 1 & (0.5 < f < 2) \\ \dfrac{2}{f} & (2 < f < 80) \end{cases}$$

$$w_c(f) = \begin{cases} 1 & (0.5 < f < 8) \\ \dfrac{8}{f} & (8 < f < 80) \end{cases}$$

$$w_e(f) = \begin{cases} 1 & (0.5 < f < 1) \\ \dfrac{1}{f} & (1 < f < 80) \end{cases}$$

（2）功率谱密度函数 $G_a(f)$ 的得出,是得出记录的加速度时间历程 $a(t)$ 的基础上按照下式来进行计算的

$$a_w = \left[\int_{0.5}^{80} W^2(f)G_a(f)\mathrm{d}f\right]^{\frac{1}{2}}$$

（3）当椅面 x_s、y_s、z_s 这三个轴向振动没有遗漏地均要考虑在内时,依照下式可以有效计算出三个轴向的总加权加速度均方根值

$$a_v = \left[(1.4a_{xw})^2 + (1.4a_{yw})^2 + a_{zw}^2\right]^{\frac{1}{2}}$$

（4）加权振级 L_{aw} 也在有些"人体振动测量仪"得以很好的应用,下式很好地给出了其与加权加速度均方根值 a_w 的换算

$$L_{aw} = 20\lg(a_w/a_0)$$

式中,参考加速度均方根值是由 a_0 表示出来的,$a_0 = 10^{-6} \cdot \mathrm{s}^{-2}$。

L_{aw} 和 a_w 与人的主观感觉之间的关系具体如表 6-2 所示。

表 6-2　L_{aw} 和 a_w 与人的主观感觉之间的关系

加权加速度均方根值 $a_w/(m \cdot s^{-2})$	加权振级 L_{aw}/dB	人的主观感觉
<0.315	110	舒适
0.315~0.63	110~116	稍微不舒适
0.5~1.0	114~120	相当不舒适
0.8~1.6	118~124	不舒适
1.25~2.5	122~128	很不舒适
>2.0	126	极不舒适

2. 辅助评价方法

当峰值系数>9 时,ISO 2631—1:1997(E)标准规定具体评价需要借助于 4 次方和根值的方法来执行,如此一来,人体因偶尔遇到过大的脉冲引起的高峰值系数振动而受到的影响才能很好地被估计,此时,振动剂量值为

$$VDV = \left[\int_0^T a_w^4(t) dt \right]^{\frac{1}{4}} / ms^{-1.75}$$

七、影响汽车平顺性的关键因素

能够左右汽车平顺性的因素非常多,特别是汽车振动系统本身和路面输入具有较高复杂性的情况下。下面从结构与使用两个方面做出分析。

(一)结构因素

汽车是一个由多质量组成的复杂振动系统,为便于分析,需要进行简化。一般情况下,汽车是由两部分组成的,分别为悬架质量和非悬架质量,这两部分之间又是彼此相联系的。悬架弹簧上的车身、车架及其上的总成共同构成了悬架质量 M,与此同时,悬架弹簧下的车轮和车轴共同构成了非悬架质量 m,由此形成由车身和车轮组成的双质量振动系统。而且实际上从振动角度看,由于存在前、后车轮两个路面输入,相应的,汽车的自由度振动也就有垂直和俯仰两个方向,这样就会出现汽车纵轴线上任一点的垂直振动不同的现象。下面定性分析结构因素对汽车平顺性的影响。

(1)悬架弹性的影响

悬架弹性对车身振动频率起着决定性的作用。弹性元件的弹性特性指的是悬架上的载荷与其变形之间的关系。在所有的悬架中,使用最多的是线性悬架,钢板弹簧、螺旋弹簧悬架都会被划归到此类悬架中,具体什么是线性悬架呢,即悬架的刚度是常数,其所受载荷决定了其变形情况。如果一辆汽车使用了线性悬架的汽车,其汽车平顺性的要求就无法得到满足,使用中汽车的有效载荷变化较大(特别是公共汽车和载货汽车),会出现空载振动频率较高或满载振动频率较低的现象。为了改善这种情况,现代汽车多采用非线性悬架(也称变刚度悬架),即其刚度可随载荷的变化而变化,如采用空气弹簧、空气液力弹簧和橡胶弹簧等具有非线性特性的弹性元件,或增设副簧、复合弹簧。

（2）悬架阻尼的影响

适当的阻尼是一个悬架系统应该具备的，这是因为一旦该条件得到满足，车身的自由振动将会有所衰减，车身和车轮的共振也会得以减弱，最终使得车身的垂直振动加速度和车轮的振幅（防止车轮跳离地面）控制在尽可能小的范围内。减振器、钢板弹簧叶片和轮胎变形时橡胶分子间的摩擦等都是悬架阻尼的主要来源。钢板弹簧悬架系统中的干摩擦较大，且摩擦跟钢板弹簧叶片数目呈正比关系，故有的汽车采用钢板弹簧悬架时，减振器就不再安装了，但弹簧摩擦阻尼的数值很不稳定，钢板生锈后阻力过大，不易控制。当悬架使用的是如螺旋弹簧、扭杆弹簧等摩擦很小的弹性元件时，为了使振动能量得以被吸收且使振动在短时间内得以衰减，减振器的使用就非常有必要。在实际操作过程中，压缩行程的阻力往往需要不同于伸张行程的阻力，至于相对阻尼系数的取值是，在压缩行程时取较小的值，相反，较大值适用于伸张行程时，这么做是出于使减振器阻尼效果处于比较理想的水平，且还好保证大的冲击力无法得以传递。常用的减振器有单向作用减振器和双向作用减振器这两种，所谓的单向作用减振器即为该减振器的阻尼仅在伸张行程时才会有，双向作用减振器即为阻尼作用不但在压缩时且在伸张行程时也会有。

采用减振器不仅可以提高汽车的平顺性，悬架的角刚度也会在一定程度上得以增加，车轮与道路的接触情况可得到有效改善，从而可以有效防止车轮跳离地面现象的出现，最终使得汽车的稳定性得到有效提高，最终使汽车的行驶安全性得到有效保证。汽车在不平道路上的行驶速度的提高可通过减振器性能的改善得以实现。为减少钢板弹簧叶片间的摩擦，叶片间应加润滑脂或摩擦衬垫，结构上采用少片弹簧。

（3）主动悬架与半主动悬架

通常情况下，悬架是由两部分构成的，分别为弹簧和减振器，其特性参数（悬架刚度 K 和阻尼系数 C）是在一定条件下进行优化确定的，该悬架往往被称为被动悬架，这是因为一旦选定这种悬架的特性参数就无法再对其进行改变。其不足之处，即为使用工况（如载荷变化引起的悬架质量变化，车速和路况所决定的路面输入等）的变化进行控制调整这点无法得到满足，无法满足汽车较高性能的要求。

利用电控技术与随动液压技术的主动悬架和半主动悬架，能较好地改善汽车的平顺性。如图 6-21 所示为车身与车轮两个自由度主动悬架或半主动悬架模型。

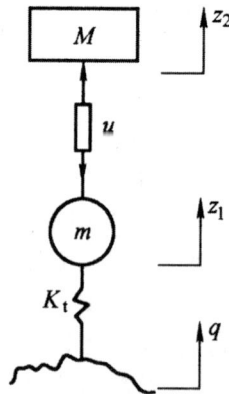

图 6-21 车身与车轮两个自由度主动与半主动悬架模型

（4）非悬架质量的影响

非悬架质量对汽车的平顺性影响较大,减小非悬架质量可以在一定程度上降低车身的振动频率,使车轮的振动频率得以提高,而使高频共振移向更高的行驶速度,如此一来,汽车的平顺性就得到了保证。另外,非悬架质量减小,可有效减小其对车身的冲击力。非悬架质量对行驶平顺性的影响,常用非悬架质量与悬架质量之比 m/M 来评价。比值越小,则行驶的平顺性越好。现代轿车的比值大多为 $m/M=10.5\%\sim14.5\%$,这样可以有良好的行驶平顺性。

（5）轮胎的影响

轮胎的弹性使悬架的换算刚度减小。轮胎内摩擦所引起的阻尼作用可吸收振动能量,使振动衰减。

从改善汽车平顺性考虑,要使轮胎的径向刚度处于尽可能低的水平。然而,为了综合考虑,轮胎的径向刚度也不能过低,过低的话,轮胎的寿命会受到影响,这是因为,轮胎刚度过低,轮胎侧偏的情况就会更加严重,汽车的操作稳定性就会变差,如此一来,就无形之中增加了滚动阻力。

（6）底盘旋转件不平衡的影响

底盘旋转件(如传动轴、车轮等)的不平衡对汽车平顺性的影响是:在汽车行驶过程中极易产生周期性的激振力,该力也会传到这个车身,这是通过悬架来传递的。故汽车平顺性会因旋转件动平衡度的提高而在一定程度上得以改善。

（7）轴距的影响

受路面不平的冲击,随着轴距的不断加大,汽车行驶过程中其车身的俯仰角加速度将会有所减小。而对于垂直振动加速度,轴距的加大仅仅导致了前、后轴上方发生变化,其他各处都减小。综上所述,在改善汽车平顺性的过程中,加长轴距的措施也是行之有效的。

（8）乘坐位置与座椅的影响

平顺性会因座椅的位置的不同而有很大差异。在经过多次试验和实际感受表明,整个汽车所能感受到振动量最小的地方是接近车身中部的座位。车身振动对乘客的影响与汽车质量中心的距离呈正比关系。针对载货汽车和公共汽车,要做到座位在高度上与质心距离尽可能地小,这么做是出于减小水平纵向振动振幅的目的。在座椅垫的选择上要弹性适宜,不是说弹性越软越好,而是要具体情况具体分析。较软座垫的选用适用于汽车的悬架较硬;与此相反,较硬座垫的选用适用于汽车的悬架较软,这么做是为了防止共振现象的出现。除此之外,为了使振动得以衰减,一定的阻尼也是座垫需要具备的。

总之,为了提高汽车行驶的平顺性,仅仅考虑一种结构参数是不行的,且这些参数中并不是没有任何关系的而是错综复杂的,要将多种结构参数综合考虑在内,以便做到对参数的正确选择。

（二）使用因素

除了以上因素外,道路不平可以说也是引起汽车振动的关键因素,这就意味着路面状况和车速在一定程度上直接左右了汽车运行过程中的平顺性。此外,在使用汽车的过程中,其平顺性还与汽车的悬架系统有很大关系。

（1）路况与车速

汽车在不平道路上行驶时，路面的冲击会作用到前车轮、后车轮，与此同时车身无法幸免。对某一汽车来说，是由两个方面决定了激振的强度和频率，具体为路面状况和车速，汽车振动响应也就因此得以确定。

（2）悬架系统的技术状况

悬架系统的固有频率和阻尼系数对汽车的平顺性有着重要的影响。汽车在使用过程中，由于受各种因素的影响，这些参数不可能一直不变，这样的话就会出现弹簧部分或全部被锁住的情况，尤其是当钢板弹簧各片之间的润滑效果不理想或减振器阻尼过大的情况下，如此一来，就在无形之中增加了车身的振动频率。最终导致汽车所产生的冲击因要通过不平路面而变得更加剧烈。

第二节　汽车的内部环境

驾乘人员的乘坐舒适性可由人对车内环境的感觉和反应来评价，汽车的内部环境是影响汽车舒适性的直接因素，也是重要因素。

汽车内部环境是汽车豪华程度的重要标志之一。改善车内环境，不仅是提高驾乘人员乘坐舒适性的手段，也是提高市场竞争力的重要手段，但也会使汽车的成本和价格升高。

汽车的内部环境主要包括空气环境、噪声环境和车内设施。

一、车内空气环境

保持车内空气适宜的温度、湿度和清新度，是改善汽车内部环境、提高乘坐舒适性的重要措施。目前，改善车内空气环境的主要手段就是装用汽车空调。

汽车空调的基本功能就是为改善车内驾乘人员的舒适性，将车内封闭空间的空气环境调整到人体最适宜的状态，具体功能包括：

①利用暖风和冷气装置，使车内保持适宜的温度。

②利用除湿和加湿装置，使车内保持适宜的湿度。

③利用送风装置，使车内保持适宜的气体流动。

④利用通风装置和空气净化装置，保持车内空气的清洁。

⑤利用除霜（除雾）装置，防止车窗玻璃结霜，保证驾乘人员视野清晰。

二、车内噪声环境

车内噪声也是影响车内驾乘人员舒适性的重要因素之一。控制车内噪声首先应控制发动机噪声、传动系噪声、轮胎噪声和车身噪声，此外，采取隔振、隔声和密封等措施隔绝噪声传播途径，选用吸声性能好的汽车内部装饰材料，对降低车身内部噪声、改善汽车内部环境也非常重要。

三、车内设施

汽车内部设施主要包括座椅、装饰和日常生活设施。

　　驾乘人员的乘坐舒适性在很大程度上取决于座椅的布置和结构。座椅的高度、宽度、深度、倾斜度和座间距等应符合人体工程学的要求,采用可调座椅能满足不同驾乘人员的需求,是提高乘坐舒适性的有效措施。

　　汽车的内部装饰会影响驾乘人员乘车时的心理反应,颜色协调、布置典雅的内部装饰,给人以美感,对改观车内驾乘人员的感觉评价有积极作用。

　　齐备的日常生活设施,也是改善汽车内部环境、提高汽车舒适性的重要途径。提高舒适性的日常生活设施主要有:钟表、音响、电视、通信设备、烟灰盒、点烟器、卧具、餐具和厕所等。

第七章 汽车的通过性

第一节 汽车的地面通过性评价指标

汽车的地面通过性是指汽车在松软地面上的行驶能力。汽车在松软地面上能否行驶取决于汽车行驶的驱动与附着条件,但满足该条件只是说明汽车能否正常行驶,还不能说明其能力的大小。评价汽车行驶能力的大小,通常用牵引系数 TC、牵引效率 TE 及燃油利用指数 E_f 这三个指标。

(一)牵引系数 TC

牵引系数 TC 为单位车重的挂钩牵引力,表明汽车在松软地面上加速、爬坡及牵引其他车辆的能力。表达式为

$$TC = F_d/G \tag{7-1}$$

式中,F_d 为汽车的挂钩牵引力;G 为汽车重力。

(二)牵引效率 TE

牵引效率 TE 为驱动轮输出功率与输入功率之比。它反映了车轮功率在传递过程中的能量损失。表达式为

$$TE = \frac{F_d}{T_w}\frac{u_a}{\omega} = \frac{F_d r(1-s_r)}{T_w} \tag{7-2}$$

式中,u_a 为汽车行驶速度;T_w 为驱动轮输入转矩;ω 为驱动轮角速度;r 为驱动轮动力半径;s_r 为滑转率。

(三)燃油利用指数 E_f

燃油利用指数 E_f 为单位燃油消耗所输出的功。表达式为

$$E_f = F_d u_a/Q_t \tag{7-3}$$

式中,Q_t 为单位时间内的燃油消耗量。

第二节 汽车的几何通过性参数及牵引力计算

一、汽车几何通过性参数

与间隙失效有关的汽车整车几何尺寸,称为汽车几何通过性参数(图 7-1)。现代各种汽车通过性几何参数的数值范围见表 7-1。

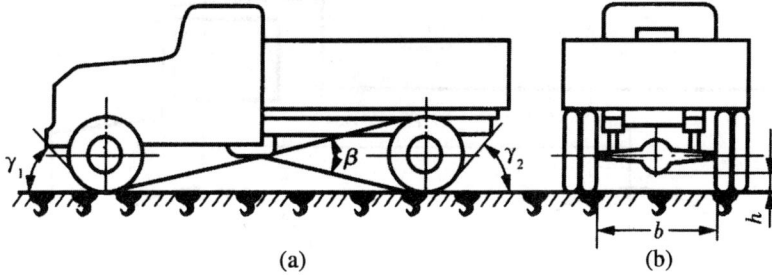

图 7-1　汽车的通过性参数

h—最小离地间隙；b—两侧轮胎内缘间距；γ_1—接近角；γ_2—离去角；β—纵向通过角

表 7-1　汽车通过性的几何参数

汽车类型	最小离地间隙 h/mm	接近角 $\gamma_1/(°)$	离近角 $\gamma_2/(°)$	最小转弯直径 d_{min}/m
4×2 轿车	120～200	20～30	15～22	7～13
4×4 轿车、吉普车	210～370	45～50	35～40	10～15
4×2 货车	250～300	25～60	25～45	8～14
4×4、6×6 货车	260～350	45～60	35～45	11～21
6×4、4×2 客车	220～370	10～40	6～20	14～22

二、间隙失效的障碍条件

(一)顶起失效的障碍条件

如图 7-2 所示是汽车通过由两个相交平面形成的凸起障碍时，汽车与障碍间的相对位置的改变情况。当障碍的尺寸使图上所示的间隙量 $h<0$ 时，即该圆和汽车底部某零件相交时，则发生顶起失效；当 $h=0$ 时，即为汽车通过障碍的极限尺寸。此时 BAC 所对的圆周角即为汽车的纵向通过角。

由图 7-3 可知，汽车顶起失效的障碍条件为

$$h_m+0.5(D+D_r)\sin\alpha_0-0.5D\leqslant0.5D_r$$

或

$$h_m\leqslant0.5(D+D_r)(1-\sin\alpha_0)$$

式中，h_m 为汽车中部地隙；D、D_r 分别为车轮直径与地隙直径。

因

$$(D+D_r)\cos\alpha_0=L \tag{7-4}$$

将式(7-4)代入上面的不等式，得顶起条件为

$$h_m\leqslant0.5\left[(D+D_r)-\sqrt{(D+D_r)^2-L^2}\right] \tag{7-5}$$

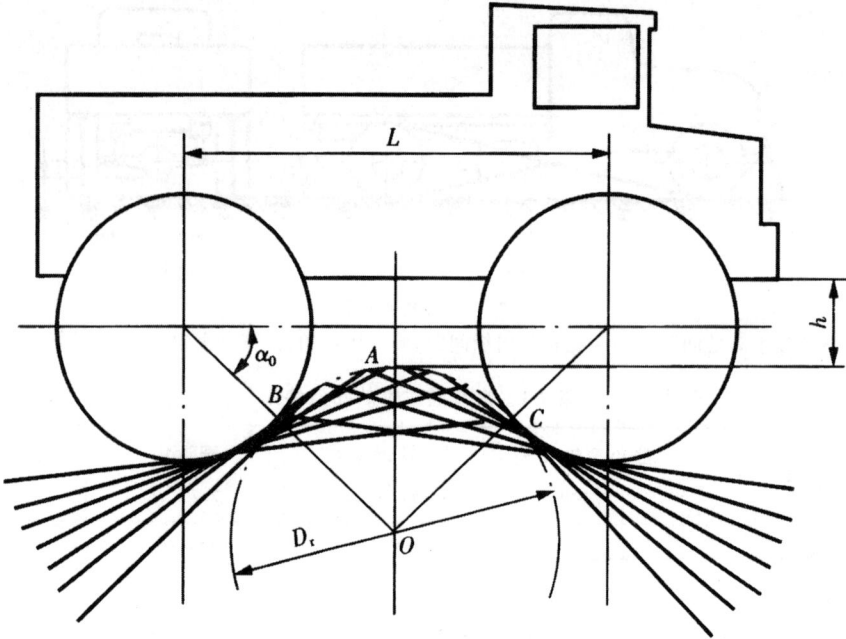

图 7-2　汽车的纵向地隙

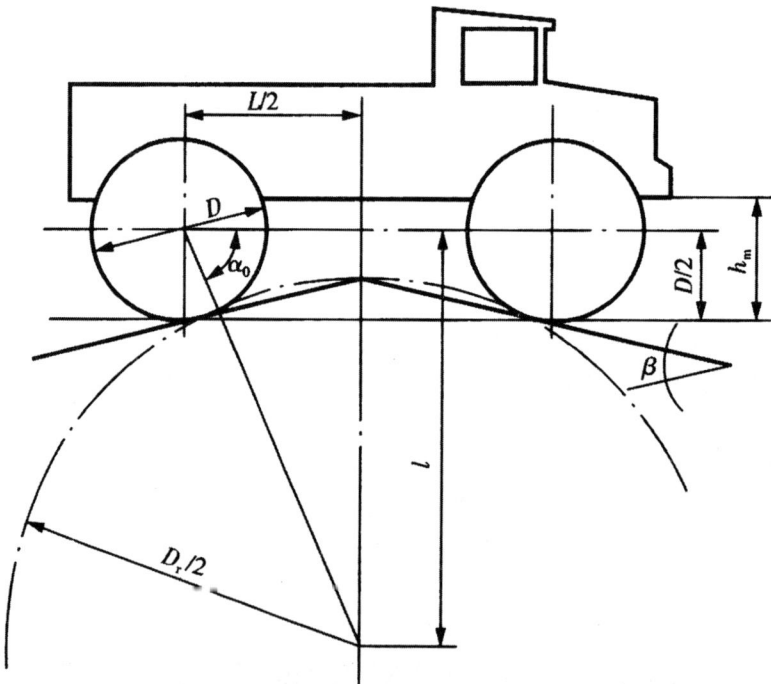

图 7-3　汽车顶起失效的几何关系

由图 7-4 可知,若 β_0 为障碍的上升平面与下降平面之夹角,而 $\beta_0 = 180° - \beta$,$\delta = \alpha_0 - (90° - \beta)$,则有

$$\frac{\cos\delta - \sin\alpha_0}{2L/D - \cos\alpha_0 - \sin\delta} = \tan\delta$$

将上式与式(7-4)联立求解,得出作为 β 的函数的 D_r 值为

$$D+D_r=\frac{2L^2D(\cos\beta-\cos^2\beta)}{4L^2\sin^2\beta-D^2(1-\cos\beta)^2}+$$

$$\sqrt{\left[\frac{2L^2D(\cos\beta-\cos^2\beta)}{4L^2\sin^2\beta-D^2(1-\cos\beta)^2}\right]^2+\frac{4L^2}{4L^2\sin^2\beta-D^2(1-\cos\beta)^2}}$$

若将此式代入式(7-5),则可得出在顶起失效的条件下,汽车中部间隙 h_m 与轴距 L、车轮直径 D 及角 $\beta(\beta=180°-\beta_0)$ 之间的关系。

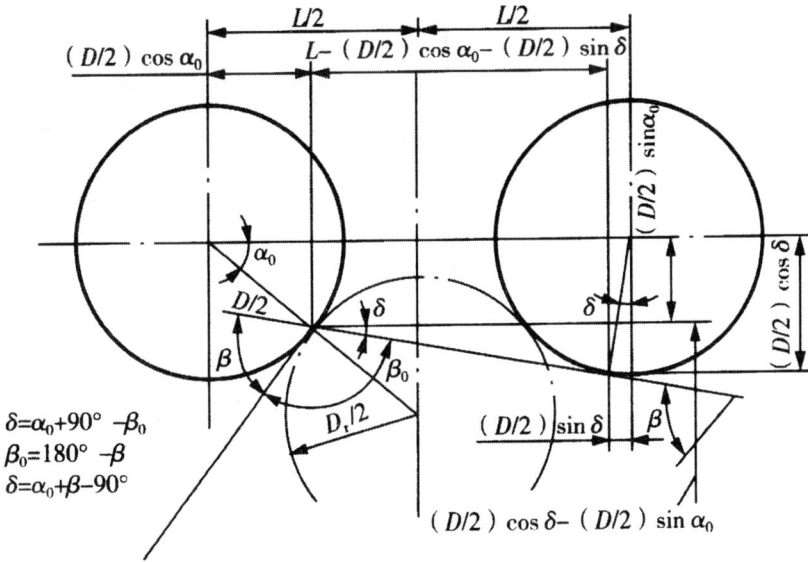

图 7-4　地隙直径的几何关系

(二)触头失效的障碍条件

如图 7-5 所示为一辆前悬长为 L_f 的汽车,通过平面障碍并驶进深 h、沟底坡角为 β_1 的沟内。假定汽车前端底部位置位于前、后车轮的中心平面上,如图中小圆圈位置。由几何关系可知,发生触头失效的条件是

$$\frac{D}{2\sin(\beta_1+\alpha)}\leqslant L_f \tag{7-6}$$

式中, α 为汽车失效时纵轴线的倾角; D 为车轮直径。

式(7-6)中的 α 角可由图 7-5 的几何关系求得,即

$$\sin\alpha=\frac{h}{L}+\frac{D}{2L}\left(1-\frac{\cos\frac{\beta-\beta_1}{2}}{\cos\frac{\beta+\beta_1}{2}}\right) \tag{7-7}$$

由式(7-7)确定 $\alpha(0<\alpha<\beta)$ 以后,就可求得不致发生触头现象的 L_f 极限值。

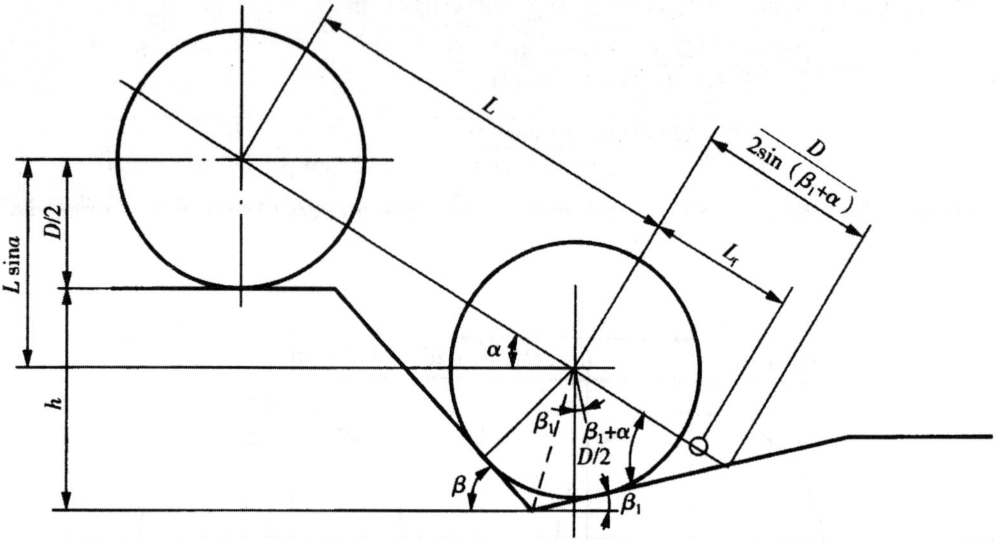

图 7-5　触头失效的几何条件

三、车辆的挂钩牵引力

（一）挂钩牵引力

车辆的土壤推力 F_X 与土壤阻力 F_r 之差，称为挂钩牵引力，即

$$F_d = F_X - F_r$$

它表示土壤的强度储备，用来使车辆加速、上坡、克服道路不平或牵引其他车辆。

对同样接地面积的三种行走机构计算的结果表明，行经同样物理参数的地面时，直径大、胎面窄的轮胎要比直径小、胎面宽的轮胎好得多，履带则更好。在给定的例子中，履带约在10%的滑转率时就能发出最大土壤推力，而直径小、胎面宽的轮胎要在近100%的滑转率时才能得到同样的能力（图 7-6）。

设有两辆总重、接地面积分别相等，但履带长与宽分别不等的车辆，行经同样物理参数的地面时，由计算可知，它们的最大土壤推力是相等的，但窄长履带车的土壤阻力较小，故最大挂钩牵引力较大。另外，窄长履带的滑转率较小，则在同样滑转率下的挂钩牵引力较大。

（二）车辆在松软地面上的土壤阻力

当车辆在松软地面上行驶时，轮胎或履带对土壤的压实和排移将产生压实阻力和排土阻力；充气轮胎的变形将引起弹滞损耗阻力。

1. 刚性车轮滚动时的土壤阻力

如果地面足够松软，橡胶轮胎的滚动可近似地看作刚性轮缘的滚动。

如图 7-7 所示，假设松软土壤对滚动着的刚性从动轮的反作用力是径向的，其数值就是 $\sigma = p = \left(\dfrac{k_c}{b} + k_\varphi\right)z^n$。车轮的受力平衡方程为

最大单位面积土壤推力13.8kPa

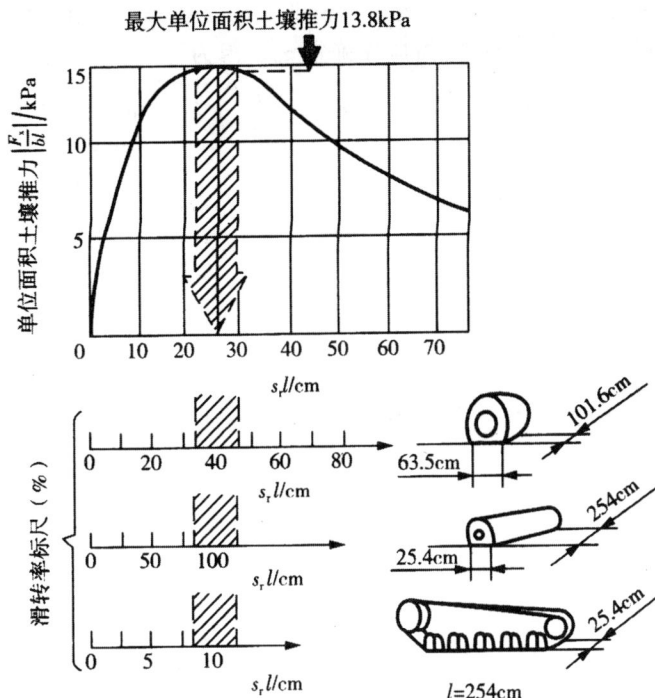

图 7-6　不同行走机构的土壤推力与滑转率关系曲线

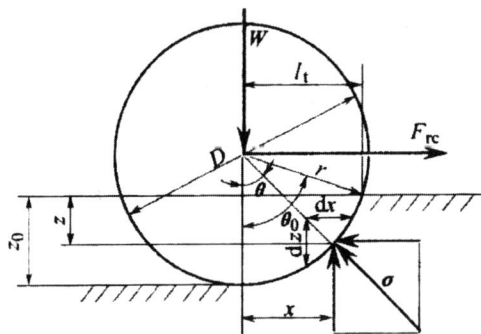

图 7-7　刚性从动轮与松软土壤的相互作用

$$F_{rc} = b\int_0^{\theta_0} \sigma r \sin\theta \mathrm{d}\theta$$

$$W = b\int_0^{\theta_0} \sigma r \cos\theta \mathrm{d}\theta$$

式中，F_{rc} 为土壤压实阻力；W 为垂直载荷；b 为车轮宽度；θ_0 为轮缘与土壤接触面所包含的角度。

而

$$\sigma r \sin\theta \mathrm{d}\theta = p\mathrm{d}z$$

$$\sigma r \cos\theta \mathrm{d}\theta = p\mathrm{d}x$$

故

$$F_{rc} = b\int_0^{z_0} \left(\frac{k_c}{b} + k_\varphi\right) z^n \mathrm{d}z = \left(\frac{z_0^{n+1}}{n+1}\right)(bk_c + k_\varphi) \tag{7-8}$$

显然,计算所得的 F_{rc} 值与宽度为 b 的单位长度平板垂直压入土内至 z_0 所做的功相等,故 F_{rc} 称为压实阻力。用式(7-8)计算 F_{rc} 时应先确定 z_0。因为

$$W = b\int_0^{r\sin\theta_0} p\,\mathrm{d}x = b\int_0^{r\sin\theta_0}\left(\frac{k_c}{b}+k_\varphi\right)z^n\,\mathrm{d}x \tag{7-9}$$

由图 7-7 的几何关系得

$$x^2 = \left(\frac{D}{2}\right)^2 - \left[\frac{D}{2}-(z_0-z)\right]^2 = D(z_0-z)-(z_0-z)^2$$

当沉陷量较小时

$$x^2 = D(z_0-z)\,,\mathrm{d}x = -\frac{D\,\mathrm{d}z}{2x} = -\frac{\sqrt{D}\,\mathrm{d}z}{2\sqrt{z_0-z}}$$

代入式(7-9)并令 $z_0-z = t^2$,$\mathrm{d}z = -2t\mathrm{d}t$,得

$$W = (k_c+bk_\varphi)\sqrt{D}\int_0^{\sqrt{z_0}}(z_0-t^2)^n\,\mathrm{d}t$$

展开 $(z_0-t^2)^n$,取其中前两项代入上式,经整理后得

$$z_0 = \left[\frac{3W}{(k_c+bk_\varphi)\sqrt{D}\,(3-n)}\right]^{\frac{2}{2n+1}} \tag{7-10}$$

将式(7-10)代入式(7-8),即得压实阻力为

$$F_{rc} = \frac{1}{(3-n)^{\frac{2n+2}{2n+1}}(n+1)(k_c+bk_\varphi)^{\frac{1}{2n+1}}}\left(\frac{3W}{\sqrt{D}}\right)^{\frac{2n+2}{2n+1}} \tag{7-11}$$

由式(7-11)可见,增加车轮直径 D 比增加车轮宽度 b 对减少压实阻力更有效。这个方程式对在任何类型均质土壤中产生中等沉陷量的刚性轮均适用。车轮直径越大、沉陷越小,用此式推算的结果越准确。实践证明,当 $z\leqslant D/6$ 时,即从动轮在被陷住不能动之前,这种推算都是有用的。当 $D<50.8\mathrm{cm}(20\mathrm{min})$ 时,则随着 D 的减少推算精确度就降低。但这样小的车轮在汽车上很少遇到。

式(7-11)用于粘性土壤时较准确,用于存在高滑动沉陷的干沙土则不准确。对于在控制条件下的刚性从动轮,则计算与试验结果即使对干沙土也极为一致。

在松软地面上,滚动着的车轮的前缘将推动土壤形成隆起的前缘波,产生推土阻力 F_{rb}。若 z_0 为沉陷量,γ_s 为土壤单位体积重量,c 为粘聚系数,b 为轮宽,则

$$F_{rb} = b(cz_0K_{pc}+0.5z_0^2\gamma_sK_{pr}) \tag{7-12}$$

式中,$K_{pc} = (N_c-\tan\varphi)\cos^2\varphi$,$K_{pr} = \left(\frac{2N_r}{\tan\varphi}+1\right)\cos^2\varphi$,$N_c$ 及 N_r 是土壤承载能力系数(图 7-8);φ 为摩擦角。

若为很松软的地面,则推土阻力可用下式估算

$$F_{rb} = b(0.67cz_0K'_{pc}+0.5z_0^2\gamma_sK'_{pr}) \tag{7-13}$$

式中,$K'_{pc} = (N'_c-\tan\varphi')\cos^2\varphi'$;$K'_{pr} = \left(\frac{2N'_r}{\tan\varphi}+1\right)\cos^2\varphi'$;$N'_c$ 及 N' 为局部剪切失效时土壤承载能力系数;$\tan\varphi' = \frac{2}{3}\tan\varphi$。

式(7-12)表明,F_{rb} 与 b 成正比。因此,当接地面积和负荷一定时,大直径的窄轮胎要比小

直径的宽轮胎推土阻力小。

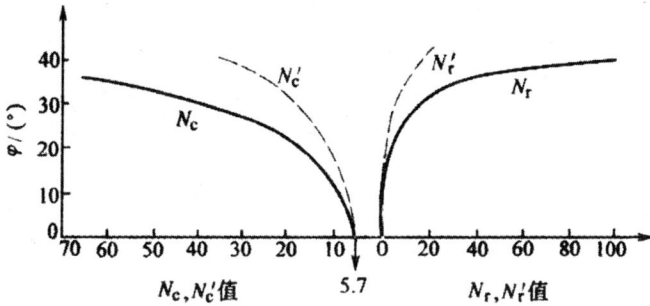

图 7-8　N_c、N_c'、N_r 和 N' 的数值图

在非细粒状而具有流体性质的泥浆地面,车辆浸入泥浆部分的形状对运动阻力的影响特别明显,此时推土阻力大于压实阻力而成为主要矛盾。在有硬底层的粘性泥浆里行驶的车辆,推土阻力的大小决定于泥浆的密度 ρ、粘度 μ、纵行驶速度 u_a 以及车辆行走部分浸入泥浆中的尺寸,即

$$F_{rb} = C_D \rho u_a^2 A / 2$$

式中,C_D 为泥浆的阻力系数,为雷诺数 Re 的函数,即 $Re = \rho u_a h / \mu$;h 为浸入泥浆的深度;A 为浸入泥浆中的面积。

2. 充气轮胎的土壤阻力

充气轮胎在松软地面上会遇到压实阻力、推土阻力及轮胎弹滞损耗阻力。随着土壤坚实度和轮胎充气压力的不同,轮胎将出现两种滚动情况:若土壤很松软,轮胎充气压力 p_i 及胎体刚度产生的压力 p_c 之和大于土壤对轮胎圆周最低点的支承压力,则充气轮胎像刚性轮胎一样滚动;反之,若土壤比较坚实,胎面接地部分将被压成平面。所以,要确定充气轮胎的压实阻力,首先应确定轮胎是按刚性轮还是按弹性轮在土壤上滚动(图 7-9)。

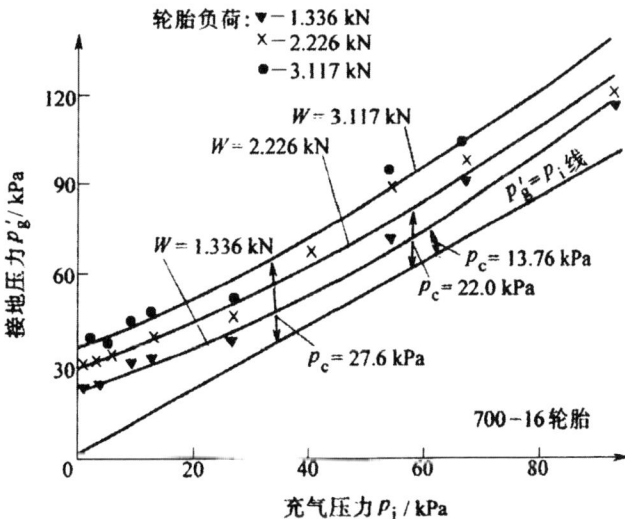

图 7-9　充气轮胎在不同土壤条件下的滚动情况

若轮胎像刚性轮一样维持圆形，则根据负荷-沉陷的关系式并将式(7-10)代入，求得轮胎圆周上最低点处土壤的支承压力为

$$p_g = \left(\frac{k_c}{b} + k_\varphi\right)z_0^n = \left(\frac{k_c}{b} + k_\varphi\right)^{\frac{1}{2n+1}}\left(\frac{3W}{(3-n)b\sqrt{D}}\right)^{\frac{2n}{2n+1}} \tag{7-14}$$

若 $p_i + p_c > p_g$，则轮胎维持圆形，如刚性车轮一样滚动，可用式(7-11)估算其压实阻力。由式(7-14)确定的 p_g 值称为充气轮胎的临界压力 p_{cr}。

p_c 可由试验测得。让轮胎在负荷 W 与充气压力 p_i 下在水平光洁的坚硬路面上滚动，用测得的轮胎印迹面积除以 W 后，便得在硬路面上的接地压力 p_g'。显然，$p_g' = p_i + p_c$，将它作为 p_i 的函数绘出曲线。该曲线与 $p_g' = p_i$ 曲线之间的距离，即为给定负荷下的 p_c 值(图7-10)。

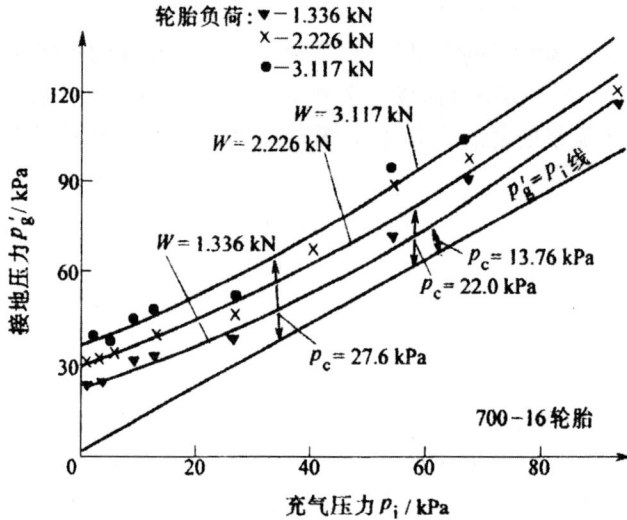

图 7-10 胎体刚度产生的压力 p_c 值的确定

若 $p_i + p_c > p_{cr}$ 时，部分胎缘将变成平面，其接地压力显然为 $p_i + p_c$。此时的沉陷为

$$z_0 = \left[\frac{p_i + p_c}{k_c/b + k_\varphi}\right]^{\frac{1}{n}} \tag{7-15}$$

将式(7-15)中的 z_0 值代入式(7-8)，即得弹性轮胎滚动时的土壤压实阻力

$$F_{rc} = b\left(\frac{z_0^{n+1}}{n+1}\right)\left(\frac{k_c}{b} + k_\varphi\right) = \frac{[b(p_i + p_c)]^{\frac{n+1}{n}}}{(n+1)(k_c + bk_\varphi)^{\frac{1}{n}}} \tag{7-16}$$

轮胎变形 δ_i 引起的弹滞损失，将构成充气轮胎滚动时的弹滞损耗阻力 F_{rt}，其值可近似地由试验确定。令轮胎以不同充气压力 p_i 在光滑路面上滚动，测出的滚动阻力可作为 F_{rt}。根据试验可知，单位负荷弹滞损耗阻力 $f_t = \frac{F_{rt}}{W}$ 可用下面的经验公式来近似表示

$$f_t = \frac{u_a}{p_i^\alpha} \tag{7-17}$$

式中，α 为经验系数。

由此得

$$F_{rt} = W\frac{u_a}{p_i^\alpha} \tag{7-18}$$

充气轮胎的推土阻力可用刚性车轮的式(7-11)或式(7-12)来计算。

3. 履带的土壤阻力

若刚性履带下的土壤压力分布均匀,则土壤沉陷

$$z_0 = \left(\frac{p}{k_c/b + k_\varphi} \right)^{\frac{1}{n}} = \left(\frac{W/l}{k_c + b k_\varphi} \right)^{\frac{1}{n}} \tag{7-19}$$

在地上压出一条长 l、宽 b、深 z_0 的履带车辙时所做的功为

$$bl \int_0^{z_0} p \mathrm{d}z = bl \left(\frac{k_c}{b} + k_\varphi \right) \frac{z_0^{n+1}}{n+1} = \frac{l}{(n+1)(k_c + b k_\varphi)^{1/n}} \left(\frac{W}{l} \right)^{\frac{n+1}{n}}$$

若将履带拖行水平距离 l(拉力即为 F_{rc}),所做的功 $F_{rc}l$ 应等于上式的功,故得

$$F_{rc} = \frac{1}{(n+1)(k_c + b k_\varphi)^{1/n}} \left(\frac{W}{l} \right)^{\frac{n+1}{n}} \tag{7-20}$$

由此可见,在接地压力不变的条件下,增加履带长度比加宽履带对减小压实阻力更为有效。

(三)松软地面给车辆的土壤推力

根据土壤的剪切特性可以确定土壤推力,由于土壤在提供推力时发生剪切变形,故车辆驱动轮或履带的接地面相对于地面有向后的滑动,称"滑转"。它既影响平均车速,又影响燃料消耗,故应掌握土壤推力与滑转的关系。

1. 履带的土壤推力与滑转率

履带所获得的推力是由于地面土壤被履刺推动、剪切而产生。最大土壤推力 $F_{X\max}$ 决定于最大切应力 $\tau_{\max}$ 与接地面积 A,即

$$F_{X\max} = A\tau_{\max} = A(c + \sigma\tan\varphi) = Ac + W\tan\varphi \tag{7-21}$$

式中,W 为垂直负荷;c、φ 分别为土壤的粘聚系数及摩擦角。

在纯摩擦性土壤(如干沙)中,$c=0$,这时车辆的最大土壤推力决定于车重,车越重则土壤推力越大,而履带的尺寸对土壤推力无影响;当摩擦角约 $35°$ 时,最大土壤推力约为车重的 70%。在粘性土壤(如饱和粘土)中,$\varphi=0$,这时最大土壤推力决定于履带接地面积,车重的影响甚微,而履带的尺寸是决定性的。

为研究整个工作范围内土壤推力随滑转的变化情况,先要弄清楚滑转与履带接地面上各处剪切变形的关系。

一般用滑转率 s_r 来表明滑转的程度,滑转率为

$$s_r = \frac{u_t - u_a}{u_t} = \frac{u_s}{u_t} \tag{7-22}$$

式中,u_a 为车辆的实际速度;u_t 为车辆的理论速度,$u_t = r\omega$,r 为履带驱动轮节圆半径,ω 为驱动轮角速度;u_s 为履带相对地面的滑动速度,其方向与车辆行驶方向相反。

显然,对应于履带接地面沿长度方向上的各点,其土壤剪切变形等于滑动速度 u_s 与该点接地时间 t 的乘积,即

$$j = u_s t \tag{7-23}$$

设 x 为履带接地面上某点至履带接地面前端的距离，则 $t = x/u_t$，故

$$j = \frac{u_s x}{u_t} = s_r x \tag{7-24}$$

式(7-24)表明，履带下土壤剪切变形由前端向后线性地增加，且正比于滑转率，见图7-11。

由于切应力是剪切变形的函数，故履带接地长度各点的切应力即可确定。图7-12为在某特定土壤上履带下面的切应力分布图。单位履带宽的土壤推力显然等于切应力曲线下包含的面积。代表切应力与剪切变形的关系，则一条履带的土壤推力为

$$F_X = b \int_0^l \tau dx = b \int_0^l (c + \sigma \tan\varphi)[1 - \exp(-j/K)]dx \tag{7-25}$$

式中，b 为履带宽度。

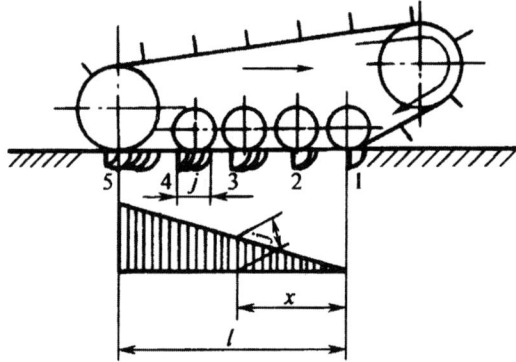

图 7-11 履带接地长度上各点土壤的剪切变形

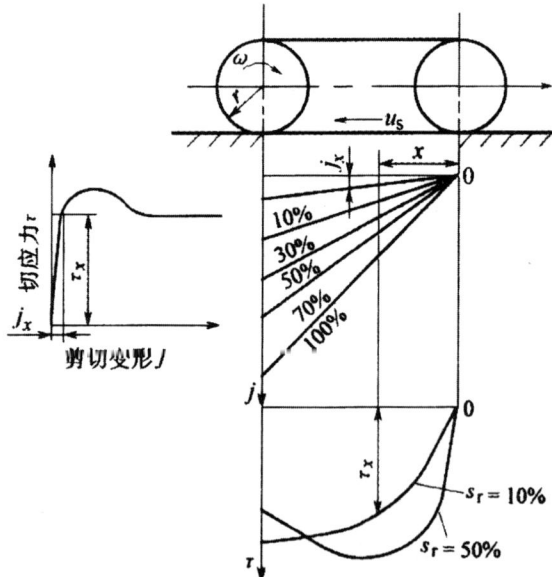

图 7-12 履带下切应力的分布

式(7-25)表明,土壤推力还决定于接触长度中的法向压力 σ。若设履带给地面的法向压力是均匀分布的,则 $\sigma=\dfrac{W}{bl}$,此时土壤推力为

$$F_{X} = b\int_{0}^{l}\Big(c+\frac{W}{bl}\tan\varphi\Big)\big[1-\exp(-s_{r}x/K)\big]\mathrm{d}x$$

$$= (Ac+W\tan\varphi)\Big\{1-\frac{k}{s_{r}l}\big[1-\exp(-s_{r}l/K)\big]\Big\} \tag{7-26}$$

式(7-26)给出了土壤推力与车辆设计参数、土壤物理参数及滑转率的关系。当 $s_{r}=100\%$ 时,计算得到的土壤推力数值与用式(7-21)求得的数值实际上是一样的。式(7-26)也表明了接地长度的重要作用。当两辆履带车具有同样的接地面积与垂直负荷且在同一地面上工作时,长而窄的履带比短而宽的履带的滑转率要小。这有利于提高车辆的通过性,但履带过长会增加转向困难。还要指出,σ 并非均匀分布,这对 F_{X} 会有一定影响。

2. 驱动轮的土壤推力与滑转率

驱动车轮的运动情况比履带复杂,一般常采用履带的土壤推力公式来估算。对刚性车轮而言,可作如下分析。

轮缘上一点的滑动速度 M,即该点绝对速度的切向分量(图 7-13),是该点中心角 θ 和滑转率 s_{r} 的函数

$$u_{s}=r\omega[1-(1-s_{r})\cos\theta] \tag{7-27}$$

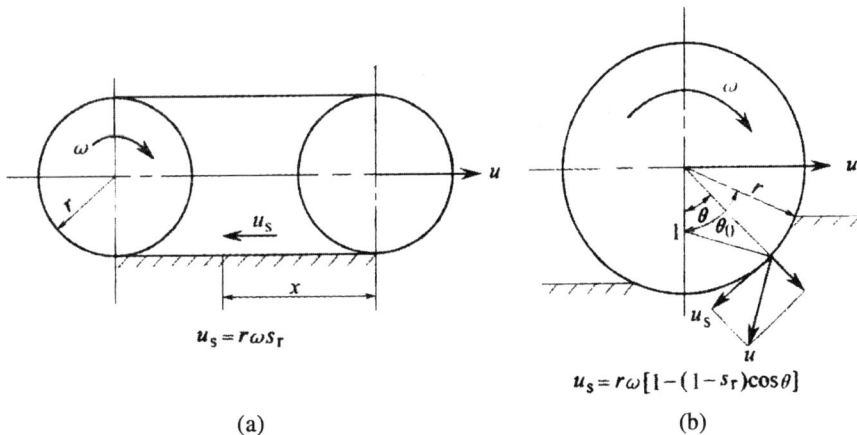

图 7-13　刚性车轮轮缘上土壤剪切变形的产生与履带接地面上剪切变形的比较

土壤与轮缘接触面处的剪切变形为

$$j = \int_{0}^{t}u_{s}\mathrm{d}t = \int_{0}^{\theta_{0}}r[1-(1-s_{r})\cos\theta]\mathrm{d}\theta$$

$$= r[(\theta_{0}-\theta)-(1-s_{r})(\sin\theta_{0}-\sin\theta)] \tag{7-28}$$

式中,θ_{0} 为轮缘与土壤接触面所包含的角度。则切应力分布为

$$\tau(\theta)=[c+\sigma(\theta)\tan\varphi][1-\exp(-j/K)]$$

$$= [c+\sigma(\theta)\tan\varphi]\Big\{1-\exp\big[-\frac{r}{K}((\theta_{0}-\theta)-(1-s_{r})(\sin\theta_{0}-\sin\theta))\big]\Big\} \tag{7-29}$$

对整个车轮与土壤接触面上切应力的水平分量积分,即得土壤推力

$$F_X = \int_0^{\theta_0} br\tau(\theta)\cos\theta d\theta \qquad (7\text{-}30)$$

四、牵引力通过性计算

假设轮胎与土壤接触界面为一段平面加一段圆弧面,不考虑轮胎的弹滞损耗阻力及推土阻力,则弹性驱动轮在松软地面上的受力分析如图 7-14 所示,根据受力平衡有

$$W = rb\int_{\theta_2}^{\theta_1}(p_1\cos\theta + \tau_1\sin\theta)d\theta + 2rbp_2\sin\theta_2 \qquad (7\text{-}31)$$

$$\begin{aligned}
F_d &= rb\int_{\theta_2}^{\theta_1}(\tau_1\cos\theta - p_1\sin\theta)d\theta + b\int_0^l \tau_2 dx \\
&= rb\int_{\theta_2}^{\theta_1}(\tau_1\cos\theta - p_1\sin\theta)d\theta + rb\cos\theta_2\int_{-\theta_2}^{\theta_1}\tau_2(1+\tan^2\theta)d\theta
\end{aligned} \qquad (7\text{-}32)$$

$$\begin{aligned}
F_w &= r^2 b\int_{\theta_2}^{\theta_1}\tau_1 d\theta + rb\cos\theta_2\int_{-\theta_2}^{\theta_1}\tau_2 d\theta \\
&= r^2 b\int_{\theta_2}^{\theta_1}\tau_1 d\theta + r^2 b\cos^2\theta_2\int_{-\theta_2}^{\theta_1}\tau_2(1+\tan^2\theta)d\theta
\end{aligned} \qquad (7\text{-}33)$$

式中,p_1、τ_1 为接地圆弧面上的法向及切向应力;p_2、τ_2 为接地平面上的法向及切向应力;θ_1、θ_2 为轮胎接地角度(图 7-14);l 为接地平面部分长度,$l = 2r\sin\theta_2$;b 为轮胎宽度。

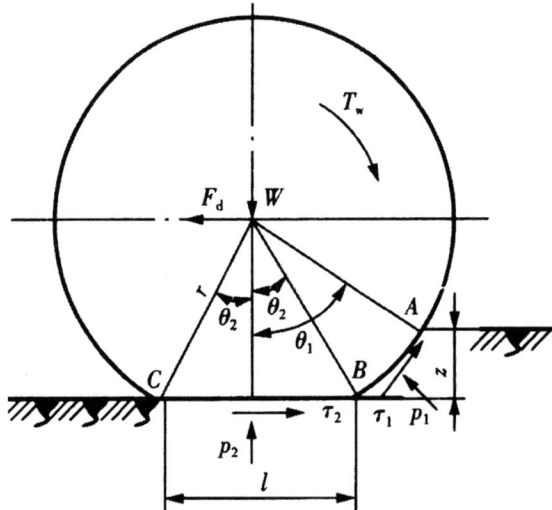

图 7-14 驱动力受力分析

接地圆弧面上各点处的沉陷为

$$z = r(\cos\theta - \cos\theta_1) \qquad (7\text{-}34)$$

将一块表示充气轮胎或履带接地面积的平板用均匀负荷压入地面土壤,静止沉陷量 z 和单位压力 p 之间的关系如下:

$$\begin{cases} p = kz^n = \left(\dfrac{k_c}{b} + k_\varphi\right)z^n \\[2mm] k = \dfrac{k_c}{b} + k_\varphi \end{cases} \qquad (7\text{-}35)$$

式中，k_c 为土壤的"粘聚"变形模数；k_φ 为土壤的"摩擦"变形模数；b 为承载面积的短边长；z 为土壤沉陷量；n 为沉陷指数。

将式(7-11)代入式(7-12)，即可得到圆弧面上各点的法向应力

$$p_1 = (k_c/b + k_\varphi) r^n (\cos\theta - \cos\theta_1)\tag{7-36}$$

而 p_2 为轮胎的接地压力，即

$$p_2 = p_g = p_c + \alpha p_i\tag{7-37}$$

式中，p_g 为接地轮胎压力；p_c 为胎壁产生的接地压力；p_i 为轮胎充气压力；α 为经验系数。

在 B 点处，$p_1 = p_2$，因此可得到 θ_1 和 θ_2 之间的关系为

$$\cos\theta_2 = \cos\theta_1 - \frac{(p_g/k)^{\frac{1}{n}}}{r}\tag{7-38}$$

由切应力和变形的关系知

$$\tau_1 = (c + p_1 \tan\varphi)[1 - \exp(-j_1/K)]\tag{7-39}$$

$$\tau_2 = (c + p_2 \tan\varphi)[1 - \exp(-j_2/K)]\tag{7-40}$$

对车轮进行运动分析可知

$$j_1(\theta) = r[(\theta_1 - \theta) - (1 - s_r)(\sin\theta_1 - \sin\theta)]\tag{7-41}$$

$$\begin{aligned}j_2(\theta) &= j_1(\theta) + s_r x\\ &= r[(\theta_1 - \theta) - (1 - s_r)(\sin\theta_1 - \sin\theta)] + s_r r\cos\theta_2(\tan\theta_2 - \tan\theta_1)\end{aligned}\tag{7-42}$$

由式(7-32)、式(7-35)~式(7-42)，通过计算机程序可迭代求解出 θ_1 和 θ_2，代入式(7-33)、式(7-34)，即可求出 F_d、F_w。即可算出牵引系数 TC 及牵引效率 TE。

第三节　汽车越过台阶、壕沟的能力

越野行驶中的汽车常常要低速克服台阶、壕沟等障碍，故可用解静力学平衡方程来求得障碍物与汽车参数间的关系。

图 7-15 是后轮驱动的四轮汽车越过硬地面上的台阶时的受力情况。由该图可知，前轮（从动轮）碰到台阶时有下列平衡方程式

$$\begin{cases}F_1\cos\alpha + fF_1\sin\alpha - \varphi F_2 = 0\\ F_1\sin\alpha + F_2 - fF_1\cos\alpha - G = 0\\ fF_1 D/2 + F_2 L - Ga - \varphi F_2 D/2 = 0\end{cases}$$

式中，G 为汽车总重力；F_1 为台阶作用于前（从动）轮的反作用力；F_2 为后轴负荷；φ 为附着系数；f 为滚动阻力系数。

将上列方程中的 G、F_1、F_2 消去，可得如下无因次方程式

$$\left(\frac{\varphi + f}{\varphi}\frac{a}{L} - \frac{f}{\varphi} + \frac{fD}{2L}\right)\sin\varphi - \left(\frac{1}{\varphi} - \frac{1 - f\varphi}{\varphi}\frac{a}{L} - \frac{D}{2L}\right)\cos\alpha = \frac{fD}{2L}$$

由图 7-15 中的几何关系可知

$$\sin\alpha = \frac{0.5D - h_w}{0.5D} = 1 - 2\frac{h_w}{D}$$

代入上式并设硬路面上的 $f \approx 0$，则上式成为

$$\left(\frac{h_\mathrm{w}}{D}\right)_1=\frac{1}{2}\left\{1-\left[1+\left(\frac{\varphi a/L}{1-a/L-\varphi D/2L}\right)^2\right]^{-\frac{1}{2}}\right\} \qquad (7-43)$$

式中,$(h_\mathrm{w}/D)_1$ 为前轮单位车轮直径可克服的台阶高,它表示了汽车前轮越过台阶的能力。

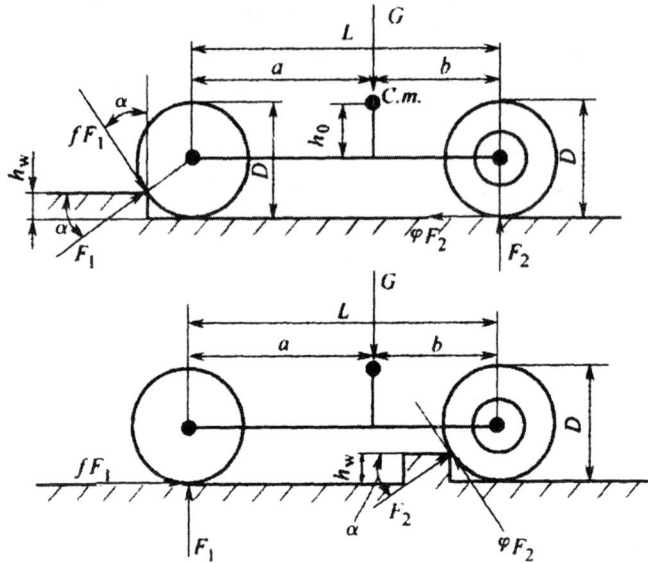

图 7-15　4×2 汽车通过台阶时的情况

由式(7-43)可知,L/D 越小及 a/L 越大,$(h_\mathrm{w}/D)_1$ 就越大,即汽车的前轮也越容易越过较高的台阶。

当后轮(驱动轮)碰到台阶时,其平衡方程式为

$$\begin{cases} fF_1+F_2\cos\alpha-\varphi F_2\sin\alpha=0 \\ F_1+F_2\sin\varphi+\varphi F_2\cos\alpha-G=0 \\ \varphi F_2D/2+F_1L-Gb-\varphi F_1D/2=0 \end{cases}$$

式中,F_1 为前轴负荷;F_2 为台阶作用于后(驱动)轮的反作用力。

将 $\sin\varphi=1-2h_\mathrm{w}/D$ 及 $f=0$ 代入上式,可解得

$$\left(\frac{h_\mathrm{w}}{D}\right)_2=\frac{1}{2}\left(1-\frac{1}{\sqrt{1+\varphi^2}}\right) \qquad (7-44)$$

式中,$(h_\mathrm{w}/D)_2$ 为后驱动轮单位车轮直径可克服的台阶高,它表示了汽车后轮越过台阶的能力。

由式(7-44)可见,后轮越过台阶的能力与汽车参数无关,且由于通常 $a>b$,比较式(7-43)、式(7-44)可知,后轮是限制汽车越过台阶的因素。式(7-44)计算所得的曲线示于图 7-16 下部。

图 7-17 是 4×4 汽车在硬路面上越过台阶时的受力情况。按上述同样的方法,当前轮与台阶相碰时,有

$$\left(\frac{1}{\varphi}-\frac{1+\varphi^2}{\varphi}\frac{a}{L}-\frac{D}{2L}\right)\cos\alpha-\left(1-\frac{\varphi D}{2L}\right)\sin\alpha-\frac{\varphi D}{2L}=0$$

同样以 $\sin\alpha=h_\mathrm{w}/D$ 代入,可求出 $(h_\mathrm{w}/D)_1$,经分析计算后可知,$(h_\mathrm{w}/D)_1$ 是随 L/D 的增加而

降低的;另外,增加 a/L 的比值时,可以使 4×4 汽车前轮越过台阶的能力显著提高,甚至可使车轮爬上高度大于其半径的台阶。

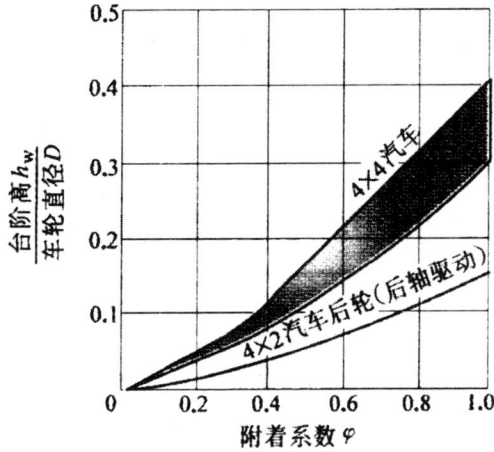

图 7-16 汽车越障能力与附着系数的关系

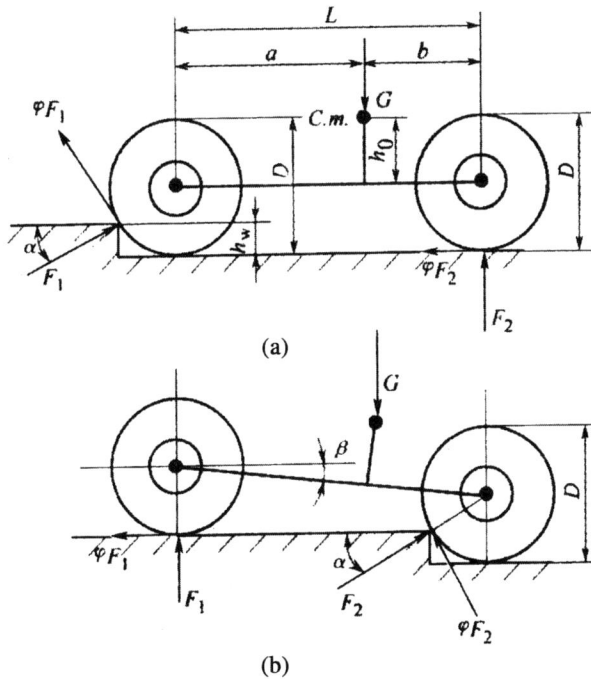

图 7-17 4×4 汽车在通过台阶时的受力图

当后轮碰到台阶时(图 7-17b)有

$$\left(\cos\beta - \varphi\sin\beta + \frac{\varphi D}{2L}\right)\sin\varphi - \frac{\varphi D}{2L} -$$

$$\left[\left(\frac{1+\varphi^2}{\varphi}\frac{a}{L} - \varphi\right)\cos\beta + \left(\frac{1+\varphi^2}{\varphi}\frac{h_0}{L} - 1\right)\sin\beta + \frac{D}{2L}\right]\cos\alpha = 0$$

对上式的分析可知,a/L 比值的影响正好与 4×4 汽车前轮越过台阶的情况相反。较大的

L/D 比值时,不论汽车的总质量如何在轴间分配,总会改善后轮的越障能力。

由图 7-16 可知,4×2 汽车的越障能力要比 4×4 汽车差得多。4×4 汽车的越障能力与 a/L 的比值有关,有关的数据均已包含在曲线的阴影区内。该区域的上、下限决定于被试汽车的几何参数。当 $\varphi=0.7$ 时,根据 a/L 的参数不同,4×4 汽车的 $h_w/D=0.18\sim0.26$,但是后轮驱动的 4×2 汽车的越障能力比 4×4 汽车降低一半。

汽车越过壕沟的情形如图 7-18 所示,可以看出,它与越过台阶时情况相似,因此汽车跨越壕沟的性能也和越过台阶的情况一样。可以用同样方法解汽车越过壕沟的问题,沟宽 l_d 与车轮直径之比值与上面求得的 h_w/D 值只有一个换算系数的差别,它们之间的关系为

$$\frac{l_d}{D}=2\sqrt{\frac{h_w}{D}-\left(\frac{h_w}{D}\right)^2} \tag{7-45}$$

因此,只要知道车轮越过垂直障碍的能力 l_d/D,即可由式(7-45)求得越过壕沟的宽度与车轮直径的比值 l_d/D,从而求得越过壕沟的宽度。

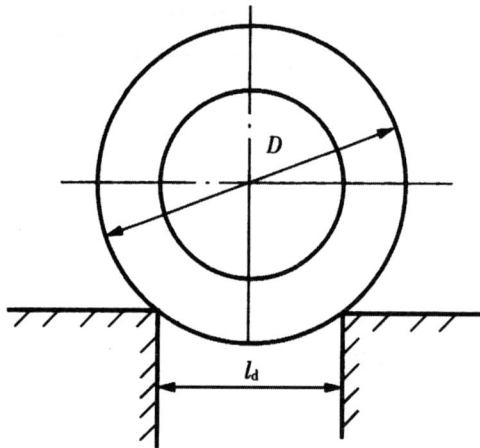

图 7-18 汽车越过壕沟示意图

如上所述,对 4×4 汽车,就 L/D 与 a/L 比值的变化而言,前、后轮在越障能力方面有不同的反映。设计时应折中考虑这两方面。这可通过将前、后轮对不同 a/L 值绘制 $h_w/D=F(\varphi)$ 曲线,找出它们的理想交点来求得。初步设计时,若结果不够理想,可适当地改变 a/L 值,以得出较好的性能。

第四节 提高通过性的措施

一、影响汽车通过性的因素

(一)汽车结构

为了保证汽车的通过性,除了要减小行驶阻力外,还必须提高汽车的驱动力和附着力,可采用副变速器或分动器、液力传动、高摩擦式差速器和驱动防滑系统等来实现。

1. 副变速器和分动器

如前面所述,降低行驶车速,可以提高附着系数。用低速去克服困难地段,可以改善通过性。在高通过性汽车的传动系中增设副变速器或使分动器具有低挡以增加传动系总传动比,使汽车能在极低的速度下稳定行驶,以获得足够大的驱动力。

2. 液力传动

当汽车装有液力耦合器或液力变矩器时,可以长时间稳定地以低速(0.5～1km/h)行驶,能保证汽车起步时驱动轮转矩逐渐增长,防止土壤破坏和车轮滑转,从而改善汽车的通过性。

装有普通机械传动系的汽车,在松软地面行驶时常因换挡而失去通过性,这是因为换挡时需分离离合器,使功率传递中断,而在坏路上行驶速度一般较低,汽车惯性不足以克服较大的行驶阻力,故常导致停车。采用液力传动则能避免这种现象。

3. 差速器

为了保证汽车各驱动轮能以不同角速度旋转。在传动系中常装有差速器。但采用普通锥齿轮差速器时,由于差速器的内摩擦力矩很小,可以忽略不计,故差速器左右半轴的转矩近似相等。当一侧驱动轮与路面的附着较差(例如陷入泥泞或在冰面上)产生滑转时,另一侧驱动轮只能产生与滑转车轮近似相等的驱动力,使总的驱动力受限于较小的附着力,致使汽车因驱动力过小而失去通过性。

越野汽车常采用高摩擦式差速器(或称防滑式差速器),由于差速器的内摩擦力矩较大,转矩并非平均分配到各驱动轮上。当一侧驱动轮由于附着不足而开始滑转时,则传给它的转矩受附着力矩限制,而另一侧驱动轮转矩增加,使总的驱动力增加,从而提高了汽车的通过性。

某些越野汽车装有差速锁,必要时将差速器锁住,可充分利用两侧驱动轮与地面间的附着力,使总的驱动力增加,提高通过性。但汽车在良好路面上行驶时,不应该使用差速锁。这是因为由于差速器失去作用会使转向困难和引起功率循环,导致半轴过载、轮胎磨损加剧及汽车的燃油经济性显著变坏。

4. 驱动防滑系统(ASR)

汽车在泥泞路段或冰雪路面行驶时,因路面的附着系数较小,常出现驱动轮滑转(或空转)的现象。另外,汽车在起步、加速过程中以及汽车在非对称路面(不同附着系数的路面)上行驶或转弯时也容易产生驱动轮滑转的现象。当驱动轮滑转时,产生的驱动力很小,且抵抗侧向力的能力下降,当遇有侧向风或横向斜坡时,极易使汽车发生侧滑。

目前,随着汽车电子技术的发展,汽车驱动防滑系统(ASR)在现代汽车上得到应用。汽车驱动防滑系统(ASR)是制动防抱系统(ABS)的延伸。ABS防止制动过程中的车轮抱死,保持汽车制动过程中的方向稳定性和操纵性。ASR也防止行驶过程中的车轮打滑(空转),保持汽车行驶过程中的方向稳定性和操纵性。因此,ASR是保证驱动-附着条件,维持最佳驱动力,保障汽车的驱动稳定性的装置。现代汽车的ASR系统中,电子控制装置设有与ASR的电子控制装置交换信号的接口电路,为ASR系统的应用提供了便利条件。ASR系统也可独立装车使用,不受 ABS 系统的限制。

如图 7-19 所示为 ASR 系统示意图。

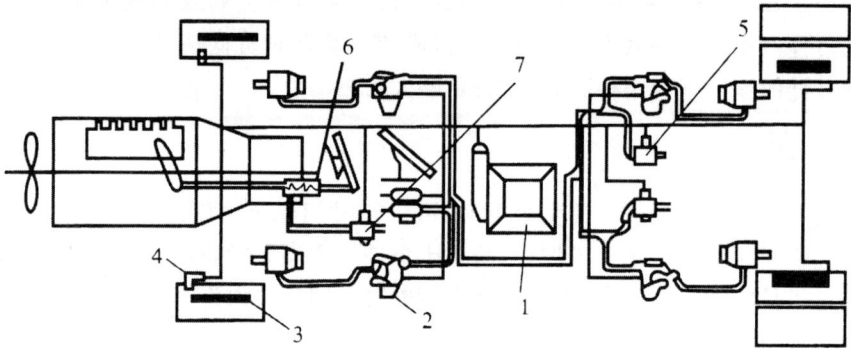

图 7-19　ASR 系统示意图

1—电子计算机;2—制动压力调节器;3—车轮速度传感器脉冲盘;

4—车轮速度传感器;5—差速制动阀;6—发动机控制缸;7—发动机控制阀

ASR 系统的控制方式有以下三种:①对将要空转的驱动轮施加制动力的驱动轮制动控制方式;②调整发动机输出转矩,使车轮滑动率保持在最佳范围内的发动机转矩控制方式;③上述两者的综合。

(二)车轮

轮胎的气压、花纹和尺寸等结构参数对汽车在松软地面上的通过性有很大的影响。

1. 轮胎气压

在松软地面上行驶时,降低轮胎气压,可以增加轮胎与地面的接触面积,降低地面上单位面积压力,使轮辙深度减小,滚动阻力减少;另外,降低轮胎气压,增加接地面积-胎面凸起嵌入土壤的部分也增多,因而附着系数增加。

2. 轮胎花纹

轮胎花纹可分成三类:通用花纹、越野花纹及混合花纹。

通用花纹有纵向肋,花纹细而浅,适用于较好路面,有较好的附着性和较小的滚动阻力。轿车、货车均可选用此种花纹的轮胎。

越野花纹宽而深,在松软地面可增加土壤的剪切面积,提高附着系数。在潮湿的硬路面上行驶时,花纹凸起部分与地面接触产生较高的压强,以保持足够的附着系数。

混合花纹介于通用花纹与越野花纹之间,适用于城市与乡村之间路面上行驶的汽车使用。

通用花纹轮胎自动脱泥性很差,当轮胎打滑时,泥土陷入槽中不能脱出,使轮胎胎面变成光滑的表面,使附着系数降低,通过性变坏。越野花纹脱泥性较好,混合花纹轮胎的脱泥性介于通用花纹与越野花纹轮胎之间。

高通过性汽车采用拱形、椭圆形等特殊结构的轮胎,能从根本上改善轮胎与土壤的接触情况,提高汽车的通过性。

3. 前后轮距

当汽车在松软地面上行驶时,各车轮都需克服形成轮辙的阻力。如果前后轮距相等,并且轮胎宽度相同,则前后轮辙重合,后轮就可沿已被前轮压实的轮辙行驶,可使总的滚动阻力减小,提高汽车的通过性。

4. 前后轮的接地压强

试验表明,当前后轮距相等的汽车在松软地面上行驶时,如果前轮的接地比压比后轮小20％～30％,则汽车的滚动阻力最小。为此,设计时将载荷按此要求分配于前后轮,或者使前后轮具有不同的轮胎气压。

二、提高通过性的措施

影响汽车通过性的结构因素很多,但主要是与驱动力和结构参数有关的结构因素。

(一)合理选择汽车的结构参数

在汽车设计时,必须合理选择汽车的结构参数,如汽车的轴距、总高、总宽、车轮半径等,以保证汽车具有足够大的最小离地间隙、接近角、离去角、纵向通过角和足够小的最小转弯半径、最大通道宽度,从而提高汽车的通过性。

(二)提高最大动力因数

在结构上,可选用动力性好的发动机、适当增大传动系的传动比等措施,来提高汽车的最大动力因数,以提高汽车克服行驶阻力的能力,从而提高汽车的通过性。

(三)采用液力传动

在汽车上装用液力变矩器或液力耦合器,可以提高汽车在松软路面上的通过能力。与装用机械传动装置相比,在汽车起步时,采用液力传动可使驱动轮的转矩增加缓慢且平稳,驱动轮对路面产生的冲击减轻,可避免因土壤表层被破坏而导致附着系数下降,也可避免因土壤被破坏而导致车轮下陷,从而使附着力提高、滚动阻力减小,汽车的通过性提高。

此外,采用机械传动的汽车在坏路面上行驶时,由于车速低,惯性力小,常因换挡时动力中断而停车,重新起步又因驱动轮对路面冲击大而比较困难。而采用液力传动的汽车,不需换挡就可自动变速变扭,可在较长时间内以低速(0.5～1.0km/h)稳定行驶,避免上述问题的发生,从而使汽车的通过性提高。

(四)改进差速器结构

由于普通齿轮式差速器具有在驱动轮间平均分配转矩的特性,当某一驱动车轮陷入附着系数较小的路面(如泥泞或冰雪路面)上时,为防止该驱动轮滑转,另一侧车轮的驱动力也会受到同样小的附着力限制,因此会大大降低汽车的通过性。

当左右驱动轮不等速运转时,差速器中机件间的摩擦作用,可使左右驱动轮得到不等的转矩。设传给差速器的转矩为 M,差速器的内摩擦力矩为 M_r,当一侧驱动轮由于附着系数较小

而滑转时,另一侧位于较好路面上的驱动轮旋转较慢,得到的转矩 M_1 为

$$M_1 = \frac{M + M_r}{2}$$

可见,由于差速器的内摩擦,可使不滑转的车轮得到较大的转矩,对提高汽车的通过性是有益的。采用差速器强制锁止装置,当左右驱动轮上的附着系数相差较大时,可使附着系数较大一侧的车轮获得更大的转矩,从而提高汽车的通过性。

（五）采用驱动防滑技术

目前,在美国通用、德国宝马、日本丰田等公司的高级轿车上,装用了电脑控制的驱动防滑（ASR）系统,或称牵引控制（TC）系统。ASR 系统是继防抱死制动系统（ABS）之后应用于车轮防滑的电子控制系统,可防止汽车在起步和加速时驱动轮滑转。

ASR 系统的控制参数是滑转率,滑转率的计算公式如下:

$$s_z = \frac{V_q - V}{V_q} \times 100\%$$

式中, s_z 为驱动轮滑转率; V_q 为驱动轮轮缘速度,km/h; V 为汽车车身速度,km/h,实际应用时常以非驱动轮轮缘速度代替。

ASR 系统与 ABS 系统共用轮速传感器,控制电脑根据各轮速传感器信号计算 s_z,当 s_z 值超过某一限定值时,控制电脑向执行机构发出指令,控制车轮的滑转。ASR 系统控制驱动轮滑转主要采取两种方式:一是控制发动机输出转矩,二是对滑转车轮实施制动。

对滑转车轮实施制动的作用类似于差速锁。当一侧驱动轮上的附着系数较小时,如果该驱动轮滑转率超过限值,控制电脑就会向差速制动阀和制动压力调节器发出控制信号,对滑转车轮施加制动力,使另一侧非滑转驱动轮仍有正常的驱动力。如果两侧的驱动轮都出现滑转,但滑转率不同,ASR 系统会对两驱动轮施以不同的制动力。

发动机输出转矩控制可通过改变节气门开度、调节喷油器的喷油量或改变点火提前角等方法来实现,目前应用的 ASR 系统通常采用的是控制节气门开度和点火提前角的方式。

第五节　汽车通过性试验

一、最小转弯直径测定方法

该实验适用于前轮转向的各类汽车。需要测定以下几个指标。

（一）前外轮最小转弯直径 d_1

即汽车前轮以最大转角状态行驶时,汽车前轴离与转向中心最远的车轮胎面中心在地面上形成的轨迹圆直径。

（二）后内轮最小转弯直径 d_2

即汽车前轮以最大转角状态行驶时,汽车后轴离与转向中心最近的车轮胎面中心在地面上形成的轨迹圆直径。

（三）最远点最小转弯直径 d_3

即汽车前轮以最大转角状态行驶时，车体离转向中心最远点形成的轨迹圆直径。

（四）最近点最小转弯直径 d_4

即汽车前轮以最大转角状态行驶时，车体离转向中心最近点形成的轨迹圆直径。

（五）最大通道宽度 B

即汽车最远点最小转弯直径与最近点最小转弯直径之差的 $\dfrac{1}{2}$。

$$B = \frac{d_3 - d_4}{2}$$

如图 7-20 所示为汽车最小转弯直径的示意图，上面标注了 d_1、d_2、d_3、d_4 的具体位置。

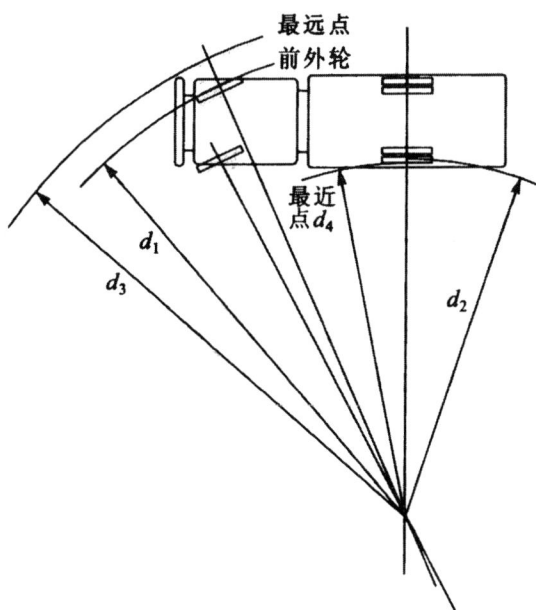

图 7-20　汽车最小转弯直径示意图

试验场地应为平坦、硬实、干燥、清洁的混凝土或沥青地面，其大小应能允许汽车作全圆周行驶。汽车应满载且装载均匀，同时要保证全轮着地。汽车的前轮最大转角应符合该车的技术条件规定。

二、土壤参数的测定

车辆通过性计算中，经常会利用到表征土壤承压及剪切特性的有关参数（n、k_c、k_φ、c、φ、K），下面介绍这几个土壤参数的试验方法及试验数据处理方法。土壤参数的试验常用各种形式的贝氏仪。图 7-21 所示为一种传统的贝氏仪示意图。现在已设计制造了各种车载贝氏仪，但测量原理都基本相同。

在土壤承压特性试验中,记录土壤沉陷量 z 及相应的压板下的单位面积压力 p 之间的关系。

在土壤剪切特性试验中,剪切环转角及作用在其上的转矩之间的关系,通过下述方法将之转换为剪切力与剪切位移间的关系。

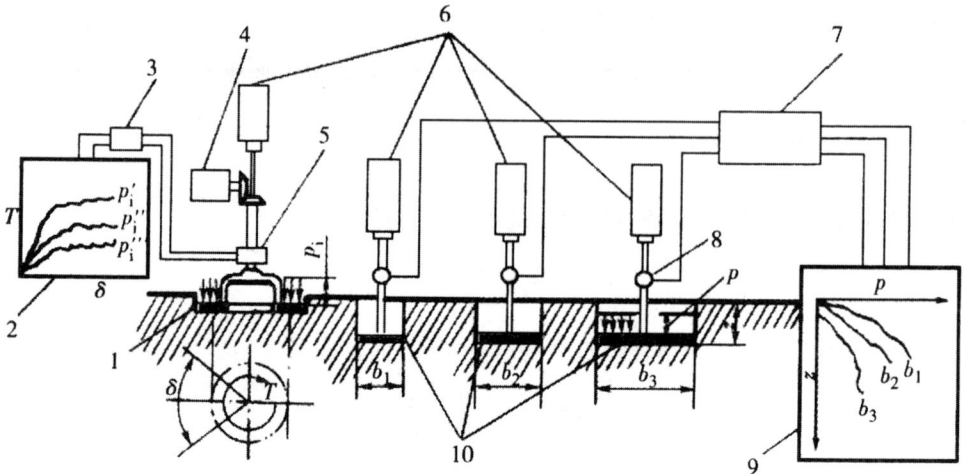

图 7-21　贝氏仪示意图

1—剪切环;2、9—记录带;3、7—放大器;4—转矩马达;

5—转矩及角运动传感器;6—加载缸筒;8—压力表;10—穿入平板

假定剪切环产生某一角位移时,底面及侧面上的平均切应力分别为 τ_b、τ_s,则

$$T = T_b + T_s = \frac{2\pi}{3}(r_o^3 - r_i^3)\tau_b + 2\pi h\xi(r_o^2 - r_i^2)\tau_s = \frac{2\pi}{3}(r_o^3 - r_i^3)\tau$$

式中,T、T_b、T_s 分别为作用在剪切环上的总转矩、底面及侧面的转矩;τ_b、τ_s 为剪切环底面及侧面上的切应力;τ 为等效切应力,$\tau = \tau_b + Qh\tau_s$;$Q = \dfrac{3(r_o^2 - r_i^2)}{r_o^3 - r_i^3}$;$r_i$、$r_o$ 为剪切环的内外径;h 为剪切齿片高;ξ 为系数,当剪切环沉陷 $z < h/2$ 时,$\xi = 1$,当 $z > h/2$ 时 $\xi = 2\sin^2(45° + \varphi/2)$。

剪切环转动时,底面上的平均剪切位移为

$$j = \frac{\pi(r_i + r_o)\theta}{360}$$

式中,θ 为剪切环转角(°)。

通过以上两个式子即可将 M 与 θ 的关系转换为 τ 与 j 之间的关系。

根据 Coulomb 定律,最大切应力随法向应力而变化

$$\tau_{max} = c + p\tan\varphi$$

式中,c 为土壤内聚力,又称为土壤的粘聚指数;φ 为土壤内摩擦角(°)。

根据不同法向应力下的最大切应力,即可得到土壤内聚力及内摩擦角。由于剪切环侧面存在剪切作用,此时求得的内聚力及摩擦角为"表观"内聚力及内摩擦角,它们与土壤的"真实"内聚力及内摩擦角存在如下关系

$$\begin{cases} c = c_e/(1 + Q\xi) \\ \varphi = \varphi_e \end{cases}$$

式中,c_e、φ_e 为"表观"内聚力及内摩擦角。

三、实例

例题 如何确定汽车接近角、离去角和纵向通过角？

解析：

1. 简单方法

如图 7-22 所示，通过测量 H 和 L，则有

$$\alpha = \arctan \frac{H_1}{L_1}$$

由于

$$\theta_a = \alpha + \beta$$

于是

$$\theta_a = \arctan \frac{H_1}{L_1} + \beta$$

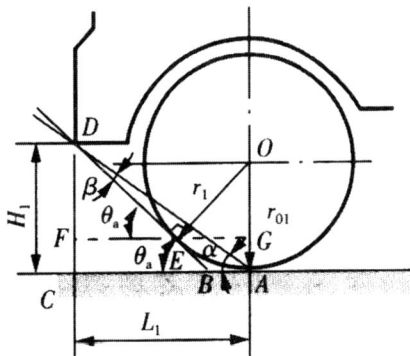

图 7-22　汽车接近角的计算

采用类似的方法，也可以确定离去角 θ_d 和纵向通过角 θ_r。

2. 准确方法

如图 7-22 所示，在四边形 $OABE$ 中作 AB 的平行线 FG。在三角形 DEF 中，有

$$\tan \theta_a = \frac{DF}{EF}$$

而

$$DF = H_1 - (r_{01} - OG) = H_1 - r_{01} + r_1 \cos \theta_a$$

$$EF = L_1 - EG = L_1 - r_1 \sin \theta_a$$

所以

$$\tan \theta_a = \frac{H_1 - r_{01} + r_1 \cos \theta_a}{L_1 - r_1 \sin \theta_a}$$

整理得

$$L_1 \sin \theta_a - (H_1 - r_{01}) \cos \theta_a = r_1$$

令

$$m = \tan \frac{\theta_a}{2}$$

则有

$$\sin\theta_a = \frac{2m}{1+m^2}, \cos\theta_a = \frac{1-m^2}{1+m^2}$$

设

$$b = H_1 - r_{01}$$

于是，可有

$$\frac{2L_1 m}{1+m^2} - b \frac{1-m^2}{1+m^2} = r_1$$

即

$$(b-r_1)m^2 + 2L_1 m - b - r_1 = 0$$

解得

$$m = \frac{-L_1 + \sqrt{L_1^2 + b^2 - r_1^2}}{b - r_1}$$

因此

$$\theta_a = 2\arctan \frac{-L_1 + \sqrt{L_1^2 + (H_1 - r_{02})^2 - r_1^2}}{H_1 - r_{01} - r_1}$$

同理，可以得出确定 θ_d 及 θ_r 的公式，即

$$\theta_d = 2\arctan \frac{-L_2 + \sqrt{L_2^2 + (H_2 - r_{02})^2 - r_2^2}}{H_2 - r_{02} - r_2}$$

$$\theta_r = 2\left[\begin{array}{l} \arctan \dfrac{-L_3 + \sqrt{L_3^2 + (H3 - r_{03})^2 - r_1^2}}{H_3 - r_{01} - r_1} + \\ \arctan \dfrac{-L_4 + \sqrt{L_4^2 + (H_3 - r_{02})^2 - r_2^2}}{H_3 - r_{02} - r_2} \end{array} \right]$$

式中，r_{01}、r_{02} 为前、后轮胎静力半径；r_1、r_2 为前、后轮胎自然半径；H_1 为接近角测量点到地面的距离；H_2 为离去角到测量点的距离；H_3 为纵向通过角测量点到地面的距离；L_1 为接近角测量点到前轴的水平距离；L_2 为离去角测量点到前轴的水平距离；L_3、L_4 分别为纵向通过角测量点到前、后轴的水平距离。

如图 7-23 所示，只要测出 r_i、H_j、L_j $(i=1,2; j=1,2,3,4)$ 之值，就可以算出接近角、离去角和纵向通过角。

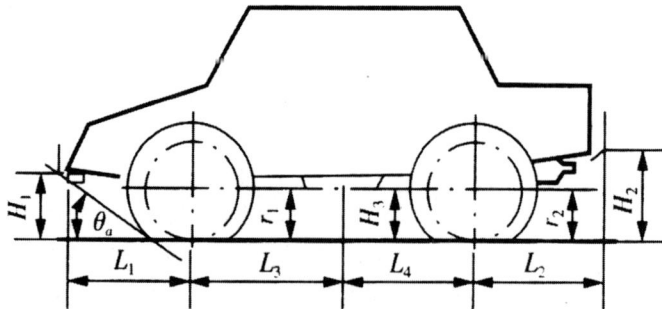

图 7-23　三个角的简化计算

第八章　新能源汽车技术概况

第一节　新能源汽车的定义及分类

一、新能源汽车的定义

2009 年 6 月 17 日,工业与信息化部(工产业〔2009〕第 44 号)公告发布了《新能源汽车生产企业及产品准入管理规则》,对新能源汽车作如下定义。

新能源汽车是指利用非常规的燃料作为动力来源或者是使用常规的车用燃料加上新型的车载动力装置的技术,形成的具有新技术、新结构的汽车。

二、新能源汽车的分类

根据以上定义,新能源汽车应该具有三个特征。第一个特征是技术原理必须先进,具有新技术、新结构的汽车;第二个特征是综合了车辆的动力控制和驱动方面的先进技术;第三个特征是采用非常规车用燃料作为动力来源,或者使用常规的车用燃料,却采用了新型的车载动力装置。必须同时具备这三个特征才可以称为新能源汽车。

新能源汽车和清洁能源汽车不同。清洁能源是指在生产和使用过程中不产生有害物质排放的能源。清洁能源包括可再生能源(消耗后可得到恢复补充,不产生或极少产生污染物,例如海洋能、太阳能、风能、生物能、水能、地热能、氢能等)和非可再生能源(包括使用低污染的化石能源如天然气等和利用清洁能源技术处理过的化石能源,如洁净煤、洁净油等)。因此,采用清洁能源作为动力源的汽车不一定就是新能源汽车。

(一)纯电动汽车

纯电动汽车是指以车载电源为动力,用电机驱动车轮行驶,符合道路交通、安全法规各项要求的车辆。

由于电力可以从多种一次能源获得,不必担心能源的日见枯竭,因此纯电动汽车具有广阔的使用前景,同时纯电动汽车无污染、低噪声、高能效,正是这些优点使电动汽车的研究和应用成为汽车工业的一个"热点"。但是纯电动汽车目前没有形成经济规模导致使用成本高,难以实现商业化运营。

对于电动汽车产业化进程而言,目前最大的障碍就是基础设施建设以及价格。与混合动力相比,电动汽车更需要基础设施的配套,而这需要政府投入,相关企业合作共同建设,才有可能大规模普及推广。近年来在我国,继铅酸蓄电池类的纯电动汽车技术发展较为成熟之后,其他蓄电池也有了长足的发展。

（二）燃料电池电动汽车

燃料电池电动汽车是利用燃料电池，将燃料中的化学能直接转化为电能来进行动力驱动的新型汽车。

与混合动力汽车相比，燃料电池电动汽车完全不进行燃料的燃烧过程，而是通过电池直接将化学能转化为电能，依靠电机驱动。与纯电动汽车相比，燃料电池汽车动力源主要是燃料电池，而不是蓄电池。燃料电池的能量转换效率比内燃机要高 2～3 倍，其化学反应过程不会产生有害产物，噪声低。

燃料电池电动汽车使用的燃料包括氢、甲醇、汽油、柴油等，国际上普遍采用的是高能量密度的液态氢。

近几年，虽然国际上在燃料电池技术方面已经取得了重大进展，但在燃料电池汽车开发中仍然存在着技术性挑战，如燃料电池组的一体化、整车集成、产业化、商业化等。在我国燃料电池电动车领域的研究水平与发达国家相差无几，有关专家指出，我国完全有能力在这一领域赶超世界先进水平。

（三）氢发动机汽车

氢发动机汽车是在现有的发动机基础上加以改造，利用氢气和空气的混合燃烧产生能量从而获得动力的汽车。

氢发动机汽车除了具备无污染、低排放等优点外，还具有一些特殊的优势，如对氢的要求较低、燃烧性能高、内燃机技术成熟等。但是氢发动机汽车现在面临氢的制取和液态氢的储存这两大难题，能否有效地解决这两大难题将决定氢发动机汽车的发展前景。

第二节　新能源汽车的基本结构

新能源汽车和传统的燃油汽车相比具有组成结构灵活的显著特点，形成这一特点有以下五方面的原因。

（1）由于新能源汽车的主要能量传递可以通过电线进行，电线相对于传统的联轴器、传动轴而言是柔性的，所以用电线连接的各个部件布置的灵活性很大。

（2）不同的驱动系统要求有不同的布设结构。如独立的四轮驱动系统和轮毂电动机驱动系统，和传统的离合器、变速器、差速器构成的驱动系统具有非常大的差别。

（3）不同的驱动电动机会形成整车的重量、尺寸和形状的差异。

（4）不同的储能装置会造成整车的重量、尺寸和形状的差异，如蓄电池和燃料电池差别很大。

（5）不同的能量补充装置对整车的布局也有较大影响，如蓄电池的感应式充电和接触性充电，更换电池集中充电。

鉴于新能源汽车结构灵活的特点，在分析新能源汽车的基本结构时，不能像学习传统汽车那样分析，而采用共性加个性的分析方法。先分析新能源汽车的功能模块构成，再区别不同的电力驱动形式和不同的储能装置，分别对各种新能源汽车的结构进行分析。

一、新能源汽车的功能模块构成

图 8-1 给出了新能源汽车的功能模块结构框图。其功能结构由电子驱动子系统、主能源子系统和辅助控制子系统组成。

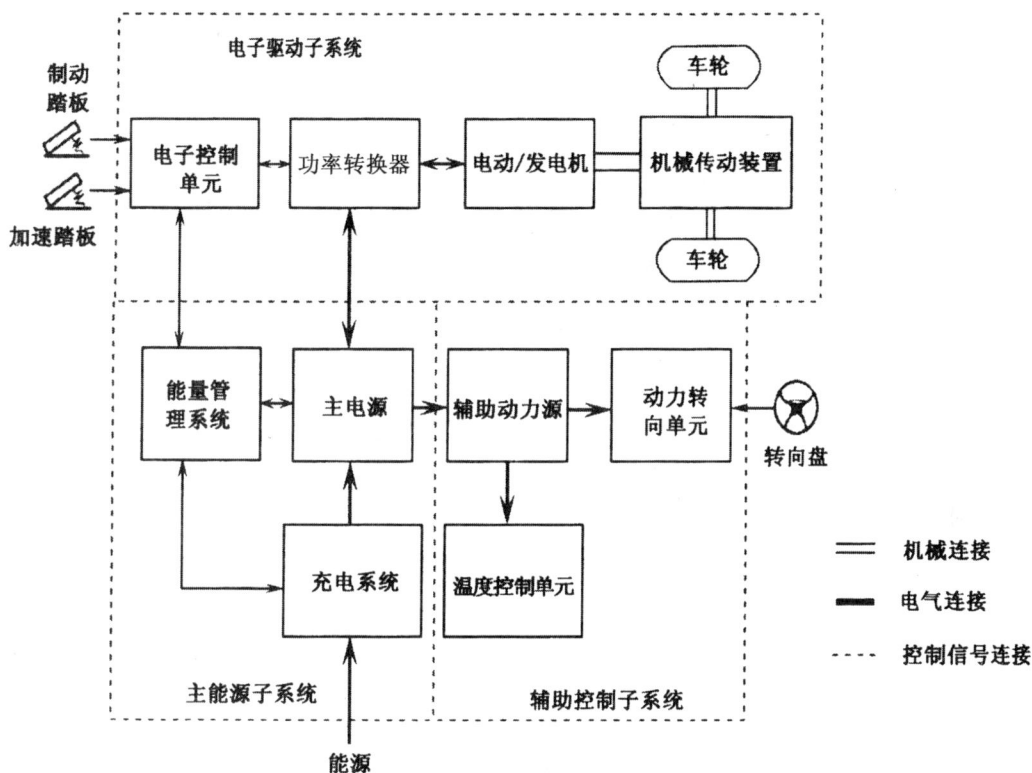

图 8-1 新能源汽车的功能模块结构框图

电子驱动子系统由电动/发电机、功率转换器、电子控制单元、机械传动装置和车轮组成,其功能是根据制动踏板和加速踏板传感器传来的驾驶员动作信息,控制功率转换器将主能源子系统提供的电能输送到电动/发电机,由电动/发电机将电能转换为机械能,通过机械传动系统将这些机械能传送给车轮,形成车辆的驱动力。

主能源子系统由主电源、充电系统和能量管理系统组成。能量管理系统负责对充电过程和用电过程进行有效管理,监测电源的使用情况。当车辆制动时,能量管理系统和电子控制单元共同控制电动/发电机转为发电机工作,将制动能量通过机械传动装置传输给电动/发电机,产生电流向主电源(通常含有蓄电池)充电。

辅助控制子系统由辅助动力源、动力转向单元和温度控制单元组成。辅助动力源将主电源提供的电压变换成车内各辅助系统所需的电源电压,为其提供能量支持,主要包括转向系统、空调系统和其他辅助装置。

二、不同电力驱动系统的结构形式

新能源汽车的电力驱动系统不同,所要求的整车的布局结构也不同,而且具有很大的差异,图 8-2 给出了 6 种不同电力驱动系统的结构形式。

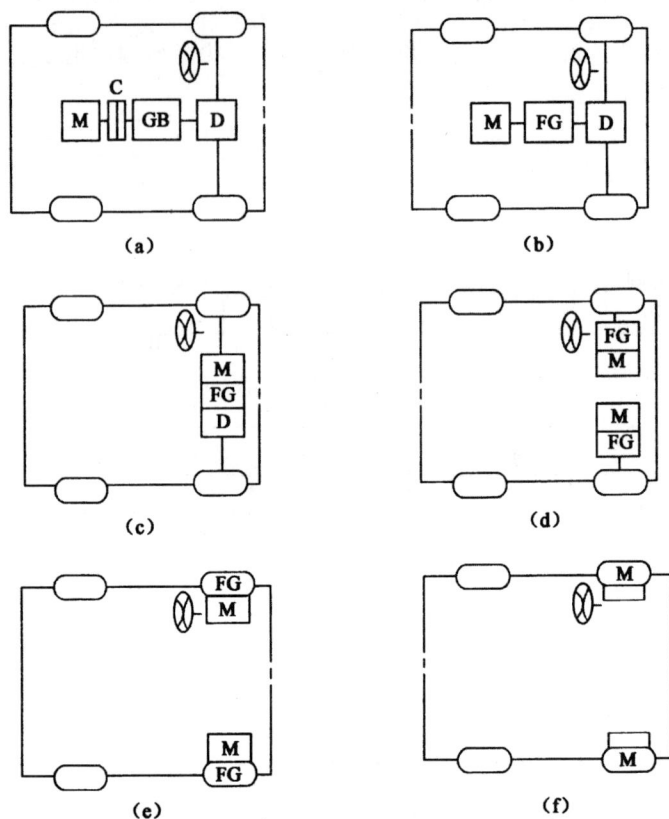

图 8-2　电力驱动系统的 6 种结构形式
C—离合器;D—差速器;FG—固定速比变速器;GB—变速器;M—驱动电动机

第一种结构形式如图 8-2(a)所示,这种形式从燃油发动机前置前轮驱动的传统汽车发展而来。这种机构就相当于只把原前置前驱车辆的发动机换为电动机即可。这种结构形式车辆的特点是需要在成熟车型上所做的改动最小。一般用于初始研发电动汽车的场合。

第二种结构形式是在第一种的基础上,去掉离合器和变速器,而在电动机和差速器之间加入一个固定速比的减速器而形成,如图 8-2(b)所示。这种结构的汽车,由于没有离合器和变速器,无法实现理想的转速/转矩特性,因此,不能适用于兼顾燃油发动机工作的混合动力新能源汽车。

第三种结构形式如图 8-2(o)所示,这种结构在小型电动汽车上使用较广。这种电力驱动机把电动机、固定速比减速器和差速器集成为一个整体,两根半轴连接驱动车轮,由此可以节省空间。

第四种结构形式如图 8-2(d)所示,是双电动机独立驱动结构。这种结构的车辆由于两个车轮的转速可以独立控制,汽车转弯时两个轮子的差速功能可以通过控制两个电动机,使其具有不同的转速而实现,所以可以省去机械差速器。这种结构的新能源汽车更方便通过程序实现对其复杂的动力学控制。

驱动电动机可以装在车轮上,称为轮毂电动机。图 8-2(e)所示的第五种结构形式就是在双侧车轮上采用轮毂电动机和行星齿轮固定速比变速器构成独立的两套驱动系统。这种新能源汽车的驱动部分在整车上所占的布设空间会大大缩小,机械的动力传动系统大大简化,而且动力控制更容易实现。

图 8-2(f)所示的结构是采用低速外转子轮毂电动机驱动的动力驱动系统。驱动电动机的外转子直接安装在两侧车轮的轮缘上,车轮转速完全取决于电动机转速的控制。这种动力驱动系统完全去除了机械传动系统,这给整车设计中减轻整车重量、实现复杂的动力控制提供了广阔的设计研究空间。

三、不同储能装置的结构形式

新能源汽车储能装置的不同,也对整车结构布局有很大的影响,图 8-3 给出了 6 种不同储能装置所构成的新能源汽车能量系统的结构形式。

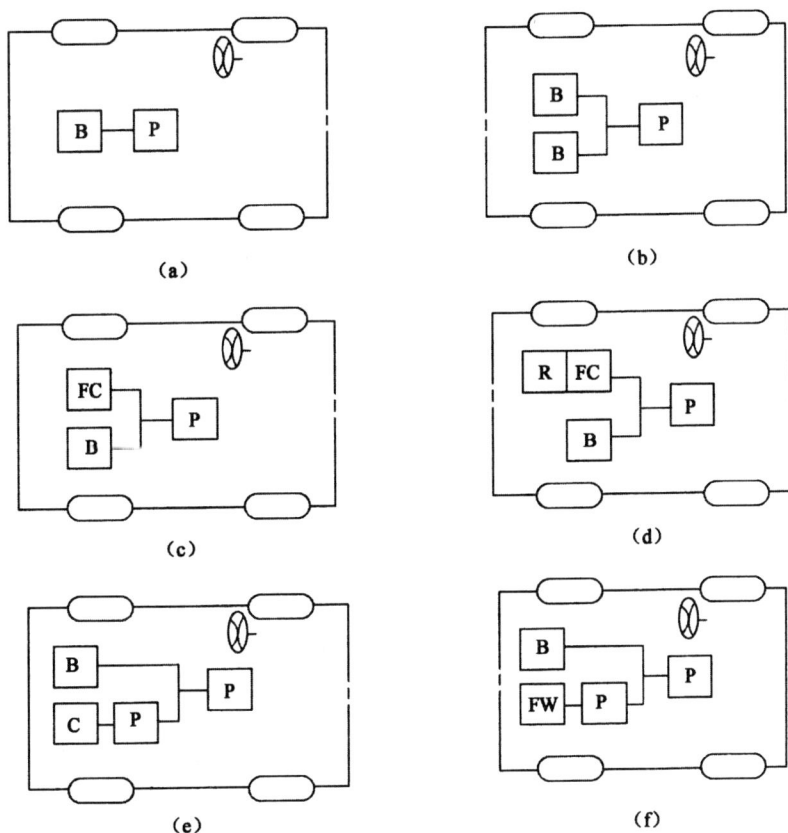

图 8-3　新能源汽车能量系统的结构形式
B—动力电池;C—超级电容;FC—燃料电池;FW—高速飞轮;P—功率变换器;R—重整器

图 8-3(a)所示为以蓄电池作为能量源的一种能量系统结构,是一种最简单的能量系统结构形式。蓄电池可以根据需要分布式地布设在汽车的四周,也可以集中布设在汽车的前部、后部,还可以集中布设在底盘下面。

图 8-3(a)所示的以蓄电池作为能量源的新能源汽车,其理想的动力蓄电池应该同时具

有足够高的比能量(蓄电池的比能量指的是单位重量的蓄电池所能存储的电能量和比功率(蓄电池的比功率是指单位重量的蓄电池所能够提供的最大功率),才可以保证整车具有较长的续驶里程和较强的加速性能及爬坡能力,但是能够同时满足高的比能量和比功率的电池很少。

通常,同一种蓄电池很难同时满足对高的比功率和高的比能量的要求。为了解决这一问题,可以在电动汽车上同时装配高的比功率性能和比能量性两种不同的蓄电池,如图 8-3(b)所示。

燃料电池是一种具有高比能量性能的储能装置。电解水可以通过消耗电能使水变成氢气和氧气,燃料电池的工作原理与之相反,是这一过程的逆过程。通过向燃料电池提供的氢气与空气中的氧气发生反应,生成水,同时产生电能。燃料电池可以提供高的比能量,但是不能回收车辆制动和下坡过程中产生的再生能量,因此,在给新能源汽车配备燃料电池的同时,再配备一套动力蓄电池,蓄电池除了可以实现能量回收的功能外,还具有高比功率的性能。这种能量系统的结构如图 8-3(c)所示。

燃料电池所需要的氢气可以采用压缩氢气、液态氢气和金属氢化物的形式存储,也可以以常温的液态燃料(如甲醇和汽油)随车产生。这种利用常温液态燃料向燃料电池提供氢气的装置称为重整器。图 8-3(d)所示为由重整器、燃料电池、蓄电池和功率变换器构成的能量系统结构。

图 8-3(e)所示为由蓄电池和超级电容构成的能量系统的结构图。由于超级电容器具有高的比功率,而且具有较高的制动能量回收效率,所以,与之配套的蓄电池必须提供高的比能量性能。同时,由于用在汽车上的超级电容工作电压相对较低,所以需要在蓄电池和超级电容器之间设置一个 DC/DC 功率变换器,完成两者之间的电压匹配。

与超级电容类似,高速飞轮是另外一种新型的具有高比功率和高效率回收制动能量特性的储能器。图 8-3(f)所示为由蓄电池和高速飞轮构成的能量系统的结构图。除了将超级电容换为高速飞轮外,这个结构图与图 8-3(e)所示相同。

6 种电力驱动系统结构与 6 种能量系统结构进行不同的组合,就基本囊括了所有新能源汽车的结构形式。每一种新能源汽车都可以在这些组合中找到与其相对应的结构形式。

第三节　新能源汽车发展的必要性

石油短缺、环境污染、气候变暖是全球汽车产业面对的共同挑战,各国政府及产业界纷纷提出各自的发展战略,积极应对,以保持其汽车产业的可持续发展,并提高未来的国际竞争力。新能源汽车已成为 21 世纪汽车工业发展的热点。

一、石油短缺

从储量上看,世界上排名前 10 名的国家和地区依次是:沙特阿拉伯,362 亿吨;加拿大,184 亿吨;伊朗,181 亿吨;伊拉克,157 亿吨;科威特,138 亿吨;阿联酋,126 亿吨;委内瑞拉,109 亿吨;俄罗斯,82 亿吨;中国,60 亿吨;利比亚,54 亿吨。

1980—2012 年世界天然气已探明储量复合年均增速为 3.05%,2012 年世界天然气已探

明储量(这里是指剩余技术可采储量)为 187 万亿立方米,产量为 33639 亿立方米,储采比高达
55.68,世界天然气资源较为丰富,图 8-4 为世界天然气探明储量及储采比,图 8-5 为世界天然
气已探明储量增速及分布结构。

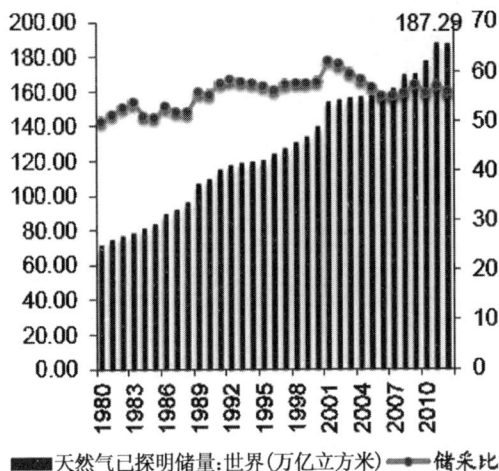

图 8-4　世界天然气探明储量及储采比

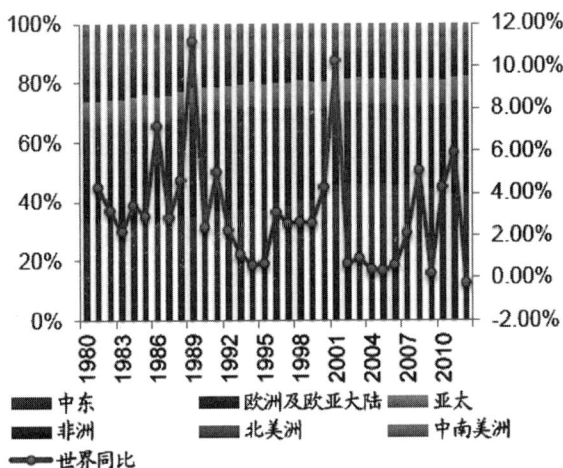

图 8-5　世界天然气探明储量增速及分布结构

我国是一个能源短缺的国家,但却是一个能源消费大国,仅次于美国。图 8-6 示出了近年
中国石油进口依存度变化情况。目前,我国人均石油消费量为世界平均水平的 60%,石油占
一次能源消费比重仅为 18%,低于世界平均水平(33%),预计未来我国石油消费仍将持续稳
定增长,处于上升通道。

图 8-7 为 1992 年至 2008 年迪拜原油现货价格走势图。2008 年石油价格已经突破 94.3
美元/桶。大力降低石油进口依存度,减轻国家经济对石油的依赖,缓解高价油带给市场的巨
大压力,使得各种替代能源的研究势在必行。图 8-8 为中国民用汽车拥有量与能源消耗总量
趋势图。

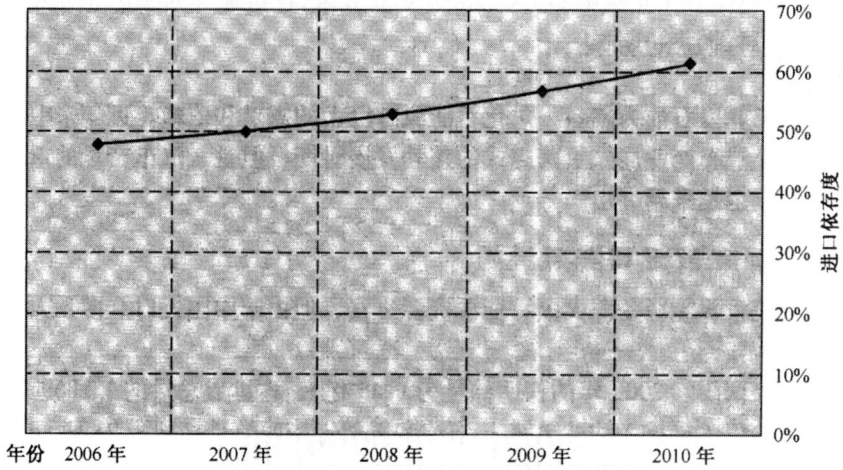

图 8-6 近年中国石油进口依存度变化

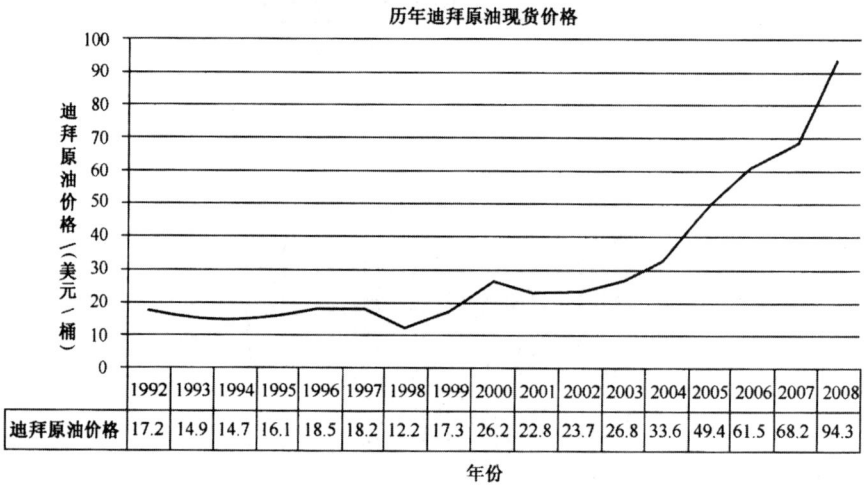

历年迪拜原油现货价格

年份	1992	1993	1994	1995	1996	1997	1998	1999	2000	2001	2002	2003	2004	2005	2006	2007	2008
迪拜原油价格	17.2	14.9	14.7	16.1	18.5	18.2	12.2	17.3	26.2	22.8	23.7	26.8	33.6	49.4	61.5	68.2	94.3

年份

图 8-7 1992 年至 2008 年迪拜原油现货价格走势图

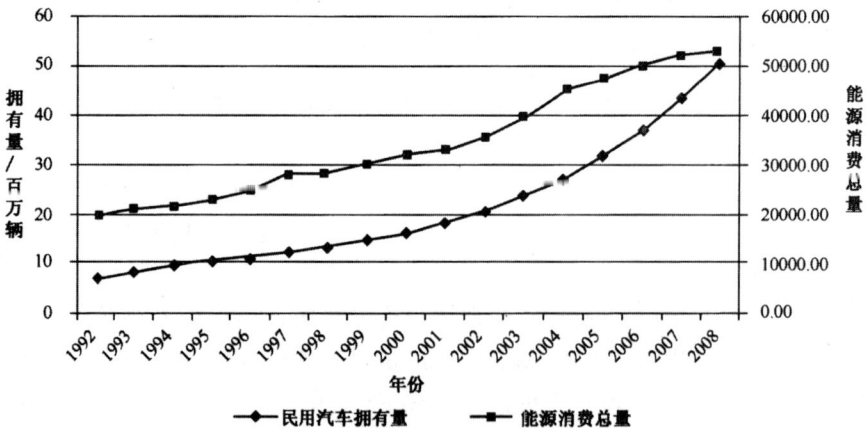

图 8-8 中国民用汽车拥有量与能源消耗总量趋势图

由于经济的发展,汽车在日常生活中越显重要,由此石油在交通领域的消费也将逐年增长。据预测,到 2020 年交通用油将占全球石油总消耗的 62％以上。我国汽车产量逐年增加。2012 年我国汽车产销双双突破 1900 万辆,再次突破记录,增速都超过了 4％,蝉联世界第一,中国成为世界第一大汽车生产国和第一新车销售市场。

我国汽车保有量增加迅速。至 2011 年 8 月底,我国汽车保有量突破 1 亿辆,居世界第二位。预计到 2020 年,全国汽车保有量将达到 2 亿辆,由此带来的能源安全问题将更加突出。

汽车消费的快速增长导致石油消耗加速增长。中国机动车燃油消耗量约占全国总油耗的 1/3 以上,这也使得中国石油对外依存度每年都在不断攀升。据统计,目前汽车用汽柴油消费占全国汽柴油消费的比例已经达到了 55％左右,每年新增石油消费量的 70％以上被新增汽车所消耗。

二、环境污染

燃油汽车在行驶过程中会产生大量的有害气体,主要污染物为一氧化碳(CO)、碳氢化合物(HC)、氮氧化物(NO_x)、铅(Pb)、细微颗粒物及硫化物等。据统计,全球大气污染 42％源于交通车辆产生的污染。其中,一些城市机动车排放的污染物对多项大气污染指标的贡献率已达到 70％以上。汽车排放二氧化碳的增多,加速全球变暖,威胁人类生存环境。图 8-9 表现了 40 年来全球及中国二氧化碳排放总量变化趋势。

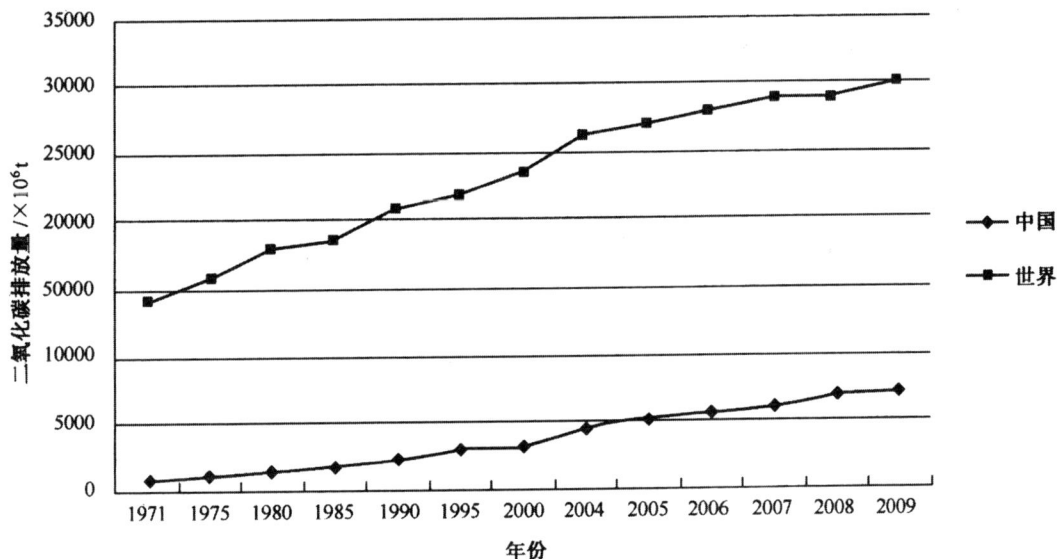

图 8-9 全球及中国二氧化碳排放总量变化趋势

由图 8-9 可见,随着汽车工业的发展,全球及中国二氧化碳排放总量逐年增加,世界碳排放问题日益突出,2009 年世界二氧化碳排放总量达到 300.6 亿吨。其中,据国际能源署 2007 年统计,全球 23％的二氧化碳来自于交通运输,可见汽车工业是影响碳排放量的一个重要因素。

如今,雾霾对于整个中国来说已经不是一件稀奇的事情。尤其在北京、天津、河北地区,PM2.5、PM10 都已经出现超标浓度水平,这些城市连续出现了空气质量重度污染和严重污染。这严重影响了人们的身心健康和日常出行,而造成雾霾形成的重要影响因素之一就是机动车排外的尾气。因此,必须研究改善城市机动车排放污染的对策和措施。

降低和控制机动车排放污染物的主要措施有:

1. 不断完善和升级汽车油耗标准和排放标准

近年来,我国汽车行业相关油耗标准和排放标准不断升级,2015 年,当年生产的乘用车平均燃料消耗量降至 6.9L/100km,节能型乘用车燃料消耗量降至 5.9L/100km 以下。预计到 2020 年,当年生产的乘用车平均燃料消耗量降至 5.0L/100km,节能型乘用车燃料消耗量降至 4.5L/100km 以下。对于排放标准,我国规定,轻型汽油车单车碳氢化合物(HC)和氮氧化物 NO_x 国Ⅳ排放限值较国Ⅰ下降 81%;重型柴油车单车碳氢化合物国Ⅳ排放限值较国Ⅰ下降 58%,氮氧化物下降 56%,颗粒物(PM)下降 94%,从而确保降低废气污染物和 PM2.5。

2. 提高燃油品质

燃油品质在很大程度上限制了机动车排放污染物的水平,推迟了汽车排放法规的实施,因此,应尽快提高我国的燃油品质。

3. 改善城市交通环境

在城市的环境保护中,即使是每一辆机动车都达到了国家规定的排放法规要求,也不能保证城市的交通污染就一定达到环保标准要求。这是由于大量机动车在一定时间、空间内的相对集中,从而造成城市的某一地区在排放污染物总量上超标。因此,从机动车管理的角度来考虑,就是要疏导交通,提高机动车运行速度,优化路网布局,合理分配车流,减少城市中心区的车流密度,改善汽车运行工况,降低机动车污染物排放。

欧洲制定了旨在限制汽车污染物排放的欧Ⅴ和欧Ⅵ标准。根据新标准,未来欧盟国家对本地生产及进口汽车的污染物排放量,特别是氮氧化物和颗粒物排放量的控制将日益严格。

欧Ⅴ标准于 2009 年 9 月 1 日开始实施。根据这一标准,柴油轿车的氮氧化物排放量不应超过 180mg/100km,比欧Ⅳ标准规定的排放量减少了 28%;颗粒物排放量则比欧Ⅳ标准规定的减少了 80%,所有柴油轿车必须配备颗粒物滤网。柴油 SUV 执行欧Ⅴ标准的时间是 2012 年 9 月。

相对于欧Ⅴ标准,将于 2014 年 9 月实施的欧Ⅵ标准更加严格。根据欧Ⅵ标准,柴油轿车的氮氧化物排放量不应超过 80mg/100km,与欧Ⅴ标准相比,欧Ⅵ标准对人体健康的益处将增加 60%～90%。

柴油面包车和 7 座以下载客车实施欧Ⅴ和欧Ⅵ标准的时间将分别比轿车晚 1 年。2010 年 9 月,面包车等实施欧Ⅴ标准,面包车的氮氧化物排放量不应超过 280mg/100km;2015 年 9 月实施欧Ⅵ标准后,新款面包车的氮氧化物排放量不应超过 125mg/100km。

三、气候变暖

能源的大量消耗产生了大量的二氧化碳,该气体是造成温室效应最主要的原因。据科学家预测,由于人类活动的影响,未来 100 年全球平均地表温度将上升 1.4℃～5.8℃,到 2050

年我国平均气温将上升 2.2℃。

越来越多的证据证明，人类活动是造成气候变暖的原因，而气候变暖又是由于大气中聚集了大量温室气体，主要是二氧化碳。据 IEA 估计，汽车二氧化碳总排放量将从 1990 年的 29 亿吨增加到 2020 年的 60 亿吨，因此对地球环境造成了巨大影响。

控制消费和节约能源是减少二氧化碳排放量的重要途径。仅在工业发达国家，人均能源的消费指数在 1～3 不等，这就表明，节约能源的余地是极大的。当然，还可以考虑保持适当的消费水平，同时用那些不会产生温室效应的替代品来取代那些会造成污染的能源。

为了减少汽车对全球气候变暖的影响，削减温室气体二氧化碳的排放，汽车应尽量采用小排量发动机和稀薄燃烧发动机，最大限度地提高能源利用效率，从而减少汽车对全球气候变暖的影响。为了减少汽车二氧化碳的排放量，汽车二氧化碳排放法规开始实施。2008 年，欧盟要求轿车二氧化碳排放达到 140g/km，对于汽油车，对应油耗 6L/100km 以下；2012 年，达到 120g/km；2020 年，达到 100g/km。

如果中国采用一系列先进技术，包括电动汽车、天然气汽车和以天然气为燃料的内燃机技术，到 2030 年，中国汽车二氧化碳的排放总量有可能降低 45%。

第九章　混合动力汽车技术

第一节　概述

随着全球汽车工业的迅猛发展、石油资源供应的日趋紧张，世界各国致力于新型环保节能汽车的开发，从而能够寻找到代用燃料，或者是使燃油的消耗量得以有效降低。因其低油耗、低排放、高性价比的优势，人们对混合动力汽车的关注度也越来越高。

混合动力汽车将存在一个较长的历史时期，并且在 21 世纪的运载车辆中占有重要的地位。

一、混合动力汽车的基本概念

所谓的混合动力汽车是指携带不同动力源，且汽车在不同的动力源使用方面可以根据其具体行驶情况来进行选择。动力传动系统体现了传统汽车与混合动力汽车的最大差别，一般动力源和能量储存系统至少要有两个，这是必须要满足的。

混合动力汽车是一种特别的车型，介于内燃机汽车和电动汽车之间，它是一种内燃机汽车向 EV 过渡型的车辆，同时也是一种"独立"型车辆。

混合动力汽车可分为两大类：液压蓄能式混合动力汽车 HHV（Hydraulic Hybird Vehicle）和混合动力电动汽车 HEV（Hybird Electric Vehicle）。

由液压驱动系统和热力发动机驱动系统共同组成了液压蓄能式混合动力汽车。

内燃机和电动机是混合动力电动汽车的动力源。目前生产的通常由电动机及内燃机发动，由一个或多个电动机推动车辆，内燃机则负责为电池充电，或者需要大量推力（如上斜坡或加速时）直接提供动力。

因此，在没有特殊说明的情况下，本书中出现的混合动力汽车均指混合动力电动汽车 HEV。

二、混合动力汽车的分类

混合动力电动汽车按 2010 年颁布的 QC/T 837—2010《混合动力电动汽车类型》标准有多种分类方式：按动力系统的结构划分有三种形式，分别为串联、并联和混联；按混合度划分有微混合、轻度混合、中度混合、重度混合四种类型；按外界充电能力划分，又有可外接充电和不可外接充电两类；按行驶模式的选择方式又可划分为有手动选择功能和无手动选择功能两种，其中行驶模式是指热机模式、纯电动模式和混合动力模式三种选择功能；按车辆用途即被划分为乘用车、客车、货车三类。

（一）按照动力系统结构形式划分

1. 串联式混合动力电动汽车 SHEV

电动机的混合动力电动汽车可以说是车辆行驶系统的驱动力的来源。

结构特点是发电机发电需要发动机的带动下才可以借助于电机控制器的输送电能，通过电机控制器输送给电动机，最终，汽车在电动机驱动下行驶的。除此之外，在驱动汽车行驶时，还可以通过动力电池单独向电动机提供电能的形式来实现。

在所有的混合动力电动汽车中，最简单的一种当属串联式，借助于发电机，发动机输出的机械能可以被转化为电能，转化后的电能有两个流向：①流向蓄电池，其实就是充电；②驱动车轮，具体需要借助电动机和传动装置来完成。和燃油车比较，它是一种发动机辅助型的电动车，主要是为了增加车辆的行驶里程。由于在发动机和发电机之间的机械连接装置中没有离合器，因而它有一定的灵活性。尽管其传动结构简单，但它需要三个驱动装置：发动机、发电机和电动机。如果串联混合型电动车设计时考虑爬长坡，为提供最大功率三个驱动装置的尺寸就会较大，如果用作短途运行如当通勤车用或只是用于购物，相应的内燃机-发电机装置应采用低功率的。

2. 并联式混合动力电动汽车 PHEV

就并联式混合动力电动汽车 PHEV 来说，是由电动机及发动机同时或单独为车辆行驶系统提供驱动力的。

结构特点是并联式驱动系统的动力可以是单独来源于发动机或电动机，也可以同时使用这二者，从而驱动汽车行驶。

3. 混联式混合动力电动汽车 CHEV

顾名思义，混联式混合动力电动汽车 CHEV 具备串联式和并联式两种混合动力系统结构。

结构特点是无论是在串联混合模式下还是在并联模式下汽车都可以正常工作，有效囊括了串联式和并联式的特点。

（二）按照混合度划分

1. 微混合型混合动力电动汽车（MICRO HYBRID ELECTRIC VEHICLE）

微混合，也称为"起-停混合"。在微混合动力系统中，内燃机的启动机/发电机（BSG 系统）的"角色"是由电机来扮演的。

一般情况下，电动机的峰值功率和发动机的额定功率比≤5%。

2. 轻度混合（弱混合）型混合动力电动汽车（MILD HYBRID ELECTRIC VEHICLE）

集成启动电机（ISG 系统）在混合动力系统中有很好的应用，车辆以发动机为主要动力来源,助动电机被安装在发动机和变速器之间。当行驶中需要更大驱动力时,它被用作电动机。当需要重新启动熄火的发动机时,它被用作为一个起动机。

一般情况下,电动机的峰值功率和发动机的额定功率比为5%～15%。

3. 中度混合型混合动力电动汽车(MODERATE HYBRID ELECTRIC VEHICLE)

以发动机和/或电动机为动力源的混合动力电动汽车。

一般情况下,电动机的峰值功率和发动机的额定功率比为15%～40%。

4. 重度混合(强混合)型混合动力电动汽车(FULL HYBRID ELECTRIC VEHICLE)

以发动机和/或电动机为动力源,且电动机可以独立驱动车辆行驶的混合动力电动汽车。它们在以纯电动模式运行时,很多时候是采用大容量电池来供给电动机的,同时为了很好地实现发动机、电动机各自动力的耦合和分离,还具有动力切换装置来满足需要。

通常来看,电动机的峰值功率和发动机的额定功率比>40%。

(三)其他划分形式

1. 按照外接充电能力划分

可外接充电型混合动力电动汽车、不可外接充电型混合动力电动汽车。

2. 按照行驶模式的选择方式划分

具备行驶模式手动选择功能的混合动力电动汽车。车辆可选择的行驶模式包括热机模式、纯电动模式和混合动力模式三种。无手动选择功能的混合动力电动汽车,车辆的行驶模式根据不同工况自动切换。

3. 按照车辆用途划分

混合动力电动乘用车、混合动力电动客车、混合动力电动货车。

第二节　混合动力汽车的结构原理

图9-1很好地展示了串联、并联及混联这三种混合动力电动汽车的结构。

一、串联式混合动力电驱动系

串联式混合动力电驱动系是一个由两个能源向单个动力机械(电动机)供电,以推进车辆的驱动系。最一般的串联式混合动力电驱动系的组成如图9-2所示。

其中,单向能源为燃油箱,而单向的能量变换器为发动机和发电机的组合。发动机的输出通过电子变流器(整流器)连接到电力总线。电力总线也连接到牵引电动机的控制器,牵引电动机将被控制为或是电动机,或是发电机,并以正向或反向运转。该电驱动系需要一个蓄电池的充电器,以通过墙插座由电网向蓄电池充电。

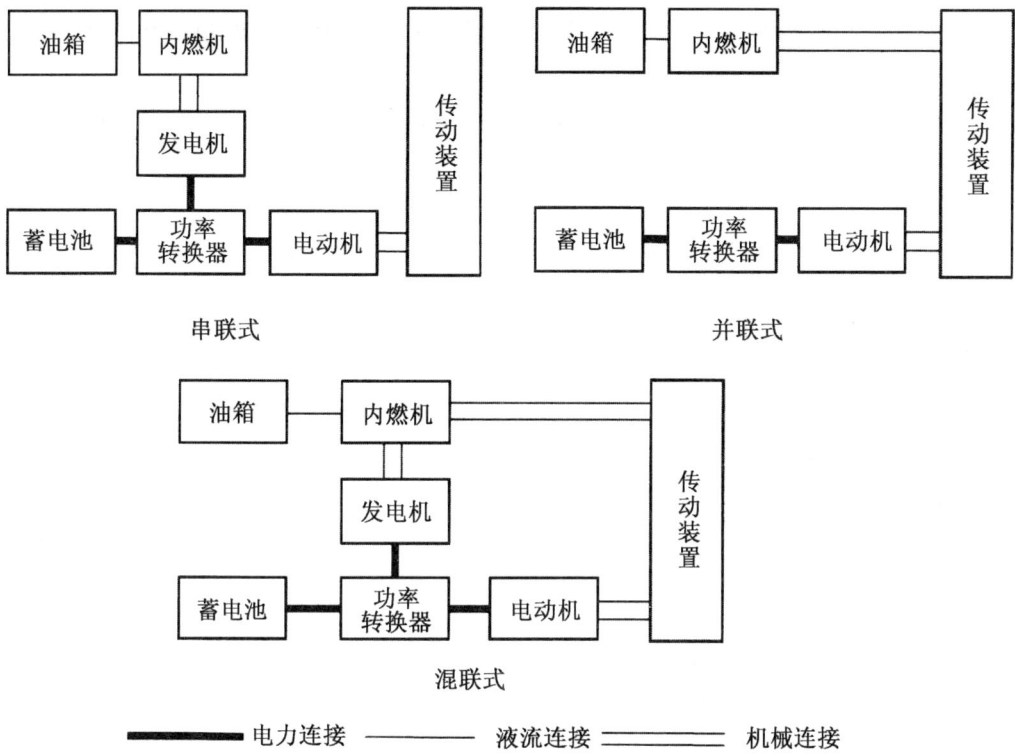

串联式　　　　　　　　　　　　　　　　　　并联式

混联式

━━━ 电力连接　　──── 液流连接　═══ 机械连接

图 9-1　三种混合动力电动汽车的基本结构

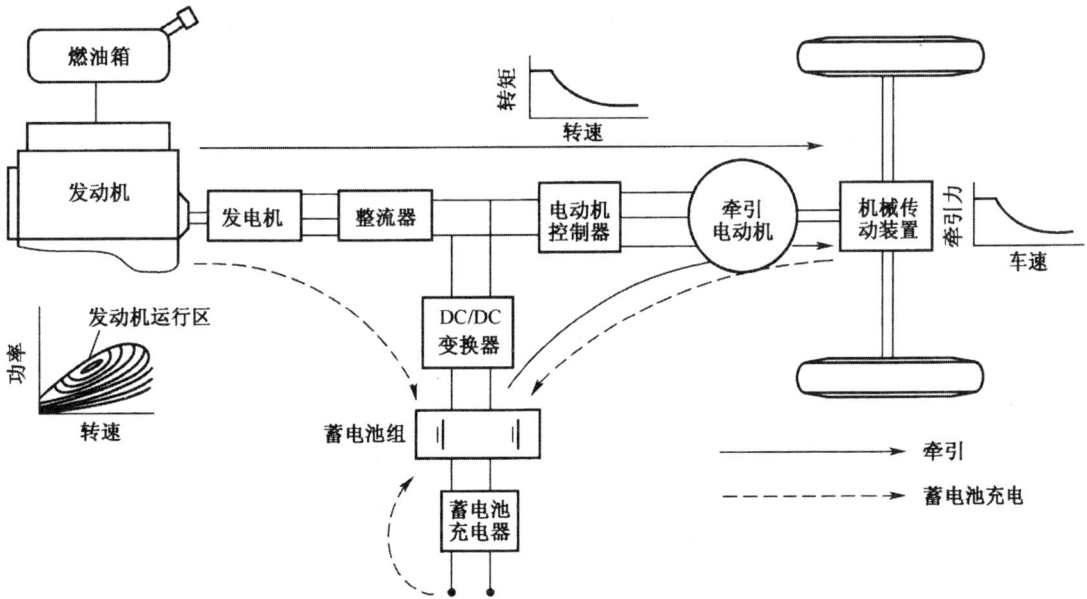

图 9-2　串联式混合动力电驱系的组成结构

串联式混合动力电驱动系蕴含以下的运行模式。

(1)纯粹的电模式:车辆会在关闭发动机的情况下停止驱动,具体供电、驱动都是由蓄电池来完成的。

(2)纯粹的发动机模式:在该模式中,发动机-发电机组可以说是车辆牵引功率的唯一来源,而蓄电池组在不供电的情况下也不会从驱动系中吸收任何功率。

(3)混合模式:由发动机-发电机组和蓄电池组共同提供了牵引功率。

(4)发动机牵引和蓄电池组充电模式:向蓄电池组充电和驱动车辆所需功率是由发动机-发电机组来提供的。

(5)再生制动模式:在关闭发动机-发电机组的情况下,牵引电动机运行如同一台发电机,所产生的电功率用于向蓄电池组充电。

(6)蓄电池组充电模式:发动机-发电机组在牵引电动机不接受功率的情况下,实现向蓄电池组的充电。

(7)混合式蓄电池充电模式:发动机-发电机组合运行在发电机状态下的牵引电动机,两者都向蓄电池组充电。

串联式混合动力电驱动系呈现以下几方面的优点。

(1)当发动机脱开与驱动轮的联系时,发动机是全机械构件,因此,在它转速-转矩特性图上的任何运行工作点都可以正常运行,且在其最大效率区运行是完全有可能的。发电机的性能会因在该狭小区域内的优化而有明显的改善。此外,发动机从驱动轮上的机械解耦,使高转速发动机能够得到应用,但这将使其难以直接通过机械连接去带动车轮。例如,燃气轮机发动机或具有缓动态特性的动力机械(如斯特林发动机)。

(2)实际操作中,电动机是不需要多挡的传动装置的,这是因为它具备的转矩-转速特性可以说非常完美。因此,其结构在很大程度上得以简化,进而在一定程度上降低了成本。此外,在该结构下,两个车轮将是由两个电动机分别带动的,从而有效取代了一个电动机和一个差速器的应用。这种结构就会形成两个车轮之间的转速解耦,就像是差速器一样,而且起到用于牵引控制的限制滑移的差速器作用。最终的改进将是采用四个电动机,从而可制成便宜、简单的差速器组,实现全轮式驱动的车辆,且驱动轴运转借助于车辆的大梁。

(3)由于由电传动系所提供的机械上的解耦,可相应采取简单的控制策略即可。

尽管串联式混合动力电驱动系有以上种种优点,但以下缺点仍然无法避免。

(1)由于发动机的能量的转换将会出现两次,故汽车的低效率将是发动机和牵引电动机之后,且损耗也是比较显著的。

(2)发动机附加了额外的重量和成本。

(3)因为牵引电动机是唯一的驱动车辆的动力机械,故其必须按满足最大的运行性能需求定制。

二、并联式混合动力电驱动系

如同传统内燃机车辆一样,并联式混合动力电驱动系是一个由发动机向车轮供给机械动力的驱动系,动力的提供需要借助于机械联轴器的配合,如图9-3所示。

对于各种不同结构,由发动机和电动机功率的机械组合的应用将在下文详述。

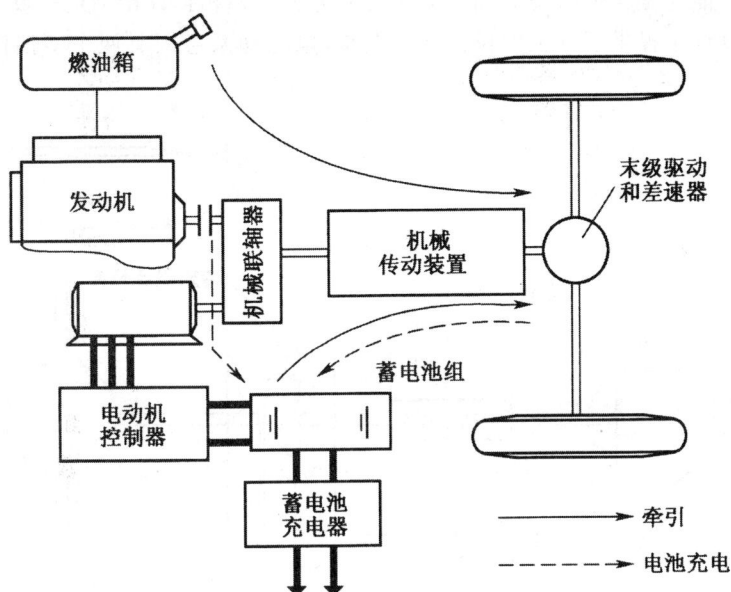

图 9-3　并联式混合动力点电驱动系的组成结构

（一）转矩耦合的并联式混合动力电驱动系

图 9-4 中的机械耦合可以使转矩或转速耦合。发动机和电动机的转矩即为转矩耦合，至于发动机转矩，进一步划分的话，还可分为以下两部分：①驱动；②蓄电池组充电。图 9-4 概念性地表明了具有两个输入转矩的机械组件耦合方案：其输入之一来自发动机；另一输入来自于电动机。机械转矩耦合输出连接到数学传动装置。

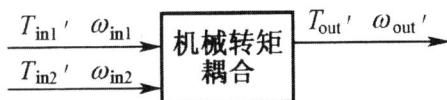

图 9-4　转矩耦合配置

输出转矩和转速可以表示为

$$T_{out} = k_1 T_{in1} + k_2 T_{in2} \tag{9-1}$$

$$\omega_{out} = \frac{\omega_{in1}}{k_1} + \frac{\omega_{in2}}{k_2} \tag{9-2}$$

有多种结构存在于转矩耦合的并联式混合动力电驱动系中。比较常见的是两轴和单轴式两种设计方式。在每一种类内，最终得出的牵引特性是不一样的，这是因为，传动装置具体配置的位置不同，且其排挡数也要设计的有些差别。优化设计下注意取决于牵引需求、发动机尺寸及其特性、电动机尺寸及其特性等。

图 9-5 为两轴式的设计，可以看出，在该设计中有两个传动装置。显然，众多的牵引力-转速特性曲线可通过两个多挡传动装置来进行设置。因为两个多挡传动装置为发动机和电牵引系统（电设备和蓄电池组），两者运行于其最佳区域，提供了更多的可能性，所以，其他任何类型

的设计无论是性能还是整体效率方面都无法与此电驱动系相提并论。这一设计也在发电机和电动机特性的设计中提供了很大的灵活性。但是,电驱动系会因有两个多挡传动装置而变得更加复杂。

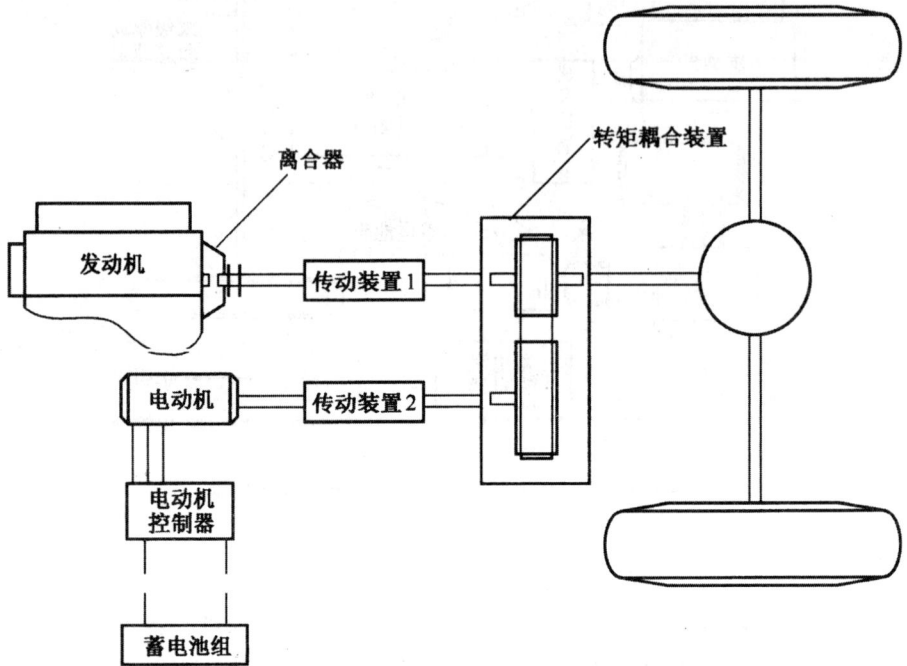

图 9-5　混合动力电驱动系的概念图示

在图 9-6 中,可应用单挡传动装置 1 和多挡传动装置 2,其牵引力-转速特性曲线如图 9-6(b)所示。在实际混合动力电驱动系设计中,与传动装置配置相联系的最大牵引力足以满足车辆爬坡性能的要求,由于轮胎与地面接触的附着力的限制,并不需要更大的牵引力。单挡传动装置应用时,利用了低速时电动机高转矩特性的内在优点。采用多挡传动装置 2 可用以克服内燃机转速-转矩特性的缺陷(随转速变化无明显变动的转矩输出)。多挡的传动装置 2 也有助于改进发动机的效率,并减小车速范围(此时,电动机必须单独驱动车辆),从而也就减少了蓄电池放电的能量。

与上述设计相对照,图 9-6(c)所示为电驱动系的牵引力-转速特性曲线,其中,对发动机应用了单挡传动装置 1,对电动机应用了多挡传动装置 2。因在该结构中没有发挥动力装置的优点,故为一个不合宜的设计。

图 9-6(d)所表明的电驱动系的牵引力-转速特性曲线对应于乐观单挡传动装置,这一配置导致简单的结构和控制。该电驱动系的限制在于其最大的牵引力。当发动机、电动机和蓄电池组的功率,以及传动装置的参数均准确地设计时,该电驱动系将以令人满意的性能和效率适用于车辆。

理想两轴式的并联式混合动力电驱动系的结构如图 9-7 所示。

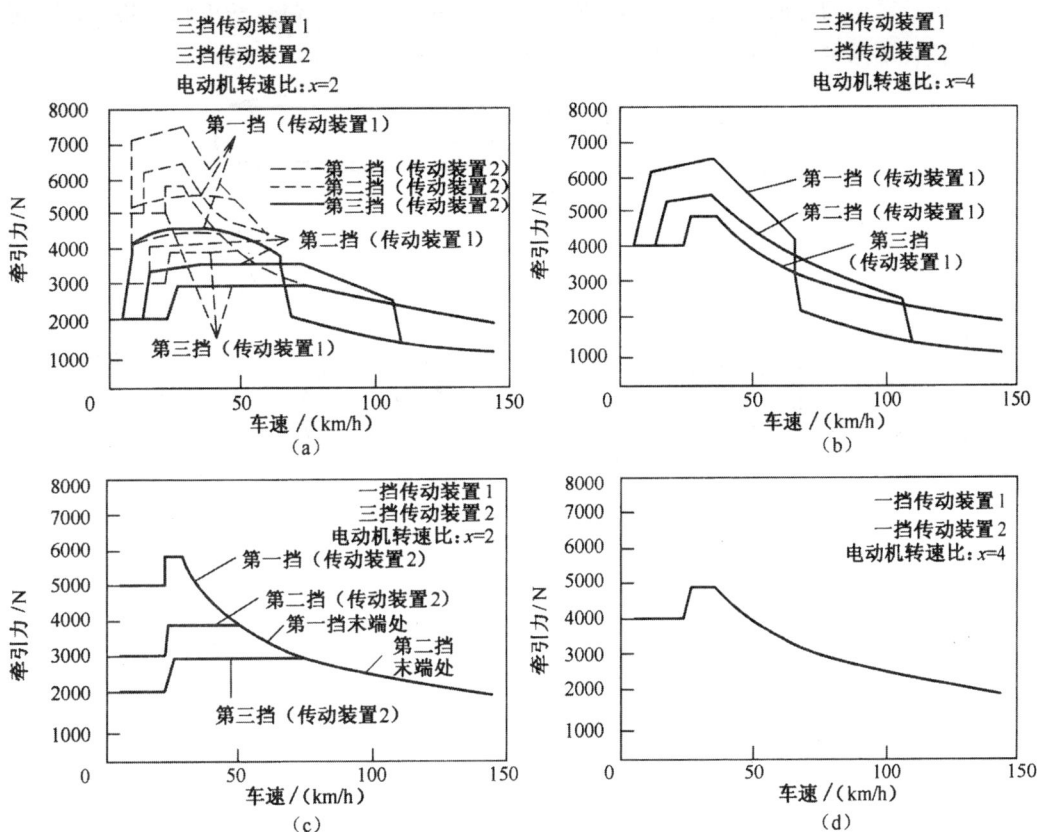

图 9-6 混合动力电驱动系的概念图示

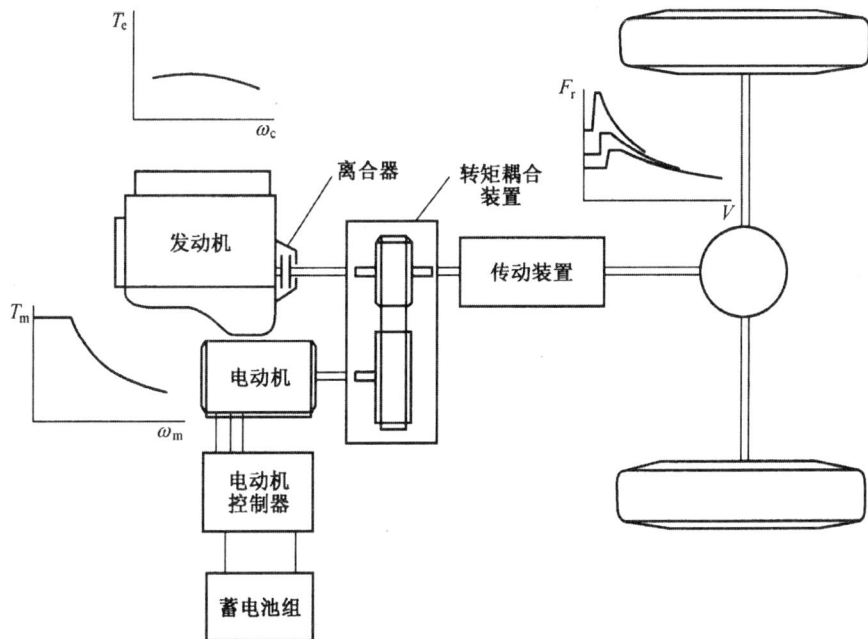

图 9-7 两轴式的结构

对于转矩耦合的并联式混合动力电驱动系,其简单且紧凑的构造是单轴结构,其中,电动机转子起着转矩耦合装置的作用,如图9-8和图9-9所示。

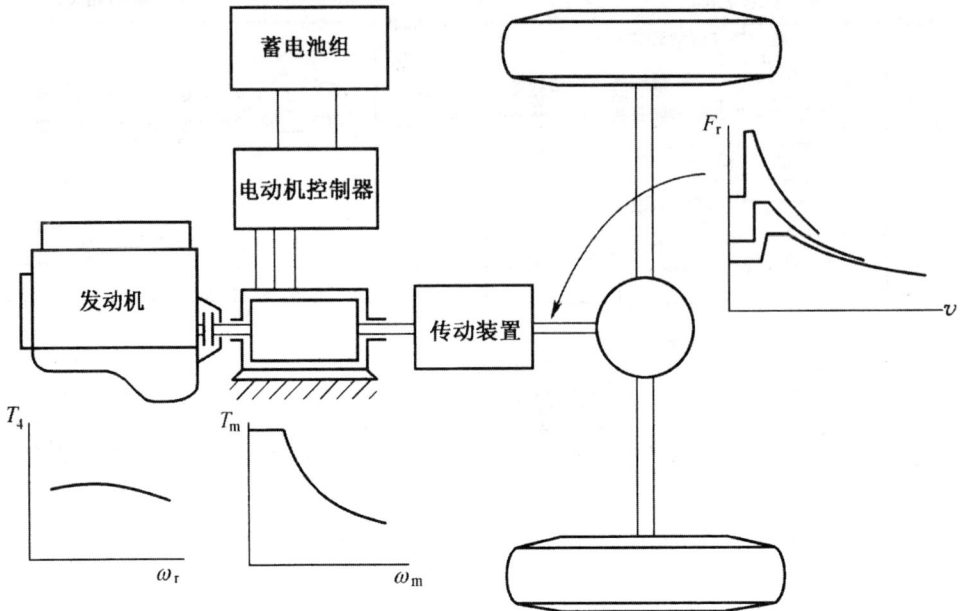

图 9-8　前传动装置单轴转矩组合的并联式混合动力电驱动系

传动装置可安置在电动机的后端,该电动机通过离合器与发动机相连,或也可安置在发电机和电动机之间。前者的结构称为"前传动装置"(电动机在传动装置之前,如图9-8所示),而后者的结构称为"后传动装置"(电动机在传动装置之后,如图9-9所示)。

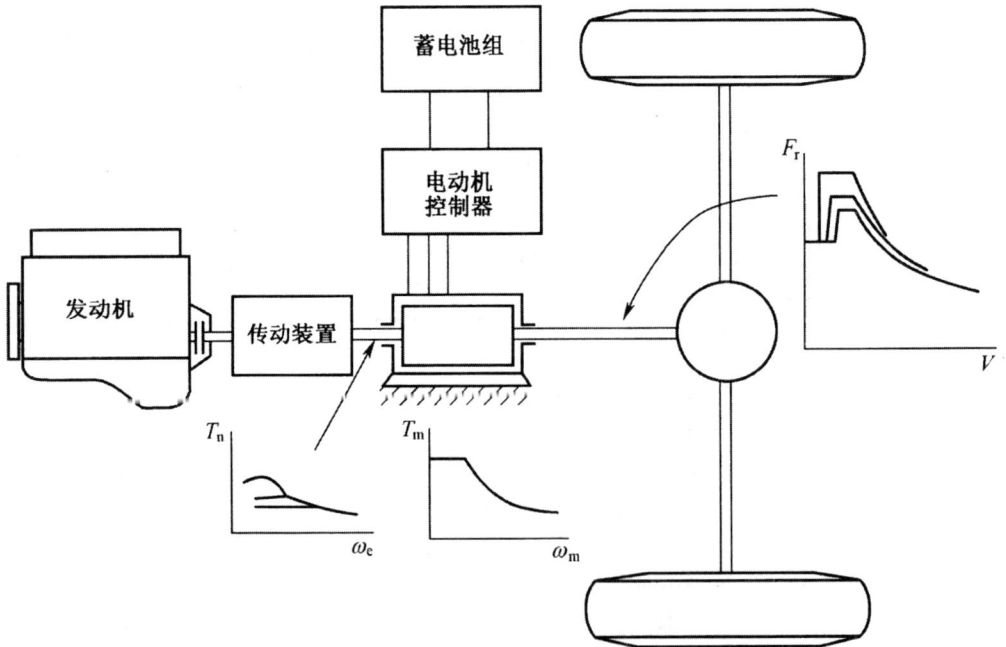

图 9-9　后传动装置

分离轴是另一种转矩耦合的并联式混合动力在进行构造时选择的结构,其中,一个轴由发动机给以动力,而另一轴则由电动机给以动力(图 9-10)。

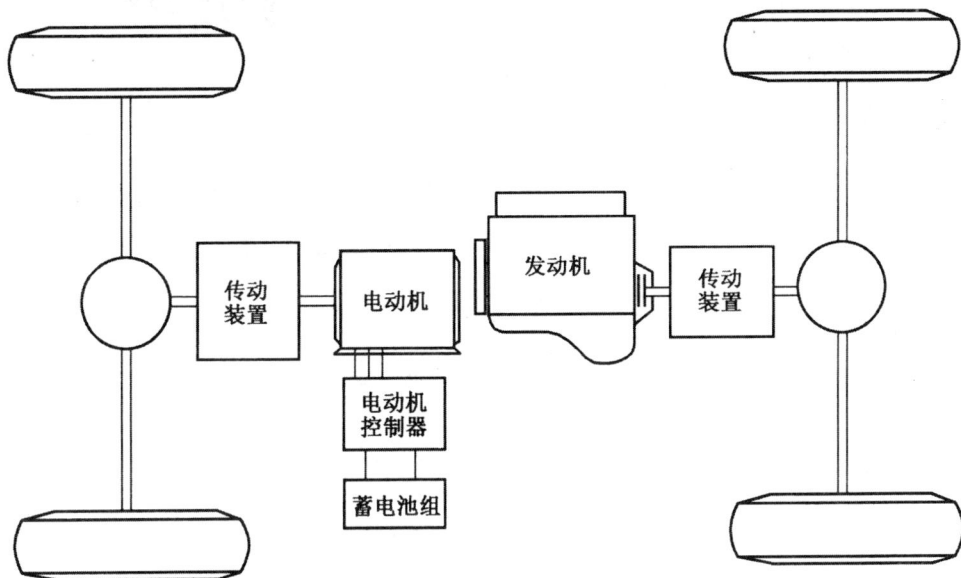

图 9-10　分离轴转矩组合的并联式混合动力电驱动系

位于发动机和电动机的两个传动装置可采用单挡传动装置,或也可采用多挡传动装置。这一结构具有如图 9-8 所示相似的牵引力特性。分离轴的构造提供了某些传统车辆的优点。它保持了原始发动机和传动装置不变,并在另一轴上附加了一个电牵引系统。它也有四轮驱动型式,由此可优化在光滑路面上的牵引力,且减小了作用于单个轮胎上的牵引力。然而,乘客和行李装载空间会因电设备和末端差速齿轮系占有空间较大而得以减小。但若电动机传动装置是单挡的,并以这种在两驱动车轮内的两个小尺寸的电动机代替该电动机,则可以解决这一问题。应该注意,当车辆处于停止状态时,蓄电池组不可能由发动机予以充电。

(二)转速耦合的并联式混合动力电驱动系

源于两个动力装置的动力可通过它们的转速耦合相互关联,如图 9-11 所示。转速耦合的特性可描述为

$$\omega_{out} = k_1 \omega_{in1} + k_2 \omega_{in2} \tag{9-3}$$

$$T_{out} = \frac{T_{in1}}{k_1} = \frac{T_{in2}}{k_2} \tag{9-4}$$

式中,k_1 和 k_2 是与实际设计相关联的常数。

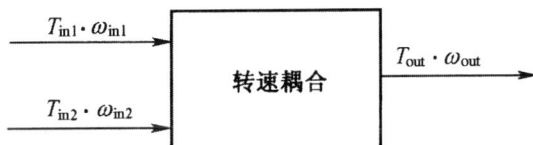

图 9-11　转速耦合

图 9-12 显示了两种典型的转速耦合器件。

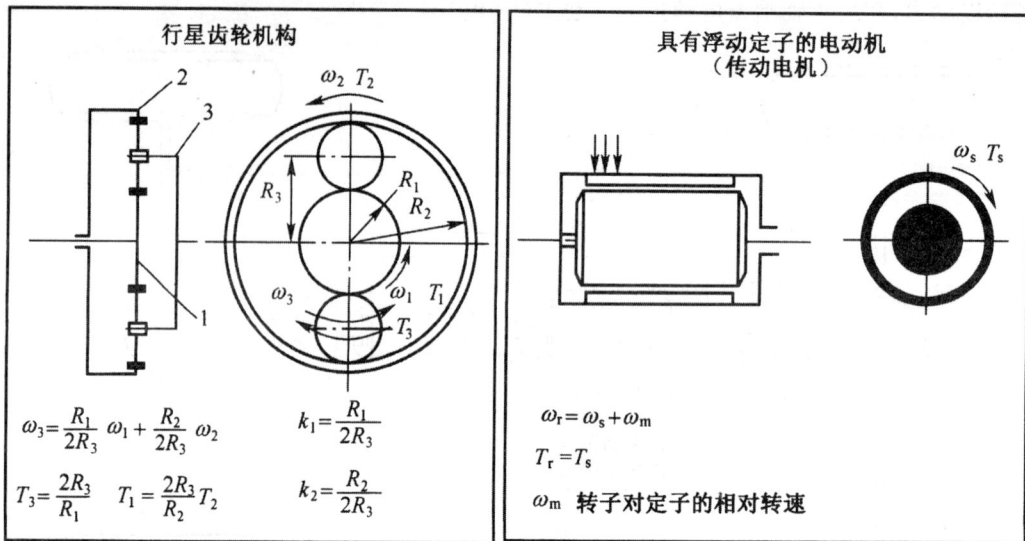

图 9-12　典型的转速耦合器件

其一是行星齿轮机构。

其二是为传动电动机,其实就是具有浮动定子的电动机。行星齿轮机构的一个三端口组件,由分别标记为 1、2 和 3 的中心齿轮、齿圈 n 行星齿轮支架构成。

其三,端口之间的转速和转矩关系表明该组件是一个转速耦合的器件,其中,转速、中心齿轮和齿圈相关联并通过行星齿轮支架输出。常数 k_1 和 k_2 仅取决于每一个齿轮的半径,或每一个齿轮的齿数。

另一有意义的转速耦合器件是一电动机(本书称为传动电机),其定子通常固定在不动的车梁上,被用作一个大的输入端口,其余两个端口为转子和气隙,通过气隙也能被转换为机械能。按通用术语而言,电动机转速即是其转子对于定子的相对转速。由于作用与反作用的效应,在定子和转子上的转矩作用是相同的,导致常数 $k_1=1$ 和 $k_2=1$。

正如转矩耦合器件一样,可应用转速耦合器件构成各种混合动力电驱动系。

图 9-13 和图 9-14 分别给出了以行星齿轮机构和传动电机两转速耦合器件构造的混合动力电驱动系的实例。

在图 9-13 中,发动机向中心齿轮供给动力是借助离合器和传动装置完成的,传动装置用以调整发动机的转速-转矩特性,从而与牵引的要求保持较高的契合度,电动机在供给动力时需要借助十一对齿轮才能实现。为了使不同运行模式的需求得到满足,中心齿轮和齿圈会被锁定器 1 和 2 锁定在静止的车梁上,该转速耦合的并联式混合动力电驱动系可满足的运行模式如下。

(1)混合牵引:当锁定器 1 和 2 被释放时,中心齿轮和齿圈可以旋转,发动机和电动机两者都向驱动轮供给正向转速和转矩(正向动力)。

(2)发动机单独牵引:当锁定器 2 将齿圈锁定在车梁上,而锁定器 1 被释放时,仅发动机向驱动轮供给动力。

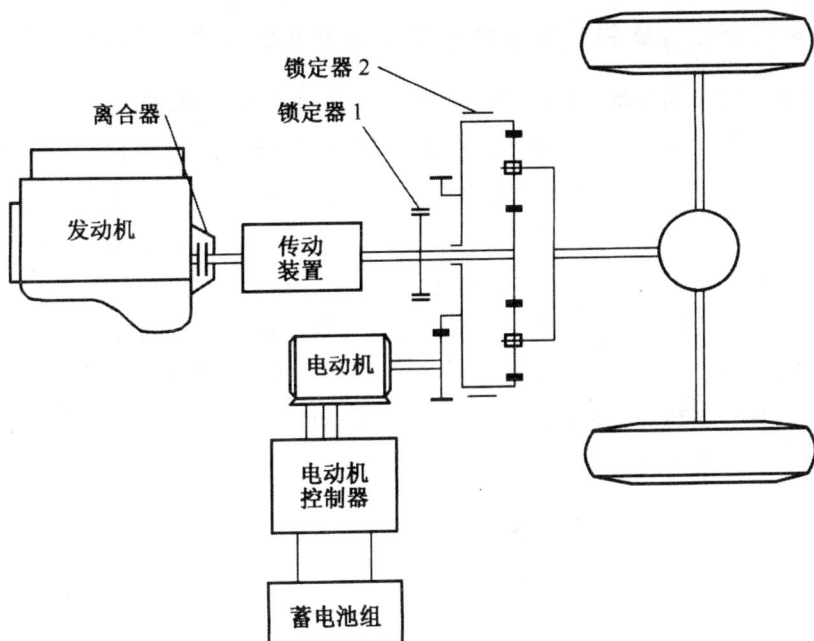

图 9-13　由行星齿轮机构转速耦合器件组成的混合动力电驱动系

（3）电动机单独牵引：当锁定器 l 将中心齿轮锁定在车梁上（防腐剂关闭或离合器脱开），而锁定器 2 被释放时，仅电动机向驱动轮供给动力。

（4）再生制动：锁定器 1 置于锁定状态，发动机关闭或离合器脱开，且操纵电动机处于再生运行状态（负转矩），车辆的动能或位能可由电系统吸收。

（5）蓄电池由发动机充电：当控制器对电动机设定负向转速时，电动机由发动机吸收能量。

由传动电机组成的混合动力电驱动系如图 9-14 所示。

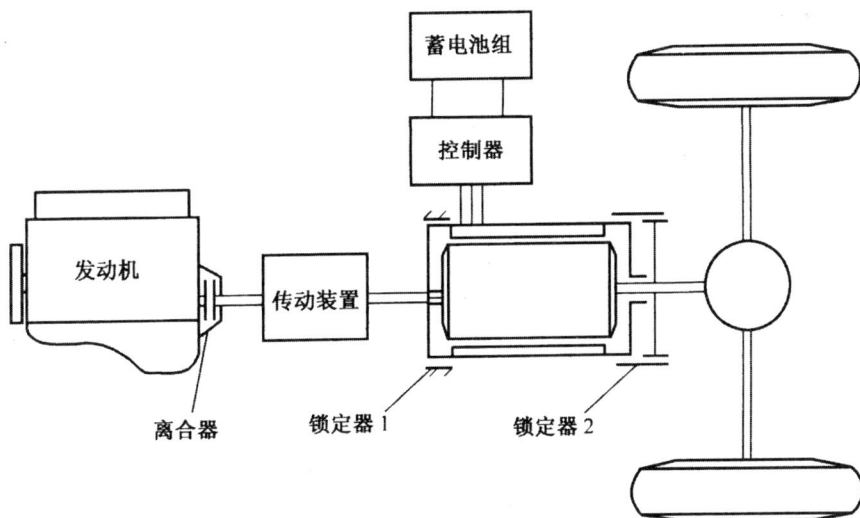

图 9-14　转矩组合的并联式混合动力电驱动系

（三）转矩耦合与转速耦合的并联式混合动力电驱动系

将转矩耦合与转速耦合相结合,一种混合动力电驱动系即可构造出来,其中,可交替地从转矩耦合和转速耦合状态中来进行选择。图9-15展示了这样的一个实例:当转矩耦合运行模式选为当前模式时,锁定器2将行星齿轮机构的齿圈锁定在车梁上,同时离合器1和3啮合,而离合器2脱开。于是,通过转矩相加(见式(9-1)),发动机和电动机的动力一起相加,并传递到驱动轮。在这样的情况下,发动机转矩和电动机是解耦的,但它们的转速之间存在一个固定不变的关系,如式(9-2)所列。当耦合运行模式选为当前模式时,离合器1啮合,而离合器2和3脱开,同时,锁定器1和2释放中心齿轮和齿圈。此时,连接到驱动车轮的行星齿轮支架的转速是发动机转速和电动机转速的组合。但是,发动机转矩、电动机转矩,以及作用于驱动轮上的转矩保持为一固定不变的关系,如式(9-4)所列。

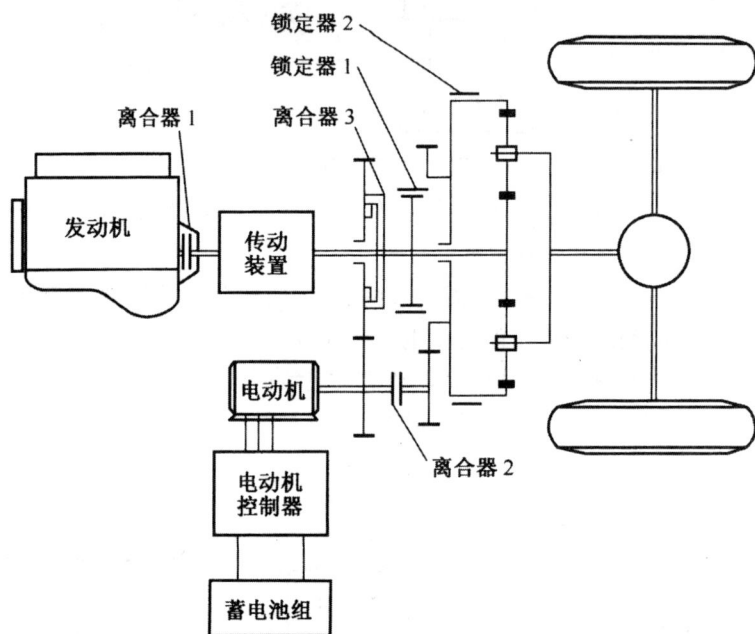

图 9-15　配置行星齿轮机构的交替转矩与转速耦合的混合动力电驱动系

在图9-15中,配置行星齿轮机构的牵引电动机可由传动电机所构成的类似的电驱动系(图9-16)予以替代。

当离合器1啮合,将发动机轴与传动电机的转子轴相耦合时,离合器2脱开,并且开启锁定器将传动电机的定子定位于车梁上,于是,该电驱动系工作在转矩耦合模式。另一方面,当离合器1脱开,而离合器2啮合时,同时开启锁定器,则该电驱动系工作在转速耦合模式。

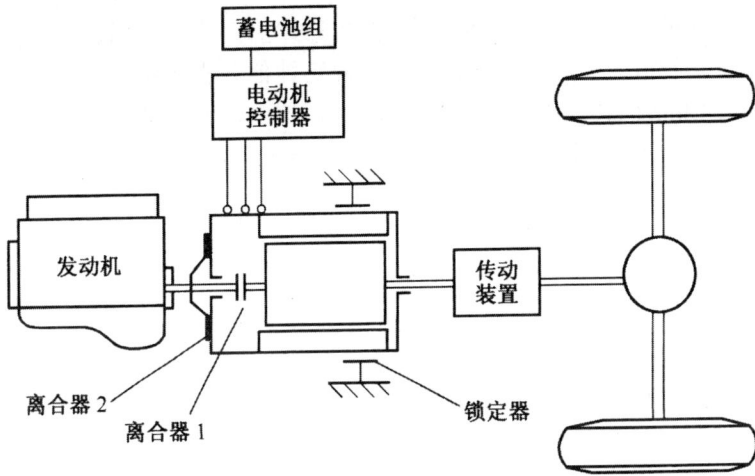

图 9-16　配置传动电机的交替转矩与转速耦合的混合动力电驱动系

在电驱动系中,另一既应用转矩耦合又应用转速耦合的令人满意的实例,是由丰田汽车公司开发实现的,具体应用到了 Prius 混合动力电动轿车中,该电驱动系示意图如图 9-17所示。

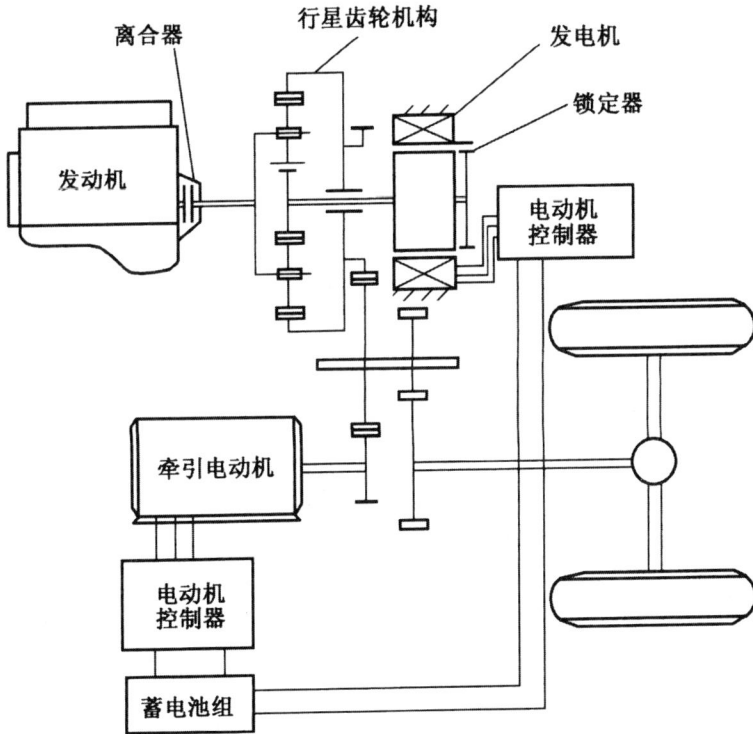

图 9-17　转矩组合的并联式混合动力电驱动系

借助于行星齿轮的帮助,一个小型电动机或发电机(几千瓦)实现有效连接(转速耦合)。行星齿轮机构将发动机转速分解为两个转速[见式(9-3)],其中,一个转速通过中心齿轮传递输出到小型电动机;同时,另一转速是通过齿圈和固定轴但若齿轮组件传递到驱动轮(转矩耦合)。当车速增加而发动机转速固定在一个给定值时,该电动机转速下降为零,此时称为同步转速状态。在这一转速下,锁定器将开启以同时锁定转子和定子,于是,电驱动系即呈现为平行驱动系。当车辆行驶在高车速时,为了使发动机转速维持在一定水平内,使油耗不致太高,小型电动机的运行将是负向转速,这样一来,驱动系就会收到传递而来的功率。为了使发动机能运行在其最佳转速范围,当采用行星齿轮机构和小型电动机调节发动机转速时,即可望获得燃油的高经济性。

图 9-17 中的小型电动机和行星齿轮机构可由单一的传动电机予以替代,如图 9-18 所示。这一驱动系具有类似于图 9-17 中驱动系的特性。

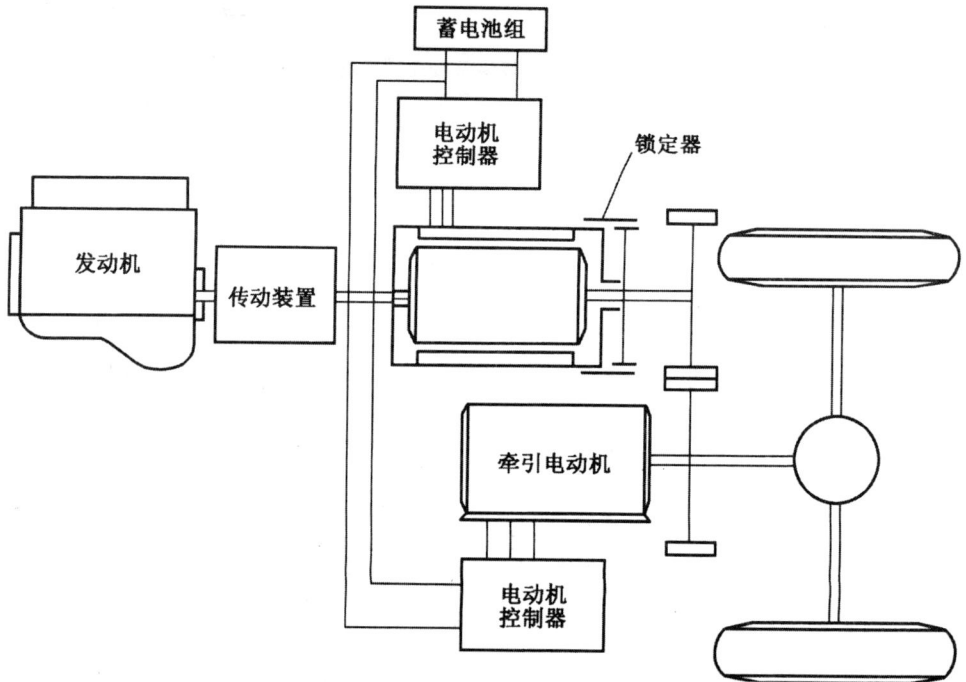

图 9-18 转矩组合的并联式混合动力电驱动系

三、混联式混合动力电驱动系

混联式或更准确地表述为转矩和转速耦合的混合动力电驱动系,它具有优于串联式(电耦合)和并联式(单一转矩或转速耦合)混合动力电驱动系的一些优点。

图 9-19 显示了混联混合型动力所采用的一套行星齿轮机构。

以行星齿轮机构为转速耦合装置的混联式混合动力电驱动系的组成,可有如图 9-20 所示的多种选择方案。

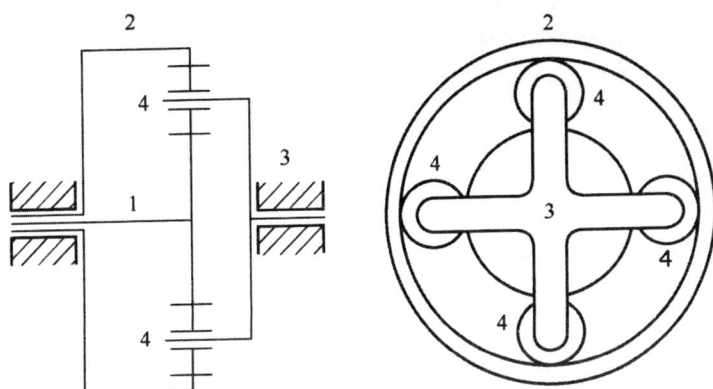

图 9-19　行星齿轮装置

1—太阳轮；2—齿圈；3—行星架；4—行星齿轮

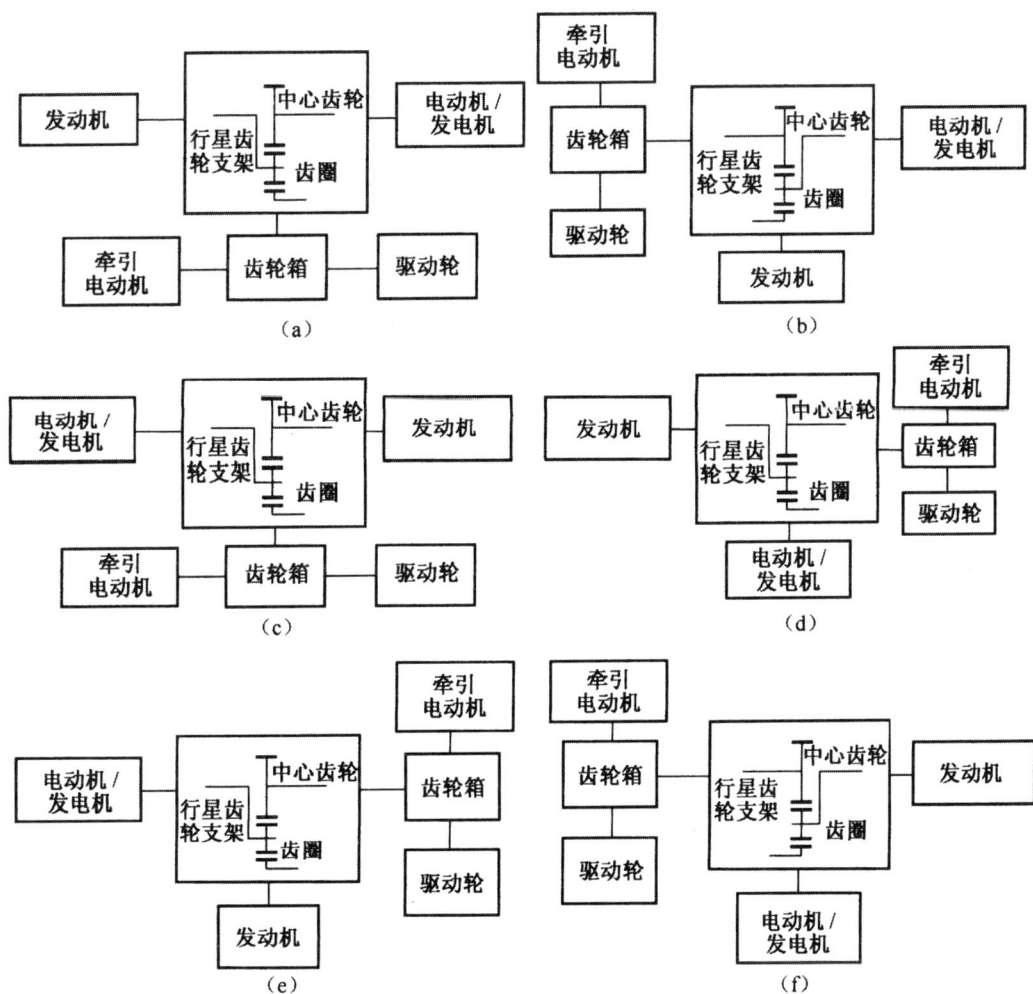

图 9-20　对于各种连接方式的混合动力电驱动系的构造

图 9-21 描述了混联式(转矩/转速耦合)混合动力电驱动系的详细构造。行星齿轮机构组成转速耦合装置,它将发动机和电动机/发电机连接在一起。发动机和电动机/发电机分别与行星齿轮支架和中心齿轮相连接;齿圈则通过齿轮 Z_1、Z_2、Z_4、Z_5 和差速器与驱动轮相连接。牵引电动机通过齿轮 Z_3、Z_2、Z_4、Z_5 和差速器与驱动轮相连接,于是差速器把齿圈的输出转矩和牵引电动机耦合在一起。在这一构造中,应用了一个离合器和两个锁定器。

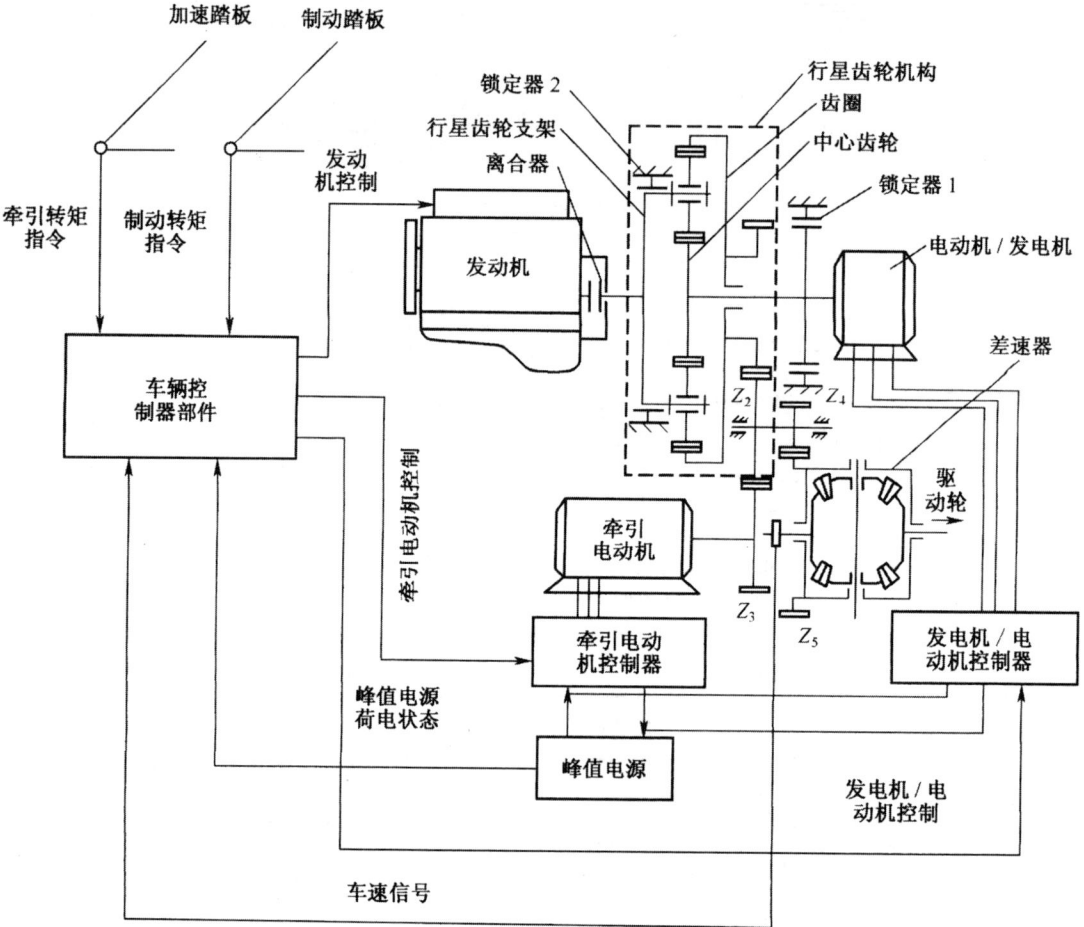

图 9-21 驱动系构造

通过控制离合器、锁定器、发动机、电动机/发电机和牵引电动机,该转速耦合的混联式混合动力电驱动系可满足的运行模式有转速耦合模式、转矩耦合模式和再生制动。

四、插电式(Plug-in)混合动力驱动系

插电式混合动力驱动系统是在以上三种混合动力系统的基础上发展起来的一种混合动力系统,它配备了较大容量的动力电池,可以通过接入电网为系统中配备的动力电池充电,充电后可仅凭动力电池和电动机驱动汽车以纯电动模式行驶。

图 9-22 所示为插电式混合动力系统的结构示意图。

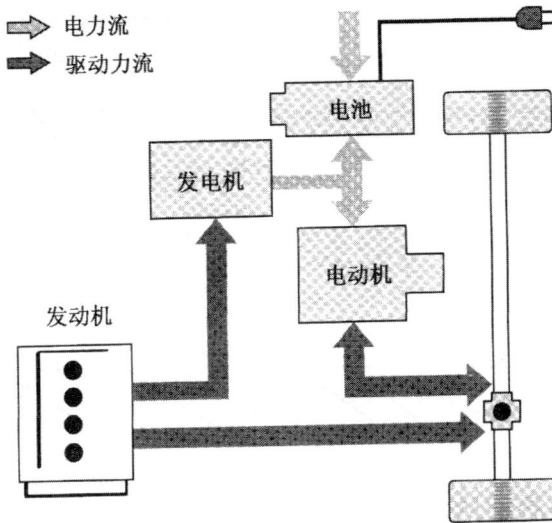

图 9-22　插电式的混合动力系的结构示意图

第三节　混合动力汽车动力系统设计

　　下面以某汽车为例,在重新设计其动力系统的同时,不对原车的外形参数做任何修改,混联式结构是动力系统所采用的。

一、发动机

　　发动机真实模型的复杂度很高,这是因为其自身特性中有非常明显的非线性,通常情况下,对该模型进行描述时,更多采用的是高阶多项式近似方程,但在进行模拟计算时,又因多项式的阶数过高而增加了难度,因此这些数学模型的直接引用是不合理的。

　　为了达到降低油耗和尾气排放的目的,一个能满足原车动力性能要求的小功率发动机得以设计出来,和普通动力传动系比起来,混合动力汽车发动机的工作即使是限制在某一特定区域内也没任何关系,特定区域的选择需要考虑的两个问题,即要使发动机燃油消耗最小和尾气污染物排放最少,即在该区域中,发动机燃油消耗率比较小。考虑发动机单独驱动的情况,汽车行驶时的功率平衡方程式为

$$P_e = \frac{1}{\eta_T}\left(\frac{Gfu_a}{3600} + \frac{Giu_a}{3600} + \frac{C_DAu_a^3}{76140} + \frac{\delta mu_s}{3600}\frac{du}{dt}\right) \tag{9-5}$$

式中,P_e 为发动机输出功率;η_T 为传动系统效率;G 为汽车重量;i 为汽车行驶路面的坡度;u_a 为汽车行驶速度;C_D 为空气阻力系数;A 为迎风面积;δ 为旋转质量换算系数;m 为汽车质量。

　　汽车在匀速行驶时,各种坡度下的行驶车速与所需功率的关系曲线可借助于式(9-5)而得出,如图 9-23 所示。

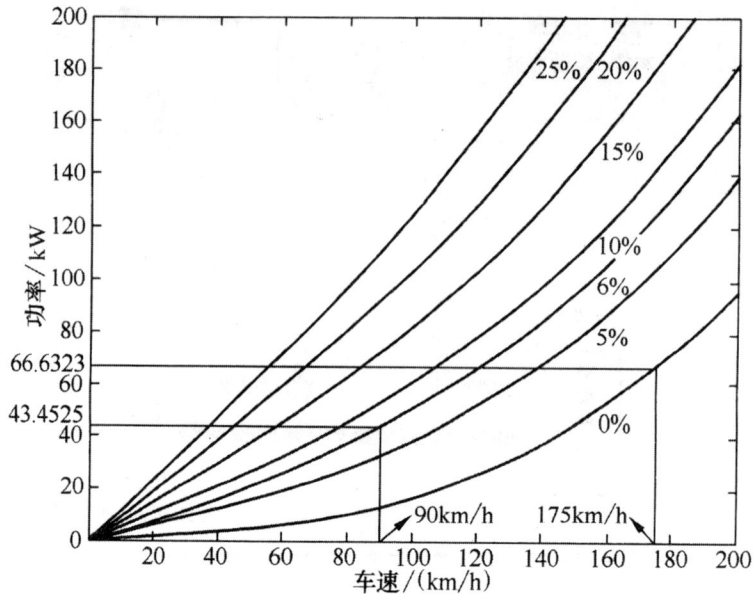

图 9-23　各种坡度下行驶车速与所需功率的关系曲线

二、电动机

在混联式混合动力电动车中,电动机扮演着多种"角色",具体如图 9-24 所示。

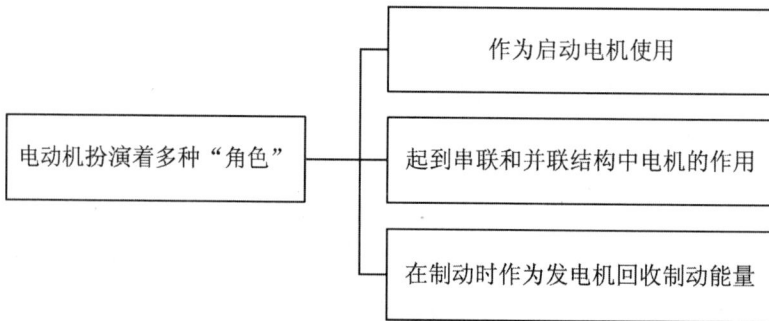

图 9-24　电动机扮演着多种"角色"

直流电动机、永磁无刷电动机、感应电动机和开关磁阻电动机等,都在混合动力汽车上用得到。

(一)逆变器/电动机控制策略

首先要说明,在牵引驱动系统中,逆变器/电动机的控制策略可以说是涉及电动机选型和设计在内的大多数因素的基本依据,同时有了该策略才可对电动机工作特性和设计参数之间的关系做进一步的分析。图 9-25 给出了电动机在最大输出时的逆变器/电动机控制策略。

牵引驱动期望的宽调速范围轮廓是由电动机的转矩-速度曲线给出的,该轮廓具有恒转矩、恒功率和有限转差这三个特征工作区。

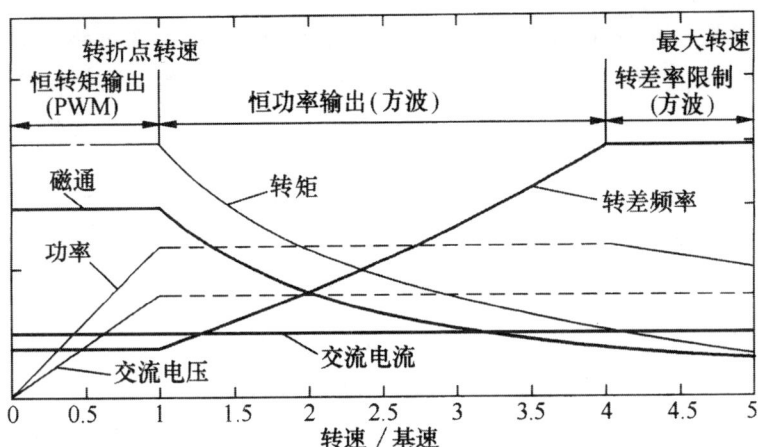

图 9-25　逆变器/电动机控制策略

（二）电动机功率设计

通常，以下电动机外特定是电动车辆需要满足的：电动机在额定转速以下的工作是以恒转矩模式进行的；电动机在额定转速以上的工作是以恒功率模式进行的。电动机额定功率、电动机额定转速与电动机最高转速这些都是可选取的相应参数。

依据控制策略，无论是汽车的最大爬坡度还是加速时间要求，均是电动机起动功率需要满足的。由于因发动机按照最小油耗线工作而需增加的功率裕量是在确定发动机功率时已经考虑在内的，为了说明的方便，可设汽车在混合驱动工况时，原地起步加速或爬坡是以最大速比开始的，节气门全开，当发动机转速达到最高功率对应的转速时，发动机就会被控制在该点进行工作，且电动机也会在该转速下工作且会一直持续下去，调整发电机转速及速比来提高车速。

由最大爬坡度要求，得

$$F_{tmax} - mgf\cos\alpha_{max} - \frac{C_d A u_f^2}{21.15} = 0 \tag{9-6}$$

由原地起步加速时间要求，得

$$t - \frac{1}{3.6}\int_0^u \frac{\delta m}{(F_t - F_f - F_w)}du = 0 \tag{9-7}$$

式中，F_{tmax} 为最大驱动力；α_{max} 为最大爬坡度；u_f 为最大驱动力所对应的车速；t 为 $0\sim u$ 的加速时间；u 为车速；δ 为旋转质量换算系数；驱动力、滚动阻力和空气阻力分别用 F_t、F_f、F_w 表示。

三、储能装置

目前，电化学蓄电池无论是串联、并联还是在混联的联合传动结构中，均可见其身影，可以说仍是多源混合驱动的一个基本组成元素，其具体是被用作辅助能源。

1. 蓄电池通用模型

蓄电池的等效电路图是建立蓄电池能量模型的基础,其等效电路图如图 9-26 所示。图中 R_{el} 为电解液电阻;R_e 为电极电阻;U_a 为蓄电池电压;i_a 为蓄电池负载电流;E 为电池端电压。

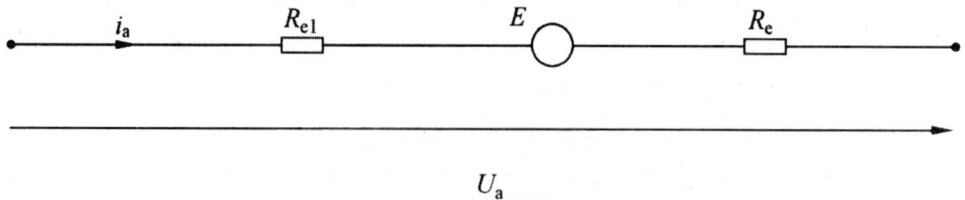

图 9-26　蓄电池的等效电路图

由蓄电池等效电路图,可计算出蓄电池两端的电压降 U_a。电压与电池的工作状态有关,计算如下:

放电时:

$$U_a = E - i_a R'_w \tag{9-8}$$

充电时:

$$U_a = E - i_a R''_w \tag{9-9}$$

根据图 9-26 给出的蓄电池等效电路图,可得蓄电池的通用模型如下:

蓄电池放电时:

$$Q_u(i_a, t, \tau) = c_\tau(\tau) \eta_A(i_a, t) Q_{\tau n} - \int_0^{t_i} i_a(t) \, dt \tag{9-10}$$

$$Q'_u(i_a, t, \tau) = Q_u(i_a, t, \tau) - \int_i^{t_{i+m}} \eta_A(i_a, t)^{-1} i_a(t) \, dt \tag{9-11}$$

$$k = c_\tau(\tau) \eta_A(i_a, \tau) - Q_{\tau n}^{-1} \int_i^{t_i} i_a(t) \, dt \tag{9-12}$$

$$k' = k - Q_{\tau n}^{-1} \int_i^{t_{i+m}} \eta_A(i_a, t)^{-1} i_a(t) \, dt \tag{9-13}$$

$$\eta_A(i_a, \tau) = \left[\frac{i_a(t)}{I_n} \right]^{-\beta(\tau)} \tag{9-14}$$

$$R'_w(i_a, t, \tau, k') = b \frac{E(k')}{i_a(t)} + l \left[k - Q_{\tau m}^{-1} \int_i^{t_{i+m}} \eta_A(i_a, \tau)^{-1} i_a(t) \, dt \right]^{-1} \tag{9-15}$$

$$u(t, k') = E(k') - i_a(t) R'_w(i_a, t, \tau, k') \tag{9-16}$$

$$\eta_{Ad} t = \left\lfloor \sum_{i=1}^m \frac{E(k')_i}{u(t, k')_i} \right\rfloor^1 \tag{9-17}$$

蓄电池充电时:

$$k'' = k' + Q_{\tau n}^{-1} \int_i^{t_{i+m}} i_a(t) \, dt \tag{9-18}$$

$$\eta_A(i_a, \tau) = 0 \tag{9-19}$$

$$R''_w(i_a, t, \tau, k'') = b \frac{E(k'')}{i_a(t)} + l \left[k' + Q_{\tau m}^{-1} \int_i^{t_{i+m}} i_a(t) \, dt \right]^{-1} \tag{9-20}$$

$$u(t,k'') = E(k'') - i_a(t)R''_w(i_a,t,\tau,k'') \tag{9-21}$$

$$\eta_{A_C}(t) = \left[\sum_{i=1}^{m} \frac{E(k'')_i}{u(t,k'')_i} \right]^{-1} \tag{9-22}$$

蓄电池不工作时:

$$i_a = 0 \tag{9-23}$$

$$\eta_A(i_a,\tau) = 0 \tag{9-24}$$

$$\eta_{A_w}(t) = 0 \tag{9-25}$$

$$\eta_{A1}(t) = 0 \tag{9-26}$$

$$u(t,k) = E_{\min} + \Delta U_k \tag{9-27}$$

式中,i_a 为蓄电池负载电流;t 为时间;τ 为温度;c_τ 为与温度有关的额定容量变化系数;Q_{rn} 为额定放电时间时的电池容量;Q_u 为蓄电池瞬时可用容量;η_A 为蓄电池功率可利用系数;k 为蓄电池荷电状态值;β 为 Peukert 常数(铅酸电池为 0.325);I_n 为额定放电电流;R'_w 为蓄电池放电内阻;R''_w 为蓄电池充电内阻;$E(k)$ 为蓄电池电动势;$u(t,k)$ 为蓄电池端点压;η_{Ad} 为蓄电池瞬时放电效率;η_{Ac} 为蓄电池瞬时充电效率;l 为内阻计算系数;b 为电池以电流 i_a 充、放电时,电池端电压相对于在额定容量条件下的电池端电压 E 的变化系数。

2. 蓄电池功率设计

上面所述蓄电池的通用模型均是时间的函数,具有动态特性,从而可以计算出蓄电池或使用蓄电池的整个传动系统的许多物理量的时间均值。

对于给定类型的电池,使用其通用模型可计算出各种蓄电池荷电状态下的指标值。

内阻为:

$$R_w(t,k) = b(k)\frac{E(k)}{i_a(t)} + \frac{l(k)}{k(t)} \quad k(t) \in [0,1] \tag{9-28}$$

电动势为:

$$E(t) = E(k) \tag{9-29}$$

在求解式(9-28)或式(9-29)所组成的方程组之前,要首先确定下列函数,即

$$b(t) = b(k) \tag{9-30}$$

$$l(t) = l(k) \tag{9-31}$$

不可能采用试验的方法直接测量上面提到的各个量,也不可能在车上实时记录各个量的值(通过测量监控),只能通过以蓄电池电流和电压为输入的蓄电池模型来估算。确定蓄电池动态的荷电状态值(k 值),对于混合电动车的设计和保养来说是必要的。

在区间 $k \in \sum_{n=1}^{m}[k_{n-1},k_n] \Rightarrow k \in (0,1)$ 里,$k_n = k_{n-1} + \Delta k$,则按照迭代的方法获得的 $E(k_n),b(k_n),l(k_n)$ 就是一系列的离散点。对不同的 Δk 值,经过一系列的仿真分析,得到结论:$\Delta k = 0.01$ 就可以足够准确地反映出电池内阻的变化趋势。

采用迭代近似法进行计算,可以得到的蓄电池电动势 E、系数 b 和 l 的特性曲线。在满足

一定精度的情况下,可以用多项式来拟合蓄电池的特性。

为了保证蓄电池的寿命,通常要求蓄电池放电时的放电深度不大于0.75。在蓄电池的放电过程中,希望蓄电池的放电电压保持恒定,为电动机提供一个稳定的工作条件。而蓄电池的电压是荷电状态的函数,混合动力汽车上蓄电池理想的工作区是SOC为0.4~0.8。

蓄电池的容量及功率的大小会影响整车的燃油经济性,增大蓄电池的功率会使发动机的负担降低,改善经济性和排放性能,但是增大蓄电池功率的同时也会使整车的质量大大增加,又会降低动力性、经济性和排放性。在混联式驱动系统中,蓄电池和发电机可以同时供给电动机能量,暂时忽略能量流动中的损失,理论上使得蓄电池组功率与发电机功率之和等于电动机功率。因此,设计蓄电池组的功率为25kW。

3. 蓄电池仿真模型

蓄电池能量模型可以通过蓄电池的等效电路图来描述。

(1)蓄电池开路电压和内阻计算模块。

为了计算出单个电池的开路电压和内阻,该模块需要借助给定的当前的SOC值和蓄电池的功率需求来实现。

(2)功率限制模块。

这个模块可以用来防止计算蓄电池负载电流的功率超出SOC值、等效电路的参数值和电动机控制器允许最小电压等的限制。

(3)蓄电池负载电流计算模块。

借助于电功率的定义和基尔霍夫电压定律,可以用蓄电池负载电流计算模块可以实现关于负载电流的二次方程的计算,即 $R_{int}I^2 - (V_{oc} \times I) + P_{bus} = 0$。

(4)SOC计算模块。

仿真开始时,通过计算所有放电电流和充电电流的总和,确定蓄电池总电量的变化,初始SOC被置为非零状态,蓄电池变化的电量与初始的电量求和得到剩余电量,剩余电量与蓄电池最大容量的比值即为电池的SOC值。

(5)蓄电池散热模型。

该散热模型可以预报无论车辆是在行驶过程中还是在蓄电池充电期间,蓄电池的平均温度和表面温度都可以借助蓄电池散热模型来进行得出。

蓄电池采用自然风冷却方式。该散热方式有辐射和传导两种形式。由蓄电池内阻产生的热量和蓄电池表面热量计算出蓄电池的温度,将其反馈到自动调温器中,如果蓄电池温度超过设定温度就使冷却风开启,由此又可以得到蓄电池表面的热量和空气的温度,由蓄电池表面热量可以得到空气的热量。蓄电池的冷却需要借助反馈控制来实现。

(6)蓄电池总成模型。

蓄电池的总成模块图可基于以上模块得以生成,如图9-27所示。

等效电路将蓄电池电动势和内阻当作串联电路上两个电路元件的电路参数。蓄电池所能够容纳的充电量被看作常数,并受到蓄电池最小开路电压的限制。蓄电池放电之后需要重新补充的电量受到库仑定律的影响,最大充电量受到蓄电池最大开路电压限制。

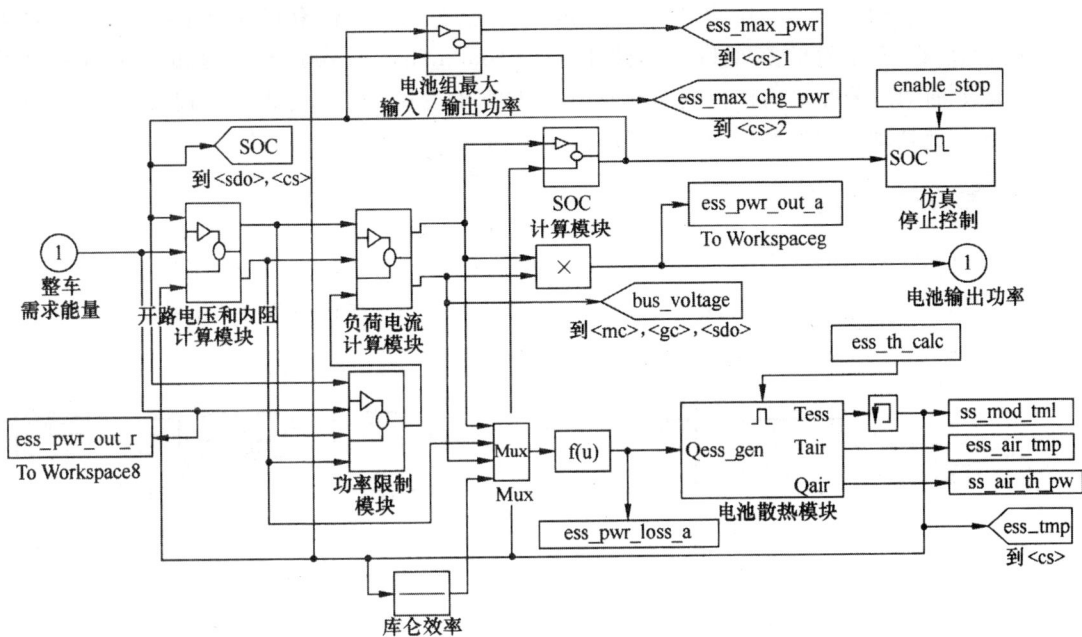

图 9-27 蓄电池总成模型

四、动力分配装置

动力分配装置如图 9-28 所示。

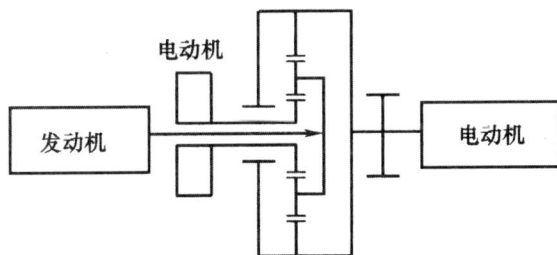

图 9-28 动力分配装置

通过对行星机构的变速比和受力分析可以得到如下方程组：

$$\omega_1 + k_P\omega_2 - (1+k_P)\omega_3 = 0 \tag{9-32}$$

$$T_4 = \frac{(1+k_P)}{\eta_S}T_1 = \frac{(1+k_P)}{\eta_R k_P}T_2 \tag{9-33}$$

式中，k_P 为齿数比，$k_P = z_2/z_1$；z_1 为太阳轮齿数；z_2 为齿圈齿数；η_S 为由太阳轮到行星架的效率；η_R 为由齿圈到行星架的效率；T_1、T_2、T_3 分别为太阳轮、齿圈和行星架的转矩；ω_1、ω_2、ω_3 分别为太阳轮、齿圈和行星架的角速度。

作用在驱动轮上的转矩 T_t 是由发动机产生的转矩经过动力分配装置后传至车轮上的，因此驱动力为

$$F_t = \frac{T_{tq}i_0\eta_T}{r}V_{model} \tag{9-34}$$

式中，T_{tq} 为作用在齿圈上的总转矩；i_0 为主减速器速比；η_T 为传动系效率；r 为车轮半径。

由式(9-33)和式(9-34)可知,k_P 和 i_0 的取值对整车的动力性有很大的影响,与原车的动力性进行比较,改型后的汽车最高车速不小于 165km/h,0～100km/h 的加速时间不大于 13.5s,此处的动力分配机构作为变速器使用,与原车的变速箱传动比进行比较,根据前面动力源的设计与此处动力性的约束设计,可设计 $k_P = 108:30$,$i_0 = 5.94$。

五、整车仿真模型

分别对混联式混合动力电动车的各个重要模块进行了数学建模与仿真建模,把各个仿真模块封装起来,加入到混联式混合动力电动车的整车模型中,并进行连接,得到其总体框架如图 9-29 所示。

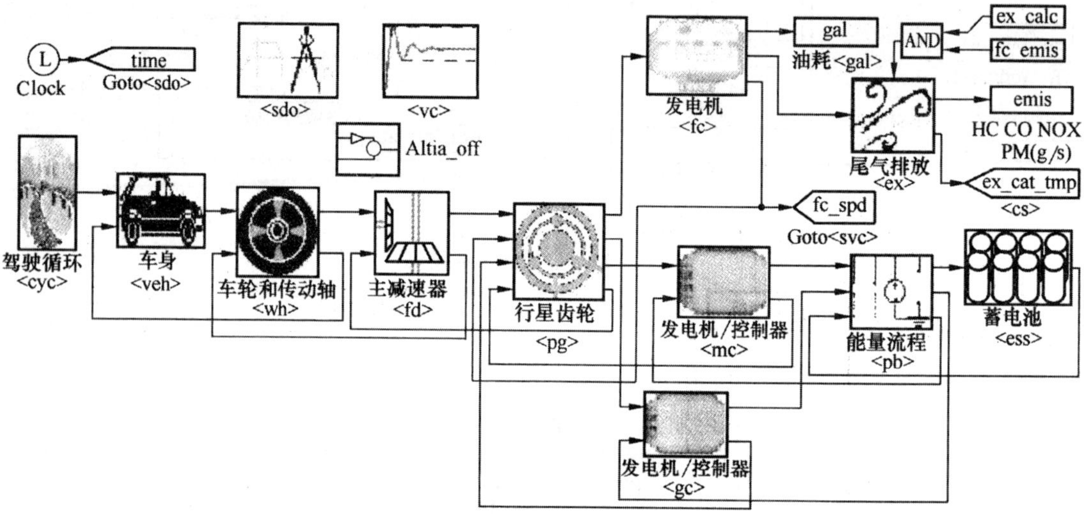

图 9-29　整车仿真模型

六、控制策略

通过如图 9-30 所示的几种控制方法,混联式混合动力汽车实现了有效控制。

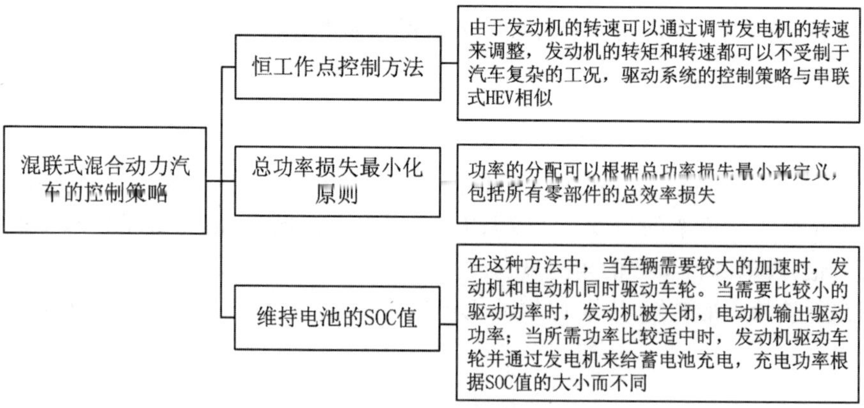

图 9-30　控制策略

为了使控制方法的可操作性得以实现,混联式混合动力系统借助了行星齿轮装置结构。在该控制方法中,所谓的控制信号为设定车速 V_{model} 和电池荷电状态 SOC。为了使最优的能量流通途径得以被灵活地选用,就需要执行动力分配装置,其工作模式及能量流动如图 9-31 所示。

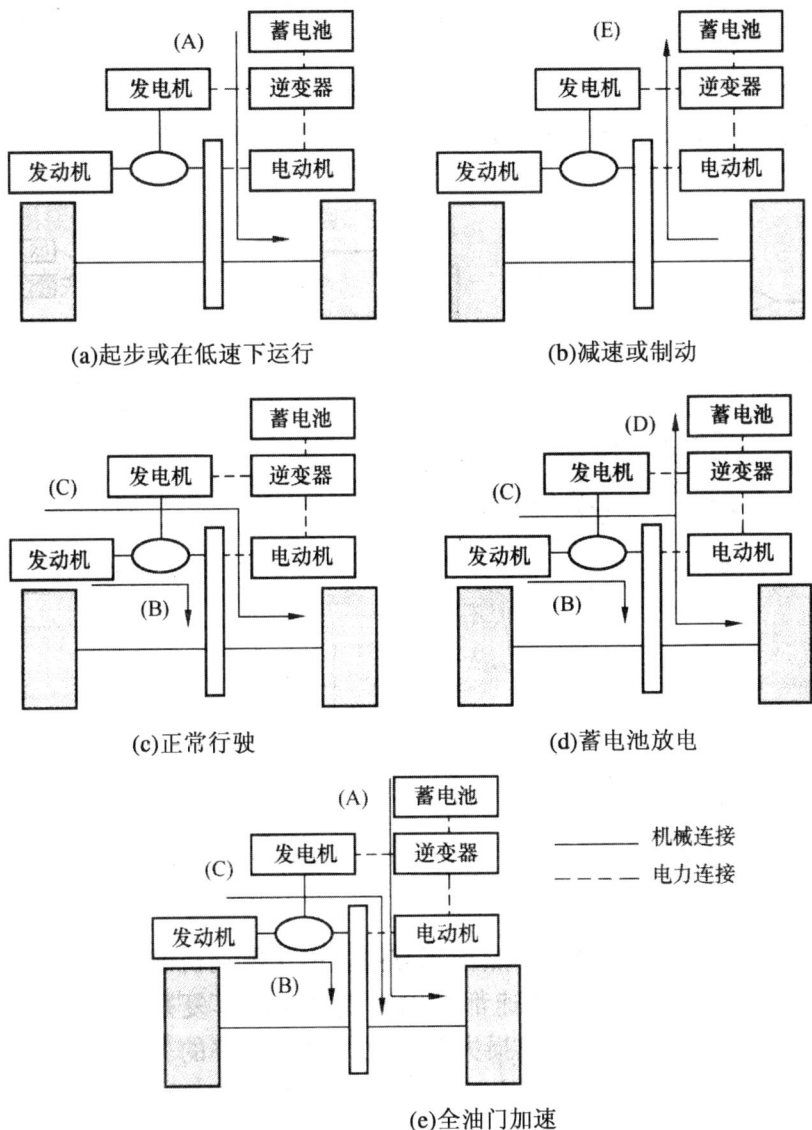

图 9-31　工作模式

七、仿真实例

如前所述,很多时候,汽车被看作是一个非常复杂的非线性动态系统,如此一来,若对设计变量再借助于单纯的建立数学模型来进行优化是没有多大意义的,很多时候,都是将动力性指标作为约束简单来计算出所谓的优化匹配的,鉴于仅仅是在理论分析基础上得到的数据,故真正意义上的优化并未实现。为了得到优化效果比简单的计算选取高的效果,可以借助于仿真软件 ADVISOR 与数值计算的结合。在前面合理设计的数据基础上,为了使优化速度得以加快,可通过将所需测试的数据在很大程度上得以减小来实现。

由理论分析可知,会有以下函数关系存在于整车的动力性和燃油经济性之间,前提条件是在其他条件不变,只有三大动力元件功率变化(相应质量随着变化)的情况下,对于整车的动力性和燃油经济性有如下的函数关系:

0～100km 加速时间 t_{100} 为

$$t_{100} = F_1(P_e, P_m, P_b) \qquad (9\text{-}35)$$

最大爬坡度 i_{max} 为

$$i_{max} = F_2(P_e, P_m, P_b) \qquad (9\text{-}36)$$

燃油消耗量 g 为

$$g = F_2(P_e, P_m, P_b) \qquad (9\text{-}37)$$

HC 排放量 g_H 为

$$g_H = G_H(P_e, P_m, P_b) \qquad (9\text{-}38)$$

CO 排放量 g_C 为

$$g_C = G_C(P_e, P_m, P_b) \qquad (9\text{-}39)$$

NO_x 排放量 g_N 为

$$g_N = G_N(P_e, P_m, P_b) \qquad (9\text{-}40)$$

式中,P_e 为发动机功率;P_m 为电动机功率;P_b 为电池组功率。

上面的函数是复杂的多变量非线性函数,其具体表达式的得出难度非常大。

借助于仿真软件,基于动力源优化分配的结果,来仿真分析整车的性能,在 UDDS 循环工况下,对汽车的仿真分析分别是对使用传统设计方法和优化设计方法实现的。性能数据见表 9-1。

表 9-1　混合动力汽车性能数据

性　　能		原车性能	传统设计车性能	优化设计车性能
动力性	最高车 N/(km/h)	＞170	＞170	＞170
	0～100km/h 加速时间/s	13.5	12.4	13
	60～120km/h 加速时间/s	＜12	10.6	11.4
	最大爬坡能力/(%)	25	＞25	＞25
经济性	多工况油耗/(L/100km)	7.5	5.1	4.4
排放性	NO_x/(g/km)	0.53	0.236	0.18
	CO/(g/km)	3.16	0.138	0.124
	HC/(g/km)	0.6	1.069	0.825

第四节　混合动力汽车制动能量回收系统

在汽车或铁路列车上,再生制动(Regenerative braking)亦称反馈制动往往被用作制动技术。在制动时,车辆的动能并不是变成无用的热,而是被转化并储存起来。

汽车的再生制动只会把约 30% 的动能再生使用,把电力储在飞轮、电池或电容器之内。使用再生制动的汽车仍然会有传统的摩擦制动,提供快速、强力的制动。其余的动能还是成为热。

一、制动能量回收系统的组成

HEV 为了充分发挥自身的优点,特装备了再生制动系统。图 9-32 给出了 HEV 再生制动系统的框图。

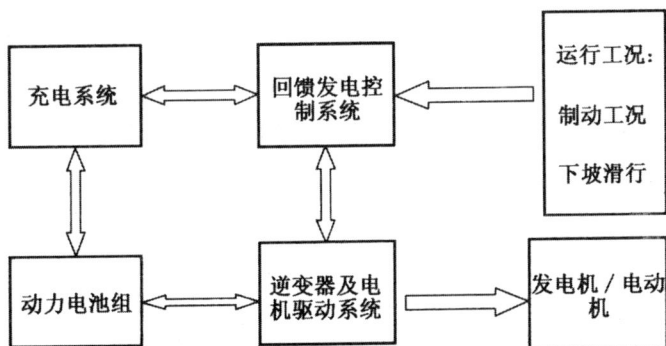

图 9-32　HEV 再生制动系统组成

通过使运行频率逐渐减小,无论是减速还是停止,HEV 再生制动系统电机都可以顺利实现,在减小变频器变频的一瞬间,电动机的同步转速也有所下降,电动机的转子转速因为有机械惯性的存在而未发生任何改变,或可以说,有一定的时间滞后存在于它的转速变化上,如此一来,就会出现转速大于给定转速从而产生变频器直流端电压低于电动机反动势的情况,这时电动机就变成发电机,非但不消耗电能,反而可以通过变频器专用型能量回馈单元向电源送电。这样既有良好的制动效果,又能转化为电能,向电源送电达到回收能量的效果。

二、制动能量回收系统的原理

图 9-33 给出了再生制动能量回收基本原理。

R_1 为总回路中的限流电阻,R_2 为制动限流电阻;R_3 为电机回路的电阻;U 为蓄电池的电压。E 为电机的感应电动势;电机电枢的电感为 L_0。

工作时将电机电枢驱动电流断开,电枢两端接入开关电路,并由控制单元控制其开断。因为电机为感性器件,感应电动势 E 与感应电流 i 随时间 t 的变化有如下关系:

$$E = -L \frac{\mathrm{d}i}{\mathrm{d}t} \tag{9-41}$$

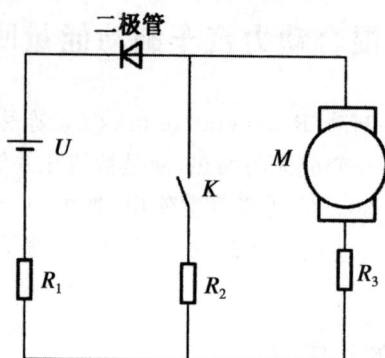

图 9-33　再生能量回收系统基本原理图

当开关 K 闭合后,电机感应电动势引起的感应电流经过开关 K 形成回路,感应电流 i_1 为制动电流,其大小为

$$i_1 = -\frac{E}{R_2+R_3} \tag{9-42}$$

当开关 K 断开后,$\dfrac{\mathrm{d}i}{\mathrm{d}t}$ 的绝对值迅速增大,由公式 $E = -L\dfrac{\mathrm{d}i}{\mathrm{d}t}$ 知感应电动势 E 会相应地快速增大,当感应电动势大于蓄电池的电压,即 $E>U$ 时,能量实现回收≥,则能量回收时的电流大小 i_2 为

$$i_2 = \frac{E-U}{R_1+R_3} \tag{9-43}$$

因此,电机再生制动过程中产生的电能便充入存储装置中。图 9-34 为 HEV 再生制动系统的电路示意图。

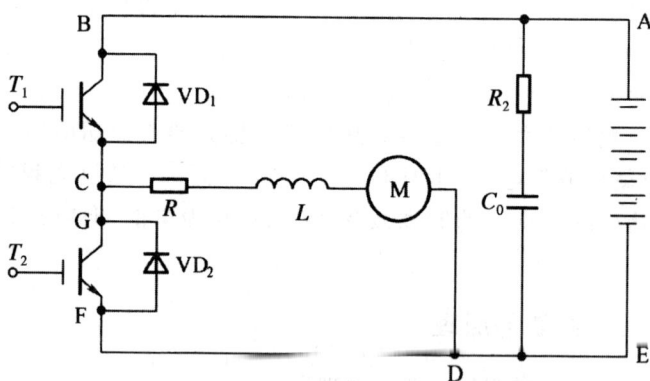

图 9-34　再生制动系统的电路示意图

制动能量回馈的具体过程可分为三个阶段,如图 9-35 所示。

(一)续流阶段

此时电动汽车开始减速,控制 T_1 和 T_2 关断,电动机电感中的电能经 L-D$_2$-R 消耗一部分,如图 9-35(a)所示。根据克希荷夫定律,电路满足下列方程:

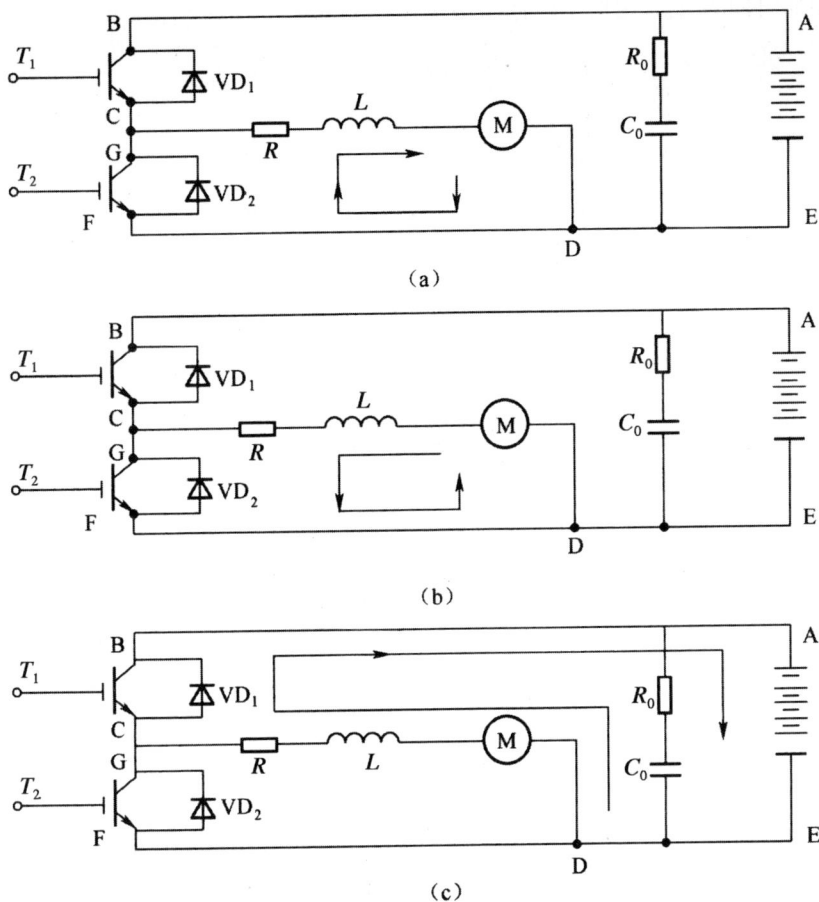

（a）

（b）

（c）

图 9-35　HEV 制动能量回馈过程

$$i \cdot R + E + L\frac{\mathrm{d}i}{\mathrm{d}t} = 0 \qquad\qquad (9\text{-}44)$$

式中，E 为电动机电势；并且 $E = K_e \times n_0$，K_e 为常数，n_0 为电动机转速。

若 I_0 为开始反馈制动时回路的电流，则有

$$i = -\frac{E}{R} + \left(I_0 + \frac{E}{R}\right)\mathrm{e}^{-(R/L)t} \qquad\qquad (9\text{-}45)$$

（二）电流反向阶段

由于电动汽车的惯性，电动机继续同向运转，电动机处于发电状态，电流反向为 GFD，由于 IGBT 元件 T_2 的开关频率较高，可近似认为此时电动机转速不变，有

$$i \cdot R + E + L\frac{\mathrm{d}i}{\mathrm{d}t} = 0 \qquad\qquad (9\text{-}46)$$

式中，$E = K_e \cdot n_1$，E 为电动机电势，K_e 为常数，n_1 为电动机转速。

若 I_1 为第二阶段开始时回路中的电流，则有

$$i = -\frac{E}{R} + \left(I_1 + \frac{E}{R}\right)\mathrm{e}^{-(R/L)t} \qquad\qquad (9\text{-}47)$$

设 T_2 导通时间为 T_{on}，则结束时回路中电流 i_{on} 为

$$i_{on} = -\frac{E}{R} + \left(I_1 + \frac{E}{R}\right) e^{-(R/L)T_{on}} \tag{9-48}$$

（三）回馈馈能阶段

此时，控制 T_2 关断，由于 L 的续流作用，电流通过 U，向电池充电，回路变为 EDCBAE，此时电路的微分方程为

$$-U_L + i \cdot R + E + L \frac{di}{dt} = 0 \tag{9-49}$$

由方程可得充电电流 i 的计算式：

$$i = \frac{U_L - E}{R} + \left(I_{on} - \frac{U_L - E}{R}\right) e^{-(R/L)t} \tag{9-50}$$

设 T_2 的关断时间为 T_{off}，则此阶段向电池的充电电能为

$$W = \int_{T_{off}}^{0} E \cdot i \cdot dt \tag{9-51}$$

三、混合动力汽车上常用的制动能量回收系统及控制策略

（一）制动能量回收-液压制动系统

在实际应用上，之所以有"制动能量回收-液压制动系统"这一说，是因为大多数情况下，制动能量回收系统是和液压制动系统一起工作的。

图 9-36 给出了制动能量回收-液压制动系统的组成。图中(a)和(b)分别为单轴和双轴驱动的电动汽车的组成图。

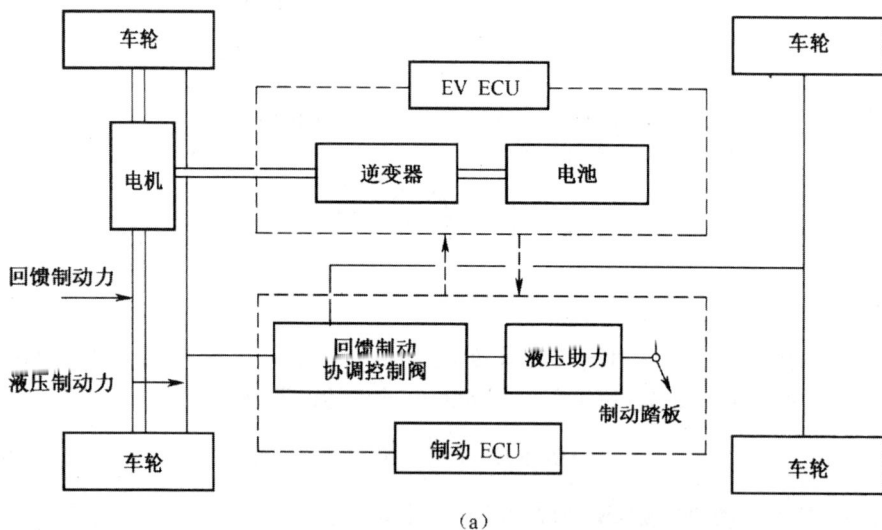

（a）

图 9-36　制动能量回收-液压制动系统组成

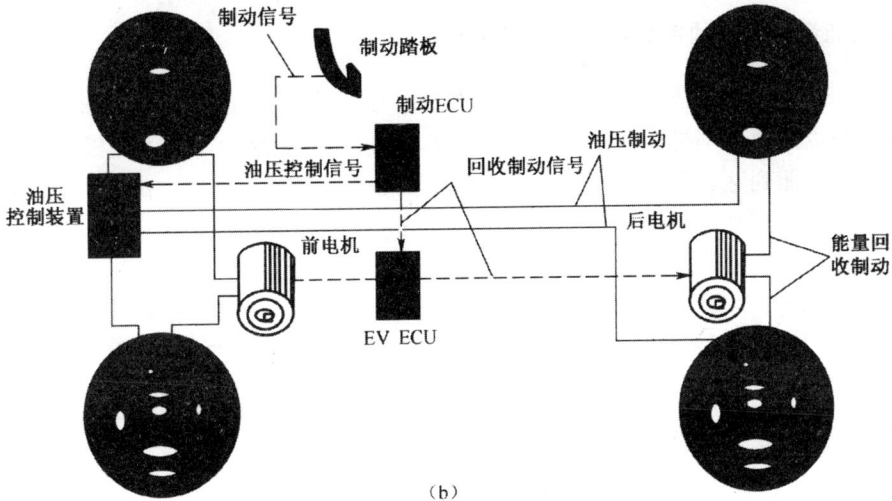

（b）

图9-36 制动能量回收-液压制动系统组成（续）

（二）制动能量回收系统及控制策略

1. 最佳制动感觉的串联制动策略

如图9-37所示，当给出的减速指令（由制动踏板位置提供）为小于0.2g设定值时，前轮就会受到仅有的再生制动，这点是受传统车辆中发动机延迟点火作用的启发。当给出减速指令为大于0.2g设定值时，理想的制动力分配曲线I（图中的粗实线所示）将是施加于前后轮的制动力需要遵循的。

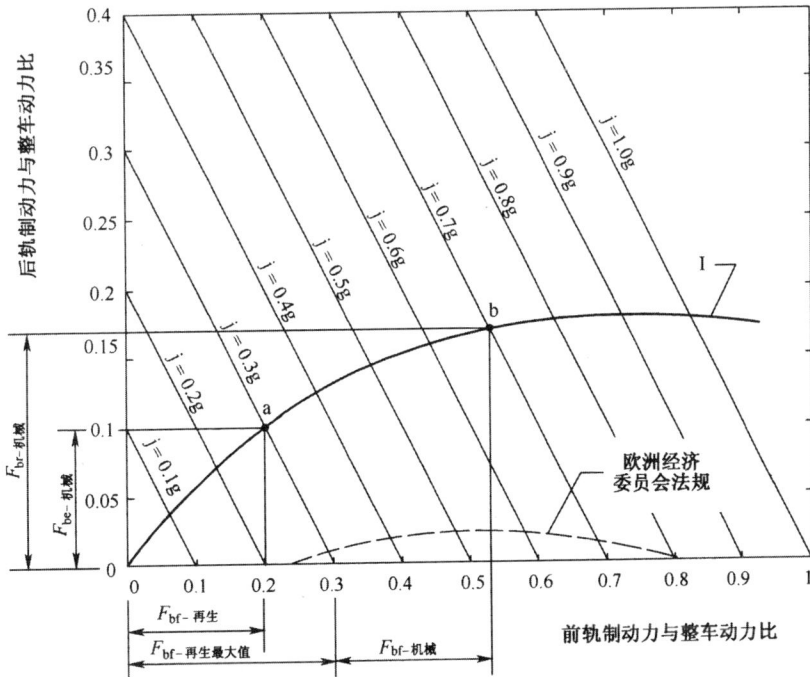

图9-37 最佳制动感觉的串联制动策略

2. 最佳能量回收率的串联制动策略的原理

如图 9-38 所示,在对应于给定负加速度指令的总制动力情况下,尽可能多地回收制动能量。当给出的负加速度率指令大于路面附着系数 μ 时,归因于路面附着力的极限,该负加速度率指令将绝不可能到达。车辆能获得的最大的负加速度率为 $(a/g)_{max} = \mu$,此时前后轮的制动力工作点在曲线 I 上,与 μ 相应。工作点 k 对应的最大负加速度率为 $j/g = 0.4$。

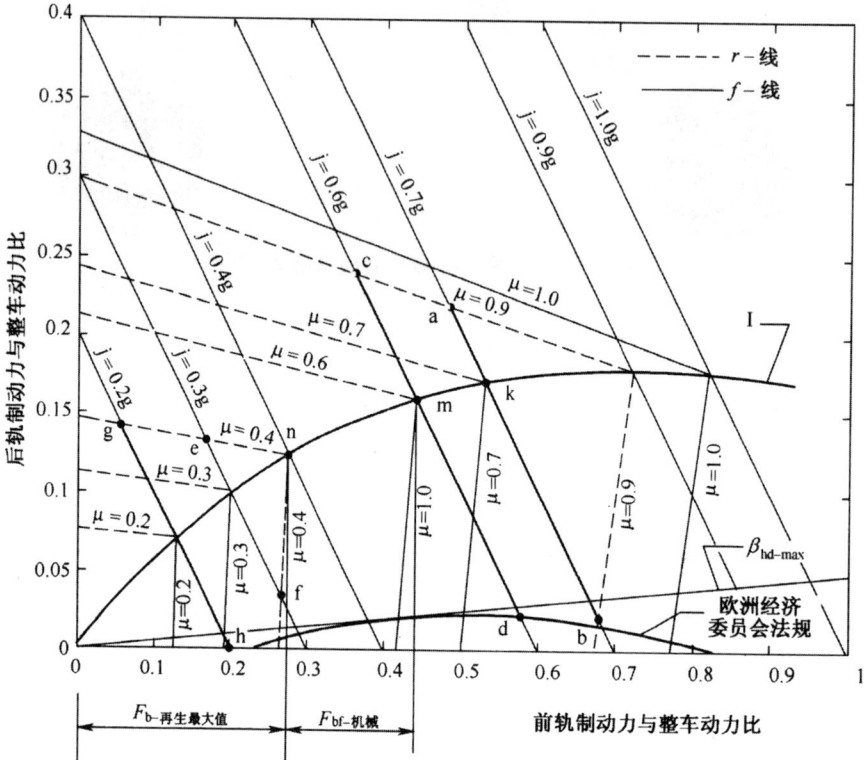

图 9-38　最佳能量回收率的串联制动策略

3. 并联制动策略

制动系统具有一个对前后轮以固定的制动比率分配的传统机械制动装置。当所需的负加速度小于给定负加速度设定值时,再生制动有效。当给出的负加速度率制动指令小于某设定值时,将只应用再生制动,此时模拟了传统车辆中发动机的延迟点火。在图 9-39 中解说了施加在前轮上的在再生动力 $F_{bf\text{-再生}}$,以及施加在前后轮上的机械制动力 $F_{be\text{-机械}}$ 和 F_{br}。

4. ABS 防抱死制动策略

具有 ABS 防抱死制动策略在混合动力再生制动能量回收中具有较大优势,尤其是在四个车轮上都置有电动机的车辆。图 9-40 概念性地展示了防抱死制动系统功能的再生制动系统图。它效仿了传统的制动系统的控制感受。当接收到制动信号后,总制动器单元将根据牵引电动机的特性和控制法则,给出前后轮的制动转矩、再生制动转矩和机械制动转矩。电动机控制器(没有显示于图)将指令电动机产生恰当制动转矩,而机械制动控制器则向电动制动装置给出指令,以对每个车轮产生恰当的制动转矩。该电动制动装置同时被防抱死制动系统控制,以防止车轮完全被抱死。

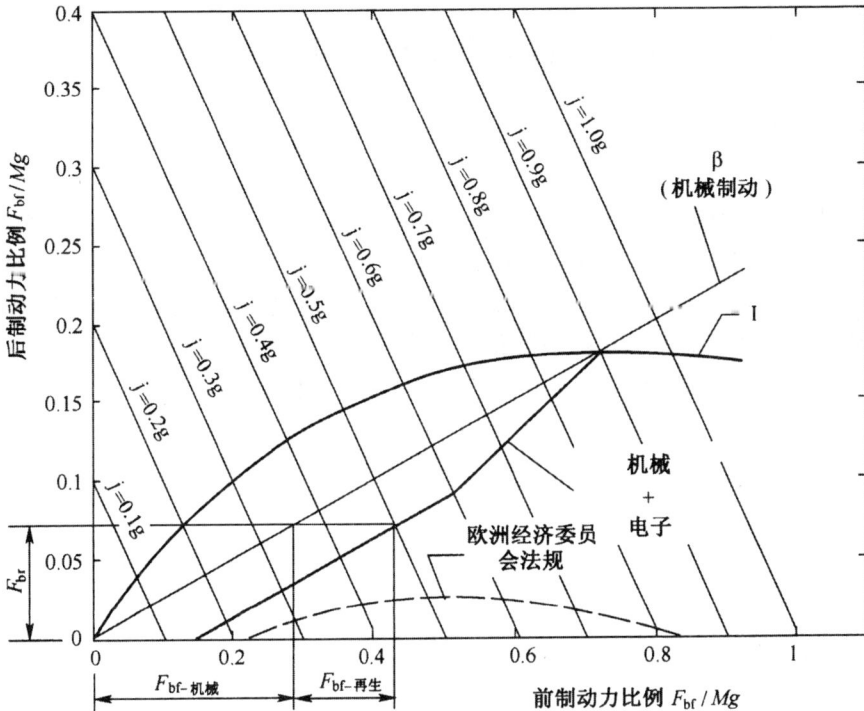

图 9-39　并联制动策略图解

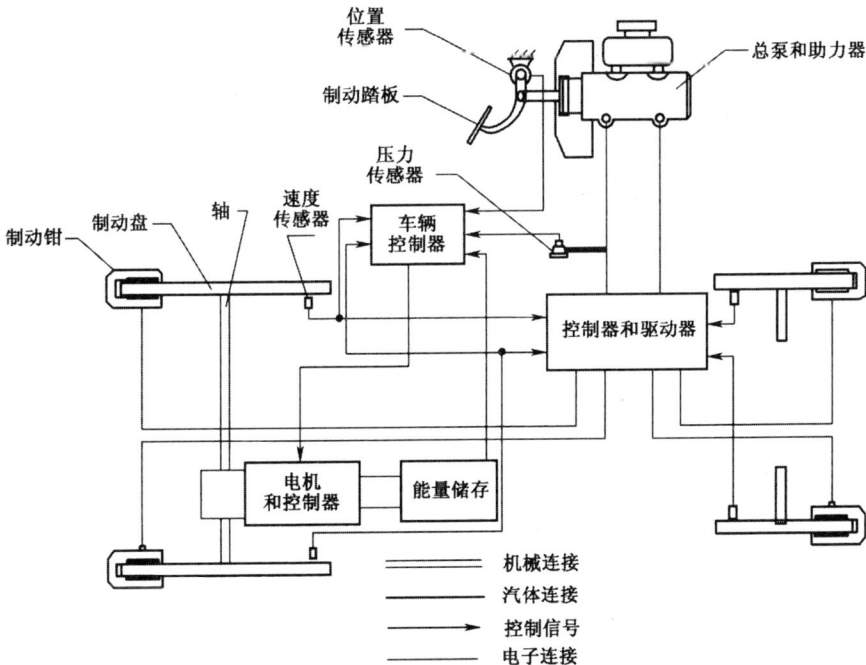

图 9-40　防抱死能量再生制动系统图解

综上所述,控制策略对能量回收和制动是具有决定性意义的,在实际应用中应该把握好,选择经济实惠的能量再生制动控制策略。

第五节　混合动力汽车的能量管理

下面以长安混合动力汽车的系统结构为例,如图 9-41 所示,说明能量管理系统与车辆其他系统的关系。

该车的动力源(能量)传递路径有:①由传统的四缸电喷发动机到轮胎;②由动力电池到轮胎;③由轮胎到动力电池组,在汽车下坡或刹车制动工况时,由集成的发电机/电动机 ISG(Integrated Starter and Generator)将汽车的再生或制动的能量存储在动力电池中;④由发电装置 ISG 到动力电池组。ISG 通过控制器和驱动器进行控制,电池能量管理系统对电池组的荷电状态进行控制。发动机由电控单元(ECU)和电子油门进行控制。

混合动力汽车的能量管理系统并不简单,并且随系统组成的不同而呈现出很大的差异。下面分别对串联型混合动力汽车和并联式混合动力汽车的能量管理系统进行分析。

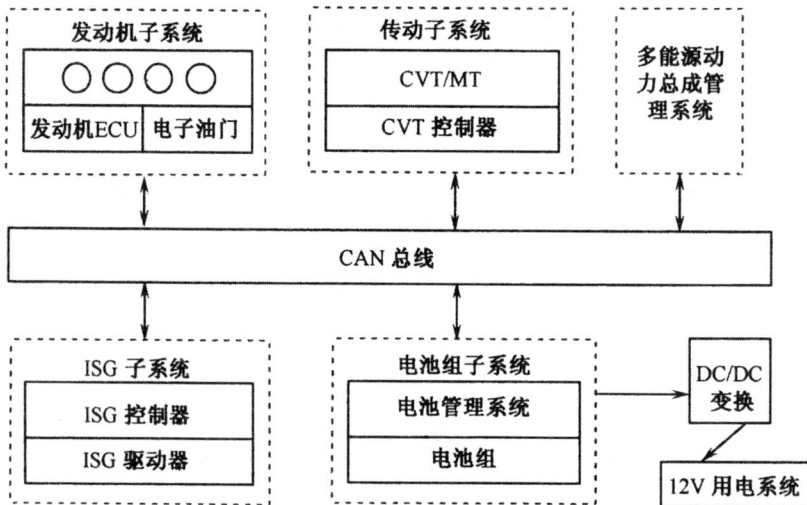

图 9-41　长安混合动力汽车的系统结构

一、串联式混合动力汽车的能量管理系统

串联式混合动力汽车的发电机与汽车行驶工况没有直接关系,系统从外界获取能量的途径主要有三条:①由燃料化学能转换来的能量;②由电网充入蓄电池的能量;③回收的制动及减速能量。系统消耗的能量除了驱动车轮的动力能量外,还有电动机自身的损耗、电池充放电过程中的损耗、发电机的损耗等。能量管理系统的目标是使发动机在最佳效率区和排放区工作,并尽量减少系统本身损耗,从而使最高的能量转换效率得以顺利实现。有多种控制策略可供串联型混合动力汽车的发动机能量管理系统来选择,如"恒温器型"控制策略和"功率跟踪型"控制策略等。

其中,"恒温器型"控制策略系统控制流程如图 9-42 所示。

"功率跟踪型"混合动力汽车的能量管理系统如图9-43所示。

该系统用于 WG6120HD 式混合动力城市公交车。在能量管理系统中,在公交线路数据库得以建立的同时,其相应的营运控制模式也得以设定。汽车运行中,对图中所示的各种信号进行实时采集,并对采集的数据进行分析处理,根据汽车的行驶状况,将会有控制指令传达到对各动力部件上。系统中,用到了功率跟踪的方式来实现对发动机的控制,使发动机的输出功率响应跟车辆需求功率的波动相契合,进行自适应调节。为了使车辆的动力性和发动机的负荷率得到保证,发动机会自适应功率跟踪预先设置的上、下限。

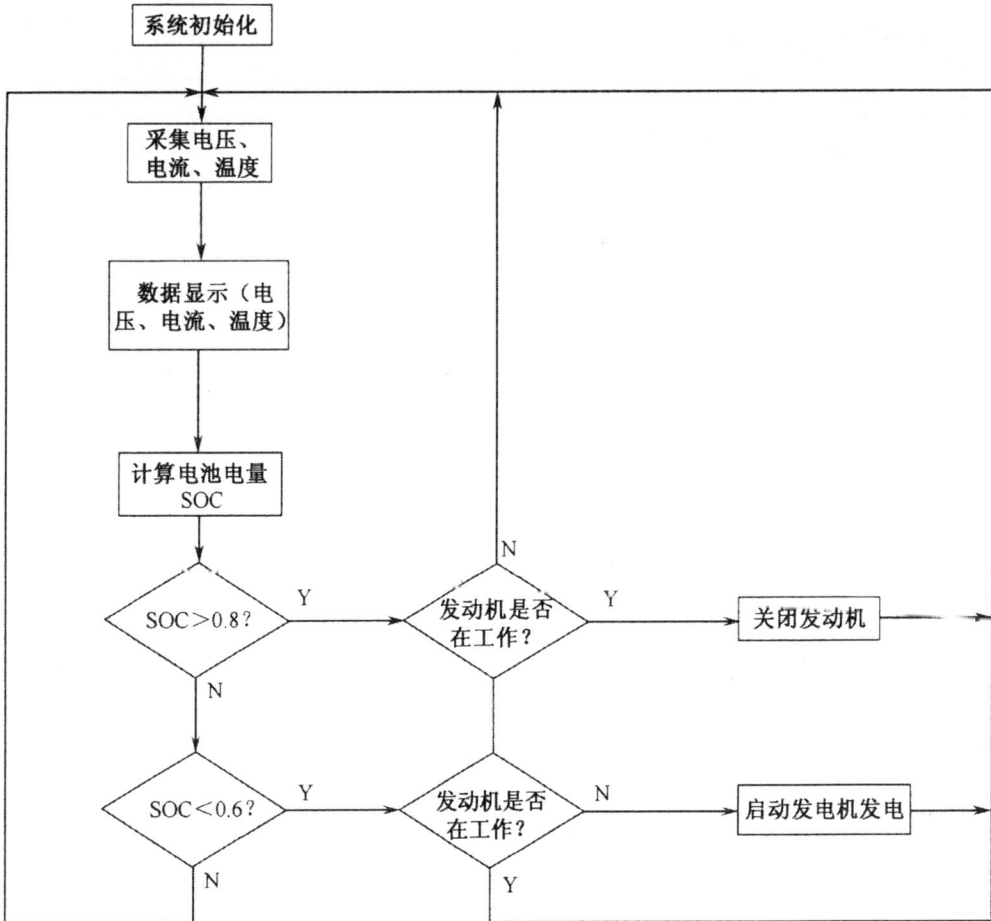

图 9-42　"恒温器型"控制策略系统控制流程

"综合控制策略系统"控制模式是上述两种控制模式的一个折中方案。纯电动模式会启用于电池的 SOC 较高的情况下。发电机将会在电池的 SOC 降低到设定的范围内时被发动机带动进行工作,发动机的输出功率将会被严格限定在一定的变化范围内,这是在考虑其排放和功率的情况下。如果能预测到车辆行程内的总能量需求,则一旦有足够的能量存储于电池中的话,车辆将会在剩余的行程中自动转换为纯电动模式,电池所允许放出的电能将会在到了行程终点时正好耗尽。这种控制模式也称为最佳串联混合动力模式。

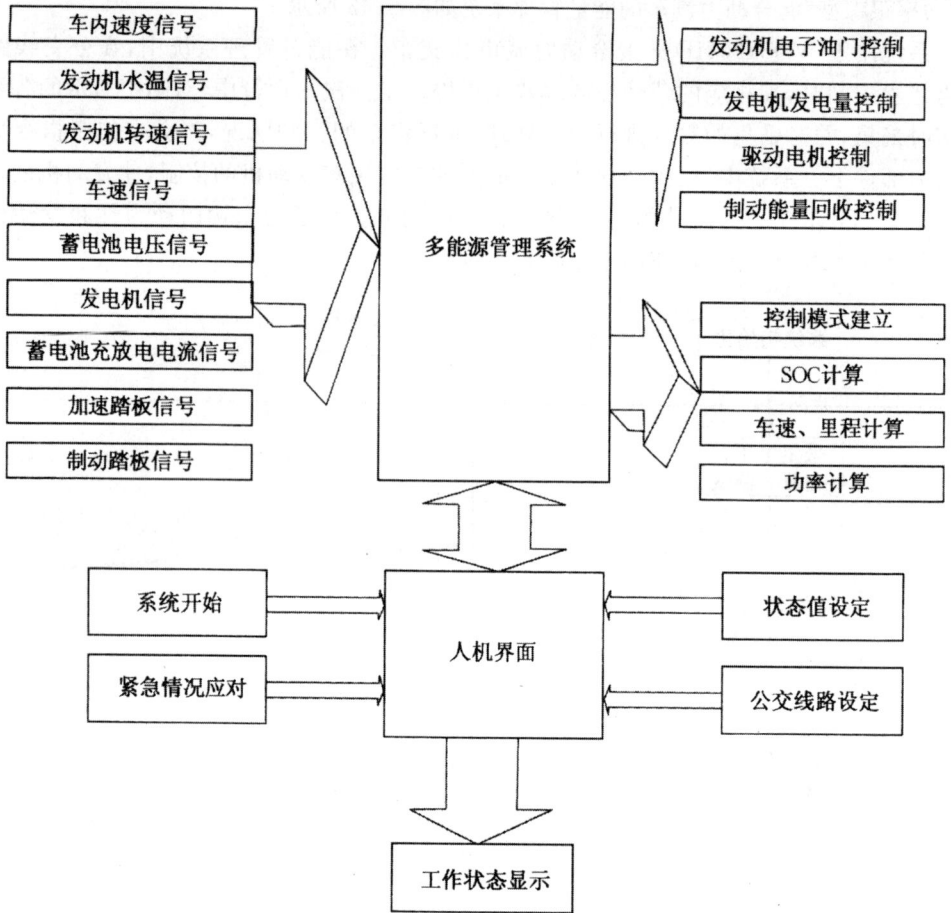

图 9-43 "功率跟踪型"混合动力汽车的能量管理系统

二、并联式混合动力汽车的能量管理系统

有以下两种基本工作模式,可供并联式混合动力汽车来进行使用。

1. 内燃机辅助混合动力模式

该模式主要利用电池-电动机系统来驱动车辆,仅当以较高的巡航速度行驶、爬坡和急加速时才能使内燃机开机。这种控制模式的优点是:大多数情况下车辆都是用电池的电能来工作的,车辆的排放和燃油的消耗减少,同时启动电动机可以取消而利用车辆的运动来启动内燃机。这种策略的缺点是:由于内燃机每次关机后重新启动时,内燃机和催化转换装置的温度达到正常温度需要一定的时间,这段时间内发动机的效率降低,尾气排放增加。

2. 电动机辅助混合动力模式

在该模式中,车辆的驱动主要是利用内燃机来实现的,具体仅在以下两种状态使用电动机:一是当峰值功率在利用瞬间加速和爬坡被需要时,可使内燃机工作在最高效率区间,以减少排放和燃油消耗;二是在车辆减速制动时电机被用来回收车辆的动能(再生制动)对电池进行充电。该模式的主要缺点是:车辆不具备纯电动模式,以及在行驶过程中若经常加速,则会失去"电机辅助"能力会因电池的电能消耗到最低而得以失去,驾驶员会感到车辆性能有所降低,如图 9-44 所示。

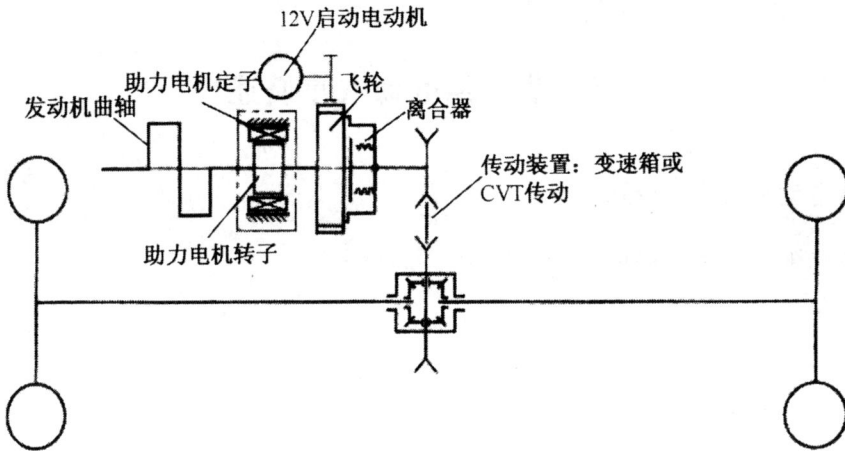

图 9-44　并联式混合动力系统结构示意图

第十章　纯电动汽车技术

第一节　纯电动汽车概述

一、纯电动汽车的分类

纯电动汽车的分类方法如图 10-1 所示。

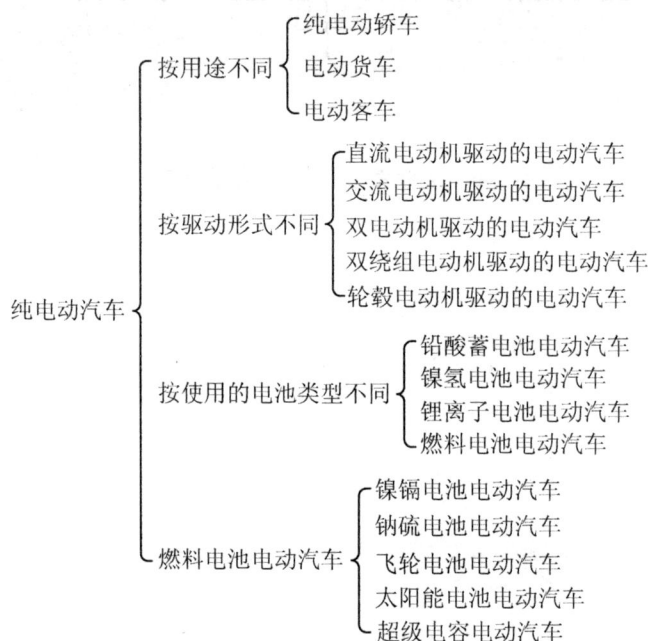

纯电动汽车
- 按用途不同
  - 纯电动轿车
  - 电动货车
  - 电动客车
- 按驱动形式不同
  - 直流电动机驱动的电动汽车
  - 交流电动机驱动的电动汽车
  - 双电动机驱动的电动汽车
  - 双绕组电动机驱动的电动汽车
  - 轮毂电动机驱动的电动汽车
- 按使用的电池类型不同
  - 铅酸蓄电池电动汽车
  - 镍氢电池电动汽车
  - 锂离子电池电动汽车
  - 燃料电池电动汽车
- 燃料电池电动汽车
  - 镍镉电池电动汽车
  - 钠硫电池电动汽车
  - 飞轮电池电动汽车
  - 太阳能电池电动汽车
  - 超级电容电动汽车

图 10-1　纯电动汽车的类型

二、纯电动汽车的基本结构

（一）纯电动汽车典型结构形式

纯电动汽车的主要部件由动力电池组及其控制器、车身与底盘、驱动电机及其控制器、传动系统组成。其代表结构如图 10-2 所示。

（二）电动机及其控制器的主要结构

电动机是纯电动汽车的唯一动力源,其结构包括电动机的转子与定子、电动机控制器两大部分。其中电机的转子与定子的作用是实现电能与机械能之间的转换,电机控制器的作用是高效地、可控地对电机的转速、力矩进行控制,从而满足汽车各种工况的要求。纯电动汽车的电机类型如图 10-3 所示。

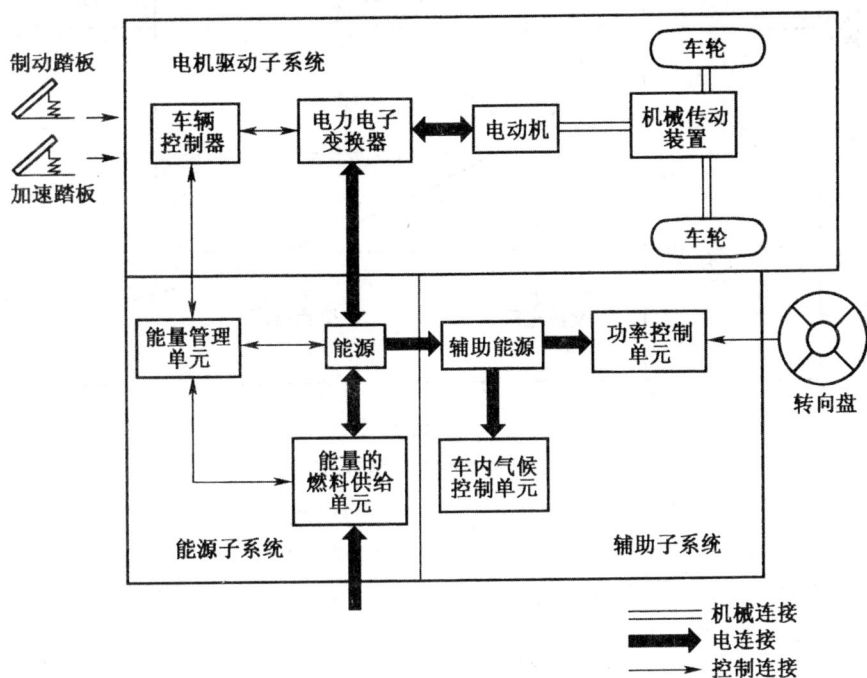

图 10-2　电动车结构

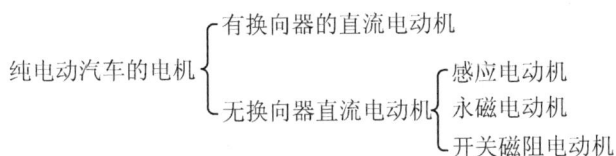

图 10-3　纯电动汽车的电机类型

由于汽车使用工况比较复杂,所以电动汽车对电机的要求比较高。主要的基本要求有如下几点。

(1)较大范围的调速性能。

(2)高效率,低损耗。

(3)在车辆减速时实现制动能量回收并反馈蓄电池。

(4)电动机的质量、各种控制装置的质量和冷却系统的质量等尽可能小。

(5)电气系统中的控制系统的安全性必须符合标准和规定,要有高压保护设备。

(6)可靠性好,耐温和耐湿性能强,能够在较恶劣的环境下长期工作。

(7)结构简单,适合大批量生产,运行噪声低,使用维修方便,价格低廉等。

对于纯电动汽车而言,电动机的动力特性则完全不同,图 10-4 给出了典型的电动机动力特性。

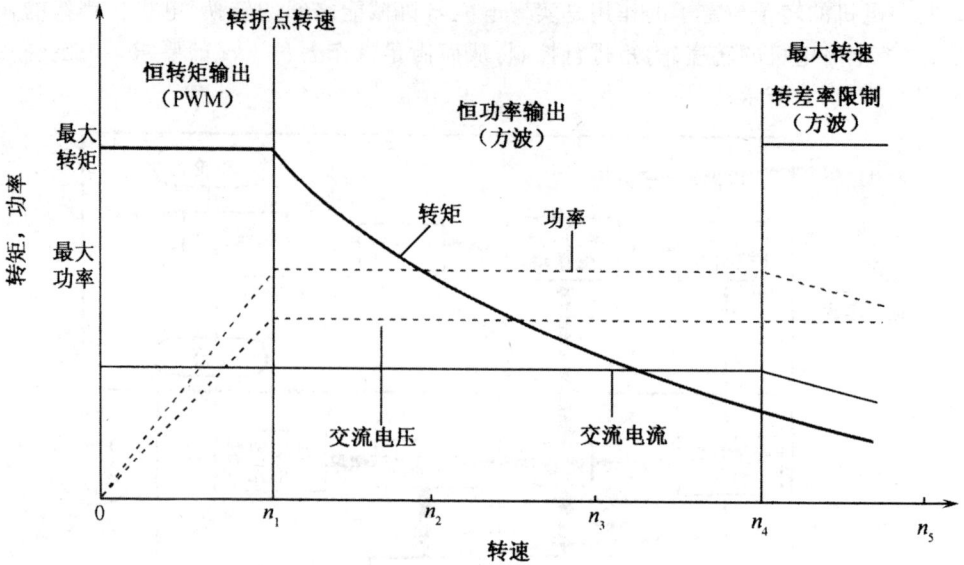

图 10-4　典型的电动机动力特性

由图 10-4 可见,横坐标为电动机的转速,纵坐标为电动机的输出转矩、输出功率、工作电流和电压。其中共有 4 条曲线,粗实线为转矩特性曲线,细实线为工作电流与转速的关系曲线,两条虚线分别为电动机输出功率和工作电压与转速的关系曲线。当电动机在转速低于基本转速 n_1 时,电动机工作在恒转矩输出区域,在这一区域电动机工作电流和输出的转矩与转速无关,输出功率的变化是靠工作电压的变化来实现的;当电动机的转速处于基本转速 n_1 和最高转速 n_4 之间时,电动机工作在恒功率输出区域,在这一区域电动机的输出功率、工作电流和电压与转速无关,输出转矩随转速的增加而降低。

可见,与燃油发动机相比,纯电动汽车的电动机不需要切换减速器的变速比,也可以在低速区域(恒转矩输出区域)获得理想的转矩,在恒功率输出区域获得高的恒定输出功率。因此,纯电动汽车可以在设计上灵活运用这种特性以体现不同的设计理念。例如,为了追求电动机的小型轻量化,可将高速运转的电动机与减速器结合起来运用;如果电动机的小型化、低转速高转矩可以实现,可以省去减速器,将电动机直接安装在轮毂上驱动车轮,减少机械损耗,降低整车的重量。

图 10-5 给出了纯电动汽车几种常见的驱动方式。

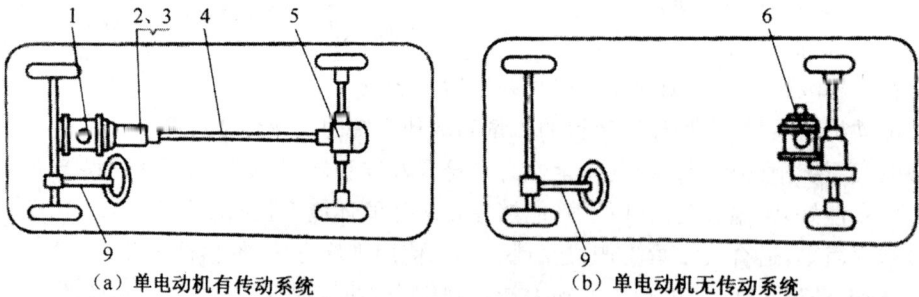

（a）单电动机有传动系统　　　　　　　　（b）单电动机无传动系统

图 10-5　纯电动汽车几种常见的驱动方式

1—电动机;2—离合器;3—变速器;4—传动轴;5—驱动桥;6—电动机驱动桥组合驱动系统;

7—电动机驱动桥整体式驱动系统;8—轮毂电动机分散式驱动系统;9—转向器

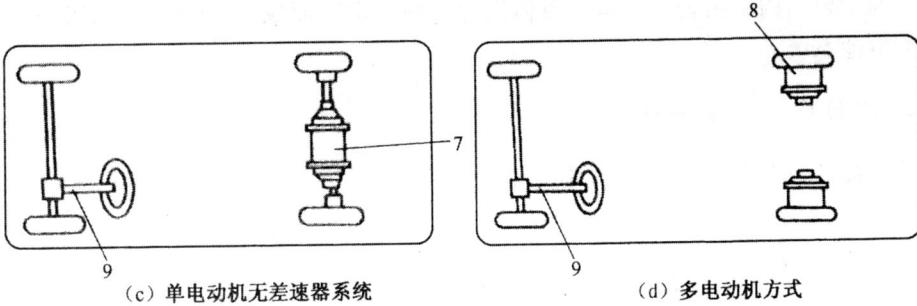

（c）单电动机无差速器系统　　　　　　（d）多电动机方式

图 10-5　纯电动汽车几种常见的驱动方式（续）

（三）电池及管理系统主要结构

电动汽车的电池一般称为动力电池，原因就是电动汽车对电池的功率密度与能量密度都要求很高。动力电池一直是制约电动汽车发展的关键原因，目前进入实用阶段的是锂离子电池与传统的铅酸蓄电池，由于铅酸蓄电池的体积与比能量等参数比较差，一直没有成为主流的电动汽车动力源，所以目前发展比较快的是锂离子蓄电池技术，并且取得了很大的进展，但由于其物理特性与制造工艺的原因，锂离子电池的性能还没有完全达到经济适用的程度，而正确地使用和管理电池系统能大大提高电动车的使用性能、电池的寿命、行驶里程，同时使用成本也会大幅下降，对于发展电动车行业有重要的意义。因此，在实际使用时，必须对电池的工作状态进行实时的监控与管理，因此，电动汽车上的动力电池系统包含电池本身及其管理系统（BMS）。

典型的电池组及 BMS 系统如图 10-6 所示。

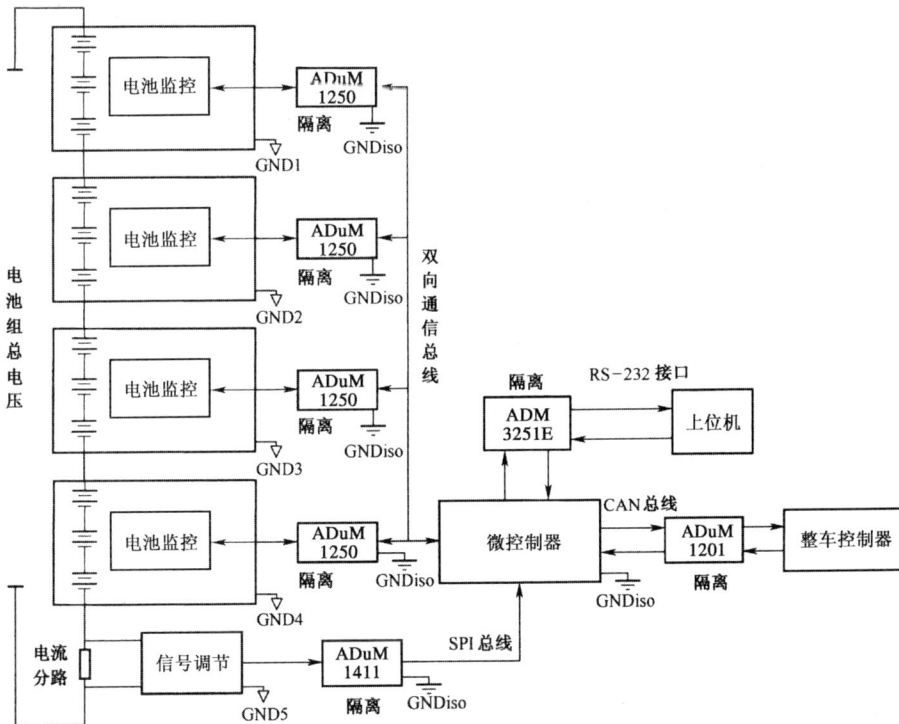

图 10-6　电池组及其管理系统（BMS）的结构图

电池的主要结构是由若干个电池单体进行并联与串联而成,从而构成一定电压与工作电流的动力电池系统。

(四)辅助系统的主要结构

主要是提供一个安全、舒适、方便的汽车使用环境。辅助系统主要包含娱乐、通信、空调、灯光、人机交互等系统。

(五)纯电动汽车驱动系统布置形式

驱动系统是纯电动汽车的核心,其性能直接关系着电动汽车运行性能的好坏。其布置方式不止一种,常见的如图 10-7 所示。

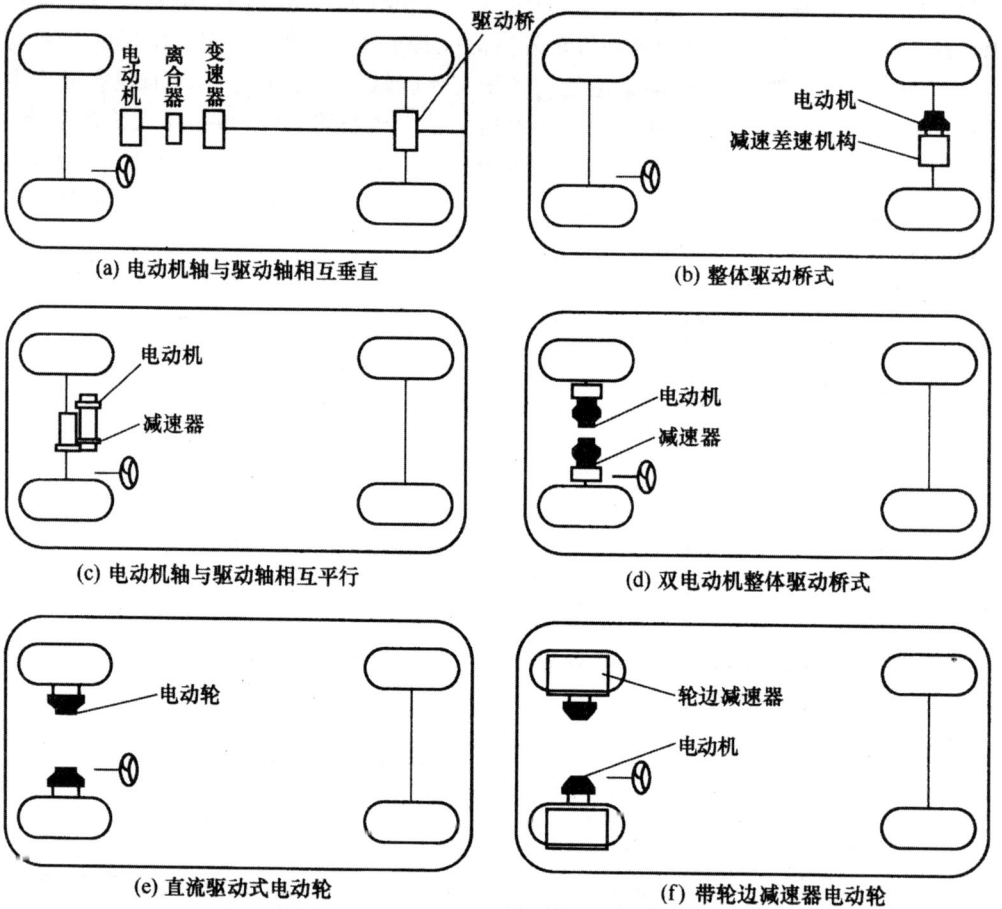

(a) 电动机轴与驱动轴相互垂直　　　　(b) 整体驱动桥式

(c) 电动机轴与驱动轴相互平行　　　　(d) 双电动机整体驱动桥式

(e) 直流驱动式电动轮　　　　(f) 带轮边减速器电动轮

图 10-7　纯电动汽车驱动系统布置方案

三、纯电动汽车的特点

纯电动汽车的特点如图 10-8 所示。

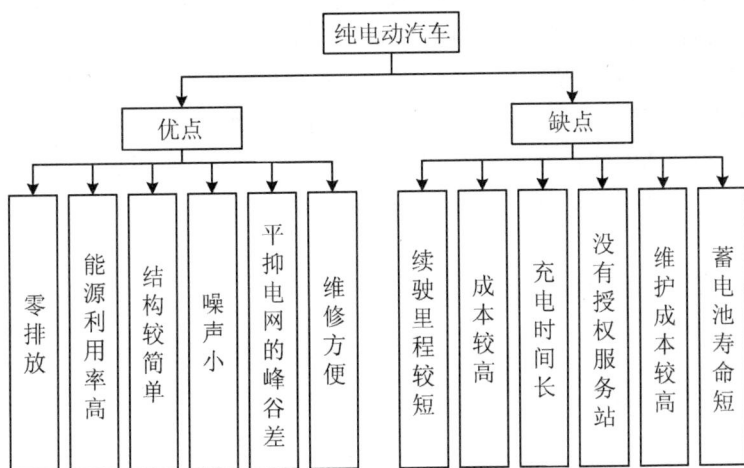

图 10-8　纯电动汽车的特点

由于与内燃机汽车相比,纯电动汽车不产生 CO 等尾气,不会对环境造成污染,使用新能源,减少了对石油的依赖,在人们被 PM2.5 困扰的今天,政府一直在鼓励大家购买纯电动汽车。但由于使用蓄电池,生产成本与维护成本都比较高,而且充电不方便,这些问题都亟待解决。

四、纯电动汽车的关键技术

(一)驱动电动机的选择及功率匹配

应具有良好的转矩-转速特性,一般具有 6000～15000r/min 的转速。驱动电动机应经常保持在高效率范围内运转。在恒转矩区运转范围内效率为 0.75～0.85,而恒功率运转范围内效率为 0.8～0.9。

(二)动力电池组的选择与特性

电动汽车要求动力电池系统具有较高的比能量和比功率,以满足汽车的续驶里程和动力性的要求,同时也希望动力电池系统具有与汽车使用寿命相当的充放电循环寿命,拥有高效率、良好的性价比以及免维护特性。

(三)减速器传动比的确定

由于电动机的转速高,不能直接驱动车辆的车轮,通常在驱动系统中采用大速比的减速器或 2 挡变速器。作用:减速、增扭,减速器或变速器中不设置倒挡齿轮,倒车是靠电动机的反转来实现的。

(四)电池管理系统及整车控制系统的设计

电池管理系统的作用是实时监控电池的工作状态,实际使用的过程中使用不当会对电池寿命有非常大的影响,而最大的影响因素是电池过度放电与单体电池的差异过大,导致整个电池组提前报废。研制电动汽车实时电池监控制系统可以实时监测电池的电压、电流和温度大小，并记录下电池的充放电次数等各种影响电池工作状态的参数，比较准确地估算出电池的状态和最佳的工作参数。根据这些实时的信息一方面可以随时让使用者了解电池的真实情况，更加合理地使用电动汽车并能更好地提前做好维护工作，延长电动汽车的使用寿命；另一方面，内置的 MCU 控制程序可以主动地对不合理的使用情况进行管理和保护，既可以最大限度地满足使用者的要求，也可以主动地避免因使用不当而对电池等主要部件造成影响。

而整车控制系统的主要目的是延长续驶里程，我国颁布的适用于 EV 最大总质量≤3500kg、最高车速≥70km/h 的 EV。

（五）整车轻量化技术

与内燃机汽车相比，纯电动汽车布置了电池组，导致整车质量增加了很多，如何减轻纯电动汽车的质量，成为了突出问题。具体措施如图 10-9 所示。

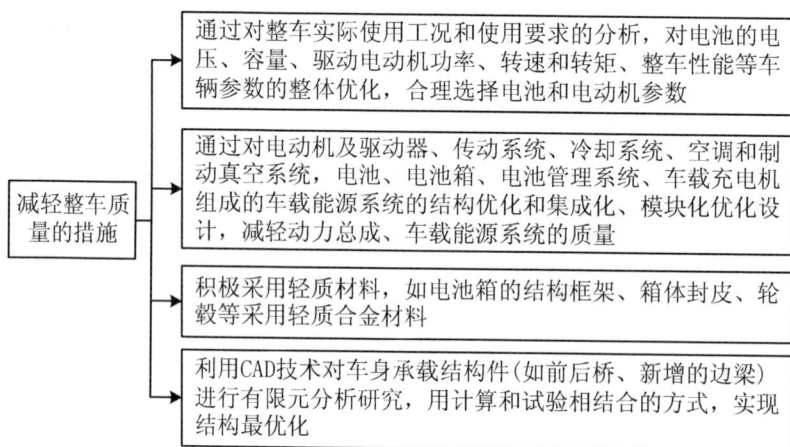

图 10-9　减轻整车质量的措施

第二节　纯电动汽车传动系统参数设计

一、电动机参数设计

（一）电动机的额定功率和峰值功率

1. 根据电动汽车最高车速确定电动机功率

设计中初步选择电动机的额定功率应不小于汽车以最高车速行驶时行驶阻力消耗的功率之和，电动汽车以最高车速行驶消耗的功率为

$$P_{\mathrm{m1}} = \frac{u_{\max}}{3600\eta_{\mathrm{t}}}\left(mgf + \frac{C_{\mathrm{D}}Au_{\max}^2}{21.15}\right) \tag{10-1}$$

式中,m 为整车质量,kg;f 为滚动阻力系数;C_D 为迎风阻力系数;A 为迎风面积,m^2;u_{max} 为最高行驶车速,km/h;η_t 为机械传动系统效率。

2. 根据电动汽车最大爬坡度确定电动机功率

电动汽车以某一车速爬上最大坡度消耗的功率为

$$P_{m2} = \frac{u_p}{3600\eta_t}\left(mgf\cos\alpha_{max} + mg\sin\alpha_{max} + \frac{C_D A u_p^2}{21.15}\right) \tag{10-2}$$

式中,u_p 为电动汽车爬坡时的行驶速度,km/h;α_{max} 为最大坡度角。

3. 根据电动汽车加速性能确定电动机功率

电动汽车在水平路面上加速行驶消耗的功率为

$$P_{m3} = \frac{u_f}{3600\eta_t}\left(mgf + \frac{C_D A u_f^2}{21.15} + \delta m\frac{du}{dt}\right) \tag{10-3}$$

式中,δ 为汽车旋转质量换算系数;u_f 为电动汽车加速后达到的速度,km/h;du/dt 为加速度。

电动机额定功率应满足电动汽车对最高车速的要求,峰值功率应能同时满足电动汽车对最高车速、最大爬坡度和加速度的要求。所以电动汽车电动机的额定功率和峰值功率分别为

$$P_e \geqslant P_{m1} \tag{10-4}$$

$$P_{emax} \geqslant \max\{P_{m1}\ P_{m2}\ P_{m3}\} \tag{10-5}$$

电动汽车电动机的峰值功率与额定功率的关系为

$$P_{emax} = \lambda P_e \tag{10-6}$$

式中,P_{emax} 为电动机的峰值功率;P_e 为电动机的额定功率;λ 为电动机的过载系数。

(二)电动机的最高转速和额定转速

电动汽车最高行驶速度与电动机最高转速之间的关系为

$$n_{max} = \frac{u_{max}\sum i}{0.377r} \tag{10-7}$$

式中,n_{max} 为电动机的最高转速,r/min;$\sum i$ 为传动系统传动比,一般包括变速器传动比和主减速器传动比;r 为车轮半径,m。

电动机额定转速为

$$n_e = \frac{n_{max}}{\beta} \tag{10-8}$$

式中,β 为电动机扩大恒功率区系数。β 值越大,转速越低,转矩增高,有利于提高车辆的加速和爬坡性能,稳定运行性能越好,但同时功率变换器尺寸也会增大,因此 β 值不宜过高。β 通常取值为 $2\sim4$。

(三)电动机最大转矩

电动机最大转矩的选择需要满足汽车起动转矩和最大爬坡角的要求,同时结合传动系统最大传动比来确定。

$$T_{max} \geqslant \frac{mg(f\cos\alpha_{max} + \sin\alpha_{max})r}{\eta_t i_{max}} \tag{10-9}$$

式中，i_{max} 为传动系统最大传动比。

（四）电动机额定电压

额定电压由所选取的电动机的参数来决定。

二、传动系统传动比设计

传动系统传动比的上限由电动机最高转速和最高行驶车速确定。

$$\sum_{min} i \leqslant \frac{0.377 n_{max} r}{u_{max}} \tag{10-10}$$

由电动机最高转速对应的输出转矩和最高行驶车速对应的行驶阻力确定传动系统传动比下限为

$$\sum_{max} i \geqslant \frac{r}{\eta_t T_{umax}} \left(mgf + \frac{C_D A u_{max}^2}{21.15} \right) \tag{10-11}$$

式中，T_{umax} 为电动机最高转速对应的输出转矩。

由电动机的最大输出转矩和最大爬坡度对应的行驶阻力确定传动系统传动比下限为

$$\sum_{max} i \geqslant \frac{r}{\eta_t T_{umax}} \left(mgf\cos\alpha_{max} + mg\sin\alpha_{max} + \frac{C_D A u_i^2}{21.15} \right) \tag{10-12}$$

式中，T_{max} 为电动机最大输出转矩，N·m。

三、动力电池组参数匹配

电池组数目必须满足电动汽车行驶时所需的最大功率和续驶里程的要求。

满足电动汽车行驶时所需的最大功率要求的电池组数目为

$$n_p = \frac{P_{emax}}{P_{bmax} \eta_e \eta_{ec} N} \tag{10-13}$$

式中，P_{emax} 为电动机的峰值功率，kW；η_e 为电动机的工作效率；η_{ec} 为电动机控制器的工作效率；P_{bmax} 为电池最大输出功率，kW；N 为单电池组所包含的电池的数目。

满足电动汽车续驶里程要求的电池组数目为

$$n_x = \frac{1000 SW}{C_s V_s N} \tag{10-14}$$

式中，S 为续驶里程，km；W 为电动汽车行驶 1km 所消耗的能量，kW；C_s 为单节电池的容量，A·h；V_s 为单节电池的电压，V。

电池组数目为

$$n = \max\{n_p n_x\} \tag{10-15}$$

电池组容量电池组能量为

$$E_B = \frac{U_m C_E}{1000} \tag{10-16}$$

式中，E_B 为电池组能量，kW·h；U_m 为电池组电压，V；C_E 为电池组容量，A·h。

蓄电池能量应满足以下条件：

$$E_{B} \geq \frac{mgf + C_{D}A \dfrac{u_{a}^{2}}{21.15}}{3600 \times DOD\eta_{t}\eta_{mc}\eta_{dis}(1-\eta_{a})} \times S \tag{10-17}$$

式中，η_{mc} 为电动机效率；η_{dis} 为蓄电池放电效率；η_{a} 为汽车附件能量消耗比例系数；DOD 为蓄电池放电深度。

或者蓄电池容量满足以下条件：

$$C_{E} \geq \frac{mgf + C_{D}A \dfrac{u_{a}^{2}}{21.15}}{3.6 \times DOD\eta_{t}\eta_{mc}\eta_{dis}(1-\eta_{a})U_{m}} \times S \tag{10-18}$$

四、设计实例

已知电动汽车整车质量为 1350kg，滚动阻力系数为 0.0144，迎风面积为 1.9m^2，迎风阻力系数为 0.3，轮胎滚动半径为 0.28m，最高车速为 100km/h，最大爬坡度为 20%，续驶里程为 150km。根据式(10-1)～式(10-18)就可以对电动汽车动力传动系统参数进行匹配。计算结果如下：

1. 电动机参数

电动机类型选取交流感应电动机，额定功率 $P_e = 30kW$；峰值功率 $P_{emax} = 72kW$；过载系数 $\lambda = 2.4$；最高转速 $n_{max} = 9000r/min$。

2. 传动系统传动比

主减速器传动比为 4.3245。

采用Ⅲ挡变速器，Ⅰ挡传动比为 2.0898，Ⅱ挡传动比为 1.4456，Ⅲ挡传动比为 1。

3. 蓄电池参数

电池类型选择镍氢电池，其容量为 250A·h，比能量为 80W·h/k，比功率为 230W/kg，电池组数目为 22。

电动汽车传动系统主要参数都是从汽车行驶时所消耗的能量出发推导计算得到的，理论上，它的动力性和续驶里程能够满足设计要求。

五、仿真模型与结果

（一）仿真模型

基于 ADVISOR 建立电动汽车主要部件及整车仿真模型，其组成示意图如图 10-10 所示。

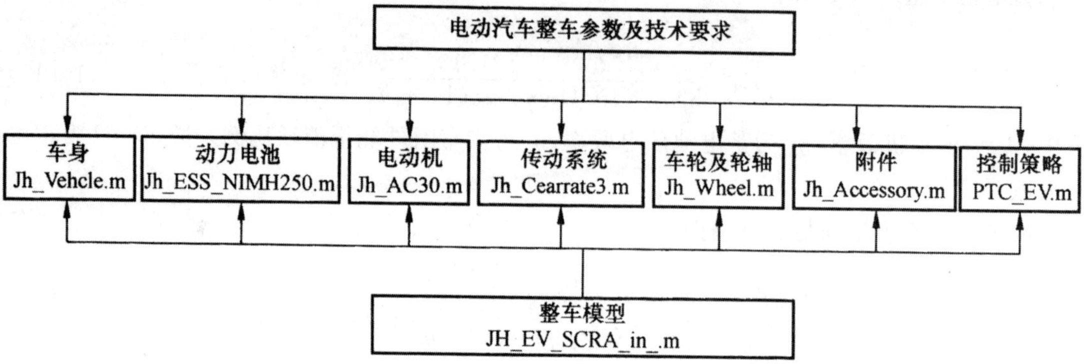

图 10-10　整车模型组成示意图

电动汽车用的交流电动机/控制器仿真模型总成如图 10-11 所示。

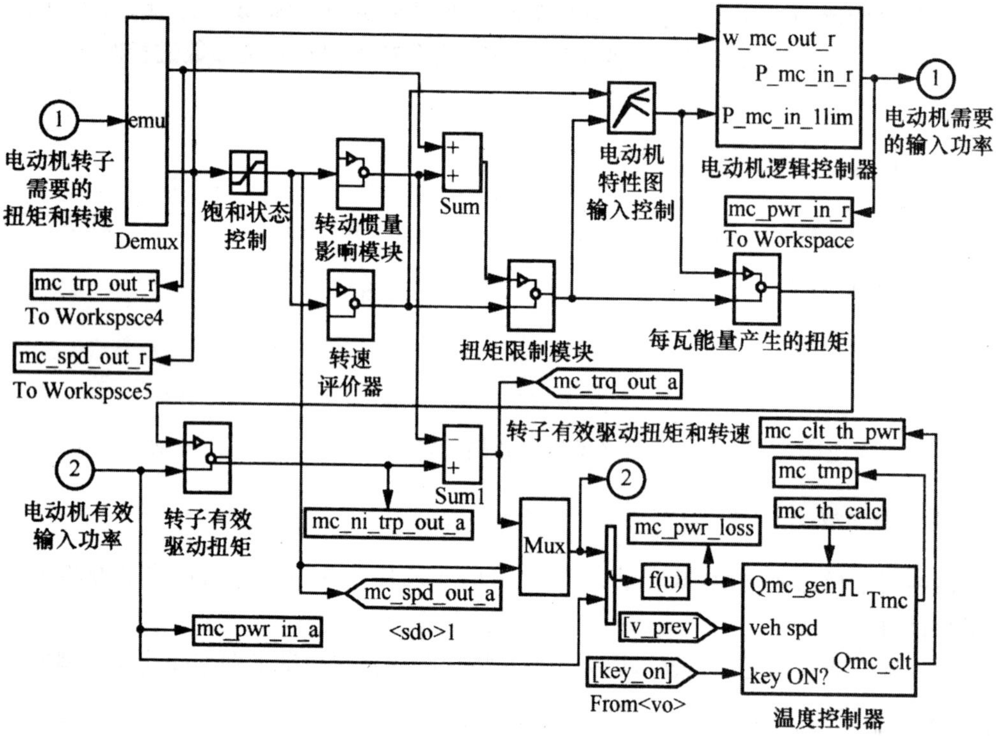

图 10-11　电动机/控制器仿真模型总成

蓄电池仿真模型总成如图 10-12 所示。

车身仿真模型如图 10-13 所示。

主减速器仿真模型总成如图 10-14 所示。

变速器仿真模型总成如图 10-15 所示。

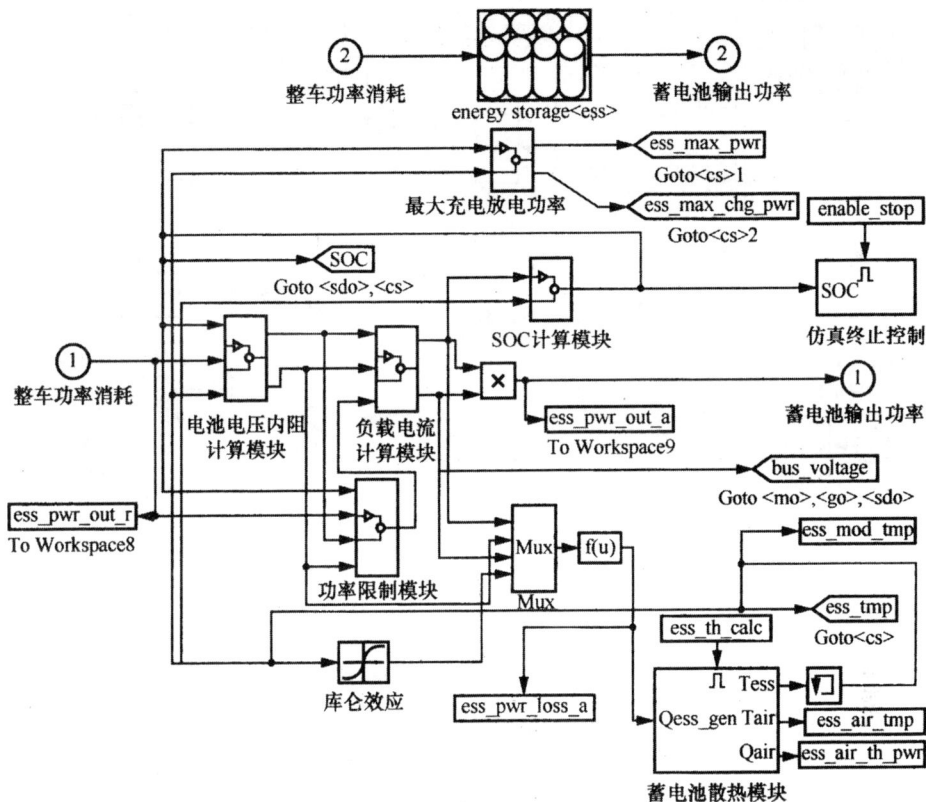

图 10-12　蓄电池仿真模型总成

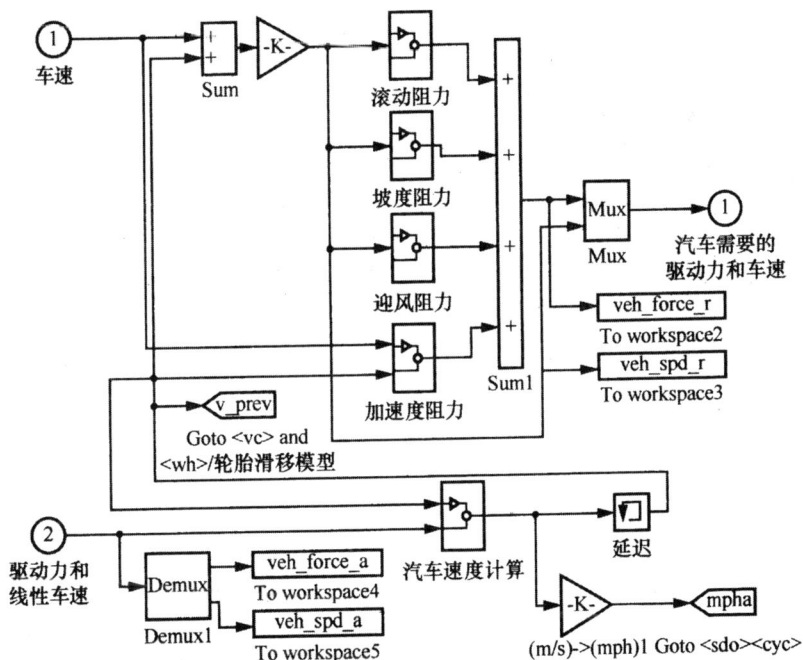

图 10-13　车身仿真模型

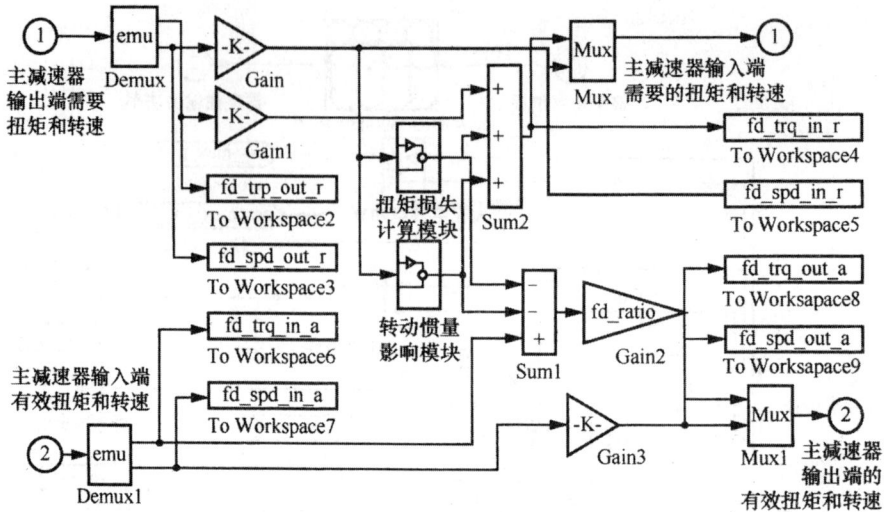

图 10-14 主减速器的仿真模型总成

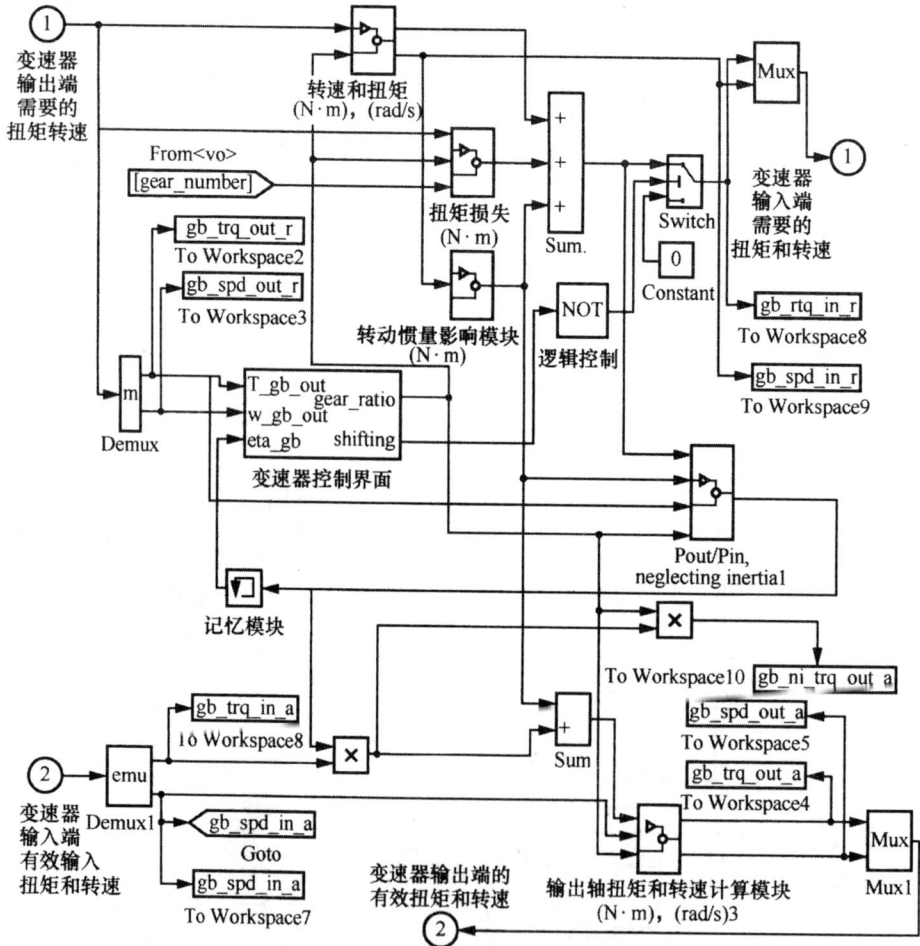

图 10-15 变速器的仿真模型总成

综上所述,将各个模块封装连接组成纯电动汽车的整车模型,如图 10-16 所示。

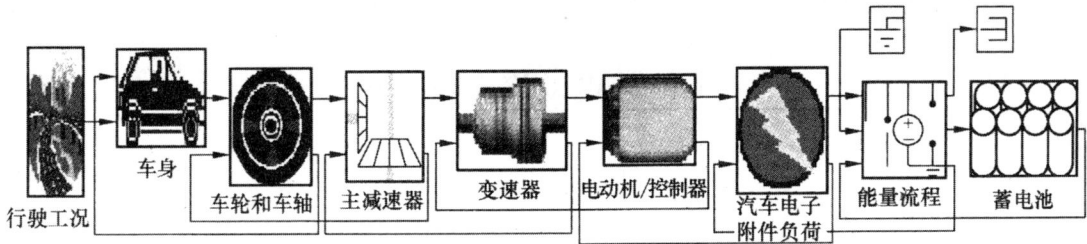

图 10-16　整车仿真模型

(二)仿真结果

选用日本 10-15 工况来进行仿真,仿真结果如图 10-17 所示。

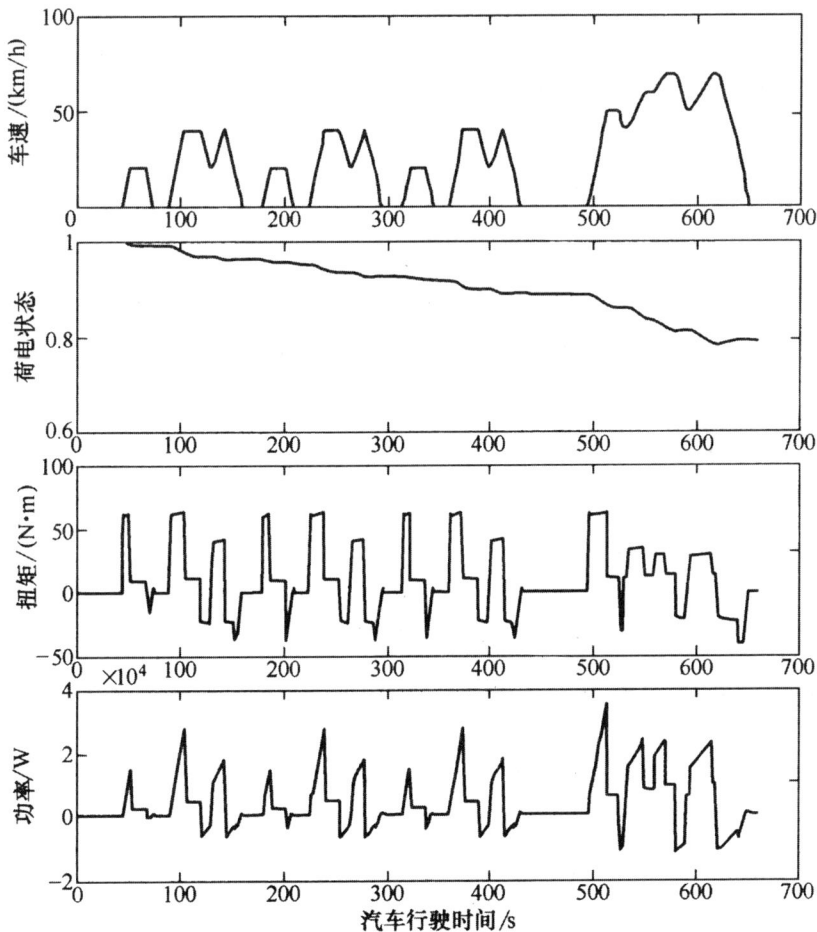

图 10-17　ADVIOR 仿真结果

从图 10-17 可以看出：电动汽车的匹配参数满足选择的工况要求，行驶稳定；电动汽车得到的转矩、功率满足所需要的动力性要求；荷电状态变化较为平稳。

第三节　纯电动汽车续驶里程

一、纯电动汽车续驶里程模型

（一）等速行驶续驶里程的计算

汽车以速度 u_a 等速行驶时所需的电动机功率 P 为

$$P = \frac{u_a}{3600\eta_t}\left(mgf + \frac{C_D A u_a^2}{21.15}\right) \qquad (10\text{-}19)$$

电池携带的额定总能量为

$$W_0 = Q_m U_e = G_e q \qquad (10\text{-}20)$$

式中，Q_m 为电池的额定容量，$A \cdot h$；U_e 为电池的端电压，V；G_e 为电动汽车携带的电池总质量，kg；q 为电池比能量，$(W \cdot h)/kg$。

等速行驶续驶里程为

$$S = \frac{W_0 u_a}{P}\eta_e \qquad (10\text{-}21)$$

式中，η_e 为电池放电效率。

（二）多工况行驶续驶里程的计算

多工况续驶里程为

$$S = \sum_{i=1}^{k} S_i \qquad (10\text{-}22)$$

式中，S_i 为每个状态行驶距离，km；k 为车辆能够完成的状态总数。

二、纯电动汽车续驶里程影响因素

电动汽车续驶里程的影响因素较为复杂，其中最主要的因素是车载能源问题。续驶里程与电动汽车在行驶过程中所消耗的能量密切相关，影响因素如图 10-18 所示。

由图 10-18 可见，影响电动汽车续驶里程的因素众多，在实际设计中，尽可能综合考虑各种因素的影响，以提高电动汽车的续驶里程。

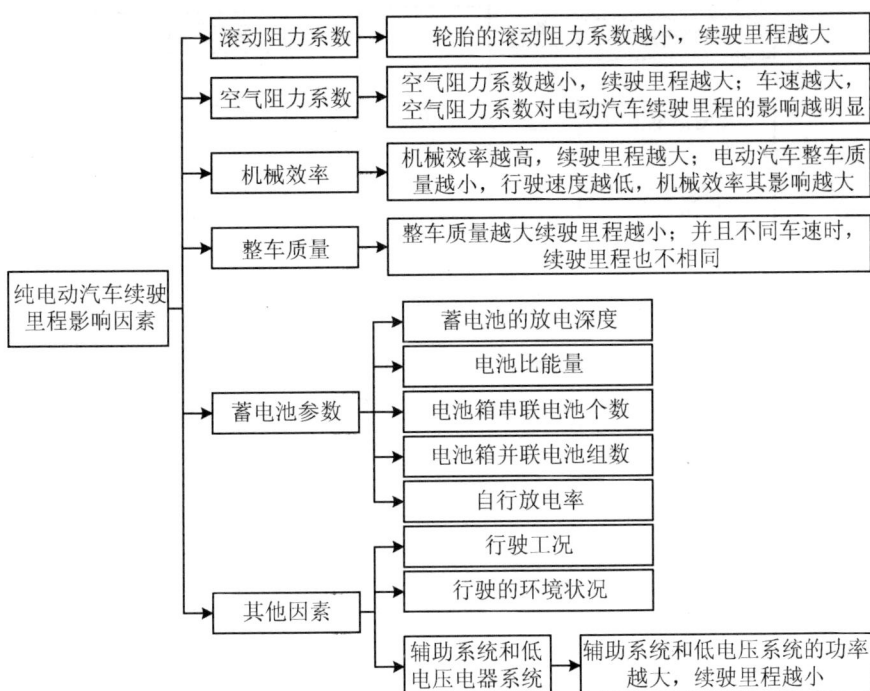

图 10-18　纯电动汽车续驶里程影响因素

第四节　纯电动汽车电池管理系统与策略

一、电池管理系统

电池管理系统是能量管理系统的一个子系统。蓄电池管理系统的主要任务见表 10-1。电池管理系统的结构如图 10-19 所示。

表 10-1　蓄电池管理系统的主要任务

任务	测试方式	测试装置
防止过充电	电压、电流、温度测试仪	充电器
防止过放电	电压、电流、温度测试仪	电动机控制
温度控制及平衡	温度测试仪	加热及制冷装置、温度平衡单元
能量系统信息提示	电压、电流及温度、充电状态、剩余容量测试仪	显示器
电池状态测试及显示	电压、电流、温度测试仪	显示器、PC、总线分析软件

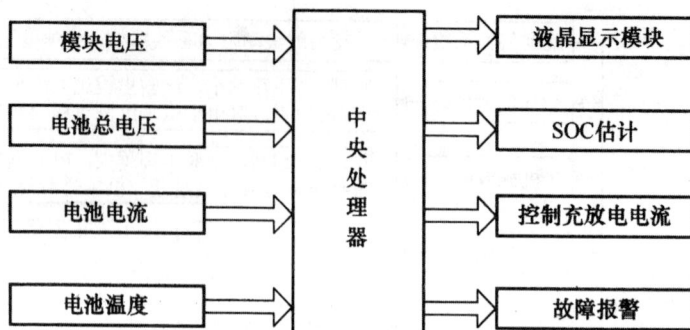

图 10-19　电池管理系统结构示意图

二、电池管理系统设计要求

电池管理系统的设计要求应该能够满足以下几点功能。

（1）实时测量电池组单体电池的电压，并能够对电压值的大小是否合适做出相应的指示，例如设置低压限速电压值、充电最高电压、停车报警电压值等，防止过放电与过充电，并进行人机交互显示。

（2）实时测量电池组的工作电流，并通过 MCU 进行电池荷电状态（SOC）值的计算。

（3）实时测量电池组的工作温度，并对各种测量值进行温度系数校正。同时，对于电池工作温度范围进行相应的指示，例如设计警报与限速的温度值，并进行人机交互显示。

（4）对个别异常的单体电池的故障进行诊断，并实时报告其 ID 值，以便及时维护或修理电池组，以防故障范围扩大，造成不必要的损失。

（5）对个别单体电池的电压进行均衡充、放电管理，保证电池组中单体电池性能一致。

（6）电压采集模块之间及与汽车主控模块之间要电压隔离，利用通信网络进行实时数据的传输，实现电池数据的共享。

参考文献

[1]张文春.汽车理论[M].北京:机械工业出版社,2014.

[2]吴光强.汽车理论[M].2版.北京:人民交通出版社,2014.

[3]张代胜.汽车理论[M].合肥:合肥工业大学出版社,2011.

[4]洪水,郭玲.汽车理论[M].北京:北京交通大学出版社,2009.

[5]冯健璋.汽车发动机原理与汽车理论[M].2版.北京:机械工业出版社,2011.

[6]张西振,李晗.发动机原理与汽车理论[M].3版.北京:人民交通出版社,2013.

[7]邹政耀,王若平.新能源汽车技术[M].北京:国防工业出版社,2014.

[8]王良曦,王红岩.车辆动力学[M].北京:国防工业出版社,2008.

[9]许洪国.汽车理论[M].北京:人民交通出版社,2009.

[10]张西振,吴良胜.发动机原理与汽车理论[M].2版.北京:人民交通出版社,2008.

[11]曹红兵.汽车理论[M].北京:机械工业出版社,2007.

[12]余志生.汽车理论[M].5版.北京:机械工业出版社,2008.

[13]崔胜民.新能源汽车技术[M].2版.北京:北京大学出版社,2013.

[14]李瑞明.新能源汽车技术[M].北京:电子工业出版社,2014.

[15]康龙云.新能源汽车与电力电子技术[M].北京:机械工业出版社,2009.

[16]陈全世.先进电动汽车技术[M].北京:化学工业出版社,2013.

[17]刘立军,佟钦智.电动汽车接口与原理[M].北京:北京大学出版社,2012.

[18]赵云峰,陈俊等.混合动力汽车和新能源汽车数据分析[J].农业装备与车辆工程,2012,50(5):26—33.

[19]秦韵.增程式电动汽车动力传动系统参数匹配及性能仿真[D].哈尔滨:哈尔滨工业大学,2012.

[20]温有东.电动汽车用永磁同步电机的研究[D].哈尔滨:哈尔滨工业大学,2012.

[21]赵立军.电动汽车测试与评价[M].北京:北京大学出版社,2012.

[22]周苏.新能源汽车解析[M].上海:同济大学出版社,2012.

[23]张鹏.电动汽车制动能量回收系统的研究与实现[D].哈尔滨:哈尔滨工业大学,2010.

[24]翟跃.电动汽车网络管理系统的研究与实现[D].哈尔滨:哈尔滨工业大学,2010.

[25]王文伟,毕荣华.电动汽车技术基础[M].北京:机械工业出版社,2010.